365 EINFACHE EXPERIMENTE FÜR KINDER

365 EINFACHE EXPERIMENTE für Kinder

Von E. Richard Churchill, Louis V. Loeschnig und Muriel Mandell

Illustrationen von Francis Zweifel

KÖNEMANN

Originalausgabe: Black Dog & Leventhal Publishers, Inc.
151 West 19th Street
New York, NY 10011

Gestaltung: Liz Trovato

Dieses Buch ist eine Zusammenstellung aus verschiedenen vorangegangenen Bänden, die unter den folgenden Titeln erschienen sind:
Simple Science Experiments with Everyday Materials © 1989 von Muriel Mandell;
Simple Weather Experiments with Everyday Materials © 1990 von Muriel Mandell;
Amazing Science Experiments with Everyday Materials © 1991 von E. Richard Churchill;
Simple Chemistry Experiments with Everyday Materials © 1994 von Louis V. Loeschnig;
Simple Earth Science Experiments with Everyday Materials © 1996 von Louis V. Loeschnig.

Originaltitel:
365 Simple Science Experiments with Everyday Materials
ISBN 1-884822-67-3

KÖNEMANN ist eine Marke und ein Imprint der Tandem Verlag GmbH,

Übersetzung, Redaktion und Satz:
schroeder & partner, München
Übersetzung aus dem Englischen:
Christian Kennerknecht, Gisela Schönewolf

Projektkoordination: Ronit Jariv

Printed in Slovakia

ISBN 3-8331-1417-7

10 9 8 7 6 5 4 3 2
X IX VIII VII VI V IV III II I

Die in diesem Buch enthaltenen Ausführungen und Darstellungen in Wort und Schrift erfolgen nach bestem Wissen, gelten jedoch nur als unverbindliche Hinweise. Die Experimentieranleitungen befreien Sie nicht von der eigenen Prüfung der Durchführungsweise der Versuche im Hinblick auf ihre Sicherheit für Sie und die von Ihnen zu beaufsichtigenden Kinder. Lassen Sie niemals minderjährige Kinder Versuche, die in diesem Buch beschrieben sind, unbeaufsichtigt durchführen! Kinder sind nicht in der Lage, die mit einzelnen der in diesem Buch beschriebenen Experimente verbundenen Gefahren für ihre Gesundheit und körperliche Unversehrtheit realistisch einzuschätzen. Die konkrete Durchführung der Versuche, insbesondere der Umgang mit den in den Versuchsanleitungen beschriebenen Hilfsmitteln, erfolgt außerhalb unserer Kontrollmöglichkeiten und entzieht sich daher unserem Verantwortungsbereich. Für hierbei entstehende Personen- oder Sachschäden wird keine Haftung übernommen.

Inhalt

Alles Quark *Seite 47*

Abenteuer mit einer Schnur *Seite 57*

Schmierseife & Co. *Seite 70*

Volle Fahrt voraus *Seite 81*

Gleichgewicht halten *Seite 89*

Wissenswertes über Pflanzen *Seite 162*

Klingt nach Schmutz: Erde, Sand, Humus, Schlamm *Seite 170*

Gravitation und Magnetismus: Anziehende Kräfte *Seite 180*

Finger weg von Fossilien *Seite 189*

Das Wetter *Seite 200*

Wirbelstürme und sanfte Brisen *Seite 217*

Leitfaden

Schon mal mit Zitronen Strom erzeugt oder mit Milchtüten die Luftfeuchtigkeit gemessen? Wenn du zu denen gehörst, die glauben, Naturwissenschaften seien öde und wissenschaftliche Experimente dürften nur von Studenten ausgeführt werden, dann wird dich dieses Buch eines Besseren belehren. Hier findest du eine tolle Sammlung von Versuchen, die chemische und physikalische Reaktionen verständlich machen und Naturereignisse anschaulich erklären.

Aber mal ganz ehrlich: Dazulernen ist ja ganz schön, aber so richtig interessant wird es doch erst, wenn man das Gelernte einsetzen kann, um Freunde, Geschwister und auch mal die Eltern zu verblüffen. Dazu findest du mit Hilfe dieses Buches zahlreiche Gelegenheiten, denn viele Tricks und „Zaubereien" basieren auf Naturgesetzen. Lern sie kennen!

In den ersten Kapiteln erfährst du Interessantes über alltägliche Materialien – Strohhalme, Papier, Zitronen, Eier, Speiseöl, Nähfaden und Seife. Die Experimente zeigen dir, wozu man diese Dingen verwenden kann. Wusstest du zum Beispiel, dass in einem Strohhalm eine Oboe steckt und dass du mit einem Stück Butter bestimmen

kannst, welche von zwei Glühbirnen heller strahlt? Hier lernst du, wie man eine Münze auf dem Ellbogen fängt, wie man eine Gabel in mysteriöser Balance hält oder wie man Geräusche mit einem Luftballon verstärkt. Stimm ein Glas oder spalte Sonnenstrahlen in das Farbspektrum auf.

Es folgen Kapitel, die die geheimnisvollen Kräfte auf und in der Erde zum Thema haben. Entdeck, wie Erdbeben, Licht, Energie, Bodenerosion und andere Faktoren das Gesicht unseres Blauen Planeten verändern, und beschäftige dich mit der Frage, was Magnetismus und Elektrizität miteinander zu tun haben. Das Zauberwort Magnetismus wird verständlich, wenn du zum Beispiel eine Nadel auf einem Faden tanzen lässt. Über die Entstehung von Flutwellen und Erdbeben kannst du dich auf diesen spannenden Seiten ebenfalls informieren.

Die Experimente in den folgenden vier Kapiteln beschäftigen sich mit dem Wetter. Sie bringen Licht in die Geheimnisse unseres Klimas. Dir wird klar werden, warum es am Nordpol kälter ist als am Äquator, warum die Sonne überhaupt untergeht und wie bei einem Gewitter Donner und Blitz entstehen. Hier findest du auch eine Anleitung zum Bau deiner eigenen Wetterstation. Alle Instrumente, die du brauchst, um Temperatur, Luftdruck, Windrichtung und Windstärke,

Luftfeuchtigkeit und Niederschlagsmenge zu messen, kannst du mit einfachen Mitteln selbst herstellen.

In die Fußstapfen bedeutender Chemiker trittst du in den letzten drei Kapiteln. In den sensationellen Experimenten werden chemische Reaktionen getestet. Entzieh Leitungswasser Salz oder stell Lackmuspapier her.

Du musst die Reihenfolge der Kapitel natürlich nicht beibehalten. Beginn mit dem Themenkreis, der dich am meisten fasziniert. Klar, hier kannst du jedes x-beliebige Experiment machen. Am sinnvollsten ist es aber, die Versuche eines Kapitels nacheinander durchzuführen. Sie bauen nämlich häufig aufeinander auf und oft liegt ihnen Wissen zu Grunde, das in vorangegangenen Experimenten erworben wurde.

Bei einzelnen Versuchen musst du sehr achtsam vorgehen. Du könntest dich sonst verletzen. Ist für die Durchführung des Experiments eine Herdplatte, kochendes Wasser oder eine Streichholzflamme notwendig, so weist die Anmerkung „HEISS!“ darauf hin. Bitte einen Erwachsenen dir zu helfen. Wir machen dich auch darauf aufmerksam, wenn gesundheitsschädliche Stoffe im Spiel sind. Besondere Vorsicht ist auch in diesem Fall angeraten.

Das Material, das du für die Versuche benötigst, ist billig und problemlos zu beschaffen. Meistens handelt es sich um

Dinge, die du zu Hause im Küchenregal oder im Werkzeugschrank finden kannst. Oftmals brauchst du nicht viel mehr als ein Stück Papier und einen Bleistift. Frag deine Eltern aber immer, ob du dir die Dinge entleihen kannst. Alle anderen Sachen kaufst du preisgünstig im Drogerie- oder Supermarkt. Verschiedene Materialien benötigst du immer wieder. Es wäre also sinnvoll, bestimmte Dinge einfach zu sammeln: Flaschen und Gläser in unterschiedlichen Größen, Kaffeedosen, Schuhschachteln, Blumentöpfe, Plastiklöffel, Strohhalme, Kaffeefilter, Pipetten, Zeitungen, Milchtüten, Getränkeflaschen aus Plastik und Büroklammern. Bewahr deine Ausrüstung am besten in einem eigenen Schrank oder in einer großen Schachtel auf. Dann ist alles gut und sicher verstaut und du findest die Dinge gleich wieder, wenn du ein Experiment durchführen möchtest.

Die beschriebenen Experimente sind kinderleicht nachzumachen. Wenn du einmal Schwierigkeiten hast, dann lies die Anleitung nochmals durch und versuch es ein zweites Mal. Geh Schritt für Schritt vor. Dann wird dir der Versuch schließlich gelingen. Indianer-Ehrenwort! Bei manchen Experimenten musst du etwas Geduld zeigen. Dort, wo Pflanzen beteiligt sind, geht es etwas langsamer.

So, nun weißt du über die wichtigsten Dinge Bescheid. Jetzt kann's endlich losgehen! Wir wünschen dir viel Spaß und Erfolg beim Experimentieren!

Hilfreiche Strohhalme

Mit einem Strohhalm kannst du tolle Dinge machen: einen Zerstäuber, eine Pipette, eine Oboe und vieles mehr!

Über Strohhalme

Was ist ein Strohhalm? Wortwörtlich ist es ein trockener Stängel, der nach dem Dreschen von Hafer, Weizen, Roggen oder Gerste übrig bleibt. Diese Getreidehalme wurden in der Vergangenheit zum Trinken verwendet. Auch wenn Trinkhalme heute aus anderen Materialien bestehen, hat sich doch ihre ursprüngliche Bezeichnung erhalten.

Den ersten Trinkhalm ließ sich 1888 der Amerikaner Marvin Chester Stone patentieren. Sein Saugröhrchen wurde von Hand aus Hartpapier gerollt und mit Paraffin ummantelt. 1905 erfand Chester eine Maschine zur Herstellung von Trinkhalmen. Heute sind Strohhalme aus Papier oder aus Plastik.

1 Strohhalm aus Papier

Schneide Papier zu einem 5 x 25 cm großen Streifen. Roll das Papier diagonal, an einer Ecke beginnend, zu einer schmalen, zylindrischen Form. Befestige das lose Ende mit Klebeband.

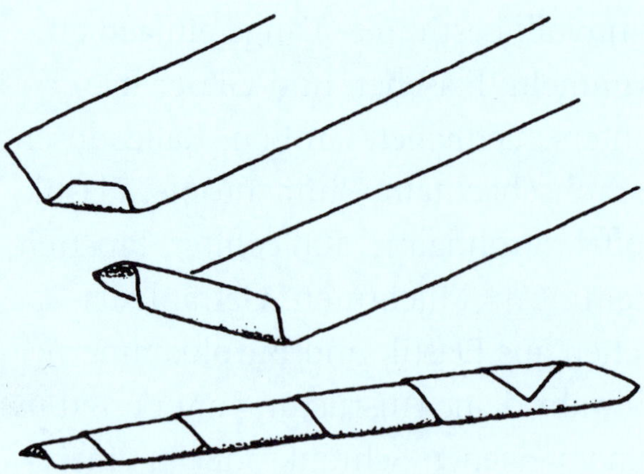

2 Saugen oder drücken?

DU BRAUCHST:
Strohhalm
Glas Wasser
leeres Glas

Denkst du, dass du beim Trinken mit einem Strohhalm die Flüssigkeit in den Mund saugst? Da täuschst du dich aber gewaltig!

Versuch: Saug Wasser in den Strohhalm. Verschließ dann das obere Ende mit deinem Finger und heb den Strohhalm aus dem Wasser. Halte den Strohhalm über das leere Glas. Nimm dann deinen Finger weg.

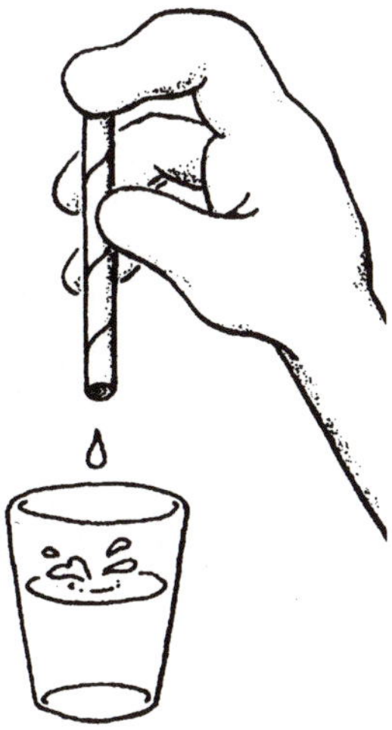

Was passiert: Solange du das obere Ende bedeckt hältst, bleibt das Wasser im Strohhalm. Sobald du aber den Finger wegnimmst, fließt es heraus.

Warum: Dein Finger verringert den Luftdruck, der von oben auf den Strohhalm einwirkt. Der jetzt größere Luftdruck unterhalb des Strohhalms bewirkt, dass das Wasser im Strohhalm bleibt.

Wenn du an einem Strohhalm saugst, ziehst du die Flüssigkeit nicht wirklich nach oben. Im Prinzip entfernst du nur die Luft aus dem Inneren des Strohhalms. Dadurch wird der Druck im Strohhalm geringer als der Druck außen. Der höhere Druck der Luft außen presst nun das Getränk durch den Strohhalm nach oben in den Mund.

3 Tröpfchen für Tröpfchen

Du kannst jeden gewöhnlichen Strohhalm in einen medizinischen Tropfer verwandeln. Saug dazu etwas Flüssigkeit in den Halm und halte sie darin fest, indem du das obere Ende mit einem Finger verschließt. Winkele deinen Finger dann

leicht ab und heb die Fingerkuppe gerade so weit ab, dass jedes Mal nur ein einziger Tropfen aus dem Strohhalm fällt.

Experimentier ruhig ein wenig herum, bis du den Dreh heraus hast. Es ist ganz leicht.

4 Wasser-Zerstäuber

DU BRAUCHST:
Strohhalm
Schere
Glas Wasser

Nach dem hier erklärten Prinzip funktionieren Fensterreiniger und Parfüm-Zerstäuber.

Versuch: Schneide den Strohhalm wie abgebildet ein. Knick ihn an der Schnittstelle und steck das kürzere Ende in das Glas Wasser. Die Schnittstelle sollte sich ungefähr 6 mm über der Wasseroberfläche befinden.

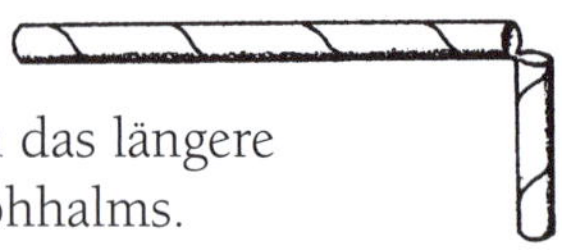

Blas kräftig in das längere Ende des Strohhalms.

Was passiert: Im Strohhalm steigt Wasser auf und verteilt sich wie bei einem Spray in der Luft.

Warum: Während du in das lange Ende des Strohhalms bläst, strömt ein Luftzug über das kurze Ende hinweg. Dadurch reduziert sich der Luftdruck an dieser Stelle. Der normale Luftdruck darunter presst Wasser durch den Strohhalm nach oben. Dieses wird von der Luftbewegung in kleinen Tröpfchen in die Umgebung versprüht.

5 Strohhalm-Oboe

DU BRAUCHST:
Strohhalm
Schere

Die ersten Blasinstrumente waren wahrscheinlich hohle Schilfgräser, auf denen Hirten Musik machten. Auch du kannst mit einem Strohhalm musizieren.

Versuch: Drück eines der Enden des Strohhalms auf einer Länge von 12–19 mm platt. Schneide die Spitzen des flachen Endes schräg an, sodass zwei Rohrblätter entstehen.

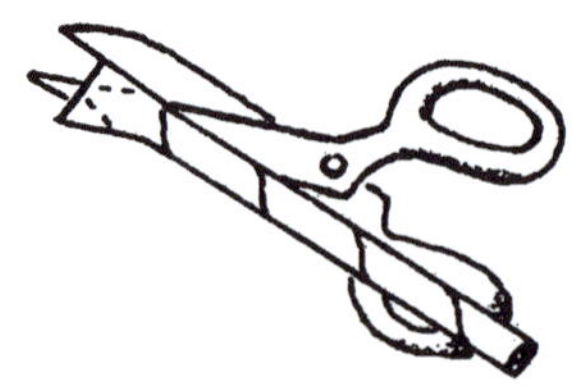

Nimm den Strohhalm so weit in den Mund, dass deine Lippen die Ecken nicht berühren. Blas nun kräftig, ohne dabei die Lippen zu spitzen. Schneide in einem Abstand von etwa 2,5 cm drei kleine Schlitze in den Strohhalm. Bedeck sie abwechselnd und blas erneut.

Was passiert: Jedes Mal, wenn du in das Röhrchen bläst und einen der Schlitze abdeckst, hörst du einen anderen Ton.

Warum: Wenn du in die Strohhalm-Oboe bläst, werden die Rohrblätter in Schwingungen versetzt und erzeugen so einen Ton. Im Röhrchen entsteht eine Luftsäule, deren Länge du durch das Öffnen und Schließen der Schlitze regulieren kannst. Dadurch wird die Tonhöhe beeinflusst. Je kürzer die Luftsäule ist, desto schneller schwingt sie und desto höher ist der Ton.

6

Wasser-Posaune

Mit einer Limonadenflasche, ein wenig Wasser und einem Strohhalm kannst du eine Posaune bauen.

DU BRAUCHST:
Wasser
Limonadenflasche
Strohhalm

Versuch: Füll die Flasche ungefähr drei Viertel voll mit Wasser. Steck den Strohhalm hinein. Blas über das obere Ende des Strohhalms hinweg. Zieh dann den Strohhalm ein wenig heraus und blas wieder.

Was passiert: Wenn du den Strohhalm ein Stück herausziehst, wird der Ton niedriger.

Warum: Du verlängerst die Luftsäule im Strohhalm und änderst damit den Ton. Nach diesem Prinzip funktioniert auch die echte Posaune.

7

Magischer Strohhalm

Du kannst einen Strohhalm „knicken" ohne ihn zu berühren.

DU BRAUCHST:
Trinkglas
Wasser
Strohhalm

Versuch: Füll das Glas zur Hälfte mit Wasser. Steck den Strohhalm hinein. Betrachte ihn von oben, von der Seite und von unten.

Was passiert: Wenn du dir den Strohhalm von der Seite anschaust, scheint er an der Wasseroberfläche geknickt oder gebrochen zu sein.

Warum: Wir sehen einen Gegenstand, weil er Lichtstrahlen aussendet, die in unsere Augen dringen. Licht breitet sich normalerweise geradlinig aus. Dringt es aber von einem Medium, wie Wasser, in ein anderes, zum Beispiel Luft, wird es gebeugt und ändert seine Richtung. Deshalb sehen wir die unter und über der Wasseroberfläche liegenden Teile des Strohhalms verzerrt.

8 Strohhalm-Waage

Diese Waage funktioniert tatsächlich wie eine richtige Waage. „Eich“ sie, indem du Gegenstände „wiegst“, deren Gewicht dir schon bekannt ist.

DU BRAUCHST:

Schere
Pappbecher
Strohhalm
Bleistift mit Aufsteck-Radiergummi
lange Nadel
Karteikarte
große Fadenspule

Versuch: Schneide zwei gegenüberliegende Kerben in den Pappbecher (A).

Schneide den Strohhalm an einem Ende ein, sodass eine kleine Schaufel entsteht (B). Befestige den Aufsteck-Radiergummi am anderen Ende des Strohhalms. Sollte die Kappe zu groß sein, kannst du sie mit Papier unterfüttern (C).

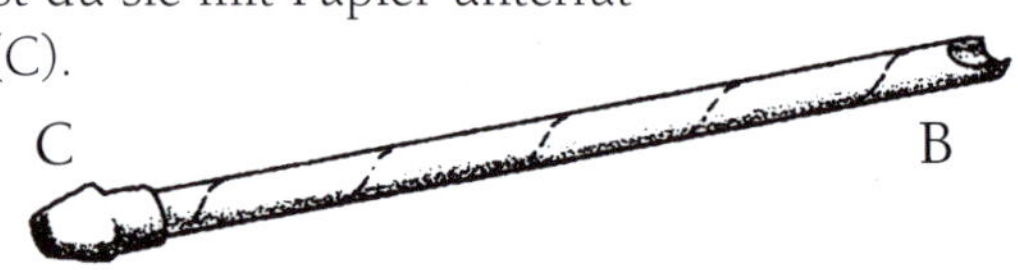

Steck die Nadel durch die Seitenwand des Bechers, dann durch den Schwerpunkt des Strohhalms und durch die gegenüberliegende Becherseite (D). Kleb die Karteikarte an den Bleistift und stecke diesen in die Spule. Die Spule stellst du so auf, dass das Schaufelende, der Zeiger, zur Karteikarte reicht (E).

Belade die Schaufel nun mit etwas Zucker oder einer Büroklammer und trag den Zeigerstand auf der Karteikarte ein.

Was passiert: Der Strohhalm neigt sich.

Warum: Deine Waage funktioniert wie eine ungleicharmige Hebelwaage. Die Stelle, an der der Hebel – das ist die Nadel – fixiert ist, wird Drehpunkt genannt. Befinden sich die beiden Arme der Waage genau im Gleichgewicht, dann liegt der Strohhalm waagerecht. Wird aber ein Gewicht aufgelegt, ändert sich das Verhältnis und die Arme gehen nach unten beziehungsweise nach oben.

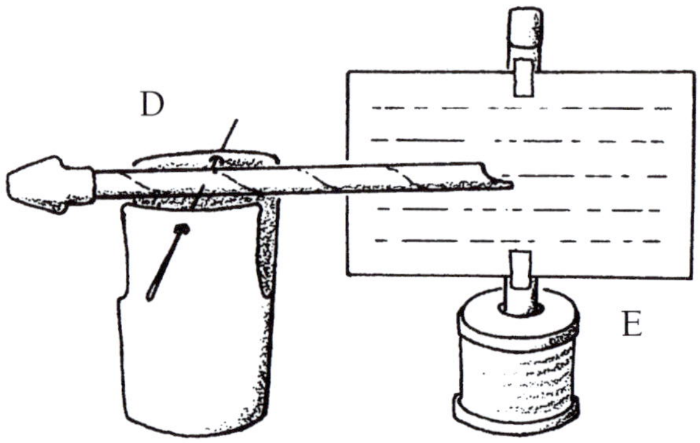

9 Wo liegt der Schwerpunkt?

Damit du den Schwerpunkt des Strohhalms findest, legst du ihn auf ein Lineal, das du auf die Kante gestellt hast. Schieb den Strohhalm so lange hin und her, bis er waagerecht liegen bleibt. Mit Sicherheit befindet sich der Schwerpunkt ganz in der Nähe des Radiergummis. Markier ihn mit einem Farbstift.

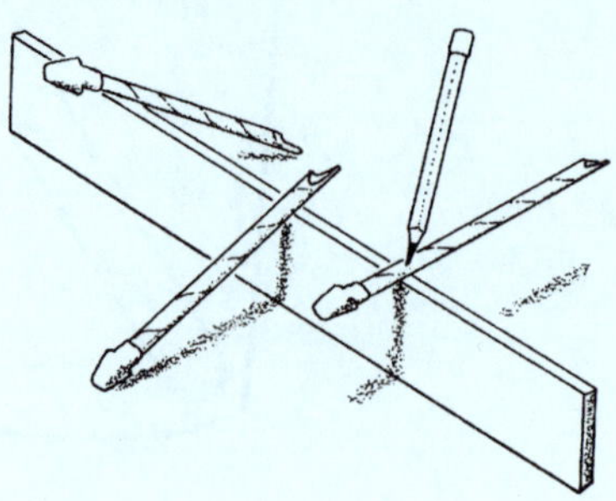

Kartoffelspieß

10

DU BRAUCHST:
rohe Kartoffel
Strohhalm

Hältst du es für möglich, dass ein gewöhnlicher Strohhalm eine Kartoffel durchbohren kann ohne dabei zu zerbrechen?

Versuch: Leg die Kartoffel vor dem Experiment ungefähr 30 Minuten lang in Wasser. Treib dann den Strohhalm mit Schwung in die Kartoffel.

Was passiert: Der Strohhalm bohrt sich in die Kartoffel ohne zu knicken oder abzubrechen.

Warum: Trägheit nennt man die Eigenschaft von Gegenständen, immer in dem Zustand zu verharren, den sie gerade einnehmen. Ein Gegenstand, der sich in Ruhe befindet (die Kartoffel), möchte diesen Zustand gerne beibehalten. Ein Objekt, das sich bewegt, hat die Tendenz, diese Bewegung in der gleichen Richtung fortzusetzen. Deshalb gelingt es dir, mit dem Strohhalm die harte Kartoffel zu durchbohren.

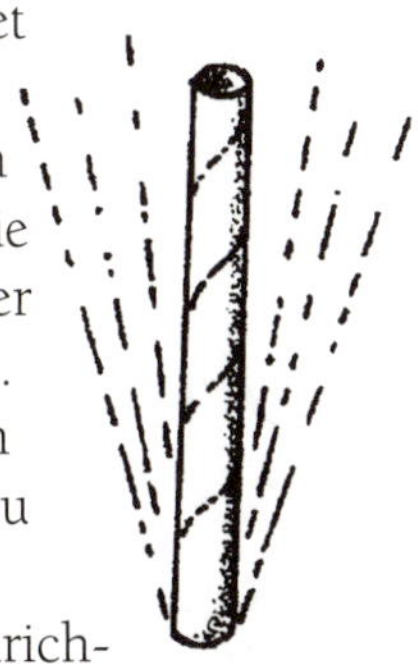

Welchen Schaden Stroh anrichten kann, ist in Gebieten zu beobachten, durch die ein Tornado fegt. Halme, die durch dic Luft geschleudert werden, können Planken von Scheunen oder Holzhäusern durchbohren.

Strohhalm-Räder

11

DU BRAUCHST:
Buch
4 Strohhalme

Erleichtern Räder die Arbeit? Probiere es aus.

Versuch: Leg das Buch auf einen Tisch und schiebe es über die Platte. Leg dann die Strohhalme auf den Tisch und das Buch darauf. Schieb es erneut über die Tischplatte.

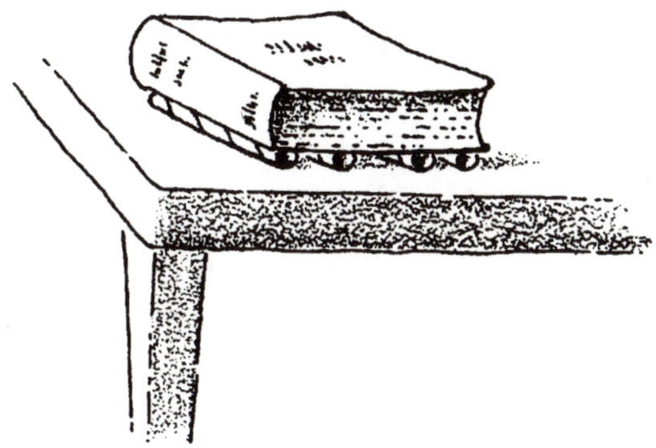

Was passiert: Wenn du das Buch ohne Strohhalme über die Tischplatte schiebst, brauchst du mehr Kraft als mit den Strohhalmen. Mit den Strohhalmen ist das Buch viel leichter zu bewegen.

Warum: Die Oberfläche eines Gegenstands ist nie vollkommen glatt. Reibt nun eine Oberfläche gegen eine andere, entsteht ein Widerstand. Die Kraft, die zur Bewegung der Körper überwunden werden muss, wird als Reibung bezeichnet. Sie hängt von der Beschaffenheit der Oberflächen ab und vom Gewicht. Je rauer die Oberflächen und je schwerer die Gegenstände, desto größer die Reibung. Wird also das Buch über die Strohhalme gerollt, entsteht weniger Reibung als durch das Schieben. Weniger Kraft ist notwendig.

Spielereien mit Papier

Beschwör doch mal eine Papierschlange, lad eine ganz gewöhnliche Tageszeitung elektrisch auf, geh durch eine Karteikarte hindurch und schlag der Schwerkraft ein Schnippchen.

Über Papier

Aller Wahrscheinlichkeit nach wurde das Papier vor fast 2000 Jahren von dem chinesischen Minister Ts'ai Lung erfunden. Dieses Papier bestand aus Pflanzenfasern und Stoffresten.

Die Kunst der Papierherstellung wurde erst 1200 Jahre später in Europa bekannt. Die erste Papiermühle im deutschen Raum ist 1389 nachweisbar. Einen wahren Boom erlebte die Papierherstellung mit Erfindung des Buchdrucks durch Gutenberg, der den Papierbedarf explodieren ließ.

Das Papier wurde damals Blatt für Blatt mit dem Handsieb geschöpft. Erst 1799 erfand der Franzose N. Robert eine Maschine, die Papier produzieren konnte. Während das Papier bis zum 18. Jh. vorwiegend aus Baumwolle und Leinen bestand, ist der Grundstoff des heutigen, sehr dünnen Papiers Zellulose. Unter den vielen Papierarten, die du in den Geschäften kaufen kannst, finden sich Briefpapier, Wachspapier, Pappe, Pergamentpapier, Packpapier, Zeitungspapier und Tapeten.

12 Stark in Form

DU BRAUCHST:

- 4 Blatt DIN-A4-Papier
- durchsichtiges Klebeband
- Dose
- Bücher

Welche dieser Formen, meinst du, ist die stabilste? Für die Stabilität eines Gegenstands ist nicht unbedingt das Material ausschlaggebend, sondern die Form.

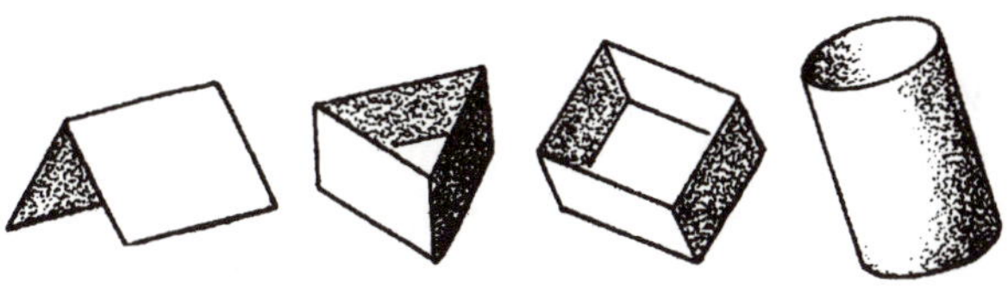

Versuch: Forme aus dem Papier unterschiedliche Körper, so wie du sie in der Abbildung siehst.

1. Falte ein Blatt Papier in der Mitte und stelle es auf die Kante.

2. Falte ein Blatt Papier zu je einem Drittel und klebe die Enden zusammen.

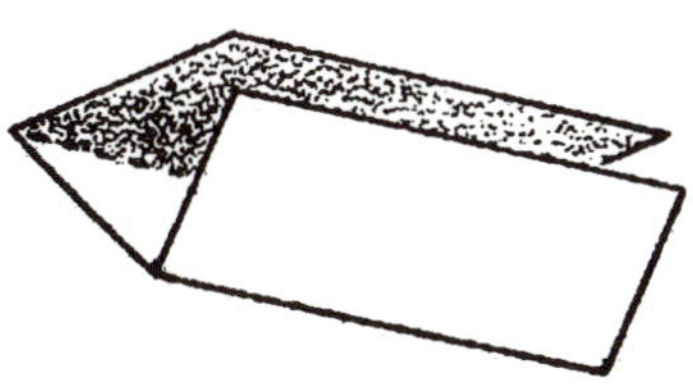

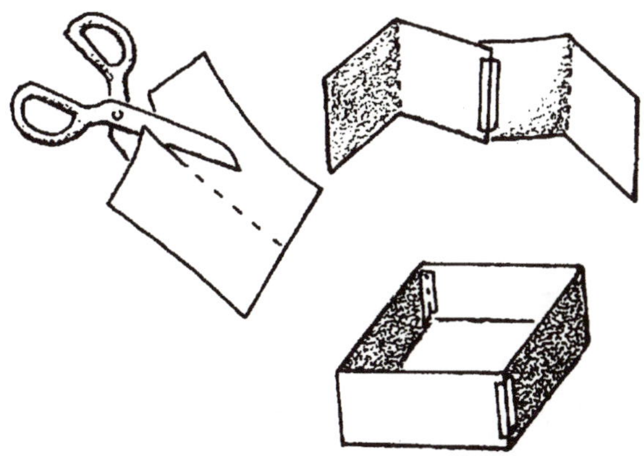

3. Falte ein Blatt Papier der Länge nach in der Mitte und schneide es an dieser Linie durch. Kleb die Streifen an den Schmalseiten aneinander. Dann falte die Streifen nochmals in der Mitte. Kleb sie zu einem Viereck zusammen.

4. Roll ein Blatt Papier um die Dose, kleb es zusammen und entfern anschließend die Dose.

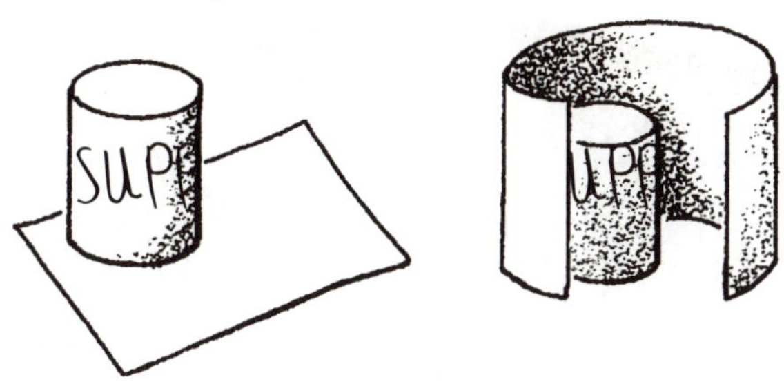

Leg nun zunächst ein leichtes Buch auf jeden Papierkörper. Schichte so viele Bücher auf die Formen, bis sie zusammenbrechen.

Was passiert: Die runde Papiersäule bricht zuletzt zusammen. Sie trägt viele Bücher.

Warum: Die Röhre ist am stabilsten, da sich das Gewicht gleichmäßig auf sie verteilt.

13 Wellpappe selbst gemacht

Dieser Versuch zeigt dir, dass Wellpappe wesentlich stabiler ist als glattes Papier.

DU BRAUCHST:
3 Blatt DIN-A4-Papier
Glas

Versuch: Falte ein Blatt Papier wie eine Ziehharmonika. Die umgeknickten Papierstücke sollten etwa 6 mm breit sein.

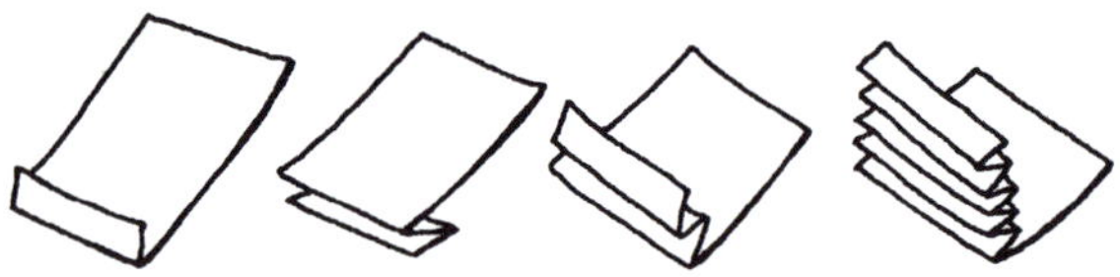

Roll das zweite Blatt Papier um eine Dose und kleb die Enden zusammen. Nimm die Dose heraus. Geh mit dem dritten Blatt Papier ebenso vor.

Stell die beiden Papiersäulen im Abstand von 10 cm auf einen Tisch. Leg dann das gefaltete Blatt Papier darüber. Stell das Glas darauf ab.

Was passiert: Das gefaltete Blatt Papier trägt das Glas.

Warum: Durch die Verwendung von selbst hergestellter Wellpappe hast du für Festigkeit gesorgt. Ein Ingenieur ersann diese Methode, um Papier kräftiger und stabiler zu machen.

14 Power-Papier

Wie viel kann Papier aushalten?

DU BRAUCHST:
Wellpappe
Schere
große Konservenbüchse
Gummi- oder Kreppband
kleines Brett (Küchen-Schneidebrett)

Versuch: Schneide einen etwa 10 cm breiten und 30 cm langen Streifen aus Wellpappe zu. Wickele den Streifen um die Dose und fixier ihn mit dem Gummiband oder mit Kreppband. Jetzt nimmst du die Dose heraus.

Leg das Brett auf die Pappsäule. Stell dich darauf.

Was passiert: Die Pappe trägt dein Gewicht ohne zusammenzubrechen.

Warum: Material und Form verleihen der Pappe ihre Stabilität.

15 Eine starke Zeitung

DU BRAUCHST:
Lineal (30 cm)
Tisch
Zeitung

Du kannst noch so kräftig blasen, diese Zeitung hält stand!

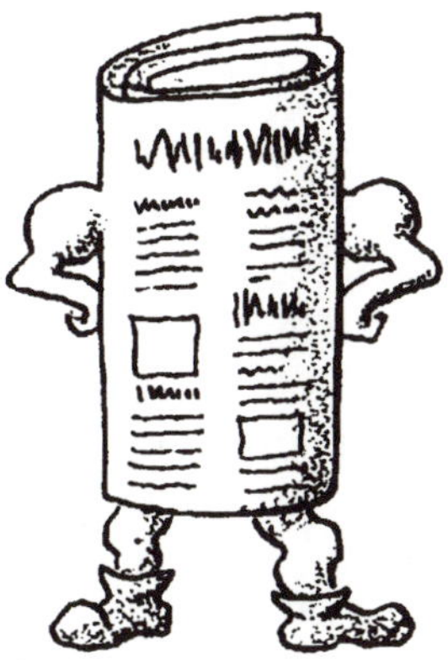

Versuch: Leg das Lineal so auf den Tisch, dass 5 cm über den Tischrand hinausragen. Leg ein doppeltes Blatt Zeitungspapier über das Lineal, sodass das Papier mit der Tischkante abschließt.

Schlag so kräftig du kannst auf den sichtbaren Teil des Lineals.

Was passiert: Die Zeitung gibt nicht nach.

Warum: Der auf dem Papier lastende Luftdruck verhindert, dass sie sich bewegt. Die Luft lastet mit einem Gewicht von 1 kg pro cm^2 auf jeder Oberfläche. Das macht bei einer Zeitungsseite durchschnittlicher Größe annähernd zwei Tonnen.

16 Unsichtbarer Schutzschild

Wenn du jemals versucht hast dich bei einem plötzlichen Regenschauer mit einer Zeitung über dem Kopf trockenzuhalten, dann weißt du, dass Wasser mit Papier nicht gerade zimperlich umgeht. Im folgenden Experiment jedoch scheint das Papier von einem unsichtbaren Schutzschild umgeben zu sein.

DU BRAUCHST:
Zeitungspapier
leeres Glas
Topf Wasser

Versuch: Zerknüll das Papier und stopf es in das leere Glas. Es soll nicht herausfallen, wenn du das Glas auf den Kopf stellst. Tauch dann das umgekehrte Glas in den mit Wasser gefüllten Topf. Nimm das Glas nach einer Minute aus dem Wasser und befühl das Papier.

Was passiert: Das Papier ist trocken.

Warum: In das scheinbar leere Glas kann kein Wasser eintreten, da es bereits mit Luft gefüllt ist. Diese wiederum kann nicht entweichen, da sie leichter ist als Wasser.

17 Ohne Sturzflut

DU BRAUCHST:
Stück Pappe oder große Karteikarte
Glas Wasser

Bis du dieses Experiment perfekt beherrschst (und vielleicht auch noch dann), führst du es am besten über dem Spülbecken durch.

Versuch: Deck das Trinkglas, das du zuvor randvoll mit Wasser gefüllt hast, mit der Pappe ab. Drück die Pappe mit einer Hand fest auf das Glas und stell es – über dem Spülbecken – auf den Kopf. Nimm die Hand, die die Pappe festhält, weg.

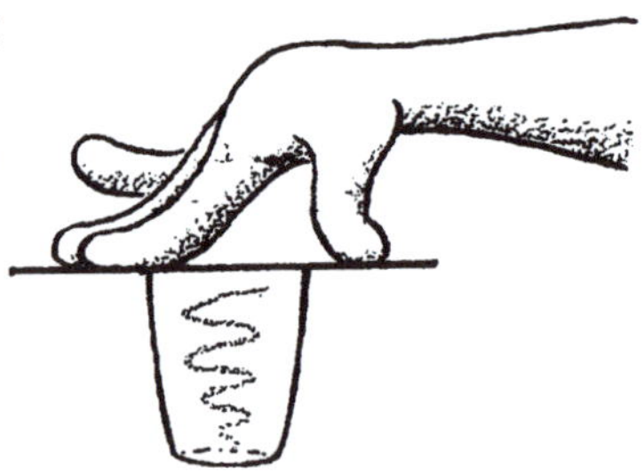

Was passiert: Die Pappe bleibt an Ort und Stelle und das Wasser bleibt im Glas.

Warum: Der Luftdruck außerhalb des Glases ist größer als der Druck des Wassers. Genau dieser Druck ist es, der das Wasser im Glas hält.

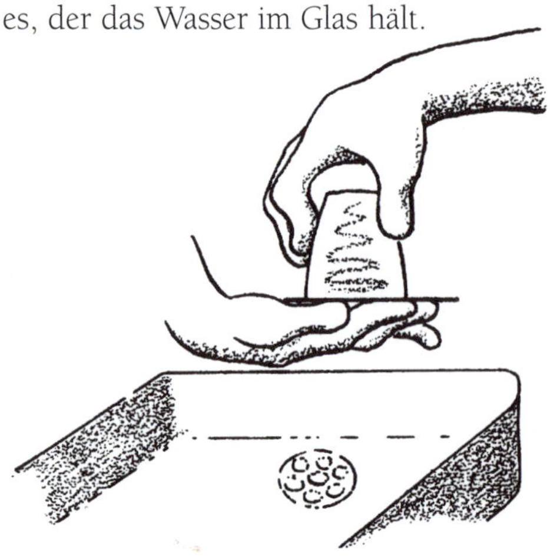

18 Serviettentrick

DU BRAUCHST:
Papierserviette
Plastikbecher

Führ auch diesen Trick dort durch, wo verschüttetes Wasser keine Katastrophe ist.

Versuch: Leg die Serviette auf den Küchentisch, sodass ein Stück über den Rand hinaussteht. Stell den mit Wasser gefüllten Plastikbecher ungefähr 2 cm von der Tischkante entfernt auf die Serviette.

Zieh die Serviette mit einem schnellen Ruck unter dem Becher heraus.

Was passiert: Die Serviette kommt unter dem Glas hervor, ohne dass es umfällt.

Warum: Bei diesem Versuch wirkt das Gesetz der Trägheit, das besagt, dass Gegenstände ihren Zustand nur unter bestimmten Voraussetzungen verändern. Der Becher kippt nicht um.

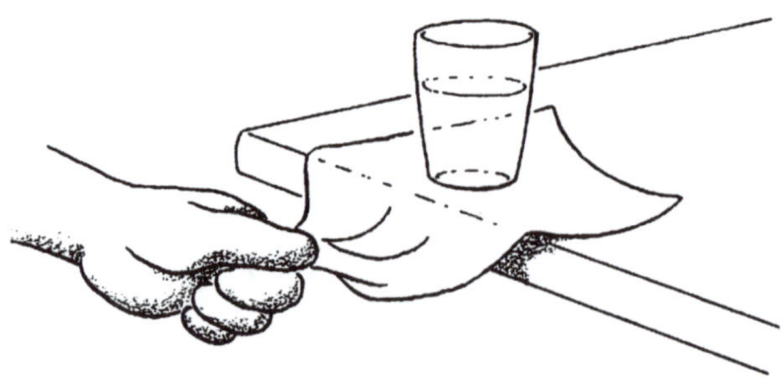

DU BRAUCHST:
6 Notizbücher oder dünne Bücher
Tisch

Auslegerbrücke

19

Eine Auslegerbrücke besteht aus zwei Balken, die im Boden der beiden Flussufer verankert sind. Lern das Gesetz kennen, das bei diesem Brückentyp für Stabilität sorgt.

Versuch: Stapele die Notizbücher an der Tischkante. Schieb das an oberster Stelle liegende Buch etwa zur Hälfte über den Stapel und über die Tischkante hinaus. Sollte es ins Schwanken geraten, schieb es wieder ein Stück zurück. Schieb nun das nächste Buch zusammen mit dem ersten nach außen, bis beide wanken. Schieb sie dann etwas zurück. Verfahr nun mit dem dritten Notizbuch ebenso. Nimm ein Buch nach dem anderen hinzu, bis alle sechs Bücher versetzt gestapelt sind.

Was passiert: Das oberste Notizbuch scheint zu schweben; der Stapel fällt aber nicht um.

Warum: Du hast den Schwerpunkt gefunden, jenen Punkt, in dem sich die Masse eines Gegenstands sammelt. Obwohl das oberste Buch fast frei schwebt, ruht mehr als das halbe Gewicht des gesamten Bücherstapels auf dem Tisch.

20

Potz-blitz!

DU BRAUCHST:
Zeitungspapier
kleines Stück Plastikfolie
Deckel einer großen Konservenbüchse

Bei diesem Experiment muss dir ein Freund helfen.

Versuch: Reib etwa 30 Sekunden lang mit der Plastikfolie über das Zeitungspapier. Leg dann den Deckel in die Mitte der Zeitung. Halte die Zeitung an den Rändern fest, während dein Freund mit einem Finger den Deckel berührt.

Was passiert: Ein Funke wird sichtbar!

Warum: Ein Funke entsteht, wenn elektrische Energie zwischen zwei Objekten fließt. Durch das Reiben mit der Folie hast du die Zeitung aufgeladen. Als dein Freund den Deckel berührte, ging die Ladung des Papiers auf den Deckel über.

Sicher hast du schon mal einen Funken bemerkt, wenn du über Teppichboden gelaufen bist und anschließend eine Türklinke berührt hast. Auch hierbei handelt es sich um elektrische Entladung. Das wohl beeindruckendste Beispiel für diese Erscheinung ist ein Blitz. Dieser riesige Funke entsteht, wenn elektrische Energie zu Boden fährt oder von einer Wolke zu einer anderen überspringt.

21

DU BRAUCHST:

dünner Karton oder schweres Papier
Schere
Faden
Lampe oder Heizkörper
Stecknadel
Bleistift mit Radiergummi
Garnspule

Schlangenbeschwörung

Mach es den Schlangenbeschwörern des Orients nach und lass eine Schlange nach deiner Pfeife tanzen.

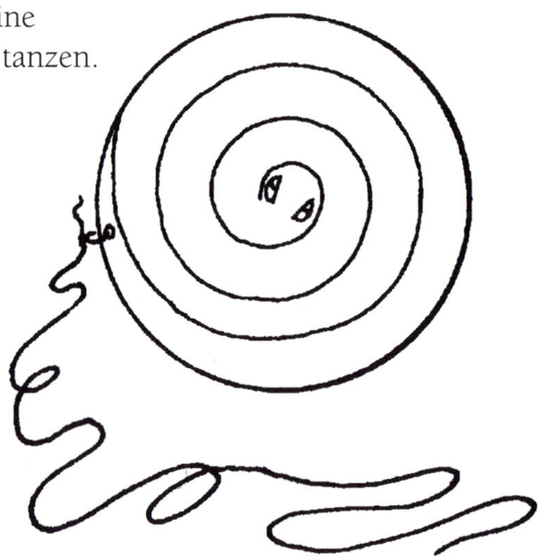

Versuch: Zeichne eine spiralförmige Schlange auf dünnen Karton oder auf dickes Papier wie zum Beispiel eine Karteikarte.

Schneide die Schlange aus und binde ein Stück Faden als „Schwanz" an ihr Ende.

Nun bastelst du einen Untersatz für deine Schlange: Befestige mit einer Stecknadel den Kopf am Radiergummi-Ende des Bleistifts, sodass sich die Schlange um den Bleistift windet. Stell den Bleistift in das Loch einer Garnspule.

Stell diese Konstruktion über einer Glühbirne oder einem warmen Heizkörper auf.

Was passiert: Die Schlange tanzt.

Warum: Warme Luft ist weniger dicht als kalte Luft. Deshalb steigt sie in die Höhe und versetzt die Papierspirale in Bewegung. Die Schlange dreht sich. Wenn du diesen Trick Freunden vorführst, begleitest du den Schlangentanz mit einer Flöte – so wie die echten Schlangenbeschwörer auf den Märkten des Orients.

22 Lass die Puppen tanzen!

Mit einem kleinen magnetischen Trick bringst du die Puppen in Bewegung.

DU BRAUCHST:

2 Blatt festes Papier
Bleistift
Schere
Leim oder Klebeand
großes Stück Pappe
2 Büroklammern
Magnet

Versuch: Falte die beiden Papierbogen zweimal der Länge nach und schieb sie ineinander. Zeichne die Hälfte einer Puppe auf die erste Seite. Arm und Bein müssen, wie in der Abbildung dargestellt, zum offenen Ende hinzeigen.

Schneide nun die aufgemalte Form aus ohne das Papier auseinander zu falten.

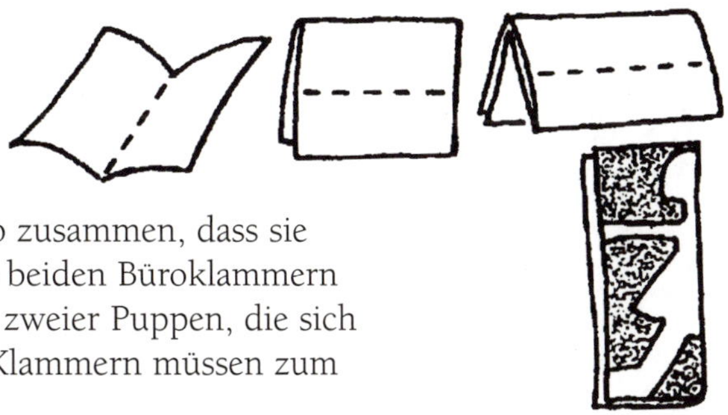

Kleb die Puppen so zusammen, dass sie einen Kreis bilden. Die beiden Büroklammern steckst du an die Füße zweier Puppen, die sich gegenüberstehen. Die Klammern müssen zum Brett ragen.

Leg die Pappe so auf den Tisch, dass ein Stück davon über die Tischkante hinausragt. Stell den Papierpuppen-Kreis so darauf, dass sich eine der Büroklammern auf dem überstehenden Teil befindet.

Beweg den Magneten unter der Pappe – zuerst nach rechts, dann nach links.

Was passiert: Die Puppen tanzen.

Warum: Die Büroklammern bestehen aus Stahl. Deshalb werden sie von dem Magneten angezogen – auch durch die Pappe hindurch. Mit dem Magneten verschiebst du die Büroklammern und mit diesen die Puppen.

23 Papier-Zauberei: das Möbius'sche Band

DU BRAUCHST:
Blatt Papier
Schere
Leim oder Klebeband
Bleistift

Ein Trick steckt dahinter, wenn ein Papierstreifen nur eine Seite hat. Dieses erstaunliche Phänomen beschrieb der deutsche Mathematiker August Ferdinand Möbius im 19. Jahrhundert.

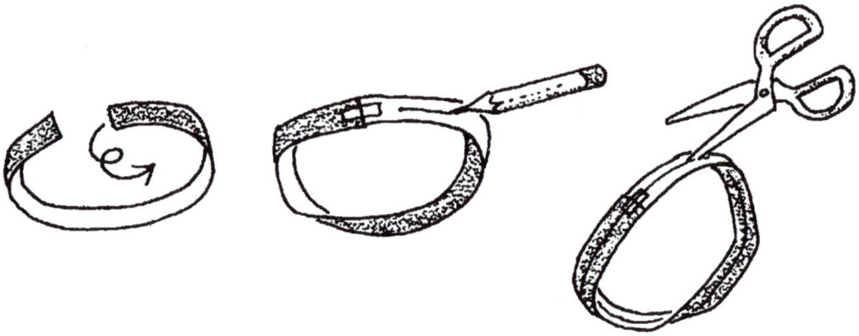

Versuch: Schneide einen 2,5 cm breiten und 25 cm langen Papierstreifen zurecht. Dreh ein Ende um 180° und kleb es mit dem anderen Ende zu einer Schlinge zusammen.

Zieh entlang der Mitte des Streifens eine Linie. Führ sie bis zum Ausgangspunkt.

Schneide mit der Schere an der Linie entlang.

Was passiert: Es gibt keine Seite ohne Bleistift-Linie! Und du erhältst nur eine Schlinge, die doppelt so lang ist wie die ursprüngliche Schlinge.

Warum: Durch die Drehung, die du in die Schlinge machst, muss der Bleistift zweimal um die gesamte Schlinge geführt werden, bevor er seinen Anfangspunkt erreicht. Auf beiden Seiten sieht man daher eine Linie. Dieser „Trick" hat sogar praktische Verwendung gefunden. Normalerweise nutzen sich Keilriemen im Auto und Fließbänder in Fabriken an der Innenseite schneller ab als an der Außenseite. Bänder, die in sich einmal gedreht sind, nutzen sich gleichmäßiger und langsamer ab, denn jede Seite wird benutzt.

Durch die Karteikarte hindurch

24

DU BRAUCHST:
große Karteikarte oder Blatt Papier (DIN-A4)
Schere

Kennst du die Geschichte von Alice im Wunderland? Das Mädchen schritt durch ein magisches Fernglas – was unmöglich erscheint. Auch du kannst das „Unmögliche“ tun – öffne eine ganz gewöhnliche Karteikarte und schreite hindurch!

Versuch: Falte die Karteikarte der Breite nach. Dann schneide sie sieben- oder neunmal (es muss eine ungerade Zahl sein) ein. Schneide dabei abwechselnd von der offenen, dann von der geschlossenen Seite her. Entfalte die Karteikarte und zieh sie auseinander.

Was passiert: Du kannst durch die Karte hindurchschreiten, ohne dass sie reißt.

Warum: Die Schnitte sind so raffiniert angelegt, dass du die Karte an einer Stelle auseinander ziehen kannst, während sie an der gegenüberliegenden Stelle zusammengehalten wird.

25 Farbenspaß

DU BRAUCHST:
- Streifen Küchenkrepp
- grüner Filzstift oder 1 Tropfen grüne Lebensmittelfarbe
- Glas (2,5 cm hoch mit Wasser gefüllt)

Ist Grün wirklich Grün oder verstecken sich darin noch andere Farben?

Versuch: Mal auf einen Krepp-Streifen etwa 5 cm von seinem Ende entfernt einen grünen Punkt. Häng den Streifen ins Wasser. Der Punkt darf nicht mit dem Wasser in Berührung kommen. Warte 15 bis 20 Minuten.

Was passiert: Der grüne Punkt verschwindet, darüber aber färbt sich das Papier blau und darüber gelb.

Warum: Die meisten Farben sind aus diversen Farbstoffen zusammengesetzt. Durch den Zusatz von Wasser oder Alkohol werden diese Grundfarben wieder sichtbar. Das Wasser steigt in dem Papierstreifen auf wie der Saft in einem Baumstamm. Dabei löst es den grünen Farbklecks auf. Da aber die Farben, aus denen sich Grün zusammensetzt – nämlich Blau und Gelb – nicht gleich schnell vorankommen, trennen sie sich und werden einzeln sichtbar.

26 Farbenzauberei

DU BRAUCHST:
- kleiner Teller
- Pappe
- Bleistift
- Schere
- Wasser- oder Plakafarben
- Lochzange
- Faden

Die nicht ganz gewöhnliche Art, Farben zu mischen.

Versuch: Zeichne mit Hilfe des Tellers einen Kreis auf die Pappe. Schneide den Kreis aus. Bemal eine Seite blau, die andere rot. Stanz, wie in der Abbildung gezeigt, kleine Löcher in die jeweils gegenüberliegenden Seiten der Scheibe und zieh einen Faden hindurch.

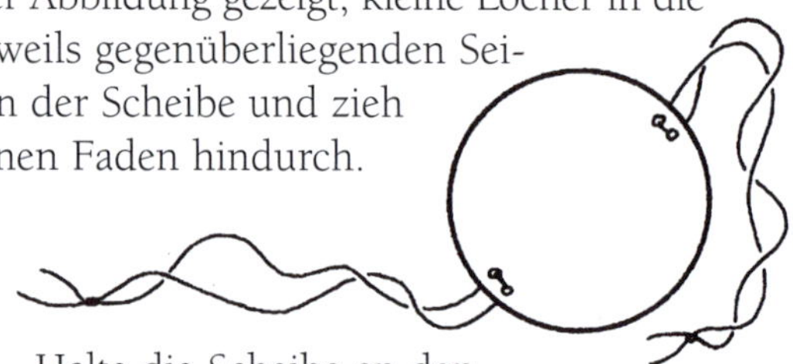

Halte die Scheibe an den Fäden und lass sie rotieren.

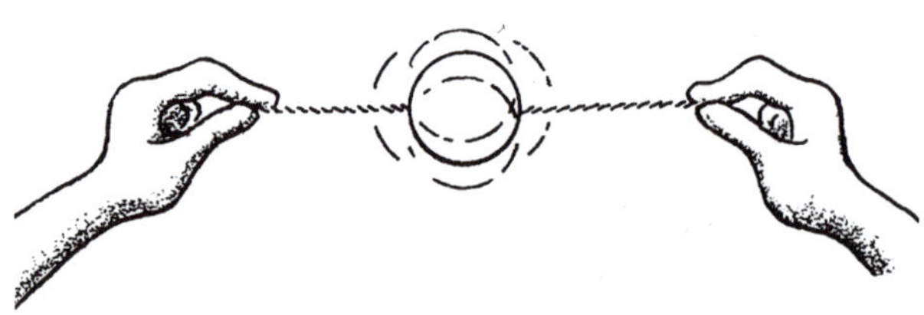

Was passiert: Du siehst plötzlich die Farbe Violett.

Warum: Das Gehirn kann die Farben, die durch die schnelle Rotation in sehr kurzen Abständen abwechseln, nicht mehr einzeln auflösen. Es mischt die Farben der Scheibe.

Was passiert, wenn du eine Seite der Scheibe rot, die andere gelb bemalst?

27

Benham'sche Scheibe

DU BRAUCHST:
weißes Papier
Schere
schwarze Tusche
Pappe
Stahlstift
Stift mit Radiergummi

Die Hand ist schneller als das Gehirn. Wirklich? Ist das, was im nächsten Versuch zu beobachten ist, echte Zauberei, ein bloßer Trick oder eine schnöde Illusion?

Versuch: Schneide einen Kreis von 10 cm Durchmesser aus dem weißen Papier. Mal eine Hälfte schwarz an. Teil die weiße Hälfte in vier

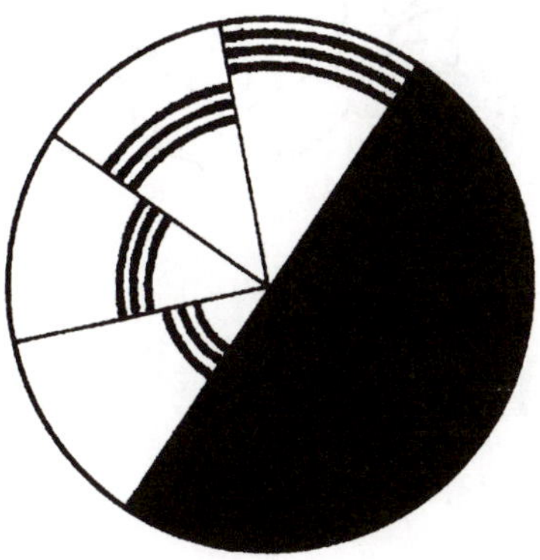

gleich große Teile auf. Mal in jedes Segment, wie gezeigt, drei etwa 19 mm breite Bogen.

Schneide einen Kreis von 10 cm Durchmesser aus der Pappe. Kleb darauf den Papierkreis.

Befestige die Scheibe mit dem Stahlstift auf dem Radiergummi des Bleistifts.

Dreh die Scheibe unterschiedlich schnell im und gegen den Uhrzeigersinn.

Was passiert: Die Bogen scheinen sich zu schließen. Sie bilden jetzt zwölf Ringe.

Warum: Die Bogen scheinen sich zu schließen und Ringe zu bilden, weil das Gehirn die neuen Informationen nicht so schnell verarbeiten kann, wie sie vom Auge aufgenommen werden. So glaubt man den Bogen auch dann noch zu sehen, wenn er bereits verschwunden ist. Auf demselben Prinzip basiert übrigens das Daumenkino.

Du kannst die Muster auf der weißen Hälfte deiner Benham-Scheibe auch beliebig variieren. Die Ergebnisse werden dich überraschen.

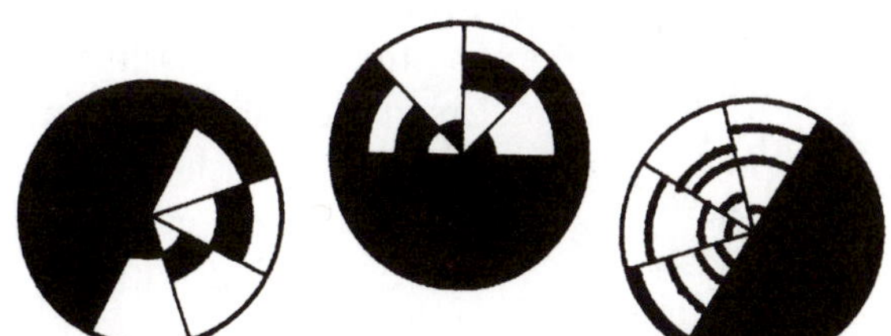

Mehr als nur Limonade

Mit ein bisschen Experimentierfreude kannst du aus einfacher Zitronenlimonade Diverses herstellen: unsichtbare Tinte, Putzmittel, Gesteinstester oder eine Raketen-Abschussrampe.

Wissenswertes

Der südliche Himalaja ist die Heimat des Zitronenbaums. Das kleine, mit Dornen besetzte Gewächs wird in Europa vor allem im Mittelmeerraum angebaut, so etwa in Spanien und Italien.

Das Fruchtfleisch der Zitrone ist reich an Vitamin C. Die Schale enthält ätherisches Öl, das zur Herstellung von Parfüms, Kosmetika und Möbelpolitur verwendet wird. Mit Zitronensaft lassen sich Rost, Tinten- und Schimmelflecken entfernen. Zitronensaft liefert Zitronensäure. Diese wird beim Textildruck dazu verwendet, das Gewebe vor Rostflecken zu schützen.

28 Unsichtbare Tinte

Verfass mit einer Zitrone eine geheime Botschaft.

DU BRAUCHST:

- ½ Zitrone
- Untertasse
- Wasser
- Teelöffel
- Wattestäbchen
- weißes Papier
- Lampe

Versuch: Press die Zitrone aus und gieß den Saft mit ein paar Tropfen Wasser in die Untertasse. Rühr mit dem Löffel um. Tauch das Wattestäbchen in den Saft und schreib damit eine Nachricht auf das Papier. Nach dem Trocknen wird die Schrift unsichtbar. Willst du die Nachricht lesen, dann erwärm das Papier an einer Glühbirne.

Was passiert: Die Worte werden sichtbar.

Warum: Der Saft von Zitronen enthält Kohlenstoffverbindungen. Diese Verbindungen sind fast farblos, wenn man sie in Wasser auflöst. Wenn man sie aber erwärmt, brechen sie auf und es entsteht Kohle. Und die ist bekanntlich schwarz, also sichtbar.

29 Putzmittel

DU BRAUCHST:

Untertasse
Teelöffel
1 Esslöffel Mehl
60 ml Wasser
Wattestäbchen
Küchenkrepp
Jod
Zitronensaft

Chemische Prozesse stecken hinter diesem Versuch. Nutze sie, um geheime Botschaften an deine Freunde zu senden. Nur wer den Trick kennt, kann sie lesen.

Versuch: Rühr mit dem Löffel Wasser und Mehl in der Untertasse glatt. Tauch ein Wattestäbchen in die Mischung und schreib damit eine Nachricht auf Küchenkrepp. Lass die Flüssigkeit trocknen. Sie ist nun unsichtbar.

Wenn du die Nachricht wieder lesen möchtest, tupfst du mit einem neuen Wattestäbchen einige Tropfen Jod darauf. Deine Nachricht erscheint in blau-schwarzer Farbe.

Nun träufelst du ein paar Tropfen Zitronensaft über den Text.

Was passiert: Deine Nachricht verschwindet.

Warum: Das Jod reagiert mit dem Mehl, einer Art Stärke. Es entsteht eine neue, blau-schwarze Verbindung.

Wenn du den Zitronensaft darüber träufelst, verbindet sich die Ascorbinsäure (Vitamin C) der Zitrone mit dem Jod und bildet eine neue, farblose Verbindung.

30 Neuer Glanz für alte Münzen

Mit Wasser und Seife lässt sich Metall nicht sehr gut reinigen. Hier muss ein Spezialreiniger her – oder Zitronensaft!

DU BRAUCHST:

Zitrone
kleines Glas
stumpfer Kupfercent oder eine andere Kupfermünze

Versuch: Press den Zitronensaft in das Glas. Lass den Cent fünf Minuten lang darin liegen.

Was passiert: Dein Cent sieht nagelneu aus!

Warum: Der stumpfe Belag, der den Cent überzog, entstand durch die Verbindung von Kupfer und Sauerstoff. So hat sich Kupferoxid gebildet.

Die Säure der Zitrone entfernt das Oxid auf chemischem Weg – und das Ergebnis? Eine strahlende Kupfermünze. Übrigens: Essig hat dieselbe Wirkung.

31 Toller Nagel

DU BRAUCHST:
2 Zitronen
kleines Glas
10–20 stumpfe Kupfercents
Salz
großer, sauberer Nagel

Kram mal deinen Pfennigvorrat hervor und stell einen verkupferten Nagel her.

Versuch: Press die Zitronen in das Glas und gib die Cent-Münzen in den Saft. Sie sollten mit Flüssigkeit bedeckt sein. Füg eine Prise Salz hinzu. Lass das Ganze drei Minuten lang stehen.

In der Zwischenzeit reinigst du den Nagel mit Wasser und eventuell etwas Scheuerpulver. Leg ihn nun in das Glas und warte mindestens 15 Minuten. Dann kannst du den Nagel wieder aus dem Zitronensaft fischen.

Was passiert: Der Nagel ist mit einer Kupferschicht überzogen.

Warum: Das Kupfer der Cent-Münzen reagiert mit der Zitronensäure und bildet eine neue Verbindung, die Kupferzitrat heißt. Wenn du den Nagel in die Lösung legst, überzieht diese Verbindung den Nagel mit einer dünnen Kupferschicht.

32 Zitrone – Retterin des Apfels!

DU BRAUCHST:
Apfel
Messer
Teller
Zitrone

Mit Zitronen kann man Äpfel frisch halten.

Versuch: Schneide den Apfel in vier Teile und leg die Apfelstücke auf den Teller. Beträufle zwei Apfelstücke mit Zitronensaft. Lass den Apfel drei Stunden lang stehen.

Was passiert: Die Apfelstücke ohne Zitronensaft werden braun. Die Apfelstücke, die du mit Zitronensaft behandelt hast, behalten ihre Farbe.

Warum: Wenn das Fruchtfleisch eines Apfels mit Luft in Berührung kommt, findet eine chemische Reaktion statt, die Oxidation genannt wird und den Apfel braun färbt. Die Ascorbinsäure in der Zitrone verhindert die Reaktion zwischen den chemischen Stoffen in der Frucht und dem Luftsauerstoff. Dadurch bleiben Farbe und Geschmack des Apfels erhalten.

33

Lackmuspapier aus Rotkohl

DU BRAUCHST:
Glas Rotkohl oder kleiner Kopf frischer Rotkohl
Küchenkrepp
Glas mit großer Öffnung

Lackmuspapier dient zum Nachweis von Säuren und Basen.

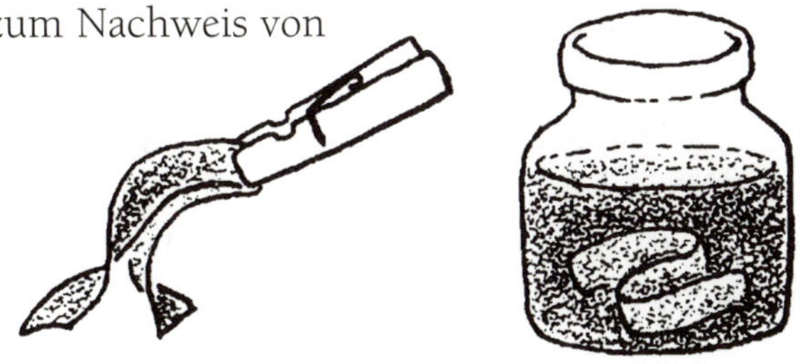

Versuch: Füll den Saft aus dem Glas Rotkohl in ein anderes Glas ab. Wenn du frischen Rotkohl verwendest, sollte dir ein Erwachsener bei der Zubereitung des Safts helfen. Schneide die Hälfte eines kleinen Kohlkopfs in Streifen und gib diese mit einer Tasse Wasser in einen Topf. Lass den Kohl 15 Minuten lang kochen und dann abkühlen. Nun gießt du den Saft ab.

Schneide zwei etwa 5 cm breite Streifen aus Küchenkrepp zurecht. Leg die Papierstreifen eine Minute lang in den Kohlsaft und lass sie anschließend trocknen. Dein Lackmuspapier ist jetzt einsatzbereit. In Säuren wird es sich rosa färben und in Basen grün.

Lackmuspapier, das in Schulen und in chemischen Labors verwendet wird, enthält den Extrakt von Flechten.

34

Säure oder Base?

DU BRAUCHST:
10 Teelöffel Rotkohlsaft
10 kleine Gläser oder Pappbecher
verschiedene Fruchtsäfte, Essig, Milch und Haushaltsprodukte

Bestimm mit deinem Rotkohl-Indikator, welche Nahrungsmittel sauer und welche basisch sind.

Versuch: Gib in jedes Glas einen Teelöffel Kohlsaft. Als Testflüssigkeiten kannst du hinzufügen: den Saft von Zitronen, Grapefruit, Tomaten oder Ananas. Du kannst auch Backpulver, Milch, Speiseöl, Seife und andere Produkte testen.

Verfärben sich die Flüssigkeiten rosa, handelt es sich um Säuren. Verfärben sie sich grün, sind sie basisch.

35 Zitrone als Lebensretter

DU BRAUCHST:
Zitronensaft
Rotkohl
Rotkohl-Lackmus-papier
Ammoniak

Giftnotruf-Zentralen empfehlen bei bestimmten Vergiftungen die „Gegengifte" Zitronensaft oder Essig. Dieses Experiment zeigt dir, warum. Du brauchst dafür Lackmuspapier, das du mit Hilfe von Rotkohlsaft selbst herstellen kannst. Wie, das erfährst du auf Seite 39.

Versuch: Gib ein paar Tropfen Zitronensaft auf einen Streifen Lackmuspapier. Auf einen zweiten Streifen tröpfelst du etwas Ammoniak. Dann träufele über den Ammoniak-Fleck ein paar Tropfen Zitronensaft.

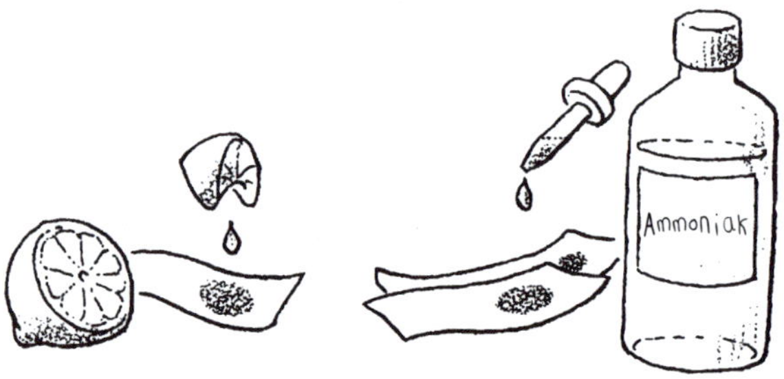

Was passiert: Der Streifen mit dem Zitronensaft verfärbt sich rosa. Der Streifen mit dem Ammoniak wird zunächst grün. Wenn du auf den grünen Ammoniak-Fleck Zitronensaft tropfst, nimmt die Stelle wieder die rötliche Farbe des Rotkohls an.

Warum: Die Farbe Rosa zeigt an, dass es sich um eine Säure handelt. Zitronensaft ist eine milde Säure, die Verbindung eines Nicht-Metalls mit Wasserstoff. Die grüne Verfärbung macht kenntlich, dass die Flüssigkeit basisch ist. Ammoniak ist eine Base, die Verbindung eines Metalls mit Hydroxid. Das Lackmuspapier nimmt seine ursprüngliche Farbe wieder an, wenn Ammoniak durch den Zitronensaft – chemisch gesehen handelt es sich dabei um das Gegenteil von Ammoniak – neutralisiert wird.

Was hat das alles mit Gift zu tun? Der Genuss von Ammoniak ist für den Menschen schädlich. Da Zitronensaft Ammoniak neutralisiert, wurde er früher als Gegengift empfohlen. Heute rät man zu einer anderen Notfallmaßnahme: Die betroffene Person soll möglichst viel Wasser trinken, um das Gift zu verdünnen, und sofort einen Arzt aufsuchen.

36 Der Luftballon bläst sich auf!

Lass die Chemie für dich arbeiten! Dieses Experiment funktioniert auch, wenn du statt des Zitronensafts 60 ml Essig verwendest.

DU BRAUCHST:

Luftballon
30 ml Wasser
leere Limonadenflasche
1 Teelöffel Backpulver
Strohhalm
Saft einer Zitrone

Versuch: Dehn den Ballon, damit er sich leichter aufblasen lässt. Gieß das Wasser in die gereinigte Flasche. Füg das Backpulver hinzu und rühr mit dem Strohhalm gut um. Füll den Zitronensaft in die Flasche und zieh den Ballon schnell über den Flaschenhals.

Was passiert: Der Ballon bläst sich auf.

Warum: Wenn Säuren (Zitronensaft) und Basen (Backpulver) sich vermischen, entsteht Kohlendioxid. Dieses Gas steigt auf und bläst den Luftballon auf.

37 Gesteinstester

DU BRAUCHST:

kleine Auswahl unterschiedlicher Steine, darunter Marmor oder Kalkstein
60 ml Zitronensaft

Wie bestimmen Geologen ihre Gesteinsfunde? Hier lernst du eine Möglichkeit kennen, wie man die Art eines Gesteins erforschen kann. Führ diesen Versuch über einem Spülbecken aus.

Versuch: Gieß den Zitronensaft über die Steine.

Was passiert: Bei einigen Steinen bilden sich Bläschen, bei anderen aber keine.

Warum: Wenn sich Bläschen bilden, handelt es sich bei dem betreffenden Stein entweder um Kalkstein oder um Marmor. Kalkstein ist ein Sedimentgestein, das unter Wasser aus Schlamm und Schwemmsand entstanden ist. Es enthält eine karbonartige Form des Kalziums, ein basisches Metall. Trifft nun Zitronensaft (eine Säure) auf den basischen Kalkstein, entsteht Kohlendioxid. Dieses lässt den Zitronensaft aufschäumen. Marmor ist eine Gesteinsart, die unter großem Druck und Hitze aus Kalkstein entsteht. Deshalb reagiert Marmor wie Kalkstein. Ein ähnliches Ergebnis erhältst du, wenn du Zitronensaft über Kreide träufelst, da auch Kreide aus Kalkstein besteht.

38 Zitronenlichterkette

Klingt zwar unglaubwürdig. ist aber wahr: Mit Zitronen kann man Strom erzeugen.

DU BRAUCHST:
2 dicke Kupferdrähte
große Büroklammer
Schere
Zitrone
Galvanometer (Auf S. 43 steht, wie du ihn selbst bauen kannst.)

Versuch: Entfern die Isolierung von den Enden des Drahts. Bieg die Büroklammer auseinander und befestige einen der Drähte an ihr. Drück und roll die Zitrone, um das Fruchtfleisch im Inneren zu lösen. Schneide die Zitrone an zwei Stellen ein, die etwa 2,5 cm voneinander entfernt liegen. Bohr das Ende eines Drahtes und die Büroklammer in die Zitrone.

Schließ die freien Enden der Drähte an die Anschlussklemmen beziehungsweise die Drähte des Galvanometers.

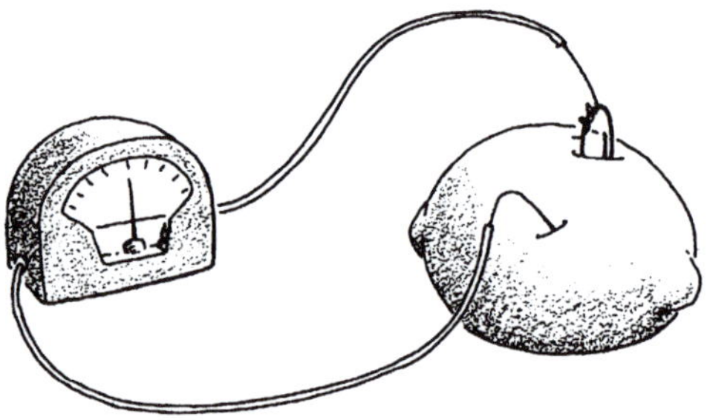

Was passiert: Der Zeiger des Messgeräts schlägt aus.

Warum: In der Säure (Zitrone) ablaufende chemische Reaktionen zwischen dem Kupferdraht und der eisernen Büroklammer lassen Elektronen von einem Metall zum anderen wandern. Sie strömen über einen Draht aus der Zitrone heraus, passieren das Messgerät und wandern über den anderen Draht zur Zitrone zurück.

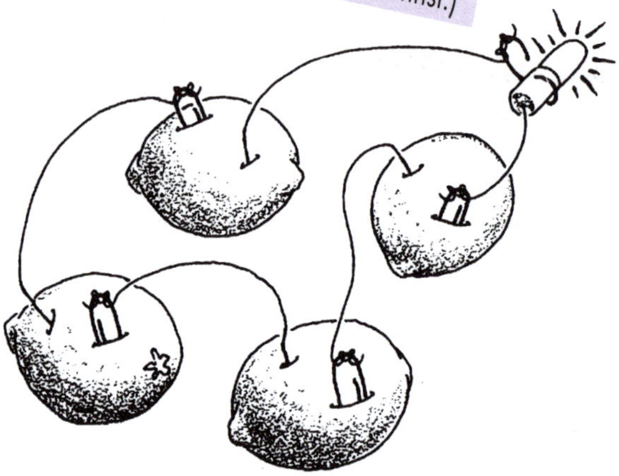

39 Zitronenlampe

Besorg dir im Elektrogeschäft eine Glühbirne mit weniger als 1,5 Volt. Schalte mehrere Zitronen hintereinander. Ordne die Zitronen so an, dass du sie, wie in der Abbildung gezeigt, miteinander verbinden kannst. Zum Schluss solltest du zwei freie Drahtenden in Händen halten, von denen eines über eine Büroklammer in die Zitrone mündet. Schließ diese Enden an die Glühbirne an. Die Lampe glüht.

40 So schmeckt Strom

Berühr die Enden der Drähte, die in der Zitrone stecken, mit der Zunge. Du wirst den Geschmack von Metall und ein Kitzeln auf deiner Zunge bemerken. Strom kannst du also in diesem Versuch schmecken und fühlen.

Galvanometer selbst gemacht 41

DU BRAUCHST:

Kompass
4,5 m Klingeldraht (aus dem Elektrofachgeschäft)
kleine rechteckige Pappschachtel
Büroklammer

Ein Galvanometer ist ein Instrument zum Messen elektrischer Spannung. Mit einfachen Materialien kannst du so ein Gerät bauen.

Versuch: Leg den Kompass in die Mitte der Schachtel. Die Enden des Klingeldrahts müssen nun vom Isoliermaterial befreit werden. Etwa 6 mm Draht sollten offen liegen.

Wickele den Draht anschließend ungefähr 24-mal fest um die Schachtel. Ein 15 cm langes Drahtstück sollte noch überhängen.

Stell den Galvanometer auf den Tisch und positionier ihn so, dass die Kompassnadel parallel zu den Windungen steht.

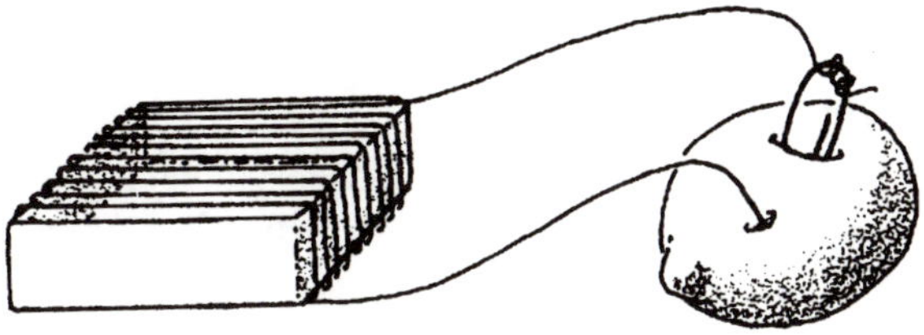

Befestige an einem Drahtende eine Büroklammer und steck beide Enden im Abstand von etwa 2,5 cm in die Zitrone.

42 Stromschlag

DU BRAUCHST:
Zitrone
Untertasse
9 Streifen Küchenkrepp (2,5 x 5 cm)
5 Eincentstücke (oder andere Kupfermünzen)
5 Fünfzigcentstücke (oder andere Münzen, die nicht aus Kupfer bestehen)

Wenn du deine Freunde ein wenig erschrecken möchtest, gelingt dir das mit diesem Experiment. Der italienische Physiker Alessandro Volta hat es vor 200 Jahren erstmals durchgeführt.

Versuch: Press den Saft der Zitronen in die Untertasse. Befeuchte die Küchenkrepp-Streifen mit dem Saft. Leg die Münzen abwechselnd aneinander und trenn sie jeweils durch einen Streifen Küchenkrepp.

Halte den Stapel mit angefeuchteten Fingerspitzen zwischen deinen Händen.

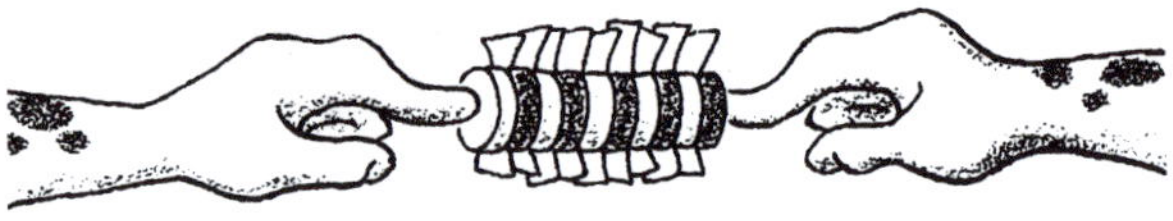

Was passiert: Du spürst einen ganz leichten Stromschlag, der überhaupt nicht gefährlich ist.

Warum: Du hast ein Nasselement gebastelt, den Vorläufer der Batterie. Der Zitronensaft, eine saure Lösung, leitet den Strom, der zwischen den unterschiedlichen Metallen der Münzen erzeugt wird.

Eine Batterie ist eigentlich eine Reihe von zwei oder mehr Trockenzellen. In jeder Trockenzelle (bestehend aus einem Behälter aus Zink und einem Kohlestab) befinden sich 32 Metalle in einer starken Säure. Dazwischen liegt jeweils Löschpapier.

43 Hausgemachte Limonade

DU BRAUCHST:
Zitrone
Messbecher
großes Glas Wasser
1 Teelöffel Backpulver
Zucker nach Geschmack

Sprudelnde Zitronenlimonade kannst du auch selbst herstellen. Versuch dasselbe doch mal mit Orangensaft!

Versuch: Press den Zitronensaft in den Messbecher und füg die gleiche Menge Wasser hinzu. Gieß die Mischung in das Glas und rühr das Backpulver unter. Süß deine Limonade mit Zucker.

Was passiert: Das Getränk sprudelt und schmeckt wie Zitronenlimonade.

Warum: Die Bläschen sind Kohlendioxid, ein Gas, das entsteht, wenn Säuren (Zitronensaft) und Basen (Backpulver) gemischt werden. Bei der industriellen Herstellung von Limonade wird Kohlendioxid in ein Gemisch aus Wasser, Aromastoffen und Zucker gepresst.

44 Zitronenrakete

DU BRAUCHST:

- leere Limonadenflasche
- Korken
- Küchenkrepp
- 2 Streifen aus Küchenkrepp (2,5 x 25 cm)
- Klebeband
- 60 ml Zitronensaft
- Wasser
- 1 Teelöffel Backpulver

Zünde eine Rakete! Halte dich dabei aber genau an die Anleitung. Schließlich soll das Ding nicht losgehen, bevor du dich in Sicherheit gebracht hast!

Versuch: Pass den Korken genau in den Flaschenhals ein. Kleb die Küchenkrepp-Streifen als Luftschlangen an den Korken. Leg ihn zur Seite; er dient als Rakete. Gieß den Zitronensaft in die Flasche. Füg so viel Wasser hinzu, dass die Flasche halb voll ist. Wickle das Backpulver in ein Stück Küchenkrepp ein. Geh ins Freie. Stopf das Backpulver-Päckchen in die Flasche und verschließ sie mit dem Korken. Stell die Flasche auf den Boden und tritt nun einen großen Schritt zur Seite.

Was passiert: Nach kurzer Zeit schießt der Korken aus der Flasche.

Warum: Wenn der Küchenkrepp von der Flüssigkeit durchweicht ist, beginnt das Backpulver zu reagieren: Kohlendioxid bildet sich. Je mehr Gas entsteht, desto größer wird der Druck in der Flasche. Schließlich wird der Korken herausgeschleudert.

45 Nachwuchs

DU BRAUCHST:

- Kerne von mehreren Zitronen
- Wasser
- Löschpapier oder Küchenkrepp
- Glas mit weiter Öffnung
- Watte

Wirf Zitronenkerne nicht weg, denn du kannst sie ganz leicht zum Keimen bringen. Vielleicht wächst dann schon bald ein Zitronenbaum in deinem Zimmer.

Versuch: Leg die Kerne über Nacht in Wasser, um ihre äußere Hülle aufzuweichen.

Feuchte Küchenkrepp oder Löschpapier an und leg das Glas damit aus. Füll das Glas mit Watte. Steck die Kerne zwischen Glaswand und Küchenkrepp.

Füll das Glas ungefähr 2,5 cm hoch mit Wasser und stell es an einen warmen, dunklen Ort, zum Beispiel in einen Schrank. Kontrollier es jeden Tag und ergänze nach Bedarf Wasser.

Was passiert: Nach sieben bis zehn Tagen beginnen die Samen zu keimen.

Warum: Die Zitronenkerne enthalten Keime, aus denen neue Pflanzen entstehen können. Für ihre Entwicklung benötigen die Keime Feuchtigkeit und Wärme. Schon bald durchbricht ein Spross die Hülle des Kerns, und die ersten Blätter, die so genannten Keimblätter, entwickeln sich.

46 Zitronen-Penizillin

DU BRAUCHST:

Zitrone

leeres, sauberes Glas oder 1 Dose

Wasser

Klarsicht- oder Aluminiumfolie

Lupe

Züchte selbst Mikroben mit einer Zitrone, Wasser, Dunkelheit – und Geduld.

Versuch: Leg die Zitrone in das Gefäß, gib ein paar Tropfen Wasser dazu und verschließ das Gefäß sorgfältig mit Folie. Bewahr es eine Woche oder länger an einem dunklen Ort auf, zum Beispiel im Küchenschrank.

Nimm dann die Zitrone heraus und untersuch sie mit der Lupe.

Was passiert: Auf der Zitrone hat sich eine grüne Schimmelschicht gebildet. Berühr den Schimmel nicht und riech nicht daran! Du könntest allergisch reagieren!

Warum: Bei dem grünen Schimmel handelt es sich um eine Pilzkolonie. Diese Schlauchpilze wachsen auf Lebensmitteln, die zu lange aufbewahrt wurden. Sie bewirken, dass sich Brot, Obst oder Käse verfärbt und einen unangenehmen Geruch verströmt. Die Medizin nutzt diesen Schimmel zur Herstellung von Penizillin. Mit Hilfe dieses Medikaments werden Bakterien bekämpft.

Leg die Zitrone nun in das Gefäß zurück und deck es wieder ab. Wirf alles in den Mülleimer und wasch dir die Hände.

47 Reifes Obst in Kürze

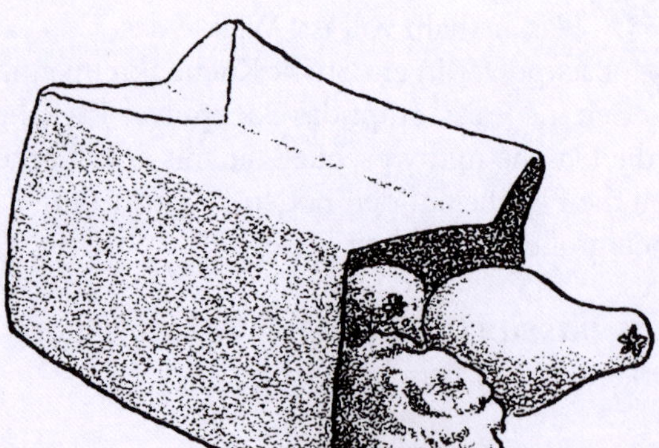

Gib eine verschimmelte Zitrone zusammen mit unreifen Birnen oder Pfirsichen in eine Papiertüte.

Schon nach einem Tag ist das Obst nachgereift. Ursache für die schnelle Reifung ist der Schimmel, der sich auf der Zitrone festgesetzt hat. Er sondert das Gas Äthylen ab, das Obst in Kürze reifen lässt.

Bevor du das Obst isst, musst du es sehr sorgfältig – am besten mit heißem Wasser – waschen. Die schimmlige Zitrone wirfst du in den Mülleimer.

ALLES QUARK!

Dein Kühlschrank hält die Zutaten für 13 faszinierende – und lehrreiche – Experimente bereit. Du kannst eine Plastikfigur selber machen, einen Lichtmesser aus Fett und Graffiti auf Eier malen.

Milch

Das erste Nahrungsmittel, das wir zu uns nehmen, ist die Muttermilch. Sie enthält alles, was wir als Baby für unsere Entwicklung brauchen. Später trinken wir die Milch der Kühe. In anderen Kulturen verwenden die Menschen auch Milch von Stuten, Ziegen, Schafen, Büffeln, Kamelen, Eseln, Zebras, Rentieren, Lamas und Yaks.

Butter

Butter – wahrscheinlich aus Büffelmilch hergestellt – ist schon seit 4000 Jahren bekannt. Anfangs wurde sie als Balsam zur Haarpflege verwendet, als Medizin bei Verbrennungen und als Brennstoff für Lampen.

Butter entsteht durch kräftiges Rühren oder Schlagen von Milch. Dabei bilden sich Fettklümpchen, die abgeschöpft, geknetet und geformt werden.

Öl

In der Antike stellte man Öl vor allem aus Oliven her. Heute verwenden wir viele unterschiedliche Öle tierischer oder pflanzlicher Herkunft. Öl kann man beispielsweise aus Baumwollsamen gewinnen, aus Kokosnüssen, Mais, Erdnüssen oder Sojabohnen.

Eier

Wild lebende Vögel wurden erstmals in Indien gezähmt. Sie liefern den Menschen seither Fleisch und die vielseitig verwendbaren Eier.

Miss Muffets Lieblingsspeise

48

Kennst du die Geschichte von Miss Muffet, die Quark und Molke trank, bis plötzlich diese Spinne daherkam? Aber was ist eigentlich Molke oder Quark?

DU BRAUCHST:
Tasse (250 ml) Milch
⅓ Tasse (83 ml) Essig
Glas mit weiter Öff-nung

Versuch: Vermisch die Milch und den Essig im Glas.

Was passiert: Die Milch sieht plötzlich anders aus. Auf dem Boden befindet sich eine dicke Substanz, der Quark. Darüber liegt eine wässrige Flüssigkeit, die Molke.

Warum: Durch die Zugabe des Essigs wird die Milch sauer und gerinnt. Sie scheidet Quark, eine Mischung aus Fett, Mineralien und dem Protein Kasein ab. Quark wird zu Käse weiterverarbeitet, Kasein ist Bestandteil von Leim.

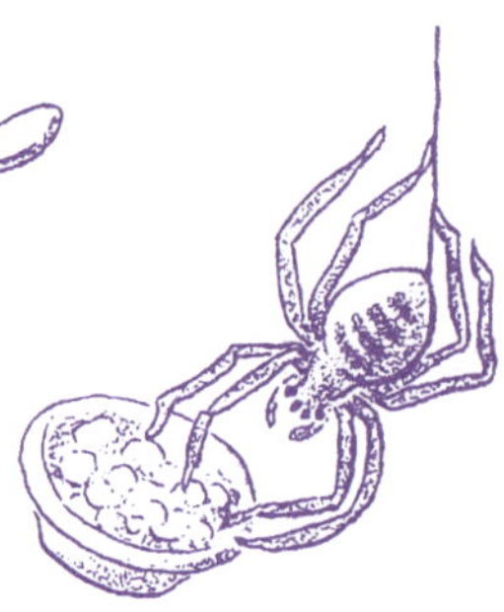

49

Plastik-figur

DU BRAUCHST:
½ Tasse (125 ml) Milch
kleiner Topf
kleines, sauberes Glas
Teelöffel Essig

Stell selbst Plastik her – und form daraus eine kleine Spielzeugfigur. Lass dir bei diesem Experiment von einem Erwachsenen helfen.

Versuch: Erhitz unter Rühren die Milch und warte, bis sich kleine Klümpchen bilden. Die Flüssigkeit lässt du dann am besten von einem Erwachsenen abgießen. Gib die Klümpchen in das Glas und füg Essig hinzu. Lass das Ganze etwa eine Stunde lang stehen.

Was passiert: Ein gummiartiger Klumpen bildet sich. Form daraus z. B. einen Ball oder ein Gesicht. Die Figur lässt du nun auf einem Papierhandtuch einige Stunden lang trocknen. Danach kannst du sie, wenn du möchtest, mit Acrylfarben bemalen.

Warum: Reagieren Milch und Essig miteinander, dann trennen sich flüssige und feste Bestandteile der Milch. Die feste Masse besteht aus Fett, Mineralien und dem Protein Kasein. Dieses besteht aus langen Molekülketten, die sich, ehe sie hart werden, wie Gummi dehnen.

50

DU BRAUCHST:
2 rohe Eier
hart gekochtes Ei

Finde das hart gekochte Ei

Wie dumm! Du hast ein gekochtes Ei in den Kühlschrank gelegt und irgendjemand hat es zu den beiden rohen Eiern zurückgetan. Du brauchst das gekochte Ei für einen Salat. Aber welches ist es nun?

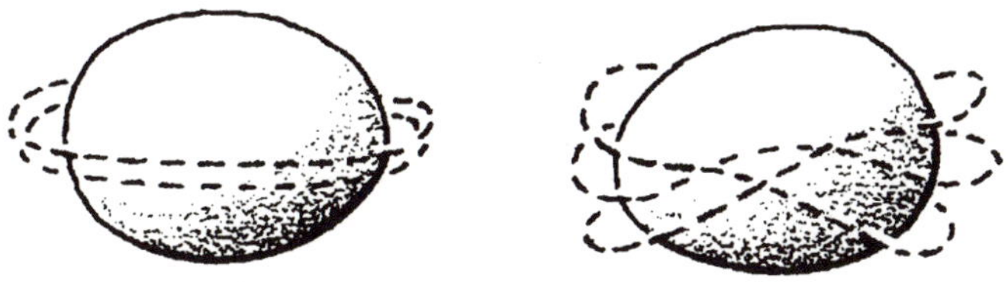

Versuch: Dreh jedes Ei und beobachte, was passiert. Berühr die Eier vorsichtig, während sie sich gerade drehen.

Was passiert: Zwei Eier „eiern", das andere dreht sich gleichmäßig. Dieses ist das hart gekochte Ei. Wenn du das sich drehende, hart gekochte Ei leicht berührst, bleibt es sofort stehen. Die rohen Eier tanzen auch noch weiter, nachdem du versucht hast sie zu stoppen.

Warum: Eiweiß und Eigelb in den rohen Eiern können sich im Ei frei bewegen. Auf Grund des Trägheitsgesetzes verzögern sie die Drehung und den Stopp. Unter Trägheit versteht man die Tendenz eines Gegenstands, seinen Zustand der Ruhe oder der Bewegung beizubehalten. Eiweiß und Eidotter des hart gekochten Eis hingegen sind fest in der Schale eingebunden. Das Ei reagiert schneller auf Veränderungen.

So schwimmt sogar ein Ei

51

DU BRAUCHST:

rohes Ei
2 Trinkgläser
Wasser
Salz

Nein – das ist kein Rätsel! Hier erfährst du, warum es einfacher ist, im Meer zu schwimmen als in einem See.

Versuch: Füll ein Glas zur Hälfte mit Wasser. Leg das Ei hinein und beobachte, was passiert. Füg jetzt drei Teelöffel Salz hinzu, rühr vorsichtig um. Wie reagiert das Ei?

Füll nun das zweite Glas bis zur Hälfte mit Wasser. Rühr zehn Teelöffel Salz hinein. Gieß vorsichtig frisches Wasser dazu, bis das Glas voll ist. Rühr nicht um. Lass das Ei vorsichtig in die Flüssigkeit gleiten.

Was passiert: In reinem Wasser sinkt das Ei zu Boden. Wenn du Salz hinzufügst, steigt es auf. Wenn du frisches Wasser in das sehr salzige Wasser gießt, schwebt das Ei in der Mitte.

Warum: Je dichter eine Flüssigkeit ist, desto stärker ist ihr Auftrieb. Durch die Zugabe von Salz erhöht sich die Dichte des Wassers.

Wenn du dem salzigen Wasser frisches Wasser zufügst, bildet das salzarme Wasser die obere Schicht. Durch diese sinkt das Ei nach unten, wird aber vom salzhaltigen Wasser getragen.

52 Der Trick mit dem Flaschen-Ei

Ist es wirklich möglich, ein Ei unbeschädigt in eine Flasche zu stecken – auch wenn die Öffnung enger ist als das Ei?

DU BRAUCHST:

kochendes Wasser

Flasche mit weitem Hals (Trinkflasche für Babys)

Topflappen

geschältes, hart gekochtes Ei

Versuch: Gieß das kochende Wasser in die Flasche. Halte die Flasche mit einem Topflappen und schwenk die Flasche mit dem Wasser aus. Leer die Flasche aus und setz das Ei ganz schnell auf die Öffnung.

Was passiert: Obwohl das Ei größer ist als die Öffnung, gleitet es durch diese hindurch.

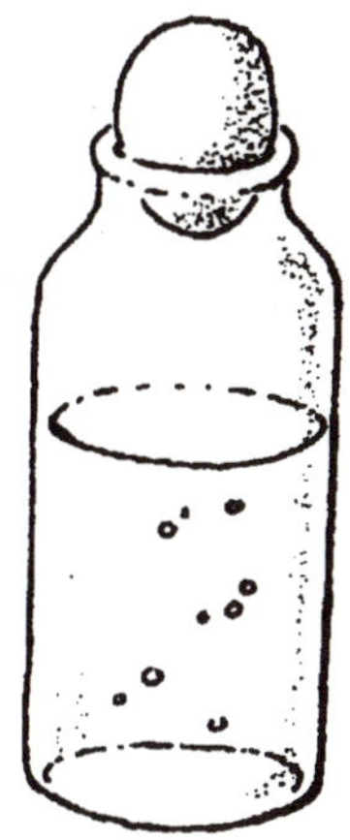

Warum: Das heiße Wasser hinterlässt Dampf in der Flasche. Ein Teil der Luft wird dadurch aus der Flasche herausgedrängt. Beim Abkühlen verwandelt sich der Dampf in kleine Tröpfchen und braucht nun weniger Platz. Dadurch verringert sich der Luftdruck in der Flasche und der nun höhere Luftdruck außerhalb der Flasche presst das Ei in die Flasche hinein.

Klar, du bekommst dein Ei auch wieder aus der Flasche. Blas 30 Sekunden lang kräftig hinein und dreh ihre Öffnung dann nach unten. Nun ist der Luftdruck in der Flasche größer als außerhalb und das Ei wird herausgepresst.

Starke Eier

53

DU BRAUCHST:
4 halbe Eierschalen
Abdeckband
Schere
Dosen

Eier sind sehr zerbrechlich, oder nicht? An die Eierschalen für dieses Experiment kommst du, wenn es bei euch zu Hause z. B. Rührei oder Omelett gibt.

Versuch: Umwickle die Eierschalenhälften an der Bruchstelle mit Abdeckband. Dann entferne mit der Schere die überstehenden Zacken, sodass die Schalen einen geraden Abschluss haben.

Leg die vier Eierschalen mit der Rundung nach oben zu einem Viereck zusammen. Stell eine Konservendose darauf. Staple so viele Dosen übereinander, bis die erste Schale einen Knacks bekommt.

Was passiert: Die „zerbrechlichen" Eierschalen halten eine ganze Menge aus.

Warum: Das Geheimnis dieser Stärke ist ihre Form. Keine einzige Stelle der Kuppeln trägt das Gewicht der Dosen alleine. Die Last verteilt sich über die Wölbung nach unten auf die breite Basis.

Eier-Graffiti

DU BRAUCHST:

hart gekochtes Ei
Buntstift
Glas
weißer Essig

54

Kannst du deine Initialen oder eine Zeichnung in ein normales Ei ritzen, ohne die Schale zu zerbrechen?

Versuch: Bemal das Ei vorsichtig mit dem Stift. Leg es anschließend in das Glas und gieß so viel Essig darüber, dass es bedeckt ist. Lass das Ganze zwei Stunden lang stehen. Gieß dann den Essig ab, gib frischen Essig dazu und lass das Glas weitere zwei Stunden stehen. Wasch die Farbspuren vom Ei ab.

Was passiert: Die Eierschale mag zerbrechlich sein, dein Schriftzug oder deine Zeichnung ist dennoch erhalten!

Warum: Die Säure des Essigs verbindet sich mit dem Kalziumkarbonat der Schale und löst einen Großteil davon auf – aber nicht an den Stellen, auf denen du geschrieben hast. Das Wachs des Farbstifts schützt die Eierschale vor dem Essig.

Öl und Wasser

55

DU BRAUCHST:

Esslöffel Speiseöl
mit Lebensmittelfarbe gefärbtes Wasser
ein schmales Glas oder eine Flasche mit Deckel oder Korken

„Die sind wie Wasser und Öl!“ So heißt es von Menschen, die nicht miteinander auskommen. Aber was ist der Grund?

Versuch: Gib je zwei Esslöffel Öl und gefärbtes Wasser in das Glas. Verschließ es und schüttle alles gut durch. Stell das Gefäß auf den Tisch.

Was passiert: Öl und Wasser vermischen sich beim Schütteln zwar, trennen sich aber wieder, wenn du die Flasche abstellst. Das Öl schwimmt oben.

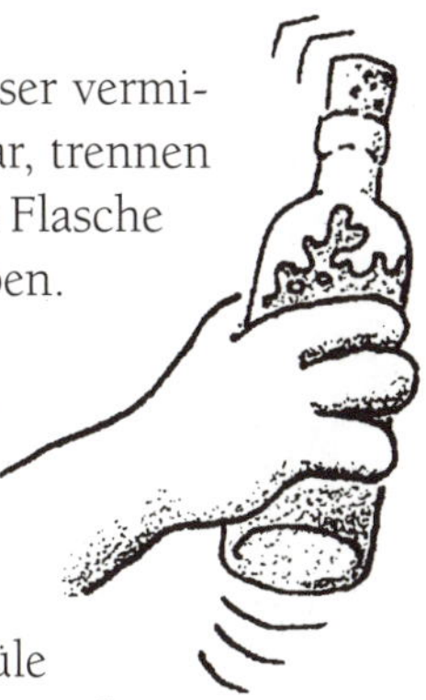

Warum: Viele Flüssigkeiten vermischen sich mit Wasser und es entsteht eine Lösung. Öl und Wasser aber bleiben immer getrennt. Die Ölmoleküle ziehen sich gegenseitig stärker an als Öl- und Wassermoleküle. Öl schwimmt auf dem Wasser, weil es weniger wiegt. Deshalb ist es so einfach, das Fett von Hühner- oder Rinderbrühe zu entfernen. Wenn diese Flüssigkeiten eine Weile stehen, besonders nach dem Abkühlen, setzen sich die Fette als feste Schicht auf der übrigen Flüssigkeit ab.

56 Flüssiges Sandwich

DU BRAUCHST:
2 Esslöffel Öl
2 Esslöffel Wasser
2 Esslöffel Honig oder Sirup
verschließbares Glas

Kannst du aus drei Flüssigkeiten ein Sandwich machen?

Versuch: Gib Öl, Wasser und Honig (oder Sirup) in ein schmales Glas. Mach den Deckel zu.

Was passiert: Der Honig oder der Sirup sinkt auf den Boden; das Öl schwimmt oben und das Wasser sucht sich einen Platz in der Mitte.

Warum: Der Honig oder der Sirup sinken ab, da sie eine höhere Dichte haben als Wasser, d. h. dieselbe Menge wiegt mehr. Das Öl schwimmt oben, da es eine geringere Dichte als Wasser besitzt.

Wie fett ist Fett? 57

Herauszufinden, ob ein Nahrungsmittel Fett enthält, ist erstaunlich einfach.

DU BRAUCHST:
weißes Blatt Papier
Bleistift
Butter oder Margarine
Erdnussbutter
Sahne oder Vollmilch
Zitrone
Honig
Kartoffelchips

Versuch: Mal sechs Kreise auf das Papier. Schreib den Namen des Lebensmittels, das du testest, jeweils an den Kreis. Bring in jedem Kreis eine Probe des jeweiligen Nahrungsmittels auf. Schau dir nach zwei Minuten das Papier von beiden Seiten an.

Was passiert: Einige Kreise sind trocken, andere fettig und die Fettflecken breiten sich aus.

Warum: Wasser und Fett erzeugen einen Fleck, da beide die Zwischenräume zwischen den Fasern des Papiers ausfüllen. Wasserflecken trocknen in der Luft. Die Fetttröpfchen bleiben jedoch erhalten. Sie können nur mit Seife oder einem Lösungsmittel wie Äther aufgelöst werden.

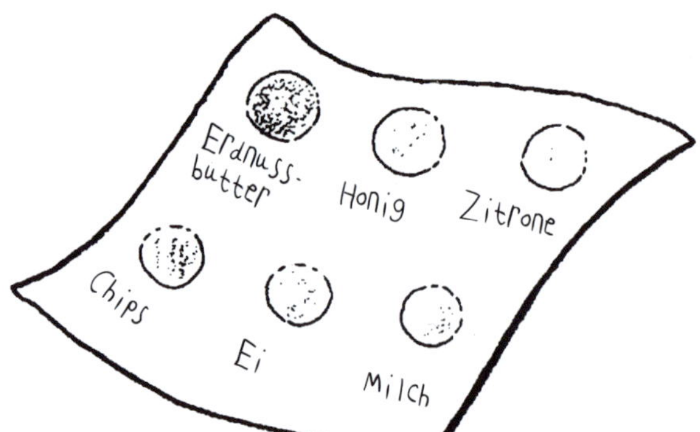

58

Lichtmesser aus Fett

Welche Glühbirne leuchtet heller? Welche Taschenlampe? Du kannst es ermitteln – wissenschaftlich korrekt.

DU BRAUCHST:
Speiseöl
Blatt weißes Papier
Küchenkrepp
2 Lampen mit Glühbirnen unterschiedlicher Wattzahl
Lineal oder Maßband

Versuch: Tropf etwas Öl auf das Papier. Lass es einziehen und wisch mit dem Küchenkrepp das überschüssige Öl ab, sodass nur ein Ölfleck übrig bleibt.

Stell die Lampen (nur mit Glühbirne, d. h. ohne Lampenschirm), in einem dunklen Raum auf einen Tisch. Sie sollten einander gegenüberstehen. Halte das Papier zunächst mehr in der Nähe der linken Lampe und beweg es dann langsam zur rechten Lampe hin. Behalte den Ölfleck im Auge.

Was passiert: Der Fleck verschwindet, wenn auf jede Seite des Papiers die gleiche Lichtmenge fällt.

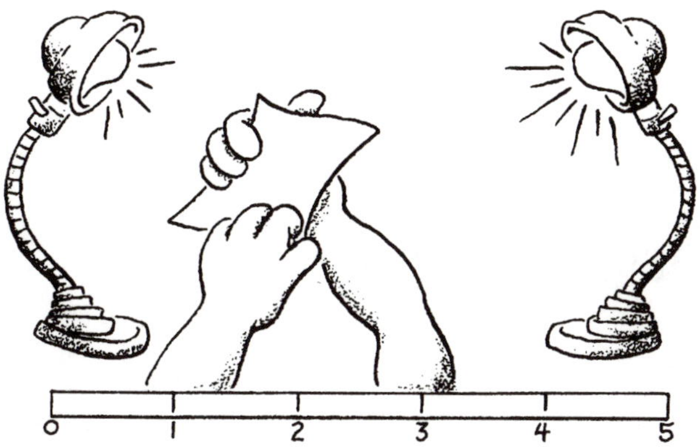

Warum: Wie kann man daran nun erkennen, welche Lampe heller strahlt?

Wenn man jeweils die Entfernung der beiden Lampen zum Papier misst und diese unterschiedlich sind, dann muss eine Lampe heller leuchten.

Wenn Lampe A z. B. 60 cm vom Papier entfernt ist, Lampe B dagegen 90 cm, dann leuchtet Lampe B heller. Wenn du wissen willst, um wie viel sie heller leuchtet, dann multipliziere die Entfernung A (60 cm) und die Entfernung B (90 cm) mit sich selbst. Teil den höheren Wert durch den niedrigeren (8100 durch 3600). Lampe B strahlt mehr als doppelt so hell wie Lampe A.

59 Vergrößerungsglas

Aus Wasser kann man ein Vergrößerungsglas machen. Wetten?

DU BRAUCHST:
Büroklammer
Butter oder Speiseöl
Glas Wasser
Telefonbuch,
Zeitung,
Poststempel, Briefmarke

Versuch: Bieg die Büroklammer zu einem Draht auseinander. Form aus diesem Draht eine Schlinge und reib sie mit Butter oder Öl ein. Tauch die Schlinge in das Glas Wasser und nimm sie heraus. Du hast nun eine Linse – einen Rahmen mit einer Schicht Wasser dazwischen.

Probier die Linse aus: an einem Telefonbuch, einer Zeitung und zum Erkennen der Details eines Poststempels oder einer Briefmarke.

Warum: Die Wasser-Linse, genau wie eine Linse aus Glas oder Kunststoff, hat eine ganz bestimmte Form. So bricht sie das Licht zweimal: wenn es in die Linse eintritt und wenn es wieder austritt. Der Winkel, in dem die Lichtstrahlen gebrochen werden, hängt von der Form der Linse ab.

Der Gegenstand, den du betrachtest, strahlt Licht aus. Das Licht trifft auf die Linse, wird gebrochen und erreicht danach dein Auge. Dein Auge sieht das Licht so, als käme es in gerader Linie von dem Gegenstand – und dieser erscheint deshalb viel größer, als er tatsächlich ist.

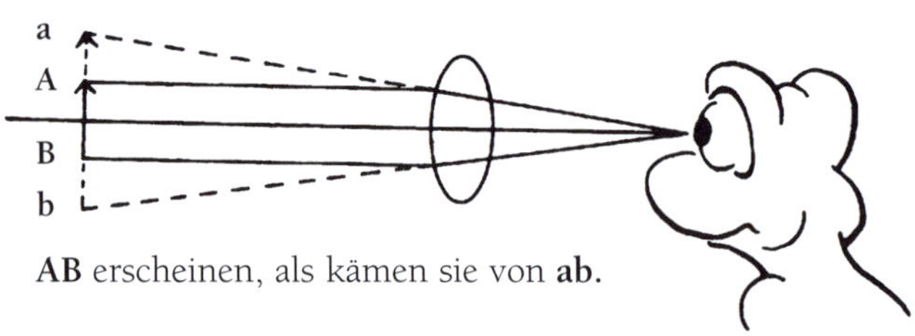

AB erscheinen, als kämen sie von **ab.**

60 X-fache Vergrößerung?

Mit kariertem Papier kannst du ermitteln, um wie viel eine Linse ein Objekt vergrößert. Wenn du ein weißes Blatt Papier verwendest, musst du selbst ein Raster aufzeichnen.

Schau durch die Lupe auf das karierte Papier. Zähl, wie viele Linien du innerhalb der Linse siehst und wie viele außerhalb (im Bereich der Linse). Wenn vier Linien außerhalb, aber nur eine innerhalb der Linse liegen, ist die Vergrößerung dieser Linse vierfach.

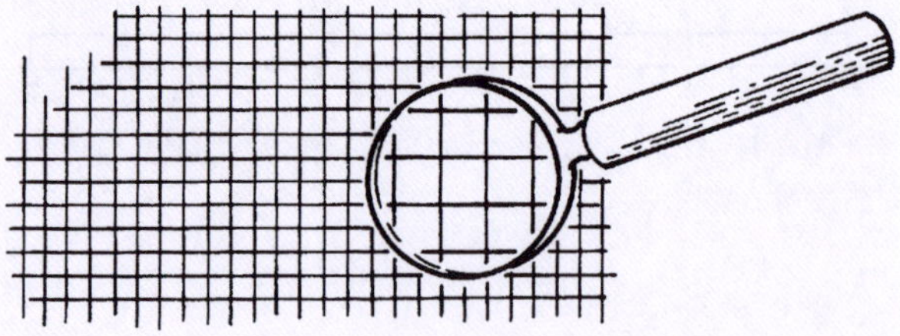

Abenteuer mit einer Schnur

Mit einer Schnur kann man tolle Versuche machen! Man kann Wasser zu einem Seiltänzer werden lassen, einen Faden in einer Flasche durchtrennen, mit einem Knopf eine schwere Last hochheben, eine Standuhr bauen – und sogar seine eigene Kraft testen!

Seile und Schnüre

Seit Jahrhunderten werden Taue und Seile, Schnüre, Garn und Faden aus Pflanzenfasern wie Hanf und Flachs, Jute und Sisal hergestellt. Die Fasern werden zusammengedreht oder geflochten. Heute kommen auch künstliche Materialien wie Nylon und Polyester zum Einsatz.

61 Der Faden-trenn-Trick

DU BRAUCHST:

Stück Faden
Glas mit Deckel
Klebeband
Lupe

Kannst du einen Faden durchschneiden, ohne ihn zu berühren – in einem verschlossenen Glas? Es ist ganz einfach, aber die Sonne muss scheinen!

Versuch: Kleb den Faden am Deckelboden fest und schraub den Deckel auf das Glas. Der Faden muss im Glas nach unten hängen.

Richte nun mit der Lupe die Sonnenstrahlen für kurze Zeit gebündelt auf den Faden.

Was passiert: Der Faden wird durchtrennt.

Warum: Die Lupe konzentriert die Sonnenwärme an einer Stelle des Fadens. Die Hitze wird so groß, dass der Faden an dieser Stelle verbrennt.

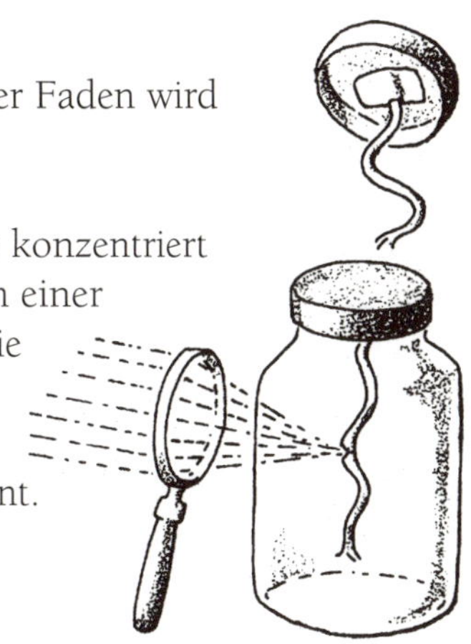

62 Seiltanz der Wassertropfen

DU BRAUCHST:
Stopfnadel
Plastikbecher
Bindfaden (30 cm lang)
Wasser
Eimer

Kann Wasser an einem Bindfaden entlanglaufen, ohne herunterzufallen? Nach diesem Versuch weißt du Bescheid.

Versuch: Bohr mit der Nadel ein Loch in den Becher, knapp unterhalb des Randes. Fädle nun den angefeuchteten Faden hindurch und fixier ihn mit einem dicken Knoten. Füll den Becher randvoll mit Wasser.

Stell den Eimer vor den linken Fuß auf den Boden. Leg das freie Ende des Fadens über den linken Zeigefinger und halte ihn über den Eimer.

Halte den Becher mit deiner rechten Hand, zieh den Faden straff und halte ihn schräg nach unten über den Eimer. Kipp den Becher und lass das Wasser langsam auf den Faden laufen.

Was passiert: Das Wasser läuft am Faden entlang bis zu deinem linken Zeigefinger und dann in den Eimer darunter.

Warum: Die Moleküle an der Wasseroberfläche schließen sich zu einer elastischen Haut zusammen, über die das Wasser den Faden entlangläuft. Diese Haut wird Oberflächenspannung genannt.

63 So geht der Achterknoten

Du kannst den Faden bei diesem Versuch auf alle möglichen Arten fixieren. Wenn du aber einen Achterknoten dafür verwenden möchtest, siehst du hier, wie er geht:

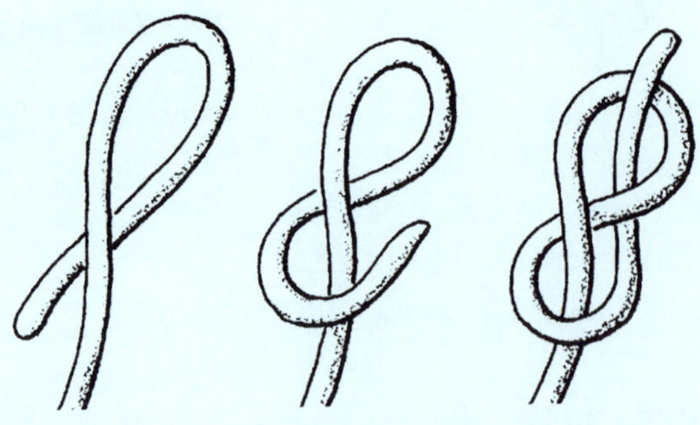

64 Salzgewinnung

DU BRAUCHST:
Glas
heißes Wasser
Esslöffel
Salz
Nagel
Bindfaden
Bleistift

In manchen Ländern wird Salz nicht in Bergwerken abgebaut, sondern durch die Verdunstung von Meerwasser gewonnen. Wenn man Salzwasser erzeugt, kann man das Salz in der Form von Kristallen wieder herauslösen.

Versuch: Füll das Glas mit heißem Wasser und misch mit einem Löffel Salz darunter, bis es sich völlig aufgelöst hat. Auf 30 ml Wasser kommt etwa ein Esslöffel Salz.

Befestige den Nagel an einem Ende des Fadens, das andere Ende wickelst du um den Bleistift. Leg den Bleistift über das Glas, sodass der Nagel im Wasser schwimmt. Er sollte den Boden nicht berühren.

Stell das Glas an einen warmen Ort.

Was passiert: Nach einigen Tagen verdunstet das Wasser und es bilden sich Kristalle am Faden. Sie schmecken salzig.

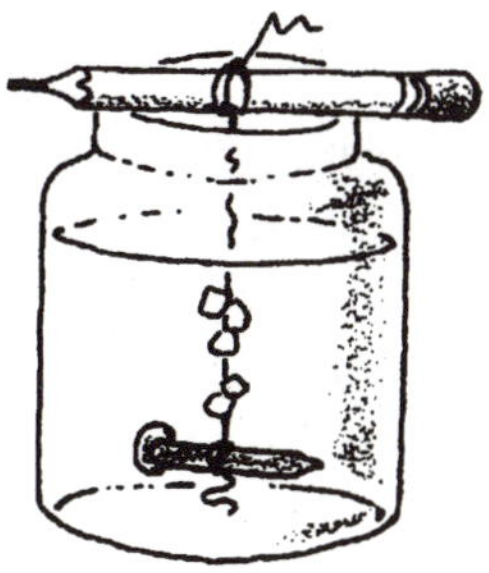

Warum: Die Wassermoleküle steigen, wie Wasserdampf, langsam auf. Je mehr Wasser verdunstet, desto enger binden sich die Salzatome aneinander. Sie bilden dabei würfelförmige Kristalle. Wenn alle Wassermoleküle verdunstet sind, bleiben nur noch Salzkristalle übrig.

65 Kandiszucker

Genauso wie Salzkristalle kann man auch Zuckerkristalle herstellen. Heraus kommt Kandiszucker. Dafür brauchst du ein etwas größeres Glas und einen längeren Faden. Misch zwei Tassen Zucker mit 125 ml Wasser und lass das Ganze zwei Tage lang stehen. Fertig!

66 Eiswürfel über Bord!

DU BRAUCHST:
Eiswürfel
Glas kaltes Wasser
Bindfaden (15 cm)
Salz

Dieser Trick ist der Hit jeder Party. Fordere deine Gäste auf, mit einem Faden einen Eiswürfel aus einem Glas Wasser zu fischen, ohne sich die Finger nass zu machen oder andere Hilfsmittel zu benutzen. Es gelingt natürlich keinem – außer dir.

Versuch: Leg ein Ende des Bindfadens auf den im Wasser schwimmenden Eiswürfel. Streu nun eine Prise Salz über die Stelle, an der der Faden auf dem Eiswürfel liegt. Warte nun zehn Minuten.

Was passiert: Der Faden friert an dem Eiswürfel fest und du kannst den Eiswürfel am Faden aus dem Wasser heben.

Warum: Durch das Salz sinkt der Gefrierpunkt des Wassers etwas unter 0 °C ab. Dadurch schmilzt der Eiswürfel an der Oberfläche leicht an. Wenn das Wasser dann wieder zu Eis gefriert, ist auch der Faden fest gefroren.

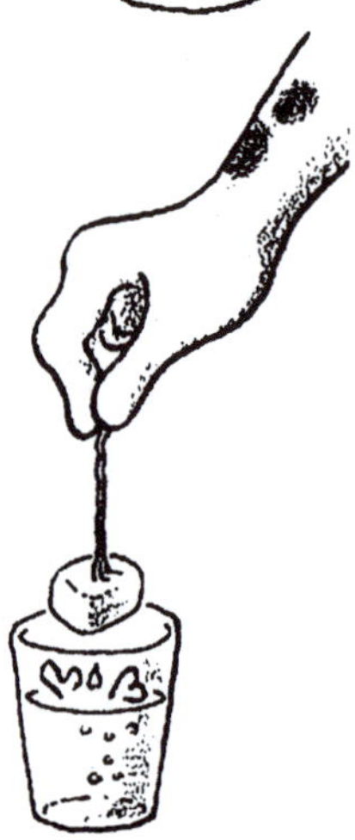

67 Schwerpunkt

DU BRAUCHST:
Pappe
Bleistift
Schere
Reißzwecke
Bindfaden
Nagel

So einfach ist es, ein Seeungeheuer tanzen zu lassen!

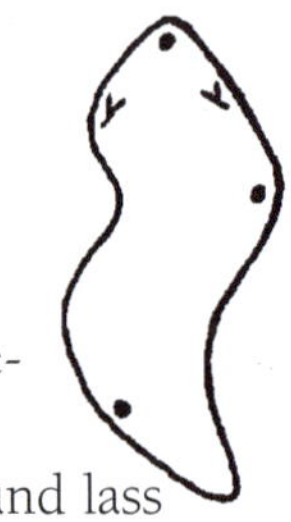

Versuch: Schneide ein Monster aus Pappe aus. Zeichne drei Markierungen auf (siehe Abb. rechts).

Fixier es an einer Markierung und lass den Nagel am Faden wie ein Lot herunter. Zeichne eine Linie entlang des Fadens. Wiederhol das bei den beiden anderen Markierungen.

Hefte das Monster an der Schnittstelle an die Wand und dreh es.

Was passiert: Das Monster dreht sich gleichmäßig, bleibt aber immer in einer anderen Position stehen.

Warum: Die drei Linien kreuzen sich im Schwerpunkt. Pinnst du die Form an einem anderen Punkt an, dreht sie sich ruckartig und bleibt immer in derselben Position stehen: dort, wo der Schwerpunkt die tiefste Stelle einnimmt.

68 Trägheit

DU BRAUCHST:
2 lange Bindfäden
dünner Holzstab
Kleiderbügel aus Holz
Lineal mit Metallkante

Du glaubst sicherlich, dass die Fäden, an denen der Stab aufgehängt ist, reißen. Doch stattdessen ...

Versuch: Binde an jedes Ende des Stabes ein Stück Bindfaden. Das jeweils andere Ende der beiden Fäden bindest du an den Kleiderbügel. Wenn du möchtest, kannst du Webeleinstek-Knoten verwenden (siehe unten). Schlag mit der Metallkante des Lineals auf den Stab.

Was passiert: Die Fäden reißen nicht! Wenn du fest genug schlägst, bricht eher der Stab.

Warum: Die Kraft des Schlages wirkt auf den Stab, nicht auf die Fäden. Und der Stab gibt nicht nach – er würde eher brechen als nachzugeben. Hier ist das Gesetz der Trägheit im Spiel: Körper im Ruhezustand neigen dazu, diesen Zustand beizubehalten.

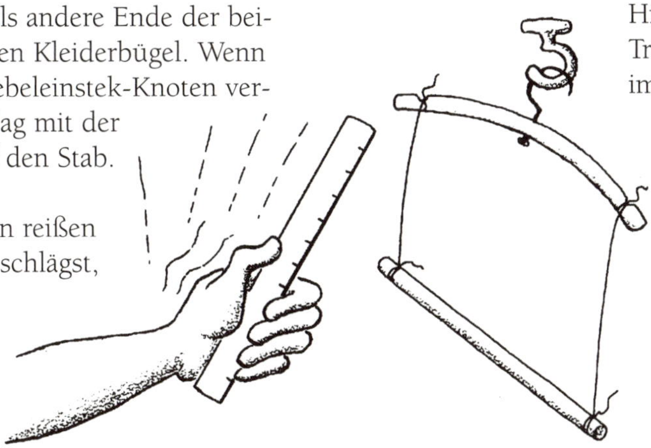

69 Webeleinenstek-Knoten

Mit diesem Knoten kann man ein Seil an einer Stange befestigen – oder einen Faden an einem Stock.

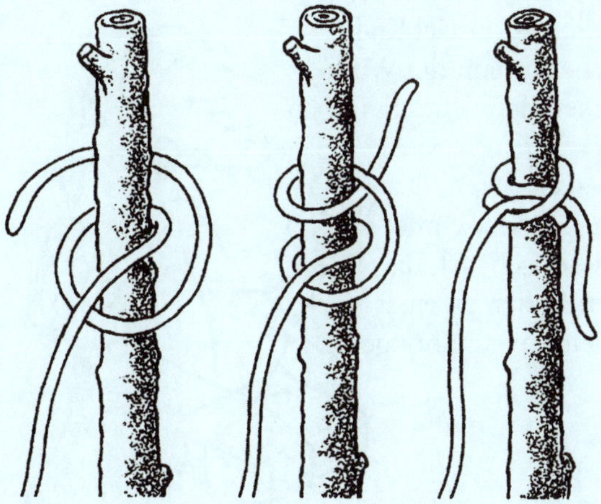

70 Schwerer als Blei

DU BRAUCHST:
Schnur
(60 bis 90 cm lang)
schweres Buch

Wetten, dass du diese Schnur nicht gerade kriegst!

Versuch: Leg die Schnur der Länge nach auf den Boden. Leg das Buch in die Mitte und binde die Schnur längs und quer um das Buch ohne einen Knoten zu machen. Halte das Buch an den beiden Schnurenden mit deinen Händen in die Höhe. Zieh nun an beiden Enden und versuch die Schnur gerade zu bekommen.

Was passiert: Du kannst die Schnur nicht gerade ausrichten – egal wie kräftig du auch ziehst.

Warum: Wenn du die beiden Enden auseinander ziehst, erscheint das Buch schwerer und schwerer. Je größer der Winkel zwischen den beiden Schnüren ist, desto mehr Kraft musst du aufwenden, um das Buch oben zu halten. Du würdest enorm viel Kraft brauchen, wenn der Winkel zwischen den Schnüren noch größer wäre – so viel Kraft, dass die Schnur reißen würde, ehe du es schaffst, die beiden Enden zu einer geraden Linie zu bringen.

71 Fliehkraft

DU BRAUCHST:
Seil
(60 cm lang)
Eimer
Softball

Warum fällt man nicht aus dem Wagen, wenn die Achterbahn einen Looping durchfährt?

Versuch: Binde das Seil fest an den Henkel des Eimers. Leg den Ball in den Eimer hinein.

Such eine Stelle, wo du viel Platz hast – am besten im Freien. Schleudere nun den Eimer so schnell du kannst an der Schnur durch die Luft.

Was passiert: Der Ball fällt nicht aus dem Eimer, auch nicht, wenn er auf dem Kopf steht.

Warum: Die Fliehkraft – sie entsteht durch die kreisende Bewegung – gleicht die Schwerkraft (die Anziehungskraft der Erde) aus und verhindert so, dass der Ball aus dem Eimer fällt.

Wenn du den Dreh wirklich raus hast, kannst du den Versuch auch mit einem Eimer voller Wasser wagen – im Freien!

72

Singende Schnur

Ob du es glaubst oder nicht, du kannst eine Schnur zum Singen bringen.

DU BRAUCHST:
kräftige, dünne Schnur oder Bindfaden (45 bis 60 cm lang)
großer Knopf mit zwei Löchern

Versuch: Fädele die Schnur durch die Knopflöcher und verknote die Enden z. B. mit dem Palstek-Knoten (siehe unten). Der Knopf soll sich in der Mitte befinden.

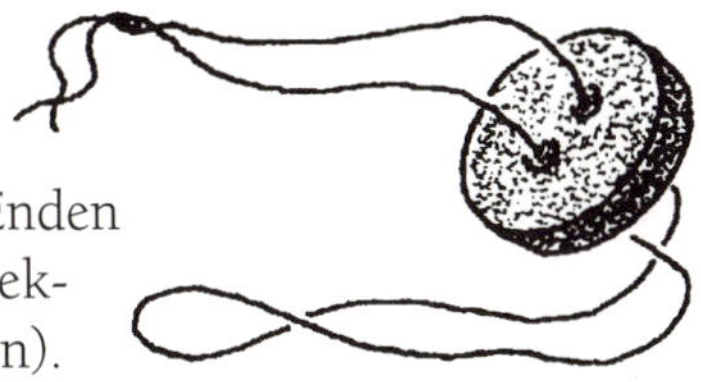

Hak deine Zeigefinger in der Schnur ein und lass den Knopf herumkreisen, sodass die Schnur sich eindreht.

Zieh deine Hände anschließend auseinander, sodass die Schnur straff ist. Verringere dann die Zugkraft auf die Schnur, indem du die Hände wieder näher zusammenbringst. Wiederhol diese Bewegungen im Wechsel.

Was passiert: Der Knopf dreht sich schnell, einmal in die eine, dann in die andere Richtung. Dreht er sich sehr schnell, hörst du ein Summen.

Warum: Wieder ist das Trägheitsgesetz der Grund: Ein Körper in Bewegung neigt dazu, diese Bewegung beizubehalten. Für das Geräusch ist die Vibration der Luft, die den Faden umgibt, verantwortlich.

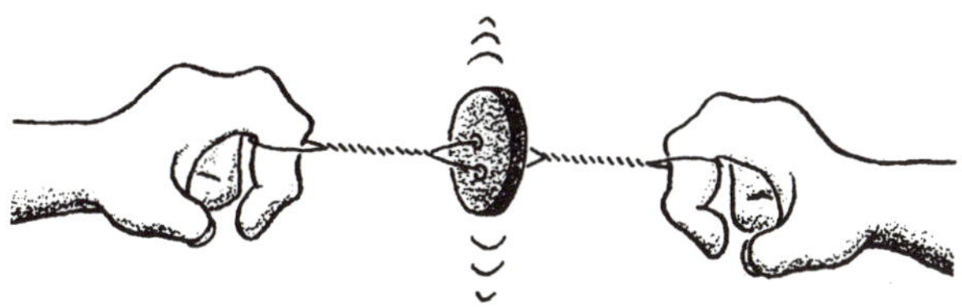

73

Palstek-Knoten

Mit dem Palstek-Knoten kann man die Enden einer Schnur verknüpfen. Rechts sind die Schritte der Reihe nach aufgezeichnet.

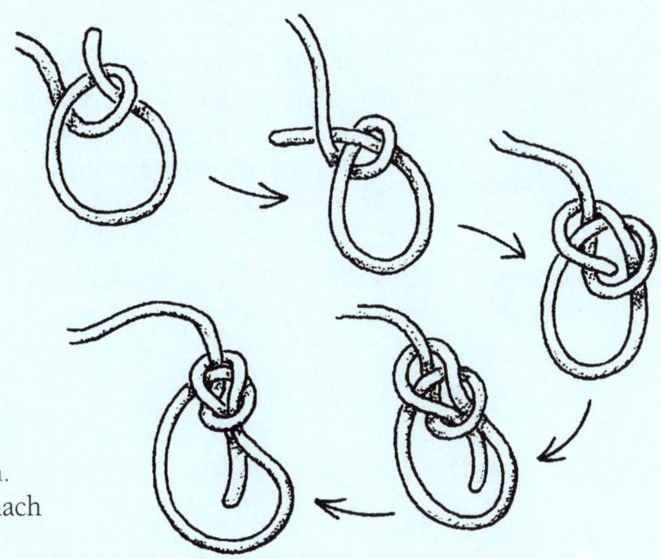

David und Goliath

DU BRAUCHST:

Schnur
(60 bis 75 cm lang)
Garnspule
Knopf
kleiner Stein

74

Kann man mit einem Knopf einen Stein heben?

Versuch: Fädele 1/3 der Schnur durch die Spule. Knote den Knopf an das kurze Ende und den Stein an das längere Ende. Halte die Spule so in der Hand, dass sich der Knopf über, der Stein unter der Spule befindet. Damit die Schnur nicht verrutscht, halte sie mit der anderen Hand etwas oberhalb des Steins kurz fest. Wirbele die Spule über deinem Kopf im Kreis herum, sodass beide Gewichte sich so schnell wie möglich bewegen.

Lass nun die Schnur auf der Seite des Steins los.

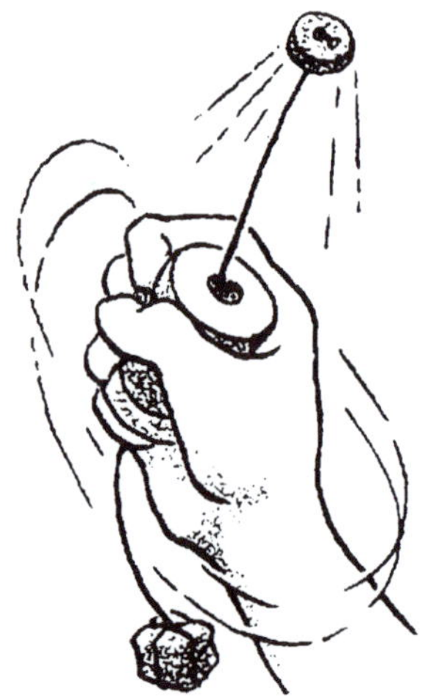

Was passiert: Es scheint, als ob das schwerere Gewicht durch das leichtere hochgehoben wird.

Warum: Natürlich ist es nicht der Knopf, der die Arbeit verrichtet. Wenn du die Gewichte schnell genug kreisen lässt, ist die Fliehkraft – sie wird von der Kreisbewegung erzeugt – größer als die Schwerkraft. Deshalb bewegt sich der Stein nach oben – entgegen der Wirkung der Schwerkraft.

75 Flaschenzug aus Besenstielen

DU BRAUCHST:
Seil oder Wäscheleine
2 Besenstiele
2 Freunde

Du bist unheimlich stark! Mit diesem Experiment kannst du es beweisen.

Versuch: Drück deinen Freunden je einen Besenstiel in die Hand. Sie sollen sich mit einem Meter Abstand gegenüberstehen. Binde nun ein Ende des Seils an einem Stiel fest und schling das Seil wie abgebildet um beide Stiele. Das freie Ende des Seils behältst du in Händen. Fordere deine Freunde nun auf die Stangen mit größter Kraft auseinander zu ziehen, während du an dem Seilende ziehst.

Was passiert: Deine Freunde schaffen es nicht, die Besenstiele auseinander zu ziehen. Im Gegenteil, du ziehst sie zusammen.

Warum: Je öfter du das Seil um die Besenstiele windest, desto länger ist das Stück, das du nach dem Ziehen in der Hand hältst. Du übst beim Ziehen nur eine geringe Kraft aus – aber über eine lange Distanz hinweg. Die resultierende Kraft ist viel größer als die von deinen Freunden über eine kurze Distanz hinweg aufgewendete Kraft.

Der Besenstiel-Flaschenzug ist eine Art doppelter Flaschenzug. Solche Flaschenzüge werden z. B. zum Heben von Klavieren, Geldschränken und schweren Maschinen verwendet.

76

Die Kraft des Atems

DU BRAUCHST:
2 lange Bindfäden oder Schnur
Buch
Holzkleiderbügel

Kannst du nur mit deiner Puste ein Buch zum Schaukeln bringen? Versuch es!

Versuch: Binde beide Schnüre jeweils um das Buch und beide freien Enden jeweils an dem Kleiderbügel fest, sodass das Buch, wie in der Abbildung zu sehen, frei schwebt.

Puste nun gegen das Buch. Wenn das Buch zurückschwingt, puste erneut dagegen.

Was passiert: Sogar durch ganz sanftes Blasen gerät das Buch schon heftig in Schwingung.

Warum: Es ist nicht nur eine Frage der Kraft, sondern auch des Zeitpunkts. Durch regelmäßiges Pusten im richtigen Moment schaukelt das Buch, auch wenn du nur ganz leicht pustest.

Schotstek-Knoten

77

Sollte ein Seil mal zu kurz sein, kann man mit dem Schotstek-Knoten einfach ein zweites Seil dranknüpfen.

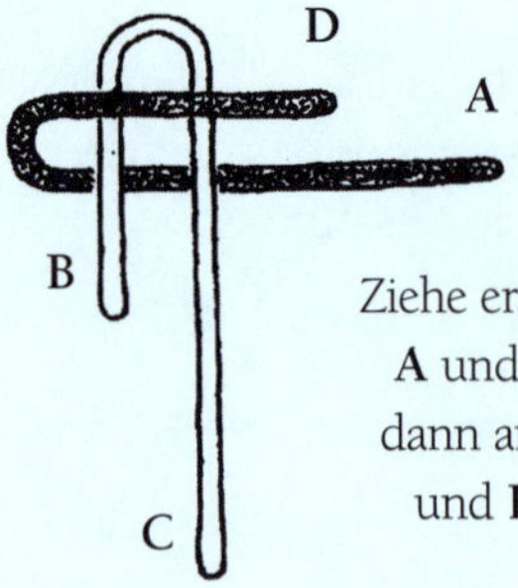

Ziehe erst an **A** und **B**, dann an **C** und **D**.

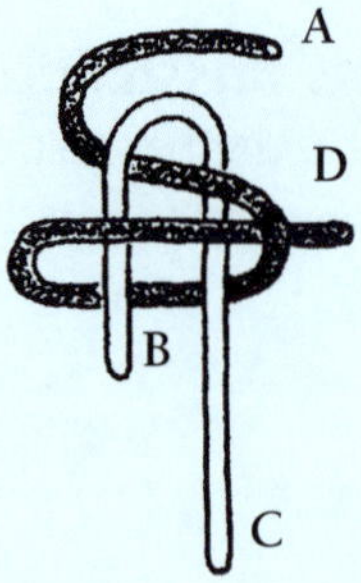

78

Swingtime

Galileo Galilei führte dieses verblüffende Experiment 1583 als Erster durch.

DU BRAUCHST:
- 4 Bindfäden verschiedener Länge
- 2 gleich lange Fäden
- Teelöffel
- 5 Büroklammern
- Wäscheleine oder Kleiderstange

Versuch: Binde den Teelöffel an einen der beiden gleich langen Fäden und die Büroklammern an die fünf restlichen. Binde nun alle fünf Fäden an die Wäscheleine und bring den Teelöffel zum Schwingen.

Was passiert: Alle Fäden, an denen eine Büroklammer hängt, beginnen zu schwingen. Die Büroklammer jedoch, die an dem Faden hängt, der die gleiche Länge wie der Faden des Teelöffels hat, schwingt kräftiger – und der Teelöffel schwingt langsamer. Dann wird der Löffel schneller und die Büroklammer langsamer – immer abwechselnd.

Warum: Der Schwung des Teelöffels breitet sich aus und gibt allen anderen Fäden und Büroklammern einen Schubs. Aber jeder Faden schwingt, abhängig von seiner Länge, in einem anderen Rhythmus. Nur eine Büroklammer – jene, die im selben Rhythmus wie der Teelöffel schwingt – wird im passenden Moment angestoßen, sodass ihr Schwung sich erhöht. Sie schwingt heftiger als die anderen – bis sie wieder Energie abgibt, und zwar an den Faden mit dem Löffel, der nun wieder stärker zu schwingen beginnt. Der Teelöffel und die Büroklammer mit dem Faden gleicher Länge fahren fort abwechselnd schneller und langsamer zu werden.

79 Großvaters Pendeluhr

So kann man nur mit einer Schnur die Zeit messen.

DU BRAUCHST:

4 Schnüre unterschiedlicher Länge (25 cm, 50 cm, 97,5 cm und 120 cm)

kleines Gewicht, z. B. eine Münze oder Schraubenmutter

Deckenhaken oder Kleiderhaken

Uhr mit Sekundenzeiger

Bleistift

Papier

Versuch: Binde das Gewicht an die 120 cm lange Schnur und befestige sie am Kleider- oder Deckenhaken. (Solltest du keine Schnur haben, die lang genug ist, kannst du mit dem Schotstek-Knoten, siehe S. 66, ein Stück anknüpfen.)

Zieh die Schnur etwas zur Seite und lass sie los. Zähl, wie oft sie in 60 Sekunden hin- und herschwingt. Zieh dann die Schnur ein Stück weiter zur Seite und zähl wieder, wie oft sie in 60 Sekunden hin- und herschwingt. Schreib die Zeiten auf.

Wiederhol nun das Experiment mit den anderen, unterschiedlich langen Schnüren. Schreib dir dabei immer auf, wie oft die Schnur in 60 Sekunden hin- und herschwingt.

Was passiert: Das Gewicht an der 97,5 cm langen Schnur schwingt in 60 Sekunden 60-mal hin und her.

Warum: Eine Pendelbewegung dauert immer gleich lange, unabhängig davon, wie weit das Pendel ausschlägt oder wie schwer das Gewicht ist. Aber je länger das Pendel ist, desto mehr Zeit benötigt es für einen Ausschlag. Und je kürzer das Pendel ist, desto schneller schwingt es.

Wenn eine 97,5 cm lange Schnur 60-mal pro Minute hin- und herschwingt, dann folgt daraus, dass mit jedem Ausschlag eine Sekunde verstreicht. Eine Schnur dieser Länge kannst du als einen sehr zuverlässigen Zeitmesser verwenden.

Der niederländische Physiker und Mathematiker Christiaan Huygens entdeckte dieses Prinzip und erfand 1673 die Pendeluhr.

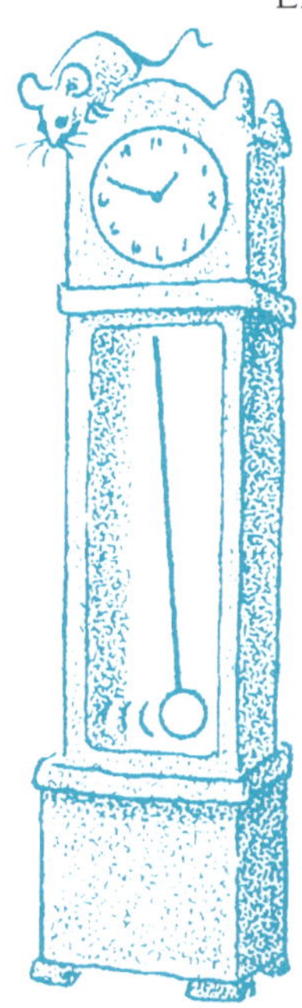

80 Bindfaden-Waage

DU BRAUCHST:

Klebeband
3 Bindfäden unterschiedlicher Länge (10 cm, 15 cm, 20 cm)
Lineal (30 cm)
Draht-Kleiderbügel
12 Büroklammern

Mit ein paar Bindfäden kannst du eine Waage bauen. Teste sie mit leichten Gegenständen.

Versuch: Kleb den 15 cm langen Faden in der Mitte des Lineals fest. Binde das freie Ende des Fadens, wie auf der Abbildung zu sehen, an den Kleiderbügel.

Befestige die anderen beiden Fäden am Lineal; jeder muss gleich weit vom Ende entfernt sein.

Bieg eine der Büroklammern so zurecht, dass sie, wenn du sie auf das Lineal steckst, nicht verrutscht. Schieb sie so lange hin und her, bis das Lineal waagerecht hängt.

Hak zwei Büroklammern ineinander und häng sie an den 20 cm langen Faden. Nun häng so viele Büroklammern an den 10 cm langen Faden, bis das Lineal wieder gerade hängt.

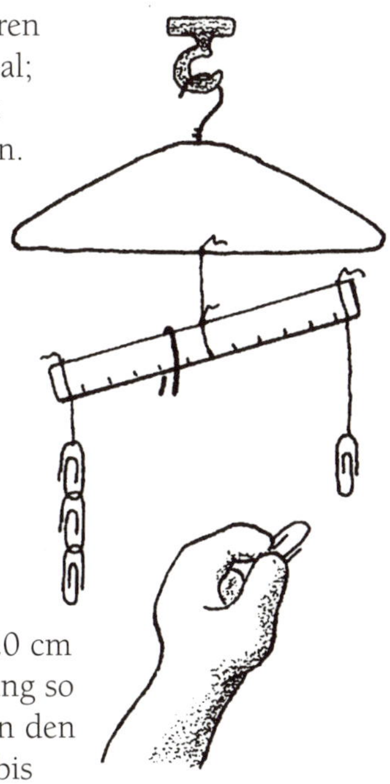

Was passiert: Du musst 4 Büroklammern an den 10 cm langen Faden hängen, um das Gewicht von 2 Büroklammern am 20 cm langen Faden auszugleichen.

Warum: Bei der Balkenwaage muss das Gewicht einer Seite, (2 Büroklammern) multipliziert mit der Länge (20 cm), dem Gewicht der anderen Seite, (4 Büroklammern) multipliziert mit der Länge (10 cm), entsprechen.

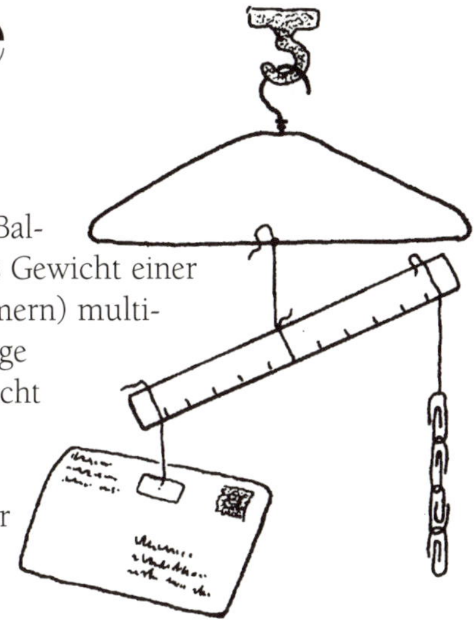

81 Eiche die Waage

Du kannst alles Mögliche mit deiner Waage wiegen. Sie eignet sich jedoch besonders gut als Briefwaage.

Wie viele Büroklammern musst du an den 20 cm langen Faden hängen, wenn du einen 30 Gramm schweren Brief an den 10 cm langen Faden hängst?

Wenn du das ermittelt hast, kannst du schnell feststellen, ob deine Briefe ausreichend frankiert sind.

Schmierseife & Co.

Einen Kreis zaubern, ein Schiff versenken, Zahnstocher tanzen und Schaum für sich arbeiten lassen – all das geht mit Seife.

Wissenswertes über Seife

In grauer Vorzeit wuschen sich die Menschen mit Wasser und Holzasche. Danach pflegten sie ihre gereizte Haut mit tierischen oder pflanzlichen Ölen und Fetten.

Vor ungefähr 2000 Jahren erfanden die Gallier eine Seife, die Holzasche und tierische Fette in sich verband. Sie blondierten sich damit auch die Haare.

Eine Seifenfabrik und parfümierte Seife hat man in Pompeji gefunden, der Stadt, die im ersten Jahrhundert n. Chr. durch einen Vulkanausbruch zerstört wurde.

Heute verwenden Seifenhersteller Fette, Lauge (eine aus Holzasche hergestellte Base) und Salz. Bevor die Seife in den Handel kommt, werden ihr noch Duft-, Farb- und Konservierungsstoffe beigefügt.

Obwohl das Wort Detergentien Reinigungsmittel aller Art bezeichnet, wird es heute in erster Linie für Reinigungsmittel verwendet, die künstlich, auf der Basis von Erdöl, hergestellt werden. Detergentiene kamen erstmals in den 1950er Jahren auf den Markt.

82 Zauberkreis

DU BRAUCHST:
Schüssel voll Wasser
Stück Seife
Faden (30 cm)

Deine Freunde werden denken, dass du magische Kräfte besitzt, wenn du diesen Trick vorführst.

Versuch: Füll die Schüssel mit Wasser. Leg ein Ende des Fadens über das andere, sodass er eine Schlaufe bildet. Knüpfe aber auf keinen Fall einen Knoten. Leg den Faden nun auf die Wasseroberfläche. Anschließend berührst du das Wasser in der Mitte der Schlaufe mit dem Seifenstückchen.

Was passiert: Aus der Schlaufe wird ein Kreis.

Warum: Die Seife hat die Oberflächenspannung des Wassers zerstört. Allerdings nur innerhalb der Schlaufe. Jenseits des Kreises kann sich die Seife nicht ausbreiten, denn der Faden wirkt wie ein unüberwindbares Hinderniss. Deshalb behält das Wasser außerhalb des Kreises seine Oberflächenspannung bei und zieht in Richtung des Schüsselrandes. Auch der Faden wird mitgezogen und so entsteht eine kreisrunde Schlaufe.

83 Schiffbruch durch Seife

DU BRAUCHST:
Nadel
Tasse Wasser
Pinzette
1 Teelöffel flüssige Seife (Spül- oder Waschmittel)
Pipette

Seifenlauge eignet sich besser zum Waschen als klares Wasser. Warum?

Versuch: Lass die Nadel auf dem Wasser schwimmen. Das geht am besten, wenn du sie mit der Pinzette aufsetzt. Füg vorsichtig, Tropfen für Tropfen, die Seife hinzu.

Was passiert: Durch die Hinzugabe von Seife versinkt die Nadel.

Warum: Um es vorwegzusagen, die Nadel schwimmt eigentlich nicht. Sie liegt auf der unsichtbaren, elastischen Haut des Wassers.

Die Anziehungskraft zwischen Wassermolekülen ist groß, besonders an der Wasseroberfläche. Dadurch entsteht eine Spannung – genug Spannung, um einen Gegenstand zu tragen, von dem du meinst, er würde untergehen. Die Oberflächenspannung verhindert auch, dass das Wasser Schmutz-, Staub- und Rußteilchen auf der Haut oder auf der Kleidung umschließt.

Seife im Wasser treibt die Wassermoleküle auseinander, wodurch sich die Oberflächenspannung reduziert. Das ist die Erklärung dafür, warum die Nadel untergeht – und warum Seife Schmutz wegwäscht.

84

Seifen-antrieb

DU BRAUCHST:
Karteikarte
Lineal
Schere
Schale mit Wasser
flüssige Seife

Kann man mit Seife ein Boot antreiben? Nun ja, vielleicht ein sehr kleines – in einem kleinen Pool oder in der Badewanne.

Versuch: Schneide nach dem Muster in dieser Abbildung aus der Karteikarte ein kleines Boot aus (5 x 2,5 cm). Fertige einen kleinen Schlitz, als „Motor“, am hinteren Ende an.

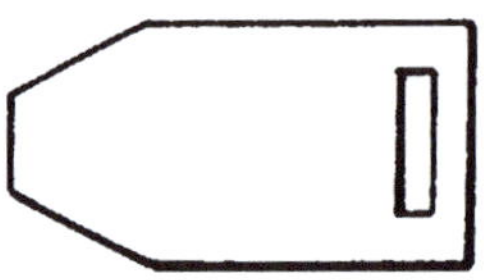

Setz das Boot auf das Wasser und gib einige Tropfen Seife in den „Motor“-Schlitz.

Was passiert: Das Boot dreht seine Runden.

Warum: Die Seife zerstört die Oberflächenspannung des Wassers am hinteren Ende des Bootes. Das Boot setzt sich in Bewegung – und bleibt erst dann stehen, wenn die Seife die Oberflächenspannung überall auf dem „See“ reduziert hat.

85

Zahnstocher-ballett

DU BRAUCHST:
flache, mit Wasser gefüllte Schale
6 Zahnstocher
Stück Würfelzucker
kleines Stückchen Seife

So einfach kann man Zahnstocher nach seiner Pfeife tanzen lassen.

Versuch: Ordne die Zahnstocher kreisförmig auf der Wasseroberfläche an. Platzier den Würfelzucker in der Mitte des Kreises.

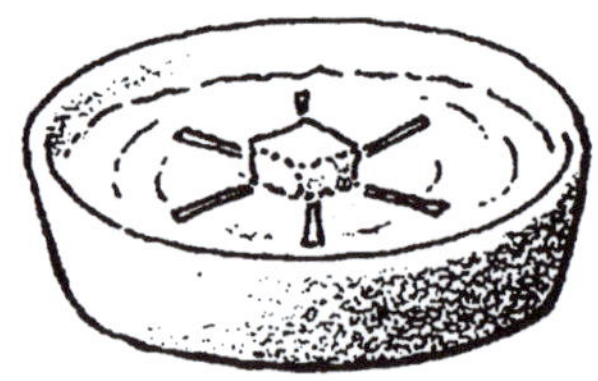

Wechsele das Wasser und ordne die Zahnstocher erneut kreisförmig an. Nun platzier das Stück Seife in der Mitte.

Was passiert: Wenn du den Zucker in die Mitte gibst, werden die Zahnstocher von ihm angezogen. Gibst du jedoch die Seife in die Mitte, werden sie abgestoßen.

Warum: Der Zucker saugt Wasser auf, es entsteht eine Strömung, die die Zahnstocher mit sich in die Mitte trägt. Die Seife dagegen verbreitet einen öligen Film, der sich nach außen ausdehnt. Sie verringert die Oberflächenspannung und der Film trägt die Zahnstocher mit sich.

DU BRAUCHST:

kleine wieder verschließbare Plastiktüte
Wachspapier, in kleine Stücke geschnitten
Filzstift
große Schale oder Topf mit Wasser
Flüssigwaschmittel

Seife im Ententeich

86

Ist es in Ordnung, seine Kleidung mit Waschmittel in einem Fluss oder einem See zu waschen? Du wirst sehen!

Versuch: Füll die Wachspapier-Schnipsel in die Plastiktüte und verschließ sie. Zeichne mit dem Filzstift eine Ente auf die Tüte. Lass sie in der Schale oder dem Topf schwimmen. Füg nun etwas Waschmittel hinzu.

Was passiert: Die Ente geht unter.

Warum: Die Plastiktüte ist Wasser abweisend – genau wie das Gefieder einer Ente, das von einem Fettfilm umgeben ist. Waschmittel ermöglicht es dem Wasser, Fettmoleküle zu umschließen und Fette aus Kleidern oder von Geschirr zu lösen. Für die Ente ist so ein Fettlöser jedoch tödlich.

Seifenblasen

87

DU BRAUCHST:

Tasse warmes Wasser
Schale
2 Esslöffel Spülmittel

Blasen sind Luft in einer flüssigen Außenhaut. Seifenblasen sind kleine Mengen Luft, die in einem Film aus Seifenwasser eingeschlossen sind. Du kannst Blasen erzeugen, indem du durch einen in Seifenlauge getauchten Ring bläst. Aber schon die bloße Hand genügt.

Versuch: Gieß Wasser in die Schale und mische Spülmittel darunter. Mach eine lockere Faust (die Finger bilden einen Tunnel) und tunk sie in die Seifenlauge. Puste durch deine Faust hindurch.

Was passiert: Es entstehen Seifenblasen.

Warum: Wenn du deine Atemluft durch den „Tunnel" auf die Seifenlauge pustest, umschließt die Seifenlauge die Luft und bildet Bläschen.

88 Das Geheimnis der Seifenblasen

Wasch- und Reinigungsmittel sind unterschiedlich stark konzentriert. Deshalb lassen sich keine ganz genauen Angaben für die ideale Seifenblasenlauge machen. Hier einige hilfreiche Vorschläge:

- Spülmittel eignet sich in der Regel sehr gut.

- Die Standardmischung besteht aus acht bis zehn Teilen Wasser und einem Teil Seife. Ein Beispiel: Ein Esslöffel (15 ml) Spülmittel auf eine halbe Tasse Wasser (125 ml) oder eine halbe Tasse Waschpulver auf fünf Tassen Wasser.

- Je höher der Seifenanteil ist, desto größer sind die Blasen.

- Riesenblasen entstehen, wenn mehr Spülmittel als Wasser in der Lauge ist.

- Durch den Zusatz von Zucker, Gelatine oder Glycerin werden die Blasen haltbarer. Sie platzen nämlich, weil sie austrocknen, und diese Zutaten lassen das Wasser langsamer verdunsten. Versuch's mit einem Teil Zucker, Gelatine oder Glycerin auf einen Teil Seife und sechs Teile Wasser.

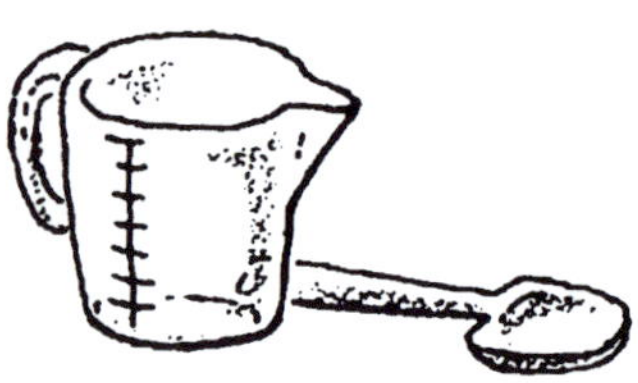

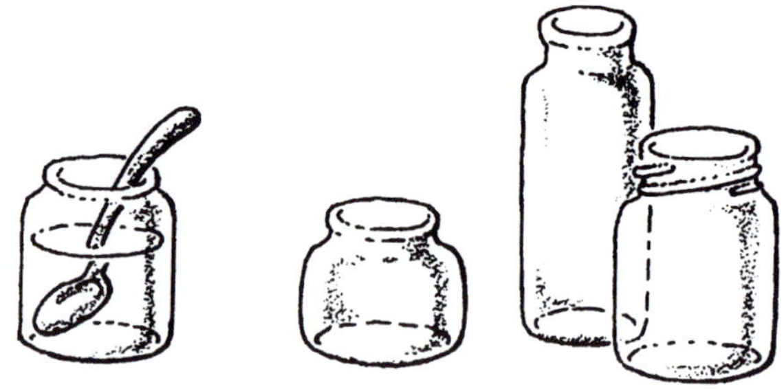

Geheimtipps

- Halte große und kleine Gläser für die verschiedenen Seifenblasenlösungen bereit.

- Vorsichtig umrühren, damit kein Schaum entsteht. (Schaum besteht aus winzigen Seifenblasen.)

- Lass die Seifenblasenlauge ein oder zwei Tage stehen, bevor du sie verwendest.

- Stell die Seifenblasenlauge vor dem Gebrauch einige Minuten lang in den Kühlschrank. Die Blasen halten dann länger.

- Die schönsten und haltbarsten Seifenblasen gelingen bei Regenwetter. Weil dann die Luft feuchter ist, halten die Blasen länger.

89 Seifenblasen-pustering

DU BRAUCHST:

Kleiderbügel aus unbeschichtetem Draht
Nudelholz, leere Wasserflasche oder dicker Stift
Seifenblasenlauge

Aus einem Drahtbügel kann man einen großen Pustering basteln. Lass dir von einem Erwachsenen dabei helfen.

Versuch: Nimm den Kleiderbügel auseinander und bieg dann den Draht über dem Nudelholz zu einer runden Form. Ungefähr 10 cm brauchst du für den Griff. Den Rest des Drahtes kannst du entfernen, indem du ihn an der entsprechenden Stelle so lange hin und her biegst, bis er bricht.

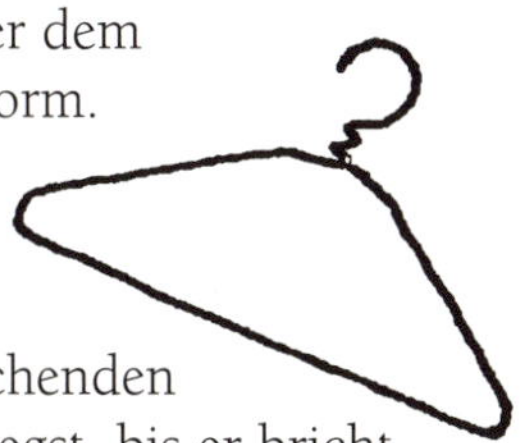

Tauch den Ring in die Seifenlauge und zieh ihn durch die Luft.

Was passiert: Es entsteht eine Kette aus Seifenblasen.

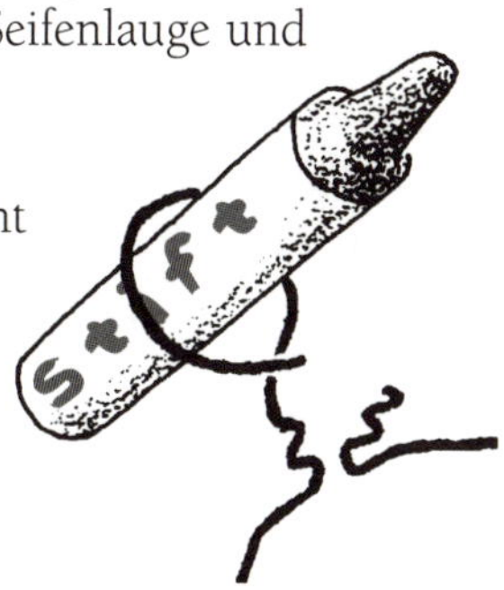

Warum: Weil du den Ring mit dem Seifenfilm durch die Luft ziehst, umschließen Teile dieses Films jeweils etwas Luft und es entstehen Blasen.

90 Andere Pusteringe

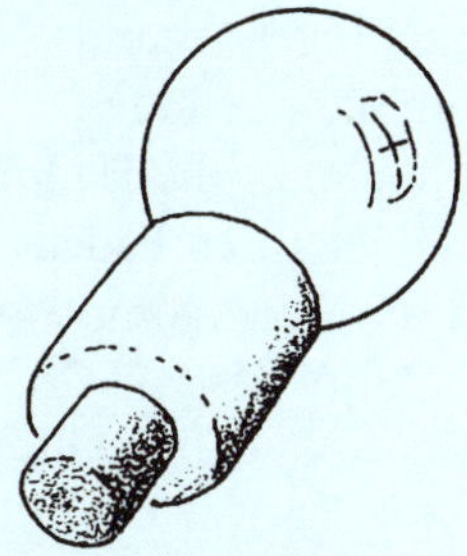

Man kann aus beinahe jedem Gegenstand einen Pustering basteln: Strohhalm, Tonpfeife, Trichter, in Form geschnittene Plastikflasche, Getränkedose ohne Deckel und Boden, Pappbecher ohne Boden.

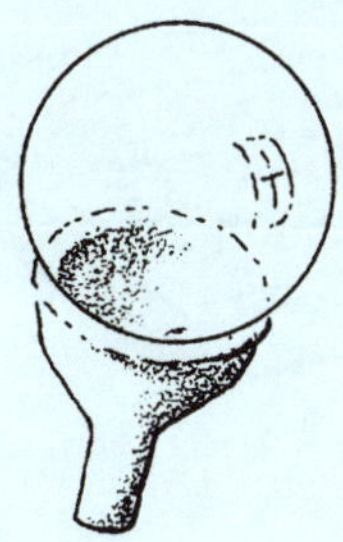

91 Riesenseifen-blase

DU BRAUCHST:
Faden (90 cm lang)
2 Strohhalme aus Plastik
Seifenlauge mit mehr Seife als Wasser (siehe S. 74)
große Auflaufform

Für eine Riesenseifenblase brauchst du einen großen Ring und konzentrierte Seifenlauge.

Versuch: Zieh den Faden durch beide Strohhalme und verknote die Enden. Gieß die Seifenlauge in die Auflaufform. Feuchte nun zuerst deine Finger an und nimm dann je einen Strohhalm in die Hand. Tauch jetzt den Faden und die Strohhalme in die Lösung.

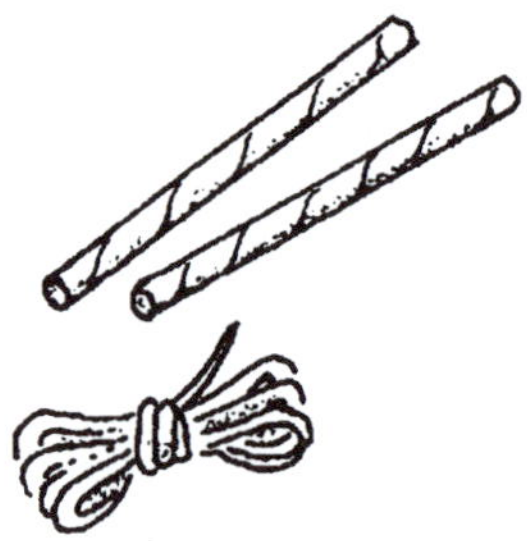

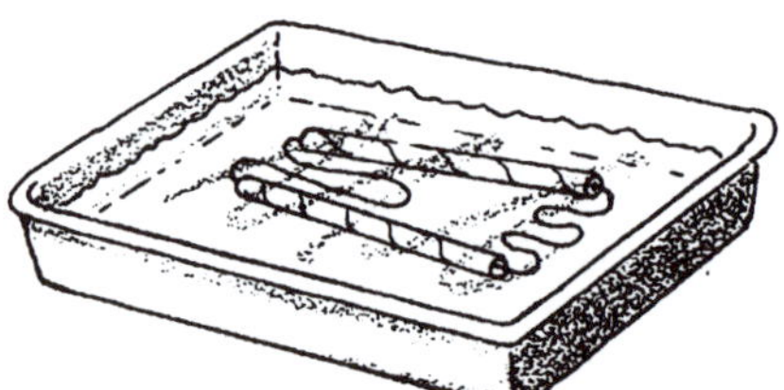

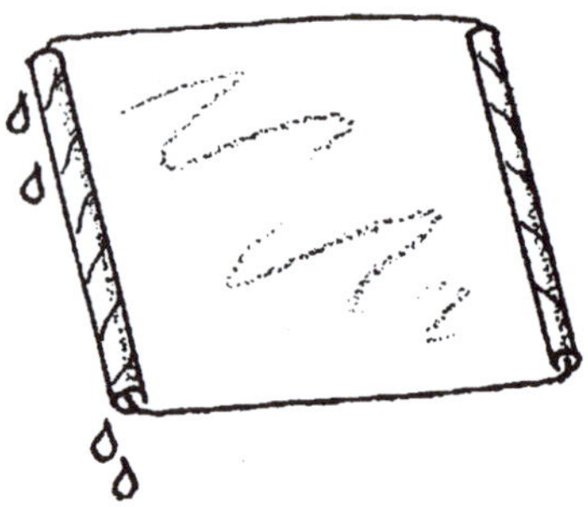

Nimm das Ganze wieder heraus und halte die Strohhalme so, dass der Faden straff ist. Schwing nun diesen Rahmen mehrmals durch die Luft. Zieh dann die Strohhalme nach oben und führ sie zusammen.

Was passiert: Eine riesengroße Seifenblase ist entstanden.

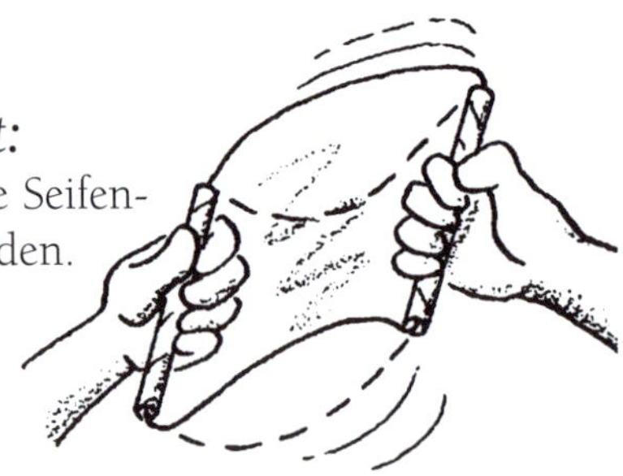

Warum: Die Blase wird deshalb so groß, weil du sehr viel Luft einfängst, wenn du den Rahmen hochziehst. Diese Luft dehnt sich zunächst in alle Richtungen aus und sorgt für große Abstände zwischen den Molekülen des Seifenlaugenfilms. Aber die Moleküle ziehen sich gegenseitig an und die elastische Hülle der Seifenblase zieht sich zusammen, um die kleinstmögliche Oberfläche zu bilden. Diese Form ist die Kugel und das ist auch der Grund, warum Seifenblasen rund sind.

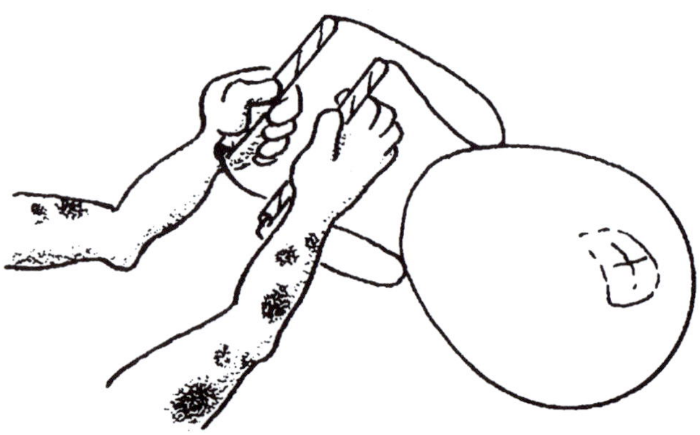

92 Blasen-Duett

DU BRAUCHST:

Strohhalm aus Plastik
Schere
Seifenlauge

Du kannst mit einem Strohhalm gleichzeitig zwei Seifenblasen erzeugen – schau was passiert.

Versuch: Schneide in beide Enden des Strohhalms vier etwa 17 mm lange Schlitze. Bieg die entstandenen Streifen auseinander (siehe Abbildung unten). Schneide den Strohhalm in der Mitte ein und knick ihn an dieser Stelle. Dein Zwillingsseifenblasen-Pustering ist fertig.

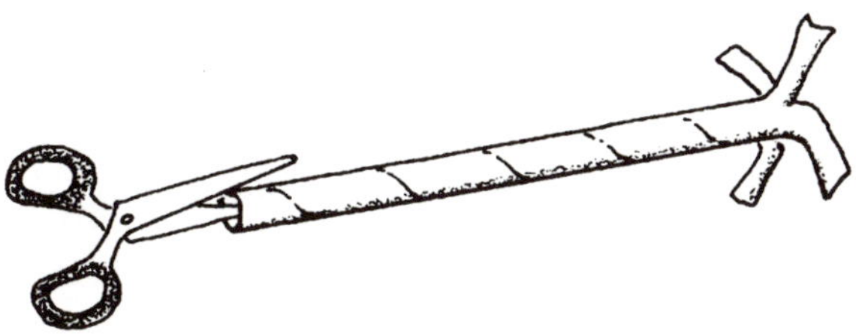

Tauch ein Ende des Strohhalms in die Seifenlauge und puste durch die doppelte Öffnung. Es entsteht eine Seifenblase. Mach eine zweite Blase, indem du das andere Ende des Strohhalms in die Lauge tauchst und wieder in die Doppelöffnung pustest. Verschließ die Doppelöffnung anschließend mit deinem Finger.

Was passiert: Wenn du die zweite Blase erzeugst, wird die erste größer. Wenn die Öffnung verschlossen wird, wird die zweite, kleinere Blase noch kleiner, während die erste noch größer wird.

Warum: Da die Außenhaut einer kleinen Blase stärker gekrümmt ist als die einer großen Blase, ist der Luftdruck, der auf die kleine Blase einwirkt, größer. Die kleine Blase wird deshalb kleiner, weil die Luft aus ihr heraus in die größere Blase gepresst wird. Dadurch wird die große Blase natürlich noch größer.

93 Seifenblasenhalter

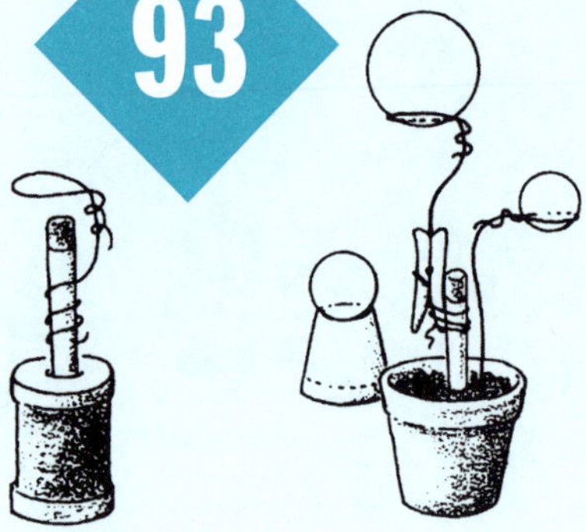

Der einfachste Seifenblasenhalter ist ein Plastikbecher, der einfach auf den Kopf gestellt wird.

Oder du stellst einen Bleistift in einer Garnspule auf und bindest eine Drahtschlinge daran fest (siehe Abbildung links). Lass die Seifenblase nun vorsichtig von dem Ring, mit dem du sie geblasen hast, auf den Halter gleiten. So kannst du die Blase beobachten – während du neue machst.

94 Regenbogen-Seifenblase

DU BRAUCHST:

- Seifenlauge
- 1 Esslöffel Zucker
- Kühlschrank
- Pustering, z. B. aus Draht
- Seifenblasenhalter

Zaubere einen Regenbogen in eine Seifenblase.

Versuch: Misch den Zucker in die Seifenlauge und stell alles fünf Minuten in den Kühlschrank. Dann halten sich die Seifenblasen länger.

Tauch den Pustering in die Seifenlauge. Blas sacht gegen den Seifenfilm im Pustering. Lass die entstandene Blase auf den Seifenblasenhalter gleiten und beobachte sie.

Was passiert: Nach wenigen Minuten schimmert die Blase in allen Regenbogenfarben.

Warum: Ein Großteil des Lichts, das auf die Blase trifft, fällt einfach hindurch, weil sie durchsichtig ist. Während nun ein Teil des Wassers in der Hülle verdampft, wird sie dünner und ein Teil der Lichtstrahlen, aus denen sich das weiße Licht zusammensetzt, durchdringt die Hülle nicht. Stattdessen reflektiert sie das Äußere oder das Innere der Hülle. Deshalb siehst du verschiedene Farben des Farbspektrums. Die Farben wechseln und verschwinden wieder, da die Hülle der Blase dicker und dann wieder dünner wird.

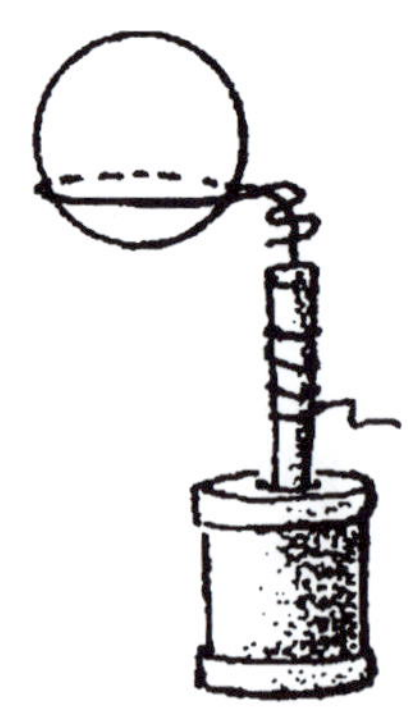

Seifenblasen-Piroschka

95

DU BRAUCHST:
Seifenblasenhalter
Seifenlauge
Pustering
Strohhalm aus Plastik

Mit einem Seifenblasenhalter kann man ganz viele Seifenblasen ineinander legen.

Versuch: Stell den Plastikbecher umgekehrt auf einen Tisch und befeuchte den Boden. Stell eine große Seifenblase mit dem Pustering her und leg sie auf dem Seifenblasenhalter ab.

Feuchte den Strohhalm mit Seifenlauge an und stoß ihn vorsichtig durch die große Seifenblase. Nun puste eine kleinere Seifenblase ins Innere der großen. Steck nun den Strohhalm vorsichtig in die kleine Blase und erzeug eine noch kleinere.

Was passiert: Du erhältst eine Seifenblase in einer Seifenblase in einer Seifenblase.

Warum: Alles, was nass ist, kann die Hülle der Seifenblase problemlos durchdringen. Die nasse Oberfläche wird im Kontakt mit der Seifenblasenhaut aus Seifenlauge ein Teil davon. Berühre beim Pusten der kleineren Blase nicht die Hülle der größeren. Wenn das passiert, kann keine zweite Blase entstehen.

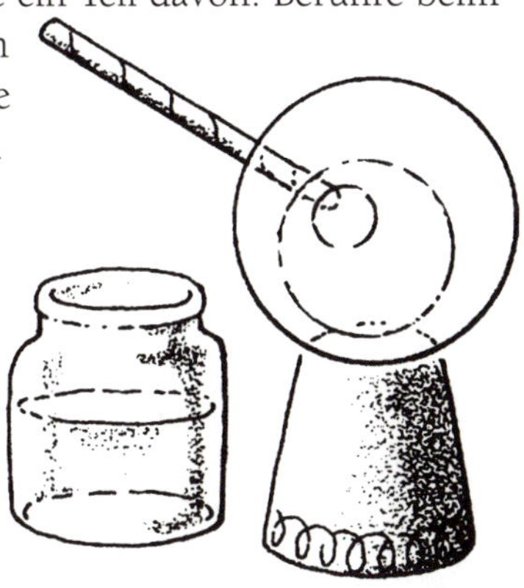

Seifenblase in Aktion

96

DU BRAUCHST:
Stopfnadel
Korken (12 mm)
Papier, quadratisch, (7,5 cm Seitenlänge)
leere Garnspule
Seifenlauge

Du kannst eine ganz normale Seifenblase für dich arbeiten lassen.

Versuch: Bohr die Nadel in den Korken und stell ihn auf den Tisch.

Falte das Papier zweimal, jeweils entlang der Diagonalen. Entfalte es wieder. Leg das Papierquadrat auf die Nadelspitze. Wo die Falze sich kreuzen, ist der Mittelpunkt.

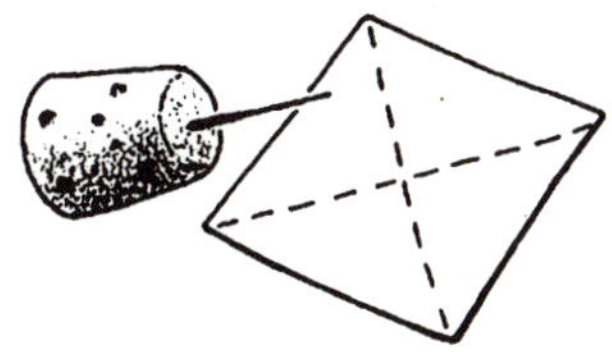

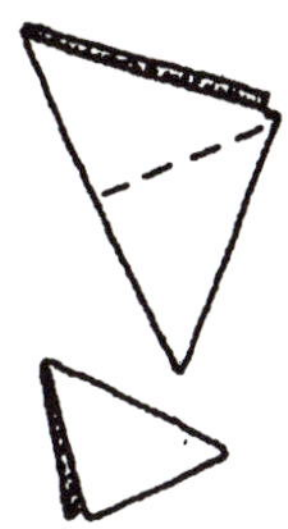

Tauch die Spule in Seifenblasenlauge und puste hindurch, sodass eine Blase entsteht. Halte das andere Ende gegen das Papier.

Was passiert: Das Papier dreht sich.

Warum: Die aus der Blase entweichende Luft lässt das Papier tanzen.

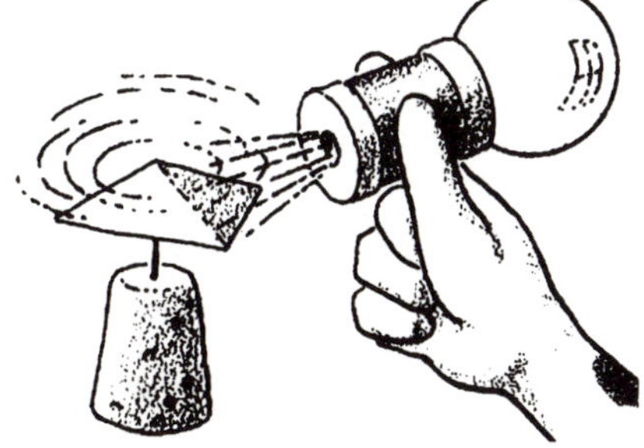

97 Der Tanz der Seifenblasen

Mit Seifenblasen kann man echte wissenschaftliche Experimente anstellen, aber auch richtige Feste feiern.

DU BRAUCHST:
Kamm aus Plastik
Flanell- oder Wollstoff
Pustering
Seifenlauge

Versuch: Reib den Kunststoffkamm einige Male gegen das Stofftuch aus Wolle oder Flanell. Erzeug eine größere Anzahl Seifenblasen und lass sie auf dem Stückchen Stoff landen. Fahr anschließend mit dem Kamm in kurzen Abständen über sie hinweg.

Was passiert: Die Seifenblasen scheinen zu tanzen – sie hüpfen federnd auf und ab.

Warum: Hier ist statische Energie im Spiel – Elektrizität, die durch Reibung erzeugt wird.

Während der Kamm gegen den Stoff gerieben wird, lädt er sich mit statischer Energie auf. Da unterschiedliche elektrische Ladungen einander anziehen, zieht der geladene Kamm die nicht geladenen Seifenblasen an. Daraufhin übernehmen die Blasen die Ladung des Kamms – und werden nun vom Kamm abgestoßen, da sie jetzt dieselbe Ladung haben wie der Kamm. Gleich ausgerichtete elektrische Ladungen stoßen einander ab. Immer wenn die Blasen nach oben steigen und den Kamm berühren, laden sie sich auf. Und immer wenn sie nach unten sinken, verlieren sie die Ladung und werden nach oben gezogen.

Volle Fahrt voraus

Trägheit ist z. B., wenn man morgens im warmen, weichen Bett liegt und einfach nicht aufstehen will.

Oder man will mit dem Fahrrad einen Berg hinauf. Es kostet sehr viel Kraft, das Rad in Schwung zu bringen. Auch das ist Trägheit.

Die physikalische Trägheit besagt, dass Körper, die sich in Ruhe befinden, dazu tendieren, diesen Zustand beizubehalten.

Wenn man mit dem Fahrrad eine ebene Straße entlangfährt, muss man nicht ständig in die Pedale treten. Man kann das Rad zeitweise einfach laufen lassen und kommt doch vom Fleck. Der Grund ist die physikalische Trägheit.

Trägheit bedeutet also auch, dass Körper, die in Bewegung sind, diesen Zustand beibehalten möchten.

Natürlich bleiben die Dinge an ihrem Platz, bis jemand oder etwas sie anschiebt. Das wäre ja auch noch schöner, wenn eine leckere Pizza sich einfach von selbst vom Teller stehlen würde.

Die Ingenieure haben längst erkannt, dass ein Auto, das gleichmäßig dahinfährt, nur einen Teil seiner Pferdestärken braucht. Ein viel größerer Kraftaufwand wird beim Anfahren und Beschleunigen benötigt.

Die Experimente in diesem Kapitel zeigen, wie du dir die Trägheit zu Nutze machen kannst. Einige Ergebnisse sind ganz schön verblüffend und wirken beinahe wie echte Zaubertricks.

98 Trägheit überwinden

DU BRAUCHST:
Bindfaden (1 m lang)
Buch
Gummi

Dieses einfaches Experiment macht deutlich, wie Trägheit sich auswirkt.

Versuch: Binde den Faden um das Buch und den Gummiring anschließend an das lange Fadenende.

Leg das Buch auf den Boden. Am besten ist ein rauer Teppich. Achtung! Ein glatter Boden könnte zerkratzen. So sieht es jetzt aus:

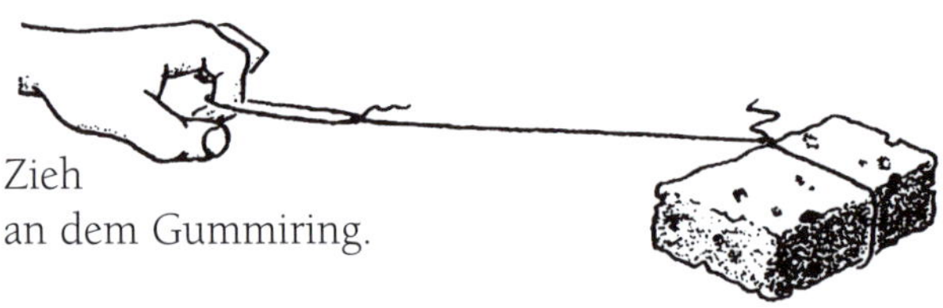

Zieh an dem Gummiring.

Was passiert: Der Gummiring dehnt sich so lange, bis die Last sich bewegt. Wenn du das Gewicht dann weiter über den Boden ziehst, wird sich der Gummiring nicht ganz so weit dehnen wie beim Anziehen.

Warum: Um ruhende Dinge in Bewegung zu bringen, muss die Trägheit überwunden werden. Der Gummi dehnte sich beim Anziehen stärker, weil man mehr Kraft aufwenden muss, um das Buch in Bewegung zu bringen, als es in Bewegung zu halten.

99 Das Geheimnis des letzten Steins

DU BRAUCHST:
9 bis 11 Damesteine oder Münzen

Kannst du den untersten Damestein aus einem Stapel herausnehmen, ohne die anderen Steine zu berühren und ohne den Stapel umzuwerfen?

Versuch: Bau einen Turm aus acht oder zehn Damesteinen oder Münzen. Die Münzen sollten alle gleich groß sein. Am besten eignen sich mittelgroße Münzen.

Leg, ungefähr 2,5 cm vom Stapel entfernt, einen weiteren Damestein neben den Stapel.

Kick den einzelnen Damestein mit dem Zeige- oder Mittelfinger kräftig an. Aber wirklich kräftig!

Was passiert: Der unterste Damestein rutscht unter dem Stapel weg. Wenn alles glatt geht, kippt der Stapel nicht um.

Warum: Wegen der Trägheit bewegt sich der Stapel nicht, auch wenn der untere Stein herausgeschossen wird. Wissenschaftler sagen: „Ein Körper, der sich im Ruhezustand befindet, hat die Tendenz, diesen Zustand beizubehalten."

100 Wunderbare Statik

Bei diesem Experiment brauchst du wieder die Damesteine und einen Bleistift. Stoß mit dem Bleistift und einem kräftigen Kick einen Stein aus der Mitte des Turms. Wichtig ist, dass du nur einen Stein triffst. Der Stein wird rausfliegen, ohne dass der Turm kippt.

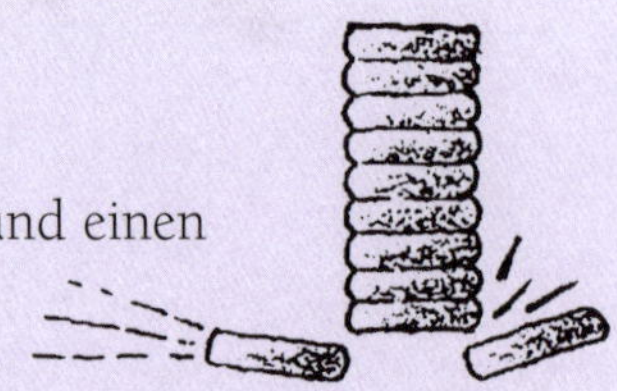

101 Der Ellbogen-Trick

Das ist ein toller Trick, aber auch ein echtes wissenschaftliches Experiment.

DU BRAUCHST:
Münze

Versuch: Führ deine rechte Hand zur rechten Schulter, sodass dein Arm parallel zum Boden verläuft, und leg eine Münze auf deinen Ellbogen.

Nun wirst du versuchen eben diese Münze zu fangen. Das wäre nicht weiter erstaunlich, wenn du die Münze nicht mit der Hand jenes Armes fangen würdest, auf der die Münze liegt.

Und so geht es: Du bewegst deinen Arm ganz schnell und plötzlich nach unten. Dadurch schnellt deine geöffnete Hand nach vorne. Der Pfeil in der Zeichnung (unten) markiert den genauen Bewegungsablauf.

Die Münze liegt jetzt nicht mehr auf deinem Ellbogen.

Was passiert: Wenn dein Ellbogen sich unter der Münze wegbewegt, bewegt sich deine Hand auf die Münze zu. Wenn du schnell genug bist, wird es dir gelingen, die Münze zu fangen.

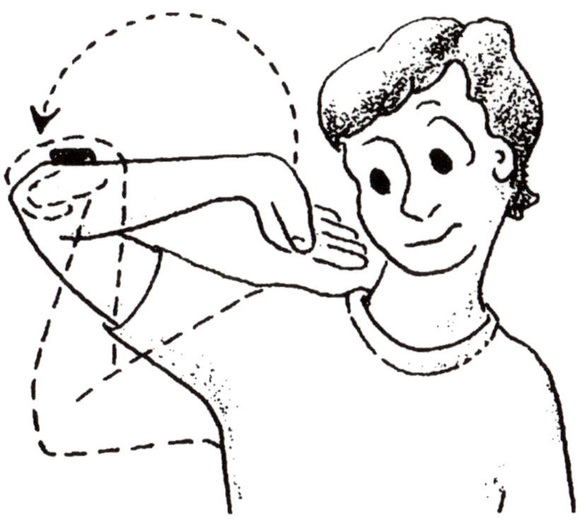

Warum: Die Münze befindet sich im Ruhezustand und möchte diesen auch beibehalten. Mit einer schnellen Bewegung verliert die Münze den Boden (dein Ellbogen) unter sich. Sie schwebt nun in der Luft. Die Schwerkraft zieht sie zwar zu Boden, aber die Trägheit lässt sie kurz verharren. Inzwischen kommt deine Hand auf die Münze zu.

102 Noch mehr Münzen

Es ist nicht schwer, mehrere Münzen auf einmal zu fangen. Wenn du den Dreh mit einer Münze raus hast, kannst du eine zweite dazulegen, später eine dritte und eine vierte – und sie alle auf einmal fangen.

103 Umständlichster Fadentrick der Welt

DU BRAUCHST:
Hammer oder ein anderer, unzerbrechlicher Gegenstand, der ca. 1 kg wiegt
kurze Schnur
Baumwollnähgarn (1 m)
Schere

Man kann einen Faden durchschneiden oder durchreißen. Auf eine so umständliche Methode wie die folgende wärst du sicher nie gekommen.

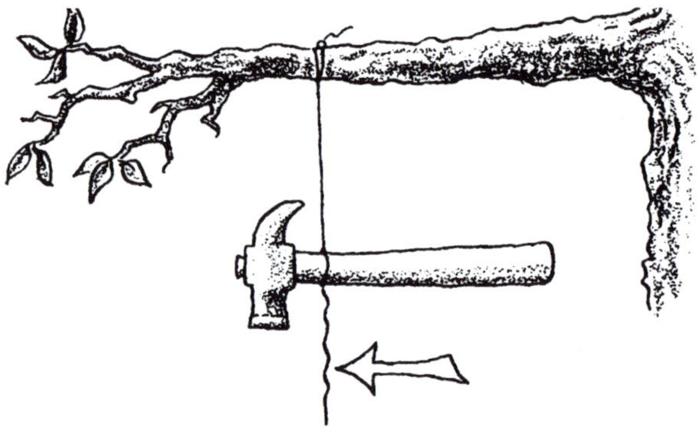

Versuch: Verwende einen Hammer oder einen anderen schweren Gegenstand (ca. 1 kg), der nicht kaputtgeht, wenn er herunterfällt.

Binde eine Schlinge um den Stiel des Hammers, wie auf dieser Abbildung zu sehen:

Nun schneidest du das Nähgarn in der Mitte durch. Achte darauf, dass es aus Baumwolle ist. Mit Nylongarn funktioniert das Experiment nicht.

Binde jetzt den einen Garnfaden oben an der Schlaufe fest und den zweiten Faden unten (siehe Abbildung unten):

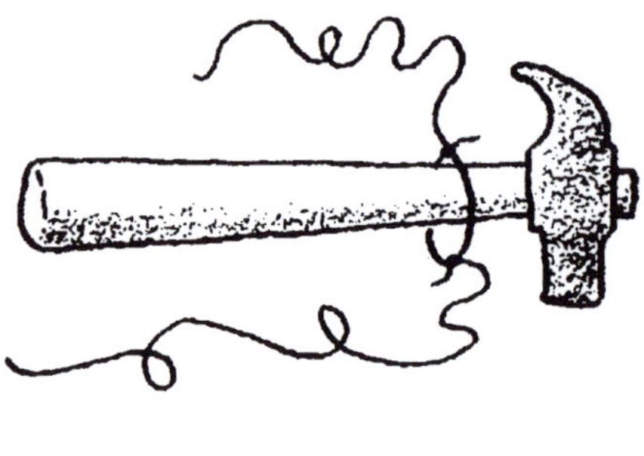

Binde den einen Faden nun an einem stabilen Gegenstand fest, der das Gewicht des Hammers tragen kann. Der Ast eines Baumes oder eine Teppichstange eignen sich hierfür ausgezeichnet.

Vergewissere dich, dass unterhalb des Hammers nichts liegt, was kaputtgehen könnte.

Wenn du das Experiment soweit vorbereitet hast, nimm die untere Schnur fest in die Hand; der Pfeil zeigt dir, an welcher Stelle. Zieh sie nun kräftig und ruckartig nach unten.

Was passiert: Du hättest erwartet, dass dir der Hammer auf die Hand fällt, stimmt's? Tatsächlich reißt der Faden unterhalb des Hammers. Der Hammer selbst hängt immer noch seelenruhig an dem oberen Faden.

Warum: Obwohl der Hammer relativ wenig wiegt, ist eine Menge Energie erforderlich um ihn in Bewegung zu versetzen, wenn er sich in Ruhe befindet. Der Faden reißt unterhalb des Hammers, da die mit dem Zug aufgewandte Kraft nicht ausreicht, um die Trägheit des Hammers zu überwinden.

104 Gar nicht leicht, Seife ins Glas zu kriegen

DU BRAUCHST:
großes Trinkglas
Plastikuntersetzer oder ein Pappquadrat (20 cm Seitenlänge)
Streichholzschachtel
Gästeseife

Ein beeindruckendes Experiment zum Thema Trägheit, auch wenn Seife nichts in einem Glas zu suchen hat.

Versuch: Stell das Glas gerade auf einen Tisch. Leg den Plastikuntersetzer, z. B. einen Deckel von einer Frischhalteschale, auf das Glas. (Ersatzweise kannst du die Pappe verwenden.)

Nun stellst du die äußere Hülle einer Streichholzschachtel auf den Untersetzer. Wenn du keine Streichholzschachtel hast, kannst du dir eine basteln. Rechts auf dieser Seite wird genau erklärt, wie das geht.

Leg die Seife nun auf die Streichholzschachtel. Auf der Abbildung siehst du wie. Nimm das Glas mit einem festen Griff in die Hand. Schlag mit der anderen Hand schnell und kräftig gegen die Kante des Untersetzers.

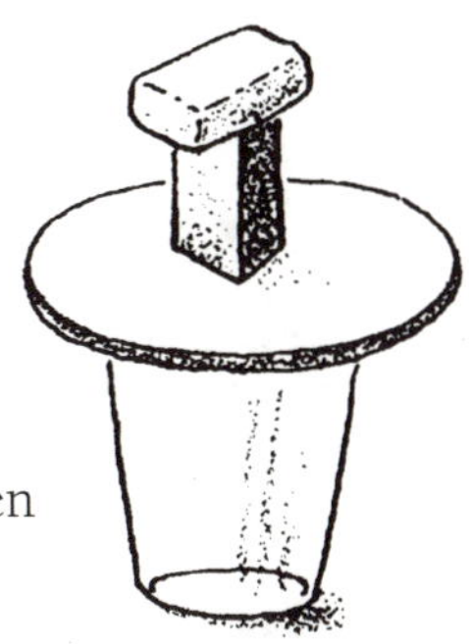

Was passiert: Der Untersetzer fliegt weg. (Pass also auf, dass sich keine zerbrechlichen Gegenstände in der Nähe befinden!) Der „Seifenständer“ fliegt zur Seite und die Seife plumpst in das Glas.

Warum: Die Trägheit hat wieder zugeschlagen!

105 Streichholzschachtel-Bauanleitung

DU BRAUCHST:
Pappe, z. B. Reste einer Müsli-Packung
Schere
Klebeband

Schneide ein Stück Pappe zurecht (6 x 12 cm). Falte es jeweils an den vier gestrichelten Linien nach innen. Fixier die rechteckige Form mit Klebeband.

Die fertige Schachtel sieht dann so aus:

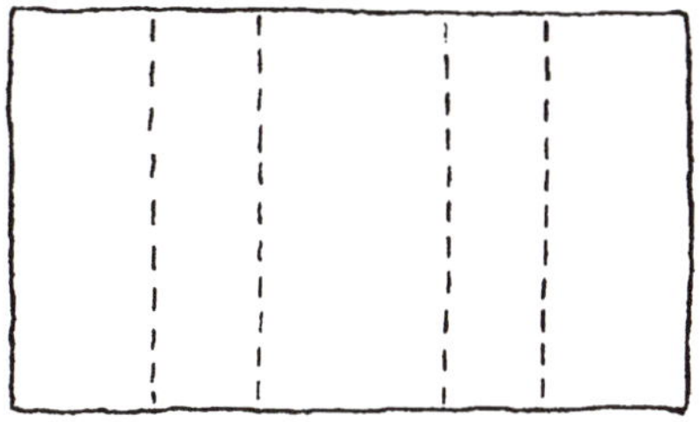

106 Der geniale Murmel-Münzen-Flaschentrick

DU BRAUCHST:
leere Flasche
Reste von einer Pappschachtel
Schere
Lineal
Murmel oder Münze

Eine Murmel oder eine Münze in eine Flasche werfen kann jeder. Aber geht das auch ohne die Murmel zu berühren?

Versuch: Vergewissere dich, dass die Öffnung der Flasche größer ist als die Murmel oder die Münze, die du hineinwerfen möchtest.

Schneide aus der Pappschachtel (z. B. einem Müslikarton) ein Quadrat mit einer Seitenlänge von 10 cm. Leg es auf die Flasche. Platzier die Murmel oder die Münze auf dem Quadrat, und zwar so, dass sie über der Flaschenöffnung liegt. (Es ist vorteilhaft, zunächst eine Münze zu verwenden. Sie lässt sich leichter handhaben.)

Lass deinen Finger kräftig gegen die Kante des Pappquadrats schnellen. Dieses Kunststück funktioniert genauso wie das Experiment 100 von Seite 82 mit dem Turm aus Damesteinen.

Was passiert: Der Pappdeckel rutscht zwischen der Murmel oder der Münze und der Flasche hindurch und die Murmel fällt in die Flasche, ohne dass du sie berührt hast. Nicht schlecht!

Warum: Die Murmel bewegt sich, wegen ihrer Trägheit, keinen Millimeter. Der Deckel flutscht so schnell unter ihr hindurch, dass sie nicht folgen kann. Doch die Schwerkraft zieht sie in die Flasche.

Bewegt sich der Deckel allerding zu langsam, dann wird auch die Murmel zur Seite fallen.

Und jetzt: Wenn du ganz mutig bist, kannst du es mit zwei Murmeln versuchen.

107

Langsam, aber stetig

Dies ist ein Experiment, das nur gelingt, wenn du bedächtig und mit ruhiger Hand vorgehst.

DU BRAUCHST:

Schere
Blatt Papier
Lineal
Bleistift
Flasche mit einem schmalen Hals

Versuch: Schneide einen Papierstreifen zurecht (7 cm breit; 25 cm lang).

Stell die Flasche nahe der Tischkante verkehrt herum auf den Tisch.

Ziel ist es, das Papier unter der Flasche hervorzuziehen, ohne dass sie umkippt.

Leg den Bleistift am Ende des Papierstreifens an und beginne ihn aufzurollen. Wenn du am Flaschenhals angekommen bist, versuch das Papier mit ruhiger Hand weiter aufzurollen.

Was passiert: Während du die Papierrolle langsam und vorsichtig weiterdrehst, rutscht das Papier unter dem Flaschenhals hindurch, ohne dass die Flasche umkippt.

Warum: Wegen der Trägheit behält die in Ruhe befindliche Flasche ihren Zustand bei. Sie kann sich nicht bewegen. Die Papierrolle am Flaschenhals stoppt sie. Sie fällt nicht um, weil das Gesetz der Trägheit sie daran hindert – solange du keine ruckartigen Bewegungen machst.

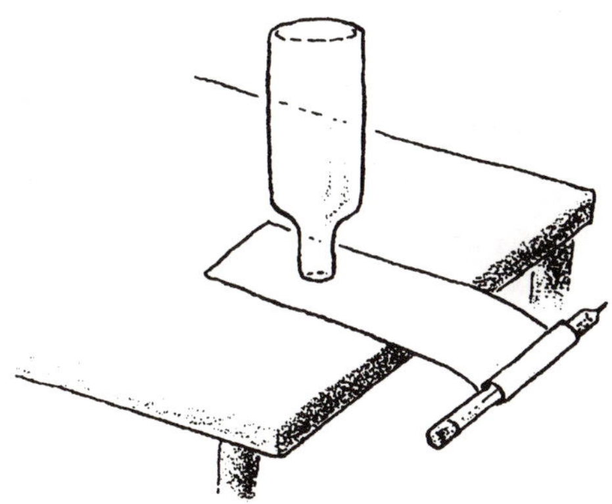

108 Nagelbrett für Anfänger

DU BRAUCHST:
dickes Wörterbuch,
schwere Bücher
dicke Zeitung
Holzbrett
Hammer
einige Nägel

Einen Nagel in ein Brett zu schlagen ist die eine Sache. Eine ganz andere ist es, es zu tun und das Brett dabei auf dem Schoß zu halten.

Versuch: Leg das Wörterbuch und ein weiteres dickes Buch auf deinen Schoß. Es ist egal, was in den Büchern steht, Hauptsache sie sind dick. Leg eine Zeitung zum Schutz über die Bücher.

Mit dem Brett auf der Zeitung ist der Stapel komplett. Die Größe des Bretts ist nicht so wichtig, ideal wären 6 x 12 cm. Nun kannst du einen Nagel in das Brett schlagen. Richtig! Du hämmerst – und hast dabei das Brett auf deinem Schoß.

Was passiert: Du spürst zwar jeden Hammerschlag auf den Beinen, aber es tut überhaupt nicht weh. Pass auf, dass du den Nagel nicht ganz durch das Brett durchschlägst.

Warum: Die Trägheit macht diesen Trick möglich.

109 Nagelbrett für Fortgeschrittene

Du kannst dieses Experiment auch abwandeln und etwas dünnere Bücher verwenden. Oder bitte einen Freund den Hammer zu führen. Achte aber darauf, dass zwischen dem Brett und den Büchern immer eine dicke Zeitung liegt. Die Person, die mit dem Hammer zuschlägt, muss neben dir stehen oder knien und vorsichtig sein, damit sie dich nicht aus Versehen trifft. Auf keinen Fall darf sie dir mit dem Hammer zu nahe kommen.

Gleichgewicht halten

Sicher bist du schon mit ausgebreiteten Armen balancierend auf einem Bordstein oder einer Mauer entlanggelaufen? Wenn Kinder Laufen lernen, wissen sie instinktiv, dass sie ihr Körpergewicht gleichmäßig auf die linke und die rechte Seite verteilen müssen, um nicht umzufallen.

Wenn man auf einer schmalen Mauer oder genau auf einem Strich langlaufen soll, ist es gar nicht leicht, das Gleichgewicht zu behalten. Um nicht zu stürzen, muss man sich drehen und winden und mit den Armen rudern. Man bekommt wieder Gleichgewicht, wenn der Körperschwerpunkt exakt über der Mauer oder dem Strick zur Ruhe kommt.

Die Schwerkraft ist jene unsichtbare Kraft, die uns auf der Erde festhält. Sie ist auch jene Kraft, die ein Honigbrot immer auf die Honigseite fallen lässt, wenn es einem mal aus der Hand fällt. Die Schwerkraft ist es auch, die es so anstrengend macht, 100 Meter in 15 Sekunden zu laufen. Aber was ist der Schwerpunkt? Und was hat er mit dem Gleichgewicht bzw. mit der Balance zu tun?

Ein Körper wiegt links und rechts seines Schwerpunkts gleich viel. Wenn du auf einer Mauer oder auf einem Riss im Asphalt entlangläufst, befindet sich dein Körperschwerpunkt genau über der Linie, auf der du läufst. Wenn du aufrecht und breitbeinig dastehst, befindet sich dein Schwerpunkt zwischen den Beinen, auf einer Linie, die von deiner Nase direkt nach unten läuft.

Wenn man weiß, wo der Schwerpunkt eines Körpers ist, kann man ihn balancieren. Vielleicht hast du schon mal versucht einen Bleistift auf dem Finger zu balancieren? Sein Schwerpunkt befindet sich genau in der Mitte, es sei denn, es ist ein Bleistift mit einem Radiergummi am Ende. In dem Fall liegt der Schwerpunkt näher am Radiergummi als an der Spitze.

Der Schwerpunkt wird in der Physik auch als „Gleichgewichtspunkt" bezeichnet. Jedenfalls ist es nicht immer einfach, jenen Punkt zu entdecken, an dem die Dinge sich im Gleichgewicht befinden.

110 Unglaublich! Der schwebende Hammer

DU BRAUCHST:
Hammer
Lineal
starke Schnur
(0,5 m)

Einen Hammer auf dem Finger balancieren kann jeder. Aber kann man einen Hammer an ein Lineal binden und beides an einer Tischkante so ausrichten, dass nur ein Teil des Lineals auf dem Tisch aufliegt?

Versuch: Binde die Schnur mit einem Ende an dem Lineal fest und mit dem anderen Ende an dem Stiel des Hammers. Die Schnur muss ganz fest sitzen.

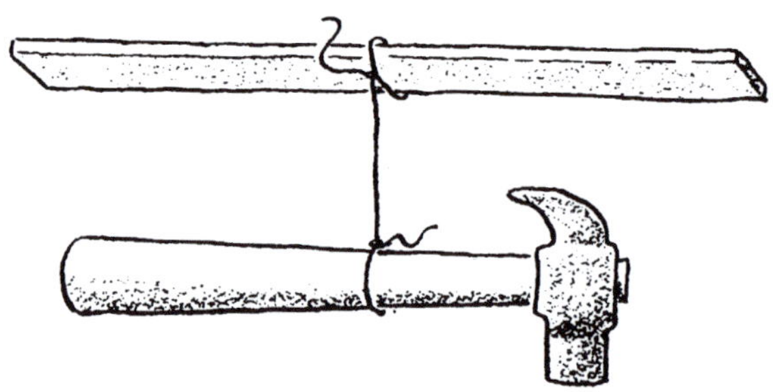

Was passiert: Jetzt soll das Ganze ins Gleichgewicht gebracht werden. Das Ende des Hammers muss mit dem Ende des Lineals auf gleicher Höhe liegen. Richte das Lineal so aus, dass ca. 10 cm auf dem Tisch aufliegen. Nimm deine Hände erst weg, wenn du das Gefühl hast, dass sich Hammer und Lineal im Gleichgewicht befinden.

Vielleicht muss die Position der Schnur etwas reguliert werden. Es kann z. B. helfen, die Schnur zwischen Hammer und Lineal zu verkürzen. Gib nicht auf, wenn es nicht gleich funktioniert. Wenn die Schnur die richtige Länge hat, dann klappt es.

Warum: Der Schwerpunkt von Hammer und Lineal liegt jetzt genau unterhalb der Tischkante. Schau dir die Sache von der Seite an und du wirst sehen, dass sich der Hammerkopf auf einer Seite des Schwerpunkts befindet, der Stiel und der größte Teil des Lineals auf der anderen Seite.

Bei einem Hammer mit einem Stiel aus Holz liegt der Schwerpunkt an einer anderen Stelle als bei einem Hammer mit einem Metallstiel, weil der Stiel aus Metall schwerer ist.

111 Magische Kräfte im Meterstab?

DU BRAUCHST:
Meterstab (1 m)

Es ist keine Kunst, einen Meterstab auf den Händen zu balancieren, wenn man die Hände weit auseinander hält. Doch diesen Meterstab aus dem Gleichgewicht zu bringen ist schwer.

Versuch: Trag den Meterstab auf deinen ausgestreckten Zeigefingern.

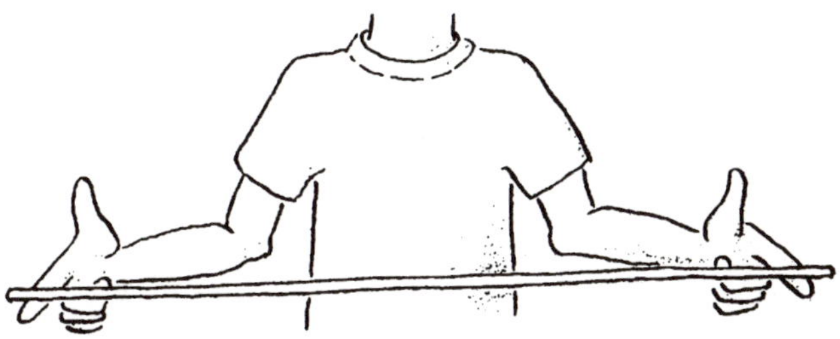

Beweg nun einen Finger langsam zur Mitte des Meterstabs, bis dieser aus der Balance kommt und herunterfällt. Beweg deinen Finger langsam und gleichmäßig. Eine ruckartige Bewegung führt natürlich ganz schnell zum Ziel.

Was passiert: Etwas Merkwürdiges passiert, während du den einen Finger in die Mitte bewegst. Du bewegst zwar nur einen Finger, aber der andere Finger geht automatisch mit.

Schließlich befinden sich beide Finger in der Mitte und der Meterstab schwebt immer noch.

Versuch's und sieh selbst.

Warum: Der Schwerpunkt des Meterstabs liegt exakt in der Mitte. Wird ein Finger in Richtung des Schwerpunkts gezogen, liegt der Stab immer schwerer auf diesem Finger. Dadurch verringert sich das Gewicht auf dem ruhenden Finger.

Weil auf dem ruhenden Finger weniger Gewicht lastet, beginnt dieser langsam in Richtung Mitte zu wandern, da sich die Reibung an diesem Finger reduziert hat. An dem Finger, der zuerst bewegt worden ist, ist die Reibung größer, da ein höheres Gewicht auf ihm lastet. Verstärkte Reibung bremst die Bewegung, umgekehrt hat eine reduzierte Reibung eine Beschleunigung zur Folge.

Der Meterstab findet sein Gleichgewicht immer wieder neu, während deine Finger sich aufeinander zu bewegen.

112

Das flotte Lineal und der lahme Meterstab

DU BRAUCHST:
Meterstab (1 m)
Lineal (30 cm)

Jeder weiß, dass Babys sehr oft umfallen, wenn sie Laufen lernen. Sie müssen erst noch lernen ihren Körper zu kontrollieren. Wusstest du, dass die Körpergröße eines Menschen sich darauf auswirkt, wie schnell er umfällt?

Versuch: Beginn zunächst damit, ein Lineal und einen Meterstab mit einigen Zentimetern Abstand zueinander aufzustellen. Stütz beide nur jeweils mit einer Fingerspitze ab (siehe Abbildung unten).

Solltest du weder Lineal noch Meterstab zur Hand haben, kannst du ebenso gut zwei Stöcke verwenden.

Neig das Lineal und den Meterstab ein wenig nach vorne, um sicherzustellen, dass beide in dieselbe Richtung fallen. Achte darauf, dass sie gleich weit nach vorne geneigt sind. Jetzt lass los!

Was passiert: Das Lineal ist immer schneller am Boden. Probier's, es ist jedes Mal dasselbe!

Was man hier beobachten kann, erklärt auch, warum ein kleines Kind immer zuerst am Boden liegt, auch wenn ein Erwachsener und ein Kind gleichzeitig umfallen. Es erklärt außerdem, warum kleine Kinder immer so schnell umfallen.

Warum: Beim Meterstab liegt der Schwerpunkt höher als beim Lineal. Je weiter der Schwerpunkt vom Boden entfernt ist, desto länger dauert es, bis der Gegenstand am Boden ankommt.

Das bedeutet nicht, dass ein Gegenstand mit einem hohen Schwerpunkt stabiler ist als einer mit einem niedrigen Schwerpunkt. Im Gegenteil! Die Autohersteller versuchen den Schwerpunkt so tief wie möglich zu halten, um zu vermeiden, dass sich ein Auto überschlägt. Das ist auch der Grund dafür, dass große Lastzüge bei Sturm die Autobahn verlassen müssen. Sie bieten dem Wind eine große Angriffsfläche und noch dazu liegt ihr Schwerpunkt sehr hoch. Deshalb ist die Gefahr, dass sie umkippen, viel größer als bei Autos mit niedrigem Schwerpunkt.

113

Merkwürdig! Eine schwebende Gabel

DU BRAUCHST:

langer Bleistift
kleiner Apfel oder kleine Kartoffel
Zeitung
Gabel

Kannst du eine Gabel, eine Kartoffel und einen Bleistift so ausbalancieren, dass nur die Bleistiftspitze den Tisch berührt?

Versuch: Spieß mit dem Bleistift die Kartoffel oder den Apfel auf. (Wenn jemand etwas dagegen hat, dass du mit Lebensmitteln spielst, kannst du auch Knetmasse verwenden.) Sei vorsichtig:
Leg die Kartoffel auf eine dicke Zeitungsunterlage. Halte die Kartoffel dabei nicht in der Hand! Du könntest dich sonst leicht an der Spitze des Bleistifts verletzen.

Bohr die Bleistiftspitze mit ruhiger Hand in die Kartoffel. Nimm die Kartoffel in die Hand, wenn du sie durchstoßen hast, und schieb den Bleistift weiter, bis ca. 4 cm von der Spitze heraussehen.

Wenn alles geklappt hat, steck die Gabel mit den Zinken voraus so in die Kartoffel, wie es auf der Abbildung unten zu sehen ist.

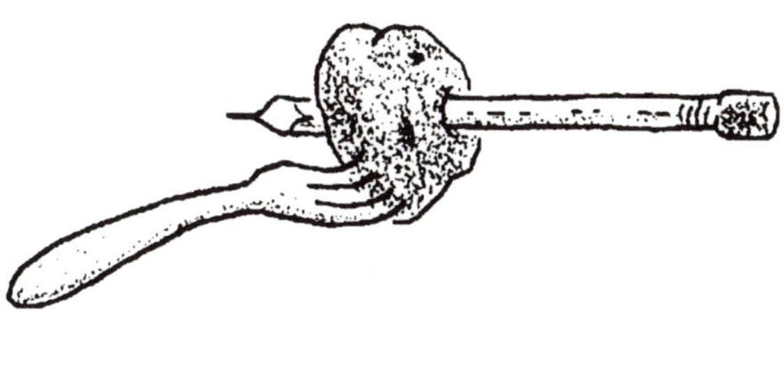

Leg den Bleistift nun auf eine Tischkante (so wie auf dieser Abbildung).

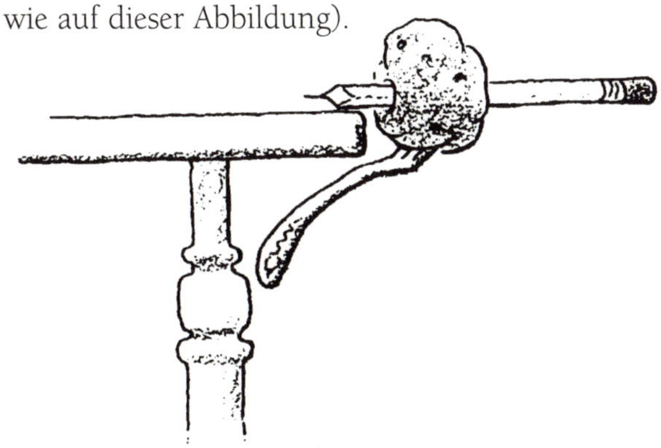

Was passiert: Mit Glück bleibt das Ganze schon beim ersten Versuch in der Schwebe. Falls nicht, dann zieh die Bleistiftspitze wahlweise weiter auf den Tisch oder näher zur Kante.

Man kann auch die Kartoffel ein Stück weiter nach oben oder nach unten schieben. Wenn es immer noch nicht klappt, dann versuche mit der Hand zu spüren, in welche Richtung sich die ganze Konstruktion beim Ausrichten bewegt. Nicht aufgeben, wenn es nicht gleich klappt. Bleib dran. Wenn nötig, kannst du die Gabel auch in einem anderen Winkel in die Kartoffel stecken.

Wenn die Vorrichtung schwebt, sieht es aus, als hättest du es geschafft, die Gesetze der Schwerkraft außer Kraft zu setzen. Mit Übung kannst du es schaffen, dass der Bleistift nach unten zeigt und nur noch mit der Spitze auf dem Tisch liegt.

Warum: Hier wirkt dasselbe Prinzip wie auf Seite 90. Auf der einen Seite des Schwerpunkts muss sich ebenso viel Gewichtsmasse befinden wie auf der anderen.

114 Gleichgewichts-Zauberei

DU BRAUCHST:
sehr kleine Kartoffel
(oder Apfel oder Knete)
Bleistift
2 Gabeln
hohes Trinkglas

Hier kommt ein weiteres unglaubliches Experiment, das die Naturgesetze völlig außer Kraft zu setzen scheint.

Versuch: Falls du den Bleistift noch nicht aus der Kartoffel von Experiment 113 gezogen hast, dann lass ihn gleich drin stecken. Andernfalls bohr ihn so vorsichtig durch eine Kartoffel, wie auf Seite 93 beschrieben.

Auch die Gabel kannst du im selben Winkel stecken lassen, falls sie noch in der Kartoffel steckt. Nun kommt, genau gegenüber der ersten Gabel, eine zweite Gabel hinzu. Beide Gabeln sollten im selben Winkel in der Kartoffel stecken.

So soll's aussehen:

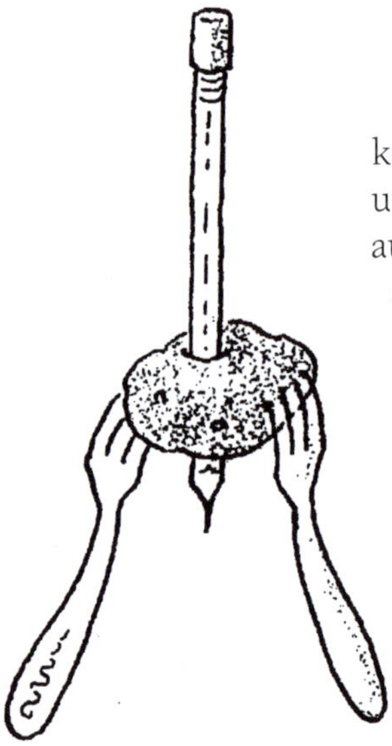

Stell ein hohes Glas kopfüber auf den Tisch, und setz das Objekt, wie auf den Abbildungen zu sehen, auf den Boden des Glases.

Was passiert: Indem du den Winkel und die Position der Gabeln variierst, kannst du bestimmen, ob der Bleistift gerade oder leicht schräg steht. Natürlich berührt der Bleistift das Glas nur mit der Spitze.

Es ist erstaunlich, wie weit der Bleistift sich zur Seite neigen kann, wenn du die Gabeln richtig ausrichtest.

Warum: Betrachte die frei schwebende Vorrichtung genau und du wirst sehen, dass das Gewicht um den Bleistift herum genau gleich verteilt ist. Der Schwerpunkt liegt in der Bleistiftspitze.

Wer rastet, der rostet

Du weißt jetzt schon eine Menge über Bewegungen. Du weißt, dass viele Dinge sich bewegen. Du weißt, dass Körper, die sich nicht bewegen, auf Grund der Trägheit dazu neigen, an Ort und Stelle zu bleiben. Um einen Gegenstand vom Platz zu bewegen, ist Kraftaufwand erforderlich.

Diese Kraft kann von einem Menschen ausgehen, der einen Gegenstand anschiebt. Diese Kraft kann aber auch der Wind sein, der ein Segelboot über den See treibt.

Man kann aber auch auf sehr komplizierte Art Kraft auf ein Objekt ausüben. So kann z. B. über einen Motor ein Rad angetrieben werden. Dieses Rad kann einen Riemen antreiben, welcher wiederum die Kraft auf ein anderes Rad überträgt. Diese Übertragungen können sich fortsetzen und immer komplizierter werden, bis schließlich eine Stanze angetrieben wird, die mit höchster Genauigkeit Teile für eine teure Maschine produziert.

Wenn Kraft auf ein Objekt ausgeübt wird, hat es die Neigung, den Schwung beizubehalten. Wenn diese Kraft nachlässt, wird das Objekt langsamer und bleibt schließlich stehen. Die Schwerkraft trägt dazu bei, dass es langsamer wird und der Schwung sich aufbraucht. Dieselbe Wirkung hat der Luftwiderstand. Wenn es ihn nicht gäbe, könnten wir Menschen so schnell laufen, wie wir nur wollten.

Bewegung ist auch vom Schwerpunkt abhängig. Durch eine Verlagerung des Schwerpunkts kann man ein Objekt umkippen. Im letzten Kapitel wurden Vorrichtungen gebaut, die frei schweben – nachdem ihr Schwerpunkt lokalisiert wurde. Nun wenden wir uns anderen Kräften zu, die die Bewegung von Körpern im Raum beeinflussen.

115

Vom Hasen und vom Igel

In Amerika laufen in dieser Geschichte ein Hase und eine Schildkröte um die Wette. Aber auch hier bestätigt sich: Der Langsame, aber Beständige gewinnt.

DU BRAUCHST:

2 gleich große Plastikflaschen (z. B. für stilles Wasser oder Limonade)

Wasser

2 Bretter (oder eine Rampe)

Versuch: Füll eine der Flaschen zur Hälfte mit Wasser und schraub sie gut zu. Die zweite Flasche bleibt leer.

Leg die zwei Flaschen nebeneinander oben auf eine Rampe oder eine schiefe Ebene. Eine geteerte Einfahrt oder ein Gehsteig, der ein paar Meter bergab führt und dann ausläuft, wäre ideal. Du kannst auch mit zwei Brettern eine Rampe bauen. Leg dazu die Bretter mit einem Ende auf einen Stuhl. Mit dem anderen Ende liegen die Bretter auf dem Boden.

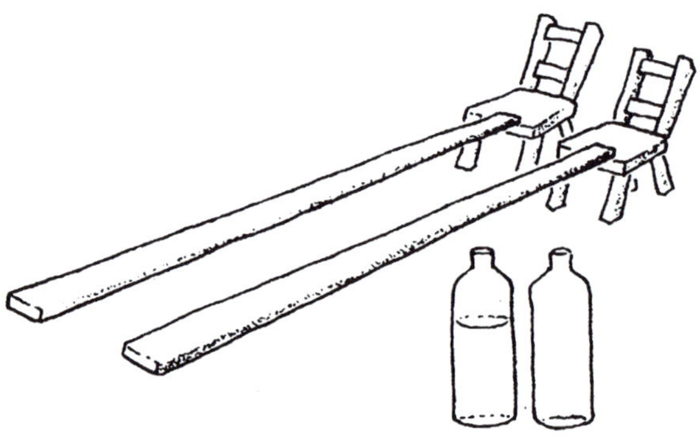

Halte beide Flaschen oben auf der Rampe fest und lass sie dann gleichzeitig los. Beachte, was passiert, wenn sie hinunterrollen.

Was passiert: Beide Flaschen rollen gleichzeitig los. Aber aufgepasst! Die Wasserflasche ist viel schneller. Sie ist der Hase in diesem Rennen. Im unteren Teil jedoch rollt die langsamere, leere Flasche (die Schildkröte) weiter als der „Hase“, der ja am Anfang geführt hat.

Warum: Wenn zwei Gegenstände aneinander gerieben werden, entsteht Reibung. Reibe z. B. deine Hände aneinander und du wirst merken, dass sie warm werden. Reibung erzeugt Wärme.

Die Flasche mit dem Wasser ist schwerer. Ihr Gewicht machte sie auf der Rampe schneller. Aber dadurch, dass das Wasser die Innenwand der Flasche umspült, entsteht Reibung. Diese Reibung bremste die Flasche unten dann ab.

Reibung erzeugt nicht nur Wärme: Sie bremst auch. Die Autobauer verwenden Öl im Motor, um Reibung und Reibungswärme zu verringern. Sie verwenden Fette, um andere bewegliche Teile zu schmieren.

116

Heiße Reifen

DU BRAUCHST:
2 Blatt Papier
Lineal
Schere
Klebeband
4 Büroklammern
schiefe Ebene

Jeder hat schon mal ein Autorennen oder ein Pferderennen gesehen, vielleicht auch schon ein Rennen zwischen Rollerskatern. Aber ein Rennen wie das folgende ist selten.

Versuch: Zunächst braucht man zwei gleich große Papier-Reifen. (Es wäre nicht fair, unterschiedlich große Reifen ins Rennen zu schicken.) Schneide von einem Blatt Papier (DIN A4) der Länge nach zwei 6 cm breite Streifen ab. Roll jeden Streifen zu einem Reifen und kleb die schmalen Enden zusammen. Befestige in einem der Reifen eine Büroklammer.

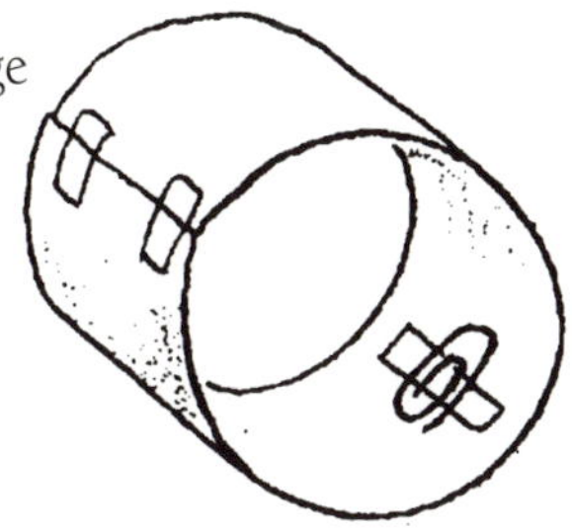

Achte darauf, dass sich die Büroklammer genau in der Mitte befindet.

Leg beide Reifen mit ein paar Zentimetern Abstand voneinander oben auf eine Rampe. (Verwende einfach die Rampe aus dem letzten Experiment. Bei starkem Wind sollte dieser Versuch auf einer Rampe im Haus durchgeführt werden.)

Lass beide Reifen gleichzeitig los.

Was passiert: Der Reifen mit der Büroklammer rollt nicht gleichmäßig schnell. Er beschleunigt, wenn die Büroklammer sich in der Abwärtsbewegung befindet, und er wird langsamer, wenn diese sich, von der Rampe weg, nach oben bewegt. Am Ende verliert der Reifen mit der Büroklammer.

Warum: Hier ist es nicht die Reibung, die den Reifen mit der Büroklammer abbremst. Er wird langsamer, weil er nicht in der Balance ist. Deshalb müssen Autoreifen ausgewuchtet werden.

117

Reifen auswuchten

Ob der Reifen mit der Büroklammer nicht doch gleichmäßig laufen kann? Befestige eine zweite Klammer gegenüber der ersten und lass ihn laufen.

Befestige zwei weitere Büroklammern, jede genau in der Mitte zwischen den beiden schon vorhandenen. Nun sollte der Reifen noch besser laufen.

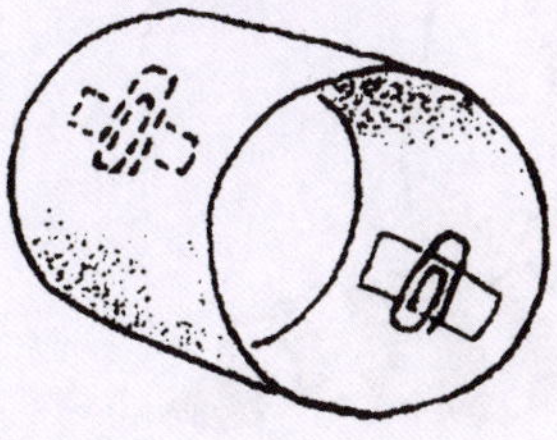

Warum: Objekte, die sich drehen, wie Reifen und Räder, müssen so gut wie möglich ausbalanciert sein. Sie verbrauchen sonst mehr Energie, nutzen sich schneller ab und können sogar kaputtgehen.

118 Balance-Trick mit einer Münze

Wer dieses zirkusreife Kunststück beherrscht, der kann eine Münze auf einem Kleiderbügel balancieren, während dieser sich dreht. Wetten?

DU BRAUCHST:
Hosenbügel
Münze

Versuch: Am besten funktioniert dieses Experiment mit einem stabilen Hosenbügel aus Kunststoff. Es geht auch mit einem schmalen Bügel, aber dazu braucht man eine sehr ruhige Hand.

Geh mit dem Kleiderbügel am besten ins Freie. Vermeide es, dieses Experiment im Haus, umgeben von zerbrechlichen Gegenständen, durchzuführen. Der Kleiderbügel könnte durch die Luft sausen! Im Freien verwendest du besser einen Dichtungsring statt einer Münze. Wenn du diesen verlierst, ist es nicht so schlimm.

Häng den Kleiderbügel über deinen Zeigefinger. Leg mit der anderen Hand die Münze auf den Steg des Hosenbügels. Es sollte so aussehen wie auf dieser Abbildung:

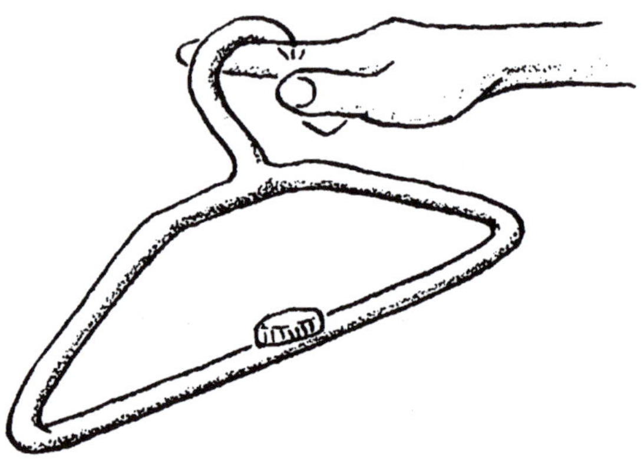

Jetzt weißt du auch, warum sich ein Hosenbügel aus Kunststoff besser eignet. Es ist einfacher, eine Münze auf einem dicken Steg zu platzieren als auf einem dünnen Drahtbügel.

Achte darauf, dass die Münze genau unterhalb deines Fingers zu liegen kommt.

Wenn die Münze ausbalanciert ist, beginn damit, den Bügel langsam hin- und herzuschwingen. Erhöh die Geschwindigkeit nach und nach.

Nun gibst du dem Bügel einen extra Kick und lässt ihn um deinen Finger kreisen.

Was passiert: Die Münze bleibt an Ort und Stelle, solange du den Bügel gleichmäßig kreisen lässt.

Warum: Wenn sich Gegenstände schnell drehen, tritt die Zentrifugalkraft auf. Sie veranlasst die Gegenstände sich vom Zentrum, das sie umkreisen, wegzubewegen. Der Dichtungsring wird von der Zentrifugalkraft gegen den Bügel gepresst. Er fällt nicht herunter, es sei denn, du unterbrichst die Kreisbewegung.

119 Wasserkreisel

Ein Wissenschaftler braucht ein großes Labor, um die Zentrifugalkraft zu untersuchen, dir reicht ein Spülbecken.

DU BRAUCHST:
große Plastikschüssel
Wasser
Dessertschale
Holzlöffel

Versuch: Füll die große Plastikschüssel etwa 10 cm hoch mit Wasser. Eine Schüssel mit einem Durchmesser von 30 cm wäre ideal.

Lass die Dessertschale in der Schüssel schwimmen.

Gieß so viel Wasser in die Dessertschale, dass ihr Rand gerade noch 1 cm hoch aus dem Wasser in der großen Schüssel ragt.

Dreh nun mit dem Holzlöffel die schwimmende Dessertschale so schnell wie möglich im Kreis. Stecke den Löffel einfach so in die Schale, wie es die Abbildung zeigt, und beginne sie zu drehen. Falls du keinen Holzlöffel haben solltest, kannst du auch deinen Zeigefinger nehmen. Da die Schale schwimmt, ist der Reibungswiderstand gering, und sie dreht sich ohne Probleme. Wenn du aus dem Handgelenk heraus „rührst", kannst du die Geschwindigkeit erhöhen.

Vermeide, dass die Schale an den Rand der Schüssel stößt, sonst wird sie abgebremst.

Was passiert: Schau, was mit zunehmender Geschwindigkeit mit dem Wasser in der rotierenden Schale passiert. Das Wasser steigt am Rand der Schale hoch und ihr Boden wird sichtbar.

Wenn die Dessertschale langsamer wird, fließt das Wasser von den Rändern der Schale zurück und bedeckt ihren Boden wieder.

Warum: Die Zentrifugalkraft wirkt auf Flüssigkeiten genauso wie auf feste Körper. Je schneller du etwas drehst, desto mehr drängt dieses Etwas an die Ränder des Kreises.

120 Finger-Lift

DU BRAUCHST:
Stuhl mit Lehne
6 Mitspieler

In den Fingern steckt mehr Kraft, als man glaubt. Dieses Experiment verdeutlich diese Kraft – und es ist noch dazu ein toller Party-Trick.

Versuch: Bitte einen Mitspieler, sich mit verschränkten Armen aufrecht auf den Stuhl zu setzen. Der Kopf ist leicht nach vorne geneigt, der Nacken steif. Die Person auf dem Stuhl sollte sich so steif wie möglich machen.

Bitte die anderen fünf Personen, jeweils einen Zeigefinger auszustrecken. Es ist hilfreich, eine Hand mit der anderen Hand so zu stabilisieren:

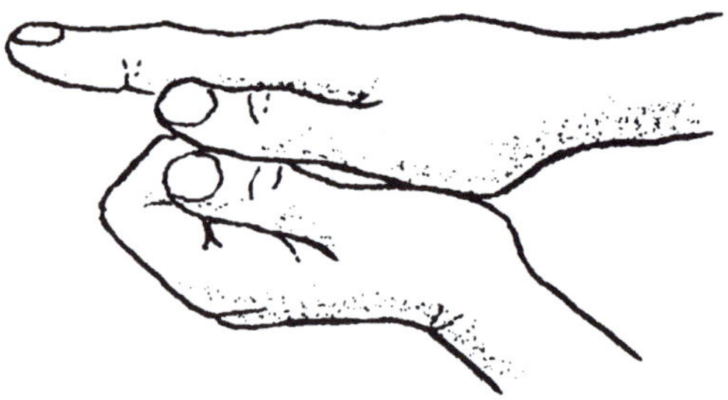

Nun müssen sich zwei Personen so neben den Sitzenden stellen, dass sie ihre ausgestreckten Zeigefinger unter dessen Kniekehle schieben können.

Zwei weitere Personen stellen sich nun hinter den Stuhl und stecken ihren Zeigefinger unter die Achselhöhle der sitzenden Person.

Die fünfte Person kann sich schließlich neben oder vor den Sitzenden stellen; sie legt ihm den Zeigefinger unter das Kinn.

Nun sollen alle tief einatmen und den Atem anhalten. Zähle bis drei. Alle fünf Personen heben bei drei mit ihren Zeigefingern den Mitspieler auf dem Stuhl in die Höhe. Wichtig ist, dass alle wirklich gerade nach oben und gleichmäßig anheben.

Was passiert: Zur Überraschung aller können die fünf die Person auf dem Stuhl ohne spürbaren Kraftaufwand ganz leicht in die Höhe heben, beinahe, als wenn sie nichts wiegen würde.

Warum: Da sich die sitzende Person steif hält, wird ihr Gewicht gleichmäßig unter allen fünf Trägern verteilt. Dadurch, dass jeder im selben Moment anhebt, bleibt das Gewicht auch gleichmäßig verteilt. Jeden trifft also die gleiche Last. Wenn die sitzende Person 40 kg wiegt, bedeutet das, dass jeder Träger nur 8 kg heben muss.

121 Flaschenzug

DU BRAUCHST:
2 Draht-Kleiderbügel
2 leere Garnspulen
2 Stühle
Besenstiel
Schere
Schnur (3 m)
Buch

Mit einem Flaschenzug können schwere Gewichte leichter gehoben werden. Bitte einen Erwachsenen bei diesem Versuch um Hilfe.

Versuch: Für dieses Experiment zum Thema Bewegung ist der Bau eines Flaschenzugs erforderlich. Das geht ganz einfach. Bitte einen Erwachsenen einen Draht-Kleiderbügel aufzubiegen, damit du eine Garnspule einfädeln kannst. (Es macht nichts, wenn du den Draht dazu etwas gerade biegen musst.) Bitte den Erwachsenen schließlich den Drahtbügel wieder zusammenzubiegen. Dazu braucht man nämlich viel Kraft.

Dein Flaschenzug sieht nun so aus:

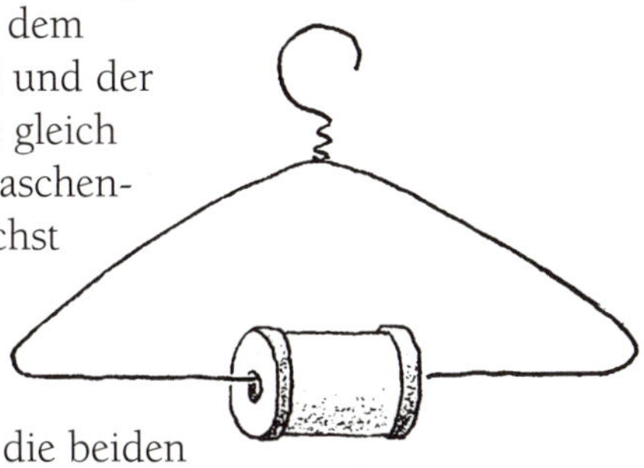

Mach aus dem zweiten Bügel und der zweiten Spule gleich noch einen Flaschenzug. Du brauchst ihn für das nächste Experiment.

Nun stell die beiden Stühle Lehne gegen Lehne und leg den Besenstiel darüber. Befestige dann eine Schlinge für den Flaschenzug daran. Knote die Schnur mit einem Ende um das Buch und führ das andere Ende über die Rolle des Flaschenzugs.

Jetzt zieh an der Schnur.

Was passiert: Das Buch schnellt nach oben.

Warum: Natürlich! Aber was ist das Besondere daran? Besonders ist, dass du die Bewegungsrichtung umgekehrt hast. Du hast nach unten gezogen und das Buch schnellte in die Höhe. Diese Bewegungsumkehr macht es möglich, große Lasten zu heben und Häuser und Brücken zu bauen.

Der Kraftaufwand in diesem Experiment war der Gleiche, als hättest du das Buch direkt angehoben. Der aus nur einem Rad bestehende Flaschenzug brachte keinen mechanischen Vorteil mit sich. Das nächste Experiment zeigt dir, wie naturwissenschaftliches Denken deine Kraft vermehrt.

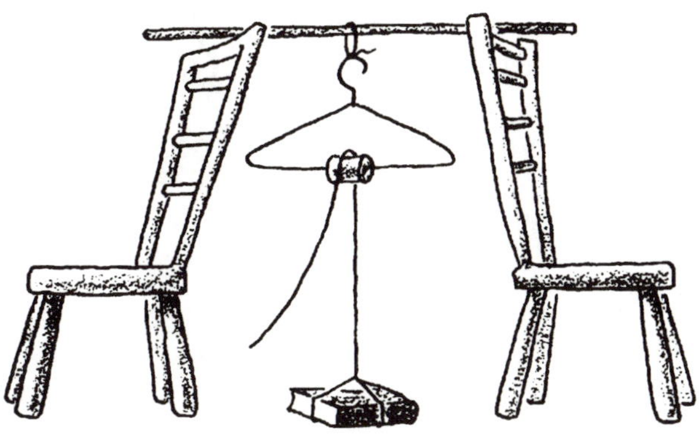

122 Doppelte Kraft

DU BRAUCHST:

2 Draht-Kleiderbügel
2 leere Garnspulen
2 Stühle
Besenstiel
Schere
starke Schnur
(etwa 3 m lang)
Buch

Durch dieses Experiment wird man doppelt so stark.

Versuch: Du kannst den Flaschenzug von Seite 101 verwenden. Verschnür ein Buch und hak einen zweiten Flaschenzug in diese Verschnürung ein. Etwa so wie auf dieser Abbildung:

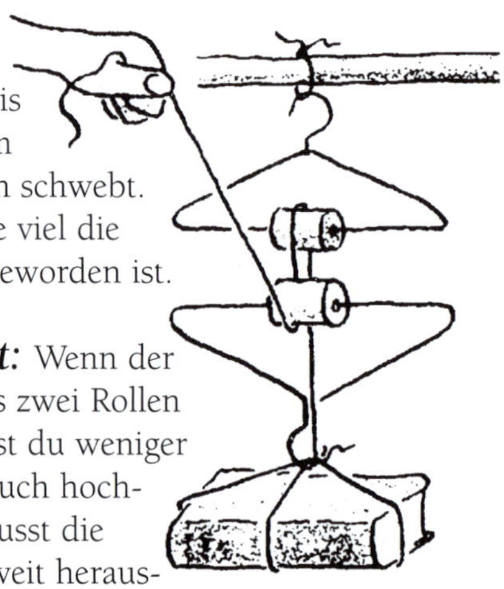

Zieh an der Schnur des Flaschenzugs, bis das Buch 7,5 cm über dem Boden schwebt. Miss ab, um wie viel die Schnur länger geworden ist.

Was passiert: Wenn der Flaschenzug aus zwei Rollen besteht, brauchst du weniger Kraft, um das Buch hochzuheben. Du musst die Schnur 15 cm weit herausziehen, um das Buch 7,5 cm in die Höhe zu heben.

Warum: Der Einsatz von zwei Rollen verschafft dir einen so genannten mechanischen Vorteil. Das heißt, dass es nun leichter als zuvor ist, das Buch hochzuheben. Der Preis dafür ist jedoch, dass du zweimal so viel Schnur ziehen musst.

Geisterhand bewegt das Glas 123

DU BRAUCHST:

2 Gläser
Wasser
Bleistift
Lineal (30 cm)

Kannst du ein Glas Wasser bewegen ohne das Glas zu berühren?

Versuch: Füll beide Gläser fast bis zum Rand mit Wasser. Leg den Bleistift (siehe Abbildung) auf einer ebenen Fläche, z. B. einem Tisch, unter das Lineal. Stell auf beide Enden des Lineals ein Glas Wasser und balanciere das Ganze aus.

Beweg den Bleistift nun in die eine oder andere Richtung, bis das Lineal an einer Seite fast nach unten kippt.

Steck in dieses Glas zwei Finger ohne das Glas zu berühren.

Was passiert: Während deine Finger langsam in das Wasser tauchen, bewegt sich das Glas nach unten. Der Wasserstand im Glas steigt.

Warum: Deine Finger im Glas verdrängen Wasser, weshalb der Wasserstand steigt. Das Gesamtgewicht des Wasserglases nimmt genau um das Gewicht der Menge des verdrängten Wassers zu.

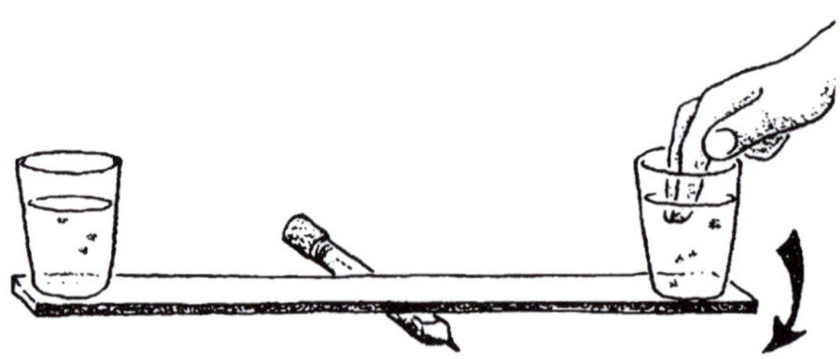

Hast du Töne?

Wir sind umgeben von Geräuschen. Wir sind an den Klang der Stimmen anderer Menschen gewöhnt, an Hundegebell, an Motorenlärm und an Türenknallen.

Geräusche gehören so sehr zu unserem Leben, dass totale Stille Angst machen kann. Sie ist so ungewohnt für unsere Ohren, dass manche Menschen sagen, die Stille selbst erschafft Klänge.

Jeder weiß, wie man ein Geräusch erzeugt. Klatsch in die Hände und schon hast du ein Geräusch erzeugt.

Wie entsteht eigentlich der Ton beim Klatschen? Wenn zwei Körper hart aufeinander stoßen und dabei Lärm machen, bringen sie die Luft zum Vibrieren – das Ergebnis der Wucht, mit der sie aufeinander prallten. Diese Luftvibrationen senden Schallwellen in alle Richtungen aus.

Einige dieser Schallwellen erreichen dein Ohr. Sie lassen dein Trommelfell vibrieren; es bewegt sich leicht hin und her. Diese Bewegung lässt die kleinen Knöchelchen im Ohr die Vibration aufnehmen, die dann über eine kleine, mit Flüssigkeit gefüllte Röhre zum Hörnerv geleitet wird. Diese Nerven übertragen den Klang in das Gehirn und man hört ihn.

Beim Sprechen vibrieren die Stimmbänder in der Kehle. Der Luftstrom aus der Lunge, der an ihnen vorbeiströmt, erzeugt diese Vibrationen. Die Stimmbänder wiederum erzeugen Luftvibrationen, mit denen Laute erzeugt werden.

Versuch einmal zu sprechen, während du einatmest. Du kannst zwar einen Ton erzeugen, aber sprechen kannst du beim Einatmen nicht.

Das folgende Kapitel enthält spannende und unterhaltsame Experimente rund um das Thema Geräusche. Sie helfen dir auch zu verstehen, wie das Gehör funktioniert.

Lautes Papier

124

DU BRAUCHST:
2 Blatt
DIN-A4-Papier

Zwei Blatt Papier, z. B. aus einem Notizblock, sind ein toller Krachmacher.

Versuch: Halte zwei Bogen Papier mit beiden Händen vor deinen Mund. Das untere Blatt sollte etwa 12,5 mm unter dem oberen Deckblatt hervorragen.

Ungefähr so:

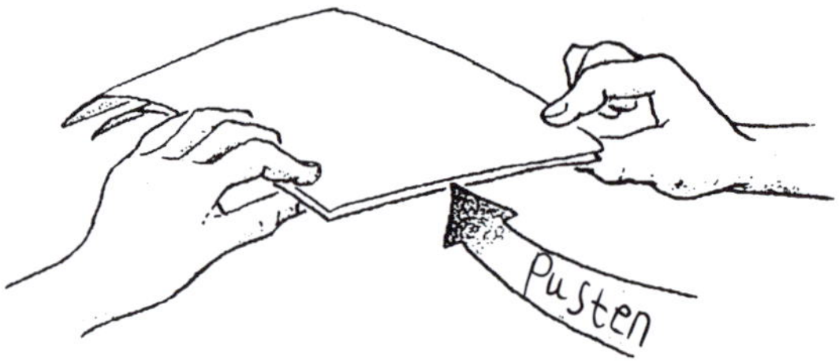

Blas nun kräftig an der vom Pfeil markierten Stelle gegen das Papier.

Was passiert: Es entsteht ein seltsam schnarrendes Geräusch.

Falls dieses Geräusch nicht entsteht, halte das Papier einfach näher an deinen Mund und versuch es nochmal. Wenn man zwischen die Seiten hineinbläst, beginnen sie zu vibrieren.

Wenn du noch immer keinen Ton erzeugen konntest, halte die Seiten näher an den Mund oder weiter weg. Blas kräftiger oder leichter. Es kommt auf die richtige Kombination an.

Pass auf, dass dir nicht schwindlig wird. Mach immer wieder mal eine Atempause.

Warum: Wenn die Seiten auf und ab flattern, erzeugt die Vibration einen Ton. Die Vibration erzeugt Klangwellen, die man hören kann.

125

Krawallmacher

DU BRAUCHST:
quadratisches Stück
Zellophan (5 x 5 cm)

Hier darfst du mal so richtig Krach machen – und das im Namen der Wissenschaft.

Versuch: Halte das Stück Zellophan straff gespannt zwischen Daumen und Zeigefinger deiner beiden Hände.

Nimm deine Hände nun ganz an den Mund, sodass das Zellophan direkt an den Lippen ist. Das Ganze sieht so aus:

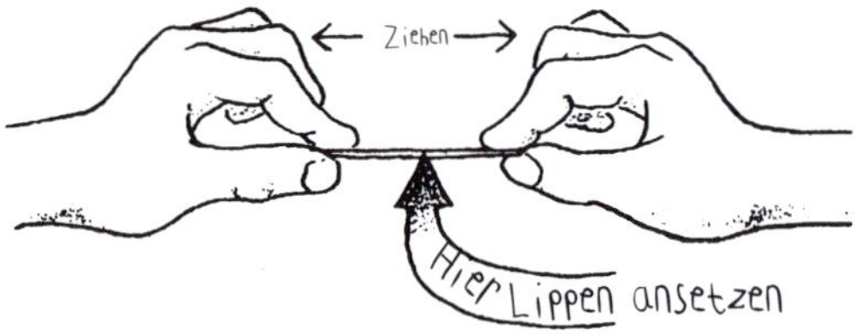

Blas nun sehr kräftig gegen die Kante des gespannten Zellophans. Press die Lippen dabei eng zusammen, sodass der Luftstrom möglichst dünn ist.

Was passiert: Wenn der Luftstrom auf die Kante des Zellophans trifft, erzeugst du den scheußlichsten Ton, den du je gehört hast!

Wenn kein schreckliches Geräusch zu hören ist, verändere den Abstand zwischen Zellophan und Lippen, bis der Luftstrom gerade richtig trifft.

Warum: Der kräftige Luftstrom von deinen Lippen lässt die Kante des Zellophans schnell vibrieren. Weil Zellophan sehr dünn ist, vibriert es besonders schnell. Je schneller etwas vibriert, desto höher ist der Ton, der entsteht.

126 Ballon-Verstärker

DU BRAUCHST:
ganz normaler runder Luftballon

Verstärker, z. B. in Radios oder Stereoanlagen, dienen dazu, Musik und Stimmen lauter zu machen. Hättest du gedacht, dass ein Luftballon dieselbe Wirkung haben kann?

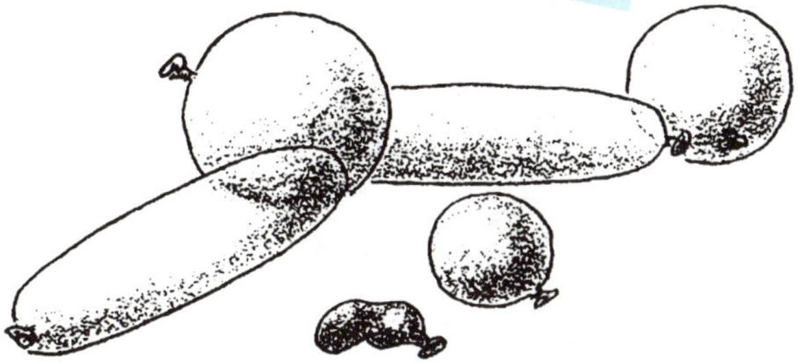

Versuch: Blas den Ballon auf und halte ihn ganz nah an dein Ohr.

Tipp jetzt an der Stelle mit dem Finger an den Ballon, die am weitesten von deinem Ohr entfernt ist.

Bring den Ballon auf keinen Fall zum Platzen, solange er sich so nah an deinem Ohr befindet. Der Knall könnte es verletzen.

Was passiert: Der Ton, den du hörst, ist viel lauter als der von deinem Finger erzeugte.

Warum: Die Luft im Ballon ist hochkomprimiert, das heißt, im Ballon ist die Luft auf engem Raum ganz stark zusammengepresst. Beim Aufblasen haben deine Lungen, genauso wie ein Kompressor, sehr viel Luft in den Ballon gepresst. Nur so wurde der Ballon immer größer. Die Luftmoleküle im Inneren des Ballons liegen viel enger aneinander, als das bei der Raumluft der Fall ist. Dadurch kann die Luft im Ballon die Klangwellen besser übertragen.

127 Vom Löffel, der sich für eine Glocke hält

DU BRAUCHST:
Schere
Teelöffel
Bindfaden
(1,20 m lang)

Wie kann es sein, dass sich ein Löffel für eine Glocke hält? Lies weiter und du wirst staunen.

Versuch: Knüpf in der Mitte des Fadens eine einfache Schlinge. Das geht so: Binde einfach einen Knoten in den Faden, etwa in der Mitte. Zieh ihn aber nicht fest zu, sondern lass ihn ganz locker, sodass noch eine Schlaufe zu sehen ist.

Durch diese Schlaufe sollten ungefähr noch zwei Finger passen (Durchmesser etwa 12,5 mm):

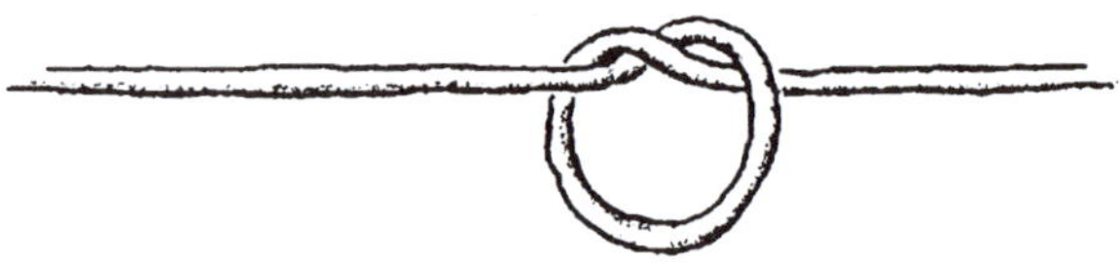

Schieb den Löffelstiel durch die Schlaufe. Jetzt musst du die Schlaufe fest zuziehen, damit der Löffel nicht herausrutschen kann.

Halte nun ein Ende des Fadens an das rechte Ohr, das andere an das linke Ohr. Achtung: Steck den Faden nicht in die Ohren.

Lass den Löffel nun hin- und herschwingen, und zwar so, dass er gegen eine Tischkante schlägt. Achte auf das Geräusch.

Was passiert: Der Ton, den du hörst, klingt überhaupt nicht nach einem Löffel, der gegen eine Tischkante schlägt. Es klingt viel eher wie eine Glocke, z. B. eine Kirchenglocke.

Warum: Die Schnur überträgt die Vibrationen des Löffels. Eine Schnur überträgt Klänge nicht nur besser als Luft, sie leitet sie sogar direkt in deine Ohren. Das erklärt den tiefen glockenartigen Klang, den du hörst.

128 Große Glocken

Wiederhol das letzte Experiment mit einem Suppenlöffel und achte auf den viel tieferen Ton, der dabei entsteht.

Dann gönn deinen Ohren den Genuss und wiederhole das Experiment mit einem Servierlöffel. Dieser ist so groß, dass ein noch viel, viel tieferer Ton entsteht.

129 Der pochende Finger

Sogar das leichteste Fingertippen kann sich zu einem Riesenkrach entwickeln.

DU BRAUCHST:
Holztisch
Stuhl

Versuch: Setz dich an den Tisch. Leg dein Ohr auf die Tischplatte, ungefähr so:

Tipp mit dem Finger, etwa 30 cm von deinem Ohr entfernt, auf die Tischplatte. Erst ganz sanft, dann immer kräftiger.

Was passiert: Die vom Finger erzeugten Töne hören sich sehr laut an. Viel lauter, als wenn man nicht mit dem Ohr auf der Tischplatte liegen würde. Heb den Kopf zum Test mal hoch.

Warum: Schallwellen breiten sich nicht nur in der Luft aus. Auch feste Stoffe leiten sie weiter, wie die Tischplatte. Viele feste Stoffe – z. B. Holz – leiten Schallwellen sogar viel besser als Luft, weil bei ihnen die Moleküle enger aneinander liegen als bei der Luft. Deshalb hört sich dein pochender Finger viel lauter an, wenn die Schallwellen über die Tischplatte dein Ohr erreichen.

130 Holzstock zum Lauschen

Ist mal kein Hörrohr zur Hand – ein Holzstock tut's auch.

DU BRAUCHST:
Holzstock (1 m)
tickende Uhr

Versuch: Ein Wecker zum Aufziehen eignet sich bestens für dieses Experiment. Aber auch elektrische Wecker, die einen leisen Summton von sich geben, sind geeignet. Wenn kein Wecker zur Verfügung steht, probier es mit dem Kühlschrank, auch der macht meist ein leises Geräusch. Als Hörrohr kannst du ein Metermaß aus Holz, ein langes Holzlineal oder einen Stock verwenden.

Halte den Stock oder das Metermaß so, dass ein Ende den Wecker berührt und das andere deine Ohrmuschel:

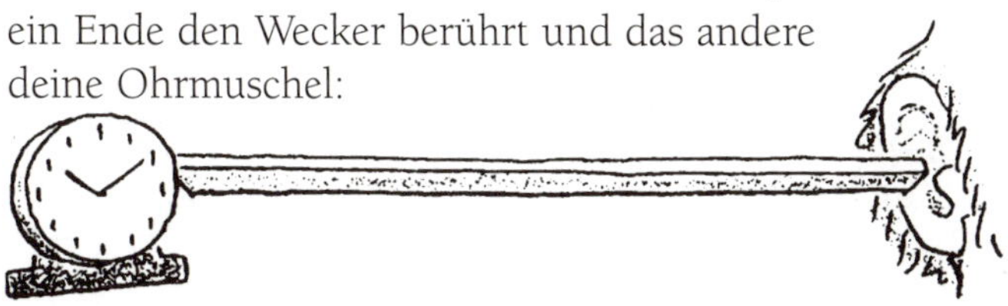

Was passiert: Über den Meterstab hört sich der Wecker viel lauter an als sonst. Du kannst das nachprüfen, indem du auch noch an anderen Geräten in eurem Haushalt mit dem Meterstab horchst, z. B. am Kühlschrank.

Warum: Der hölzerne Meterstab überträgt die Schallwellen besser als die Luft. Deshalb hörst du das Ticken des Weckers über den Meterstab lauter, als dies ohne Meterstab der Fall ist.

131 Die swingende Salatschüssel

DU BRAUCHST:
große Flasche
Salatschüssel
Gabel
Bleistift mit Radiergummi
lange Schnur (1 m)

Dieses Experiment kann man besonders gut zu zweit durchführen. Der Sound einer Salatschüssel ist ein Hit.

Versuch: Stell die Flasche auf den Tisch. Eine leere, große Glasflasche eignet sich besonders gut.

Stülp die Salatschüssel, wie auf dieser Abbildung, umgekehrt über die Flasche.

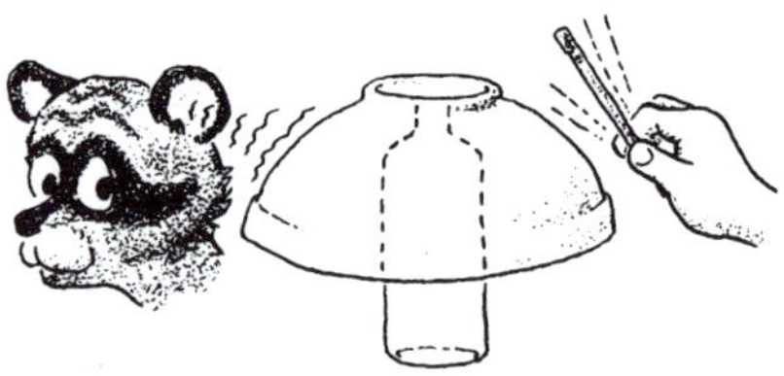

Horch mit einem Ohr an der Schale, während eine zweite Person mit dem Radiergummi-Ende des Bleistifts kurz gegen die Schüssel schlägt.

Zum Vergleich solltet ihr, statt mit dem Radiergummi, einfach mal vorsichtig mit einem Finger gegen die Schüssel schlagen.

Was passiert: Beim ersten Mal hörst du einen angenehmen Ton. Beim zweiten Mal, wenn dein Freund den Finger benutzt, hörst du nichts.

Warum: Der Ton entsteht durch die Vibration der Schüssel. Wenn dein Freund die Schale mit dem Finger berührt, unterbricht er die Vibration gleich wieder – und somit auch den Ton.

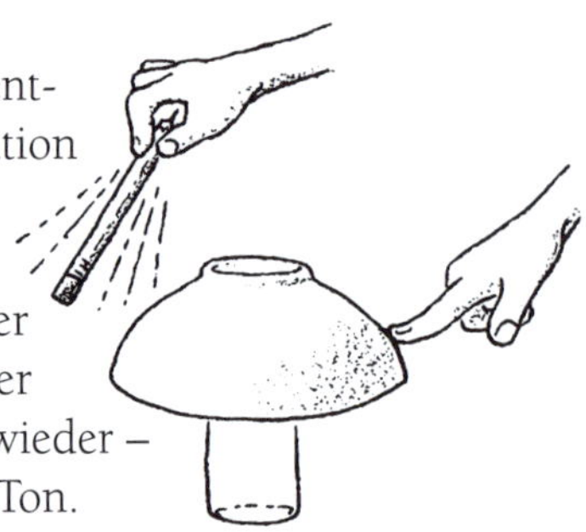

132 Die Stimmgabel

DU BRAUCHST:
Bindfaden (1 m)
Gabel
Müsli-Schale
Bleistift mit Radiergummi

Ein Klavier kann man stimmen, eine Gabel dagegen nicht. Doch immerhin lassen sich mit einer ganz normalen Gabel Töne erzeugen.

Versuch: Binde ein Ende des Fadens um die Gabel (siehe Abbildung). Heb die Gabel am Faden hoch, sodass die Zinken nach unten zeigen.

Schlag mit dem Bleistift leicht gegen den Rand der Schale. Die Zinken der Gabel müssen an der gegenüberliegenden Seite die Schale berühren.

Was passiert: Wenn die Gabel die Schale berührt, beginnen ihre Zinken zu vibrieren. Du kannst einen leisen Ton hören, wenn du mit dem Ohr nahe an den Zinken lauschst.

Bitte eine zweite Person noch einmal mit dem Bleistift gegen den Rand der Schüssel zu tippen. Horch nun mit deinem Ohr an dem Faden, an dem die Gabel hängt, und du wirst den Ton jetzt ganz deutlich hören.

Warum: Die Zinken der Gabel nehmen die Vibrationen der Schale auf. Man nennt das sympathetische Vibration. Der Faden leitet den Ton weiter – wie in dem Experiment mit dem Löffel, der sich für eine Glocke hielt.

133 Wasserorgel

DU BRAUCHST:
8 Trinkgläser
Wasser
Bleistift

Man braucht nur ein paar Wassergläser, und schon kann man die schönste Musik zaubern.

Versuch: Stell die acht Trinkgläser in einer Reihe auf dem Küchentisch auf. (Plastikbecher funktionieren hier nicht.) Es ist nicht so wichtig, ob die Gläser alle gleich groß sind. Allerdings ist das Experiment leichter, wenn sie es sind.

Füll die Gläser unterschiedlich hoch mit Wasser. Etwa so wie auf dieser Abbildung:

Deutlich ist zu sehen, dass die Füllmenge von links nach rechts abnimmt.

Schlag jetzt mit dem Bleistift leicht gegen die Ränder der Gläser. Die Reihenfolge ist egal.

Was passiert: Jedes Glas gibt einen anderen Ton von sich. Je mehr Wasser im Glas ist, desto tiefer ist der Ton.

Versuch nun die Gläser von links nach rechts in den Tönen der Tonleiter zu stimmen. Tipp das erste Glas an und stimm es auf „c“. Füg Wasser hinzu oder gieß etwas Wasser ab, bis das Glas den richtigen Ton hat. Fahre in dieser Weise fort, bis du mit sieben Gläsern eine Tonleiter spielen kannst (c, d, e, f, g, a, h, c).

Warum: Vibrationen erzeugen einen Ton. Wenn man ein Glas von außen antippt, vibriert es. Die Schnelligkeit der Vibration hängt davon ab, wie stark das Glas in Schwingung versetzt wird. Je mehr Wasser sich im Glas befindet, desto langsamer schwingt es und desto tiefer ist der Ton.

134 Stimm noch mehr Gläser

Nun stellst du acht unterschiedlich große Gläser auf den Tisch. Je unterschiedlicher sie sind, desto besser.

Denk daran, dass der Ton von der Wassermenge im Glas abhängig ist.

Stimm die Gläser, bis du eine Tonleiter mit ihnen spielen kannst. Du musst jeweils Wasser dazu- oder abgießen, bis die Töne die richtige Reihenfolge haben.

135 Sichtbare Schallwellen

Schallwellen kann man sehen. Allerdings funktioniert das Experiment nur bei Sonnenschein

DU BRAUCHST:
leere Dose
Luftballon
Schere
Gummiring
kleiner Spiegel
Zeitung
Hammer
Kleber

Versuch: Entfern Deckel und Boden einer Konservenbüchse. Wasch die Dose sorgfältig aus. Schneide dich nicht an den scharfen Kanten.

Spann anschließend die Haut eines Luftballons über die Dose. Nimm dafür einen Luftballon, der vorher schon einmal aufgeblasen war. Dadurch ist seine Gummihaut schon ausgedehnt und lässt sich besser über die Dose spannen. Lass also die Luft heraus und schneide den Hals des Ballons mit der Schere ab. Spann über eine der Dosenöffnungen ein Stück Ballonhaut. Fixier die Haut mit dem Gummiring. Es kann nötig sein, den Gummi mehrmals um die Dose zu wickeln.

Du brauchst ein kleines Stück Spiegel. (Es genügt aber auch ein Stück Alufolie.) Wickele ein größeres Stück Spiegel in mehrere Lagen Zeitungspapier ein und schlag mit einem Hammer darauf. Wickele das Zeitungspaket wieder auf und such vorsichtig eine quadratische Spiegelscherbe heraus (Seitenlänge ca. 12,5 mm). Wickele den Rest der Scherben wieder in das Papier und wirf sie weg.

Kleb diese kleine Spiegelscherbe an der über die Dose gespannten Ballonhaut fest.

Fang mit dem Spiegelchen Sonnenlicht auf. Beweg die Dose, bis das Licht reflektiert wird und ein Quadrat aus Licht an der Wand sichtbar ist.

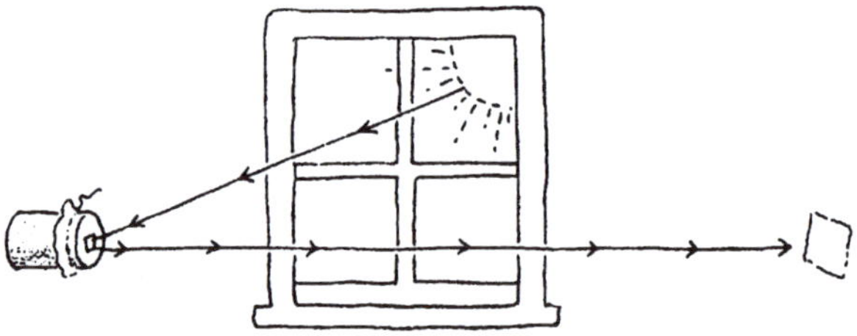

Sprich nun direkt in das hintere, offene Ende der Dose. Schrei laut. Du kannst die unterschiedlichsten Geräusche ausprobieren. Behalte dabei das Quadrat an der Wand im Auge.

Was passiert: Die von dir erzeugten Geräusche bewirken, dass sich das Quadrat bewegt.

Warum: Die Gummihaut nimmt die Vibrationen deiner Stimme auf. Sie beginnt zusammen mit dem Reflektor – der Spiegelscherbe – zu schwingen. Durch diese Schwingungen bewegt sich auch das Quadrat an der Wand.

Ohne Oberflächenspannung würden Schiffe untergehen

Wasser spielt in unserem Leben eine sehr wichtige Rolle. Wir müssen Wasser trinken, denn unser Körper besteht zu einem sehr großen Teil aus Wasser.

Wir waschen und erfrischen uns mit Wasser. Wasser ist der Grundstoff für Getränke, für Limonaden und Säfte, für Tee und Kaffee.

Ohne Wasser gäbe es keine Bäume, kein Gras und keine Blumen. Wasser ist der Grundstoff allen Lebens auf der Erde.

Das folgende Kapitel enthält spannende und interessante Experimente rund ums Wasser. Bestimmt hast du schon häufig gehört, dass Erwachsene von Spannung und Stress erzählt haben. Auch Wasser kennt Spannung; aber sie bewirkt bei Wasser keinen Stress.

Wasser hat Oberflächenspannung.

Der wissenschaftliche Ausdruck besagt, dass sich Wasser an der Oberfläche zusammenhält, weil die Moleküle einer bestimmten Menge Wasser einander anziehen.

Man kann sich nur schwer vorstellen, dass sich die Wassermoleküle in einem See oder im Meer fest aneinander klammern, um die Oberfläche abzuschließen. Doch genau das bedeutet Oberflächenspannung. Man kann sie nicht spüren, wenn man den Finger in ein Glas Wasser taucht oder wenn man schwimmen geht. Dennoch ist sie vorhanden und das kann man mit tollen Experimenten beweisen.

Dieses Kapitel beginnt zunächst mit einigen Versuchen, die zeigen, welche erstaunlichen Auswirkungen die Oberflächenspannung hat. Danach geht's weiter mit spannenden Versuchen unterhalb der Oberfläche.

Zum Überlaufen voll

136

DU BRAUCHST:
Trinkglas
Wasser
viele Stecknadeln

Jeder hat bestimmt schon mal ein Glas so voll gegossen, dass es übergelaufen ist. Bei diesem Versuch kannst du ein Glas bis zum Überlaufen füllen ohne einen Tropfen zu vergießen.

Versuch: Stell das Glas auf den Küchentisch oder in das Spülbecken. Füll es nun randvoll mit Wasser.

Was denkst du? Wie viele Stecknadeln kannst du in das Glas werfen, ohne dass es überläuft? Zehn? Zwanzig? Fünfzig?

Setz die Stecknadeln vorsichtig, mit der Spitze zuerst, auf die Wasseroberfläche.

Lass sie dann in das Wasser hineingleiten. Wiederhol das Ganze mit weiteren Nadeln so lange, bis das Wasser schließlich überläuft.

Was passiert: Du kannst mehr Nadeln einwerfen, als du gedacht hast. Betrachte das Glas von der Seite und du erkennst, dass die Wasseroberfläche leicht gewölbt ist und den Rand des Glases überragt.

Warum: Die Oberflächenspannung verhindert, dass das Wasser überläuft.

137 Unsichtbare Kräfte in der Waschschüssel

DU BRAUCHST:
große Schüssel
Wasser
Faden (30 cm)
Stück Seife

Wenn die Oberflächenspannung einmal außer Kraft gesetzt wird, passieren die tollsten Sachen.

Versuch: Füll die Schüssel fast bis unter den Rand mit Wasser.

Form aus dem Faden eine Schlinge, indem du das eine Ende über das andere legst. Mach aber keinen Knoten. Leg die Schlinge vorsichtig auf die Wasseroberfläche. Die Schlinge sollte eher eine längliche Form beschreiben, etwa so:

Nun tauch eine Ecke der Seife innerhalb der Schlinge in das Wasser.

Was passiert: Wie durch Geisterhand nimmt die Schlinge die Form eines Kreises an.

Warum: Die Seife zerstört die Oberflächenspannung des Wassers innerhalb der Schlinge. Der Faden verhindert, dass sich Seifenanteile über die Schlinge hinaus verbreiten. Da die Oberflächenspannung außerhalb der Schlinge erhalten bleibt, zieht sich dort das Wasser zurück und hinterlässt eine kreisförmige Fläche um die Seife.

138 Sturer Korken

DU BRAUCHST:
Korken
Trinkglas
Wasser
Teelöffel

Kann ein Korken stur sein? Durch dieses Experiment kann man einen widerspenstigen Korken beinahe dressieren.

Versuch: Füll das Glas fast randvoll mit Wasser und lass den Korken darin schwimmen. In kurzer Zeit treibt der Korken zum Rand.

Versuch nun den Korken wieder in die Mitte des Glases zu bekommen ohne ihn zu berühren. Blasen ist erlaubt. Allerdings soll der Korken in der Mitte bleiben, sobald er dort angekommen ist, auch dann noch, wenn nicht mehr geblasen wird.

Das funktioniert aber nur folgendermaßen: Füg vorsichtig, Teelöffel für Teelöffel, Wasser hinzu. Schließlich wird sich die Wasseroberfläche über den Rand des Glases wölben. Die Oberflächenspannung hält den Korken an seinem Platz.

Was passiert: Der Korken treibt in die Mitte des Glases und bleibt auch dort, sobald der Wasserspiegel hoch genug ist.

Warum: Die Oberflächenspannung lässt das Wasser über den Rand hinaus ansteigen. Dadurch bildet sich eine kleine Kuppel auf dem Wasser – und der Korken sucht sich den höchsten Punkt.

139 Ein Sieb voll Wasser

DU BRAUCHST:
kleines Sieb
Speiseöl
leere Schale
Glas Wasser

Mit einem Sieb kann man doch kein Wasser schöpfen. Oder?

Versuch: Verwende ein kleines Sieb; mit einem großen Sieb brauchst du sonst sehr viel Öl.

Fette das Sieb mit dem Speiseöl ein. Du kannst das Speiseöl z. B. in eine Schüssel geben und das Sieb durch das Öl ziehen, bis es ganz mit Öl überzogen ist.

Klopf das Sieb vorsichtig am Rand der Schale ab, sodass alle Löcher frei sind. (Gieß das Öl nicht weg. Du kannst es für das Experiment auf Seite 120 noch einmal verwenden.)

Halte das Sieb über das Spülbecken. Gieß nun sehr vorsichtig Wasser aus dem Glas in das Sieb.

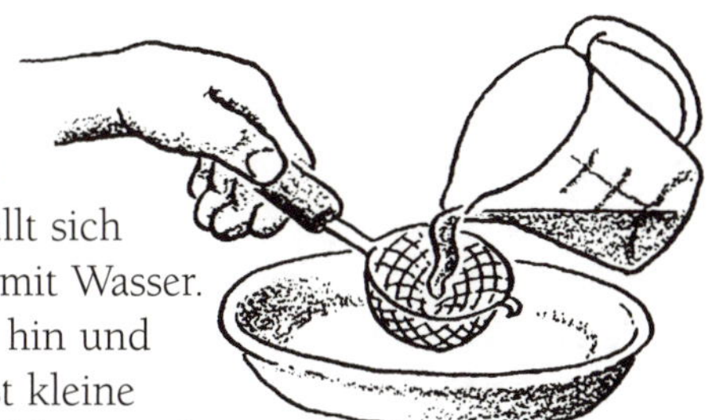

Was passiert: Das Sieb füllt sich allmählich mit Wasser. Sieh genau hin und du erkennst kleine Wassertröpfchen an der Außenseite des Siebes. Nur wenige fallen runter.

Warum: Die Oberflächenspannung der Wassertröpfchen ist der Grund, warum dieses Experiment funktioniert. Das Speiseöl trägt dazu bei, weil es dem Drahtgeflecht eine weiche Ummantelung gibt. Durch das Öl werden die Löcher des Siebes außerdem ein wenig kleiner, da ein Teil des Speiseöls daran hängen bleibt.

140 Der unglaublich dichte Verschluss

DU BRAUCHST:

Flasche mit schmalem Flaschenhals
Wasser
Sieb oder ein Stück Fliegengitter
weicher Draht (15 cm) oder Gummiring

Eine Flasche auf den Kopf stellen kann jeder. Aber wer kann das schon, ohne dass Wasser aus der Flasche herausläuft? Bei diesem Versuch werden manchmal mehr als zwei Hände benötigt. Falls du selbst nicht noch irgendwo eine Hand in Reserve hast, solltest du einen Freund bitten dir dabei zu helfen.

Versuch: Füll die Flasche bis zum Rand des Flaschenhalses mit Wasser.

Wenn du ein Stückchen Fliegengitter hast, kannst du die Flasche damit verschließen. Solltest du kein Fliegengitter zur Hand haben, kannst du auch ein Stückchen Tüll oder das Geflecht eines alten Kunststoffsiebs über die Öffnung stülpen. Befestige den Verschluss nun mit einem Gummi oder einem Draht am Flaschenhals.

Bitte einen Freund dir beim Verschließen der Flasche zu helfen. Damit alles stramm sitzt, ist es von Vorteil, wenn mehr als zwei Hände am Werk sind.

Dreh die Flasche nun so schnell wie möglich auf den Kopf, aber erst, wenn die Flasche wirklich gut verschlossen ist.

Was passiert: Es läuft kein Wasser heraus.

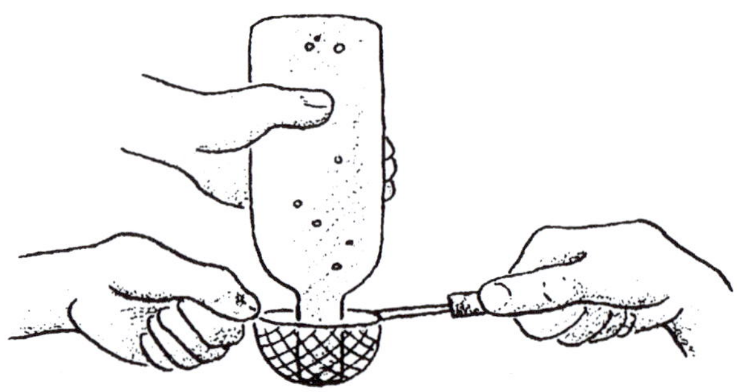

Warum: Die Oberflächenspannung ist der Grund. Hilfreich ist auch, dass die Flasche voll ist und somit keine Luft im Inneren der Flasche Druck machen kann. Wirksam ist nur der Luftdruck von unten nach oben. Er hält das Wasser davon ab, durch das Sieb zu strömen.

141 Der Habicht und die Spatzen

DU BRAUCHST:
Essteller
Wasser
Talkumpuder
Seife

Habichte fliegen oft in einen Spatzenschwarm und jagen ihn auseinander. Woher dieser Versuch seinen Namen hat, wirst du gleich verstehen.

Versuch: Stell den Teller auf einen Tisch und gieß ihn fast bis zum Rand voll Wasser. Wenn sich das Wasser nicht mehr hin und her bewegt, streu eine kleine Prise Talkumpuder auf die Wasseroberfläche.

So verteilt sich der Puder auf dem Wasser:

Die Puderflöckchen sind die „Spatzen".

Reib mit der Spitze deines Zeigefingers an der Seife. Berühr die Wasseroberfläche mit dem Finger. Dein Finger ist der „Habicht".

Was passiert: Kaum berührt dein eingeseifter Finger das Wasser, weicht der Puder zurück. Wie die Spatzen, wenn der Habicht kommt.

Warum: Die Seife zerstört die Oberflächenspannung. Das Wasser zieht sich, vom Tellerrand ausgehend, zurück und nimmt den Puder dabei mit.

142 Die ganz andere Wasserwaage

DU BRAUCHST:
große Schüssel
Auflaufform
Wasser
Apfel oder Orange
Messbecher

Kann man eine Schüssel voll Wasser als Waage verwenden? Diese Frage ist einen Versuch wert.

Versuch: Stell die Schüssel in die Auflaufform. Füll sie randvoll mit Wasser. Lass den Apfel oder die Orange im Wasser schwimmen.

Was passiert: Wasser läuft über. Heb die Schüssel aus der Backform. Gieß das Wasser aus der Backform in den Messbecher. Lies an der Skala ab, wie viel Wasser der Messbecher enthält. Dieser Wert gibt gleichzeitig das Gewicht der Frucht an.

Warum: Das übergelaufene Wasser wurde von der Frucht verdrängt. Die Wassermenge, die ein schwimmender Gegenstand verdrängt, entspricht dem Gewicht des Gegenstands.

143 Wasser fließt bergauf

DU BRAUCHST:
Trinkglas
Wasser
Schale
2 Blatt Küchenkrepp

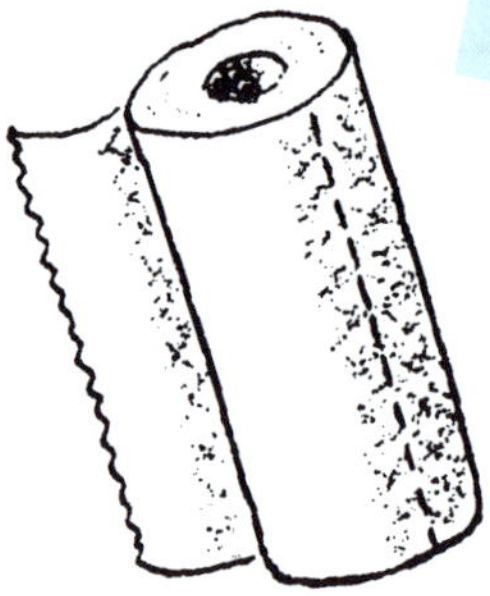

Normalerweise fließt Wasser nie bergauf, doch bei diesem Experiment ist das anders. Da es bei diesem Versuch feucht werden könnte, ist es besser, ihn am Spülbecken vorzunehmen.

Versuch: Füll das Glas bis oben mit Wasser und stell es neben die Schale.

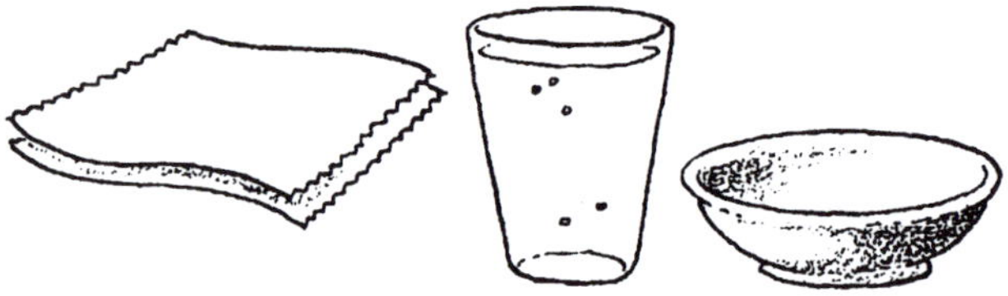

Es ist geplant, das Wasser nach oben, über den Rand des Glases hinweg, in die Schale fließen zu lassen. Dazu brauchst du einen Docht, der das Wasser leitet. Ein Docht ist eine feste Rolle aus Papier oder Stoff, die Wasser aufsaugt. Wie ein Kerzendocht das geschmolzene Wachs zur Flamme leitet, transportiert dein Docht eben Wasser.

Dreh die Küchentücher fest zu einem Docht zusammen und knick den Docht in der Mitte. Tauch nun ein Ende in das Glas und leg das andere Ende in die Schale. So soll es aussehen:

Was passiert: Es dauert kaum eine Minute und du siehst, wie das Wasser den Docht entlangwandert. Nach einiger Zeit sammelt sich das erste Wasser bereits in der Schale.

Für diesen Versuch braucht man etwas Geduld, denn nur ganz allmählich sickert das Wasser in die Schale.

Wenn das Wasser in der Schale und im Glas gleich hoch steht, verändert sich nichts mehr. Das bedeutet aber auch, dass das Wasser aus dem Glas nahezu ganz ausläuft, wenn du das Glas höher aufstellst als die Schüssel.

Warum: Zwischen den Fasern des Küchenkrepps befinden sich Tausende, vielleicht sogar Millionen von kleinen Zwischenräumen. Das Wasser strömt in diese Öffnungen und bewegt sich so innerhalb des Materials fort. Nach demselben Prinzip steigt das Wasser von den Wurzeln der Pflanzen in die oberen Teile der Pflanzen auf.

144 Langsam, aber gewaltig

Kann eine mit Pappe gefüllte Dose
ein schweres Brett hochheben?

DU BRAUCHST:
leere Dose
2 oder 3 Müsli-Kartons oder ähnliche Pappe
Schere
Wasser
Spülmittel
Brett (etwa 60 cm lang) oder ein Stapel alter Zeitschriften

Versuch: Spül die leere Dose gründlich aus. Gib Acht, dass du dich nicht an den scharfen Kanten verletzt.

Schneid aus den Müsli-Kartons oder den Pappen quadratische Stücke, die sich in der Dose übereinander stapeln lassen. Es kommt nicht darauf an, dass die Quadrate ganz exakt zugeschnitten sind. Am einfachsten ist es, wenn die Quadrate bequem in die Dose passen, ungefähr so:

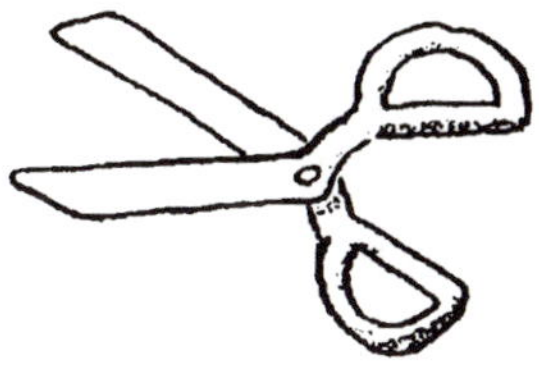

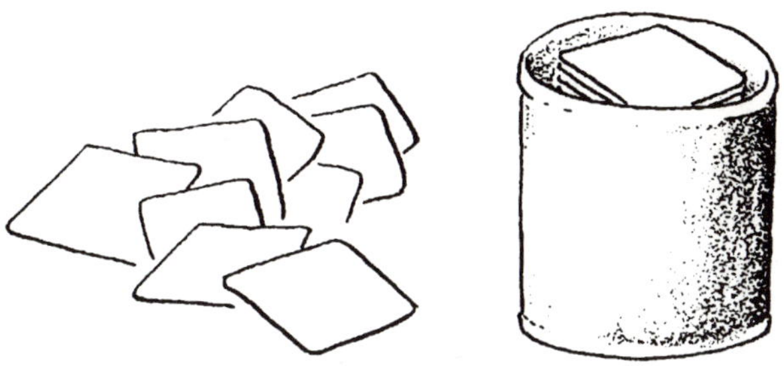

Wenn der Stapel aus Pappquadraten bis zum oberen Rand der Dose reicht, füllst du die Dose mit Wasser. Füg nun noch einen Spritzer Spülmittel dazu. Nach kurzer Zeit wirst du bemerken, dass der Wasserspiegel etwa 2,5 cm abgesunken ist. Das passiert, weil die Pappe Wasser aufsaugt. Gieß so viel Wasser nach, bis die Dose wieder randvoll ist.

Press die Pappe in der Dose fest zusammen. Vielleicht kannst du noch ein paar Pappquadrate dazugeben.

Leg nun das Brett oben auf die Dose.

Was passiert: Nach kurzer Zeit wird das Brett hochgedrückt. Wenn es nicht mehr weitersteigt, nimm es weg und versuch die Pappe in die Dose zurückzupressen. Das wird schwierig sein, wenn nicht sogar unmöglich!

Warum: Auf Grund der Kapillarwirkung saugt sich die Pappe mit Wasser voll. Jedes einzelne Pappquadrat wird dadurch dicker und deshalb wird das Brett in die Höhe gehoben.

145 Auch Kosmetiktücher können einlaufen

DU BRAUCHST:
Trinkglas
Wasser
6 Kosmetiktücher
Bleistift

Du dachtest, nur Socken können einlaufen? Dass das auch Kosmetiktüchern passieren kann, weißt du spätestens nach diesem Experiment.

Versuch: Füll das Glas bis etwa 9 mm unter dem Rand mit Wasser.

Schneid (oder reiß) nun die Kosmetiktücher in 4 cm breite Streifen. Die gestrichelten Linien in der Abbildung zeigen dir wie. Doch keine Sorge, die Streifen müssen nicht ganz gerade sein.

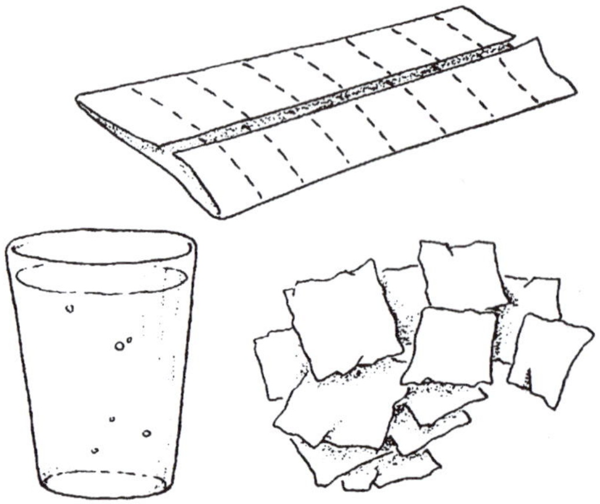

Versenk nun einen Streifen nach dem anderen in dem Wasserglas. Drück die Streifen dabei mit einem Bleistift nach unten.

Was passiert: Im Wasserglas steigen kleine Bläschen nach oben, weil die Kosmetiktücher Luft enthielten, als du sie versenkt hast.

Wenn du die Kosmetiktücher nun mit dem Bleistift unter Wasser drückst, entweicht die gefangene Luft. Deshalb haben immer mehr Tücher im Wasserglas Platz.

Warum: Stark saugfähige Zellstoffprodukte wie Kosmetiktücher bestehen zu einem Teil aus festem Stoff, zum größten Teil jedoch aus Luft. Entweicht diese Luft, dann bleibt also nicht mehr viel übrig. Deshalb haben auch so viele Kosmetiktücher in dem Wasserglas Platz. Watteböllchen verhalten sich übrigens ganz ähnlich.

Das wandernde Streichholz

146

DU BRAUCHST:
Streichholz
Münze
Wasser
Löffel

Wie kommt ein Streichholz dazu, sich plötzlich zu bewegen?

Versuch: Knick das Streichholz in der Mitte, aber brich es nicht durch. Einige Fasern sollten es noch zusammenhalten. Platzier die Münze so, dass sie nur mit den Rändern das Streichholz berührt.

Gib etwas Wasser auf den Löffel. Lass nun einen Tropfen davon auf die Stelle fallen, die der Pfeil markiert.

Was passiert: Fast sofort bewegen sich die beiden Hälften des Streichholzes auseinander und die Münze fällt herunter.

Warum: Durch das Wasser dehnen sich die Holzfasern aus. Dies führt dazu, dass sie sich leicht bewegen.

Wenn du mit diesem Experiment deine Freunde beeindrucken möchtest, kannst du das Streichholz auf eine Flaschenöffnung legen. Die Öffnung sollte aber groß genug sein, damit die Münze in die Flasche fallen kann, wenn sich das Streichholz bewegt.

147

Ein Knopf geht nicht so einfach unter

Hier kannst du beobachten, wie ein Knopf in einer Flüssigkeit auf- und absteigt.

DU BRAUCHST:
Hemdknopf, Durchmesser höchstens 18 mm
Trinkglas
Wasser mit Kohlensäure

Versuch: Füll das Glas bis etwa 12 mm unter dem Rand mit dem kohlensäurehaltigen Mineralwasser. (Du kannst auch Limonade benutzen, allerdings wird der Knopf dann klebrig.)

Lass den Knopf im Glas nach unten sinken. Wenn er das nicht von alleine tut, stupst du ihn kurz mit dem Finger an.

Was passiert: Um den Knopf bilden sich kleine Bläschen.

Plötzlich steigt der Knopf nach oben. Wenn du ihn anstupst, werden die kleinen Bläschen verschwinden, und er sinkt wieder ab. Stillstand tritt erst ein, wenn das Wasser nicht mehr sprudelt. Du kannst auch mehrere Knöpfe gleichzeitig auf- und absteigen lassen.

Warum: Die Bläschen bestehen aus Kohlendioxid, dem Stoff, der das Getränk sprudeln lässt. Wenn sich die Bläschen am Knopf festsetzen, erhält er den erforderlichen Auftrieb, um nach oben zu steigen.

148 Tausche Wasser gegen Öl

DU BRAUCHST:
2 kleine, gleich große Gläser
Pappkarton
Schere
Wasser
Speiseöl
Backblech

Kannst du ein Glas Speiseöl gegen ein Glas Wasser tauschen, ohne die Flüssigkeiten umzuschütten? Lass dir von einem Freund helfen.

Versuch: Zunächst brauchst du zwei exakt gleich große Gläser. Gut geeignet sind Saftgläser.

Schneide aus der Pappe ein Quadrat mit 10 cm Seitenlänge. Es soll so groß sein, dass es, wenn es auf dem Glas liegt, 18 mm über den Rand hinausragt.

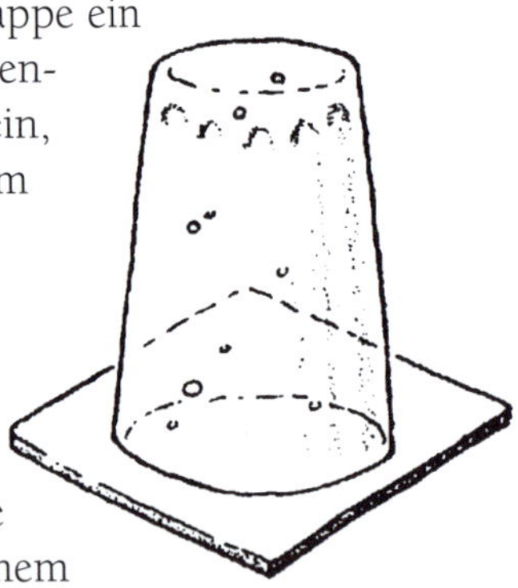

Füll eines der Gläser bis oben voll mit Wasser, das andere mit Speiseöl. Stell beide sicherheitshalber auf einem Backblech ab.

Leg die Pappe auf das Glas Wasser. Halt die Pappe gut fest und dreh das Glas um, wie in der Abbildung oben.

Stell dann das umgekehrte Glas mit der Pappe auf das Glas mit dem Öl. Der Pappdeckel darf nicht verrutschen!

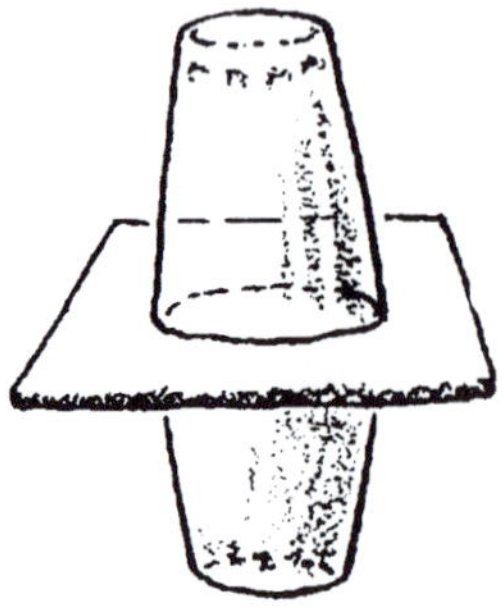

Halte nun beide Gläser fest und zieh die Pappe langsam zur Seite. Jetzt ist dein Freund dran. Du brauchst jemanden, der dir beim Festhalten hilft. Zieh die Pappe bis zu der Stelle heraus, an der sich die Ränder der beiden Gläser berühren. So soll es aussehen:

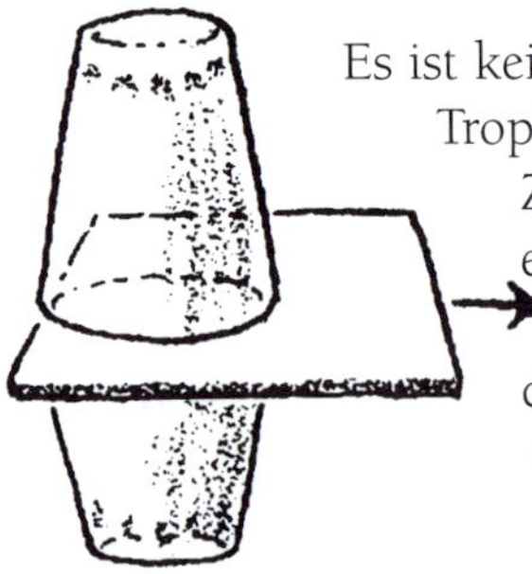

Es ist kein Unglück, wenn ein Tropfen Wasser daneben geht. Zieh nun die Pappe noch ein Stückchen weiter heraus, bis sich zwischen dem Wasser oben und dem Öl darunter eine kleine Öffnung auftut.

Was passiert: Im Wasserglas steigen ein paar Ölblasen auf. Sie bilden am Boden des Glases (der sich ja oben befindet) eine kleine Kuppel.

Zieh die Pappe noch weiter heraus und schon kannst du beobachten, wie das Öl nach oben, in das Wasserglas, sprudelt. Gleichzeitig fließt Wasser nach unten, um das Öl zu ersetzen.

In kaum einer Minute füllt sich das obere Glas mit Öl und das untere mit Wasser.

Warum: Da Wasser schwerer als Speiseöl ist, fließt es abwärts und presst dabei das leichtere Öl nach oben. Das ist der Grund, warum Öl und Wasser sich nicht mischen und warum Öl auf Wasser schwimmt.

Experimente, bei denen einem warm werden kann

Licht ist für uns selbstverständlich. Die Sonne scheint. Wir knipsen das Licht an. Licht scheint durch Glas hindurch. Licht lässt uns Spiegelbilder sehen.

Licht besteht aus Strahlen, die sich rasend schnell ausbreiten. Wenn man von Lichtgeschwindigkeit spricht, dann meint man einen Lichtstrahl, der mit einer Geschwindigkeit von 297 600 km pro Sekunde durch das All schießt. Wie schnell das ist, kann man sich ungefähr vorstellen, wenn man weiß, dass die Sonne 148 800 000 km von uns entfernt ist. Das Sonnenlicht erreicht in etwa acht Minuten die Erde.

Obwohl Lichtstrahlen gerade verlaufen, können sie auch gebrochen werden. Wenn Lichtstrahlen in Glas oder Wasser eintreten, krümmen sie sich in einem gewissen Winkel. Wenn sie Glas oder Wasser wieder verlassen, setzen sie ihre Reise zwar in gerader Linie fort, aber in einem anderen Winkel als zuvor.

Unsere Hauptlichtquelle ist die Sonne, doch wir erzeugen auch künstliches Licht, z. B. aus Strom.

Licht hat außerdem etwas mit Wärme zu tun; die Sonne leuchtet, weil sie sehr heiß ist. Auch ein brennendes Feuer erzeugt Licht. Und wenn du mit der Hand nahe an eine Glühbirne herangehst, spürst du die Hitze, die sie abstrahlt.

Wärme kann auch Licht erzeugen. Der Glühfaden in einer Glühbirne z. B. gibt künstliches Licht ab.

Wenn manche Dinge genügend erwärmt werden, verändern sie sich. Gemüse z. B. wird beim Kochen gar. Im Zimmer wird es warm, wenn die Heizung an ist. Eis schmilzt und Wasser kocht bei ausreichender Wärmezufuhr. Luft und viele andere Stoffe dehnen sich bei Erwärmung aus. Es ist die Ausdehnung der Luft, auf Grund derer einige Experimente dieses Kapitels funktionieren.

149 Sonnenstrahlen aufspalten

DU BRAUCHST:
Auflaufform
Wasser
Taschenspiegel
weißes Blatt Papier

Es ist möglich, die Strahlen der Sonne in ihre Bestandteile zu zerlegen. Ein Lichtstrahl zeigt dann alle Farben des Regenbogens. Zwei Minuten an einem sonnigen Tag reichen aus.

Versuch: Gieß Wasser in die Auflaufform, etwa 2,5 cm hoch. Nun brauchst du einen Spiegel.

Stell die Form mit dem Wasser an einen Ort, wo die Sonne direkt darauf scheint, entweder drinnen oder draußen.

Lehn den Spiegel gegen eine Kante der Form, etwa so:

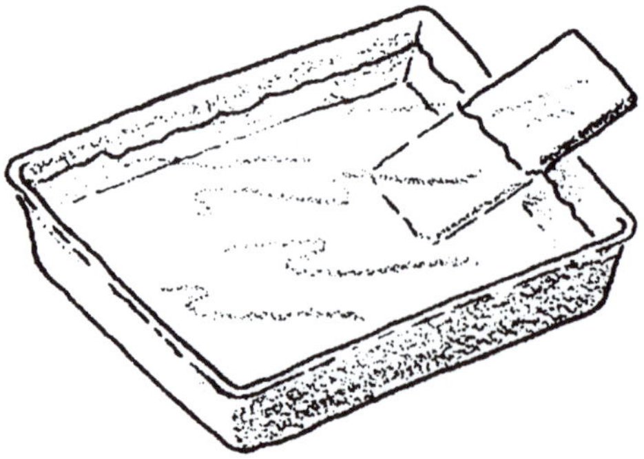

Lenk die vom Spiegel reflektierten Strahlen gegen eine weiße Decke, eine weiße Wand oder, im Freien, gegen ein weißes Blatt Papier.

Was passiert: Du siehst die Farben des Regenbogens an der Decke, der Wand oder auf dem Papier. Sie beginnen mit Rot und enden bei Violett.

Warum: Das Wasser bricht die vom Spiegel reflektierten Sonnenstrahlen. Wenn Lichtstrahlen brechen, dann ist der Brechungswinkel für jede Farbe ein anderer. Dadurch entsteht der Regenbogeneffekt.

Alle uns bekannten Farben – Rot, Orange, Gelb, Grün, Blau, Violett – sind im Sonnenlicht enthalten. Die Farbe der Körper hängt davon ab, welche Lichtstrahlen durch sie reflektiert werden.

Kopfstand im Löffel

DU BRAUCHST:
Suppenlöffel, auf Hochglanz poliert

150

Wie kann ein Löffel dafür sorgen, dass du Kopfstand machst? Dieser Versuch ist der Renner für Babysitter.

Versuch: Ein Löffel ist ein seltsamer Spiegel. Wichtig ist, dass der Löffel wirklich glänzt und groß ist. Halt den Löffel so vor dich, dass du dich in der Mulde sehen kannst.

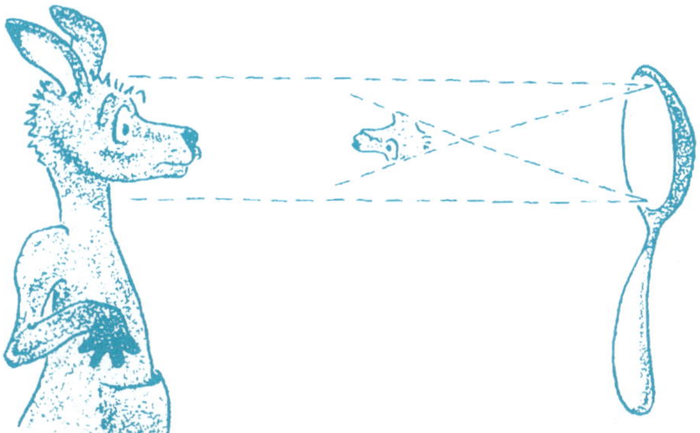

Was passiert: Du kannst dich gut erkennen, aber du stehst auf dem Kopf. Neig den Löffel zur Seite, sodass sich andere Gegenstände in ihm spiegeln. Auch sie stehen Kopf.

Warum: Wenn Lichtstrahlen auf eine Fläche fallen, die in einem bestimmten Winkel geneigt ist, so werden sie in diesem Winkel reflektiert. Die Abbildung zeigt, wie das bei dem Löffel funktioniert. Das Spiegelbild steht auf dem Kopf, weil der Löffel nach innen gewölbt ist und die Lichtstrahlen so ablenkt, dass alles, was oben ist, unten erscheint und umgekehrt.

151

Das verschwundene Spiegelbild

DU BRAUCHST:
Alufolie von der Rolle (25 cm)
Schere

Bei diesem Versuch siehst du dein Spiegelbild. Dann verschwindet es von einer Minute auf die andere.

Versuch: Schneide mit der Schere ein Stück Folie von der Rolle ab. Das ist besser als reißen, denn so vermeidest du Knitterfalten.

Betrachte dein Spiegelbild auf der Folie. Auch wenn es nicht besonders genau ist, wirst du dich deutlich erkennen.

Zerknüll nun die Folie vorsichtig mit deinen Händen, nicht zu fest, denn du musst sie wieder entfalten.

Breite nun die zerknüllte Folie wieder aus.

Betrachte dein Spiegelbild erneut.

Was passiert: Wie du die Folie auch hältst, du wirst dein Spiegelbild nicht wieder finden.

Warum: Lichtstrahlen, die auf eine ebene Oberfläche fallen, werden alle im selben Winkel reflektiert. Die ehemals glatte Oberfläche der Folie ist nach dem Zerknittern stark zerklüftet. Das reflektierte Licht strahlt in Tausende Richtungen ab.

Weil die Strahlen in verschiedenen Winkeln reflektiert werden, formt sich dein Spiegelbild nicht wie vormals, als sie von der glatten Oberfläche direkt in deine Richtung reflektiert wurden.

152 Die Wasserlupe

Tatsächlich, ein kleiner Tropfen Wasser hat dieselbe Wirkung wie eine Lupe. Du kannst mit einem Wassertropfen lesen, Buchstabe für Buchstabe.

DU BRAUCHST:
Büroklammer
Zange
Glas Wasser
Seite Zeitungspapier

Versuch: Bieg die Büroklammer gerade und form an einem Ende eine möglichst runde Öse. Für eine derartig kleine Form benötigst du eine Zange. Der Durchmesser der Öse sollte 3 mm nicht übersteigen.

Tauch die Öse in das Glas mit Wasser. Du wirst sehen, dass sich innerhalb der Öse ein Film aus Wasser bildet. Tipp mit dem Draht gegen die Wand des Glases. Das trägt zur Bildung der Linse aus Wasser bei.

Halte die Lupe über irgendeinen Buchstaben auf der Zeitungsseite.

Was passiert: Wenn alles gut gegangen ist, wird der Buchstabe durch die Lupe um ein Vielfaches vergrößert.

Wenn der Buchstabe kleiner erscheint, hat sich eine andere Art Linse gebildet. Tipp die Lupe noch mal gegen das Glas und schau erneut hindurch.

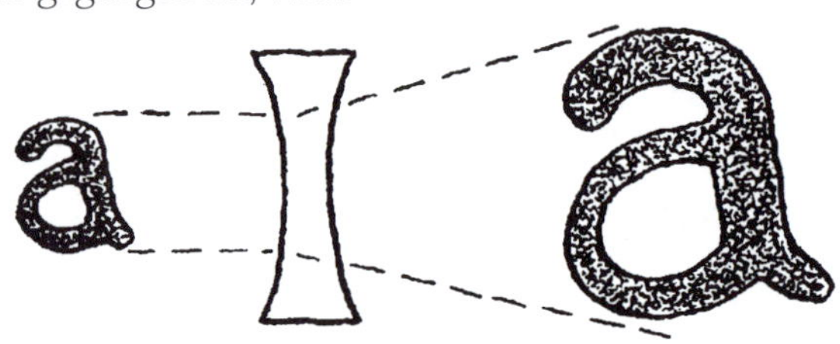

Wenn das Wasser in der Lupe verloren geht, erneuere die Linse einfach, indem du den Draht wieder in das Wasser tauchst.

Warum: Die Skizze zeigt, wie das Licht in die Linse eintritt und sie wieder verlässt. Denk daran: Lichtstrahlen werden zwar gebrochen, sie fallen aber immer in gerader Linie auf die Linse und verlassen sie auch wieder so.

153

Der Warmwasserhahn tropft immer

DU BRAUCHST:
2 Pappbecher
Stecknadeln
2 Trinkgläser
Wasser
Eiswürfel

Jeder tropfende Wasserhahn verschwendet Wasser. Wie kommt es aber, dass scheinbar gerade der Warmwasserhahn immer tropft?

Versuch: Pieks mit der Nadel je ein Loch in die Mitte des Bodens der beiden Pappbecher. Stell die Becher nun jeweils auf eines der Gläser.

Füll einen der Becher zur Hälfte mit kaltem Wasser. Gib ein paar Eiswürfel dazu, damit das Wasser auch richtig kalt bleibt.

Füll nun den anderen Pappbecher zur Hälfte mit warmem Wasser aus dem Wasserhahn.

Lehn dich zurück und beobachte einfach die Tropfen, die sich an den Löchern der Becher bilden.

Was passiert: Wenn die Löcher gleich groß sind, dann wird das warme Wasser schneller tropfen als das kalte. Und wenn das kalte Wasser kalt genug ist, tropft es unter Umständen überhaupt nicht.

Warum: Die Moleküle bewegen sich in warmem Wasser viel schneller als in kaltem Wasser. Je schneller diese Bewegung ist, desto leichter gleiten die Moleküle aneinander vorbei. Deshalb tropft das warme Wasser leichter als das kalte Wasser.

154 Unterwasser-Vulkan

DU BRAUCHST:
Topf
kaltes Wasser
kleine Glasflasche
heißes Wasser
Murmeln oder Schraubenmuttern
Wasserfarben

Was passiert, wenn warmes Wasser plötzlich unter kaltes Wasser gerät?

Versuch: Füll den Topf fast bis zum Rand mit kaltem Wasser, je kälter es ist, desto besser. Statt einen Topf zu verwenden kannst du auch das Spülbecken zustöpseln und es 12,5 cm hoch mit Wasser füllen.

Nun füllst du die Glasflasche zu ¾ mit heißem Wasser. Du kannst auch eine Plastikflasche verwenden, wenn du keine Glasflasche hast. Wirf ein paar Murmeln oder Schraubenmuttern in die Plastikflasche. Sie wird dadurch schwerer.

Jetzt färbst du das heiße Wasser mit ein paar Tropfen Wasserfarbe ein. Du kannst auch Tinte verwenden.

Stell nun die Flasche sofort in den Topf oder in das Spülbecken.

Was passiert: Das farbige Wasser steigt aus der Flasche an die Oberfläche des kalten Wassers. Es sieht aus wie der Ausbruch eines Unterwasser-Vulkans. Mit zunehmender Abkühlung verdünnt sich das farbige Wasser und sinkt auf den Topfboden.

Warum: Heißes Wasser steigt auf; der Grund dafür ist die schnelle Bewegung der Moleküle. Weil sie hin- und herspringen, dehnen sie das Wasser aus. Wenn sich Wasser oder Luft ausdehnt, nimmt die Dichte ab, da dieselbe Masse weniger Raum einnimmt.

Diese Ausdehnung ist der Grund, warum warmes Wasser oder Luft aufsteigen, während kaltes Wasser absinkt. Man nennt diese Bewegung Konvektion.

155 Kann man Eiswürfel spalten?

Es gibt einen verblüffenden Trick, mit dessen Hilfe du einmal durch einen Eiswürfel schneiden kannst.

DU BRAUCHST:

dünner Draht oder Nylonschnur (45 cm)

2 Stöckchen oder Holzdübel (15 bis 20 cm)

Eiswürfel

Stückchen Holz oder Dose

Versuch: Binde die beiden Enden des Drahtes oder der Nylonschnur jeweils an eines der Stöckchen.

Der Draht oder die Schnur sollte fest mit den Stöckchen verbunden sein. Sie dienen als Griffe, die deine Hände davor schützen, dass der Draht in deine Haut einschneidet. Die Schneidevorrichtung sieht so aus:

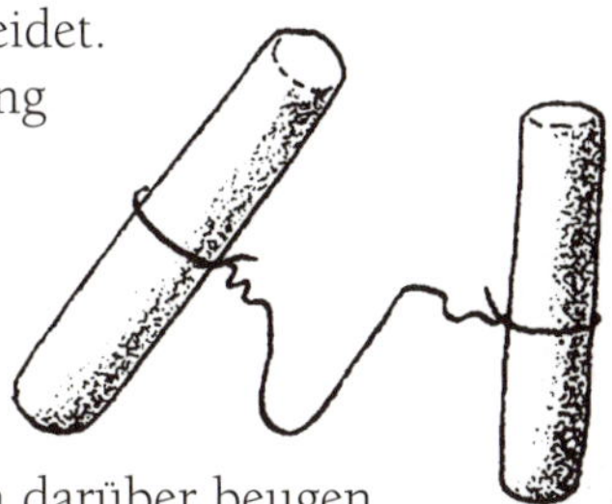

Leg den Eiswürfel auf eine feste Unterlage, die stabil genug ist, dass du dich darüber beugen und kraftvoll sägen kannst. Gut geeignet ist z. B. ein Stapel Holzbrettchen. Du kannst aber auch eine Blechbüchse als Unterlage verwenden.

Wenn nun der Eiswürfel auf der Unterlage liegt, setzt du das Schneidegerät so an:

Fass beide Griffe mit den Händen und drück den Draht dabei fest nach unten. Beweg nun den Draht auf dem Eiswürfel hin und her, so als würdest du sägen.

Was passiert: Nach wenigen Sekunden arbeitet sich der Draht langsam in den Eiswürfel hinein. Während sich der Draht tiefer gräbt, hast du vielleicht die Idee, nur zu pressen und mit dem Sägen aufzuhören.

Der Draht gräbt sich in das Eis ein, selbst wenn du die Sägebewegung unterbrichst! Und das Erstaunlichste: Über dem Draht scheint der Eiswürfel wieder zu gefrieren.

Wenn der Draht den Eiswürfel fast ganz durchtrennt hat, solltest du den Druck etwas verringern. Das verhindert einen plötzlichen Ruck des Drahtes am unteren Ende.

Sicher meinst du, du hast zwei Hälften, wenn du mit dem Draht ganz durch bist. Irrtum! Der Eiswürfel ist immer noch ganz, da die beiden Hälften längst wieder zusammengefroren sind.

Warum: Der Druck des Drahts bewirkt, dass das Eis darunter schmilzt. Druck erzeugt nämlich Wärme. Das Schmelzwasser, das auf die Oberseite des Drahtes gelangt, gefriert allerdings sofort wieder, weil der Eiswürfel ja kalt genug ist.

156 Der magische Eistrick

Häng zwei schwere Gewichte an die beiden Enden des Drahts. Nun tritt zurück und beobachte einfach, wie sich der Draht von ganz alleine durch das Eis arbeitet.

157 Das Heißluftkarussell

Dieses Spielzeug dreht sich und wird allein von der Wärme deiner Hände angetrieben.

DU BRAUCHST:
dünnes Blatt Papier
Schere
Stecknadel
Stift mit Radiergummi

Versuch: Los geht's mit einem möglichst dünnen Blatt Papier. Schneide daraus ein Quadrat, das genau 7,5 x 7,5 cm misst.

Falte das Quadrat jeweils in der Diagonale und entfalte es wieder. Die Linien in der Abbildung zeigen dir, wie es danach aussehen soll.

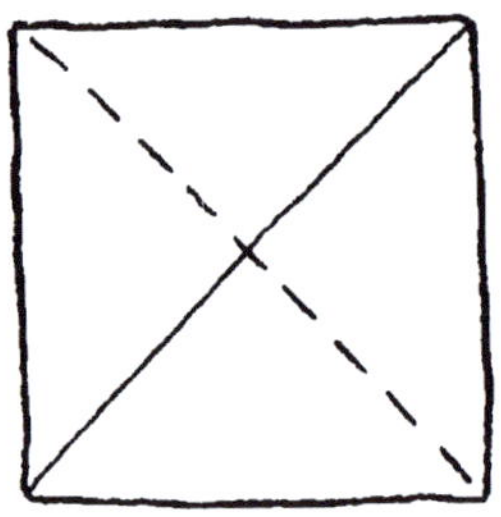

Wenn nun die diagonalen Falze sitzen, schiebst du die gegenüberliegenden Seiten des Blattes Papier nach innen. Dadurch wölbt es sich zur Mitte hin nach oben (1,25 cm hoch). Die Pfeile in der Abbildung unten zeigen dir, wie das geht.

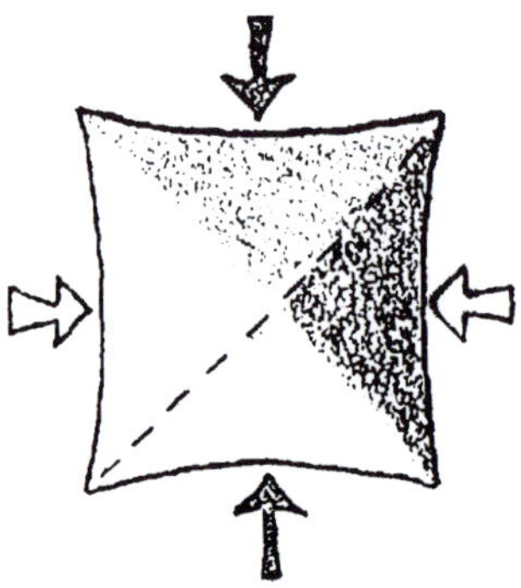

Als Nächstes steckst du die Nadel in den Radiergummi am Bleistift. Es sollten 2,5 cm der Nadel herausragen. Setz dich nun und klemm den Bleistift zwischen die Knie.

Platzier jetzt das Papierquadrat auf dem Bleistift, sodass der Stecknadelkopf genau im Gipfelpunkt des Quadrats sitzt.

Halte nun deine gewölbten Hände ganz nah an das Quadrat; sie sollten ungefähr 3 cm davon entfernt sein.

Jetzt heißt es ruhig abzuwarten, ohne dabei die Knie oder Hände zu bewegen.

Was passiert: Nach kaum einer Minute beginnt das Papierkarussell sich zu drehen. Solltest du mit den Händen anstoßen, nimm sie etwas zurück. Bleib aber dennoch so nahe wie möglich dran.

Wenn das Quadrat erst einmal in Schwung gekommen ist, dann dreht es sich beständig im Kreis. Je leichter das Papier ist und je wärmer deine Hände sind, desto schneller dreht es sich.

Warum: Mit den Händen erwärmst du die Luft in der Umgebung. Warme Luft steigt nach oben. Die aufsteigende Luft bewirkt, dass das frei schwebende Karussell sich dreht.

Vom Winde verweht

Wir brauchen die Luft zum Atmen. Sie ist überall, doch häufig ist sie nicht sauber, sondern z. B. voll Staub oder Rauch.

Luft ist immer in Bewegung. Wir spüren das, wenn der Wind weht. Wir sehen auch, wie die Wolken am Himmel dahinziehen oder wie der Wind eine Rauchsäule dahin oder dorthin treibt.

Autoingenieure entwickeln Autos, die immer sanfter dahingleiten. Flugzeuge fliegen nur, weil die Luft den erforderlichen Auftrieb liefert. Die Form ihrer Flügel verändert die Windgeschwindigkeit und genau darum trägt sie die Luft.

Luft übt auch Druck aus. Wie groß dieser Druck sein kann, weiß jeder, der schon einmal bei starkem Wind einen sperrigen Gegenstand tragen musste. Und es ist die Kraft des Windes, die ein Segelboot über das Wasser treibt.

Luft muss nicht in Bewegung sein, um Druck auszuüben. Sie drückt ständig von oben auf uns herab und auch von der Seite. Wir müssen ständig den Druck von 1 kg auf jedem Quadratzentimeter unseres Körpers aushalten.

Was wir als Vakuum bezeichnen, ist eigentlich ein umgekehrter Luftdruck. Wenn du an einem Strohhalm saugst, verringerst du den Luftdruck darin. Dann drückt der normale Luftdruck der Umgebung die Flüssigkeit in den Strohhalm.

Der Luftdruck wirkt von allen Seiten. Wenn also ein Drache oder ein Flugzeug am Himmel fliegt, dann drückt die Luft von allen Seiten, von unten nach oben und von oben nach unten.

Die Wirkungen des Luftdrucks und des Windes veranschaulichen die folgenden Experimente.

158 Unglaublich! Und es flattert doch!

DU BRAUCHST:

Papierstreifen (10 x 1.25 cm)
große Flasche
Klebeband
Schere

Obwohl sich der Papierstreifen hinter einem „Windschutz“ befindet, flattert er wie ein Fähnchen im Wind.

Versuch: Falte den Papierstreifen etwa 1,25 cm vom Ende entfernt, damit er so aussieht:

Kleb den Papierstreifen, wie in der Abbildung unten, mit dem umgeknickten Teil auf einem Tisch fest.

Stell die Flasche zwischen dich und den Streifen auf den Tisch. Der Abstand zwischen Flasche und Papier soll etwa 7,5 cm betragen. Blas nun direkt gegen die vor dir stehende Flasche. Behalt den Papierstreifen im Auge, während du mal kräftig und mal weniger kräftig pustest.

Was passiert: Wenn du kräftig genug pustest, beginnt das Papier zu flattern, obwohl du gegen die Flasche bläst und nicht gegen das Papier.

Warum: Luftströme passen sich einer gekrümmten Fläche an. Sie bewegen sich nicht immer in gerader Linie fort, wie Lichtstrahlen das tun. Obwohl dein Luftstrom abgelenkt wird, wenn er auf die Flasche trifft, folgt ein Teil der Luft der Wölbung der Flasche und erreicht so den Papierstreifen.

159 Unglaublich! Es flattert noch immer!

Erreicht dein Pusten den Papierstreifen auch dann noch, wenn du dich von der Flasche entfernst? Probier es aus: Verändere den Abstand zwischen Papier und Flasche. Denk aber daran, ab und zu eine Pause einzulegen. Vom Pusten kann dir schwindelig werden.

160 Der tanzende Pingpongball

Einen Ball durch die Luft pusten – das kann jeder. Oder nicht?

DU BRAUCHST:
großer Trichter
Pingpongball
Blatt Papier und Klebeband (falls du keinen Trichter hast)

Versuch: Spül den Trichter gründlich, damit er absolut sauber ist. Du darfst für dieses Experiment nur Küchentrichter verwenden, auf keinen Fall einen Benzintrichter aus der Garage.

Wenn du keinen Trichter hast, kannst du dir einen Papierkegel rollen. Das dauert nur zehn Sekunden. Roll das Blatt Papier so, dass der Durchmesser der unteren Öffnung etwa 6 mm beträgt. Befestige das lose Ende mit dem Klebeband, sodass dein Kegel etwa so aussieht:

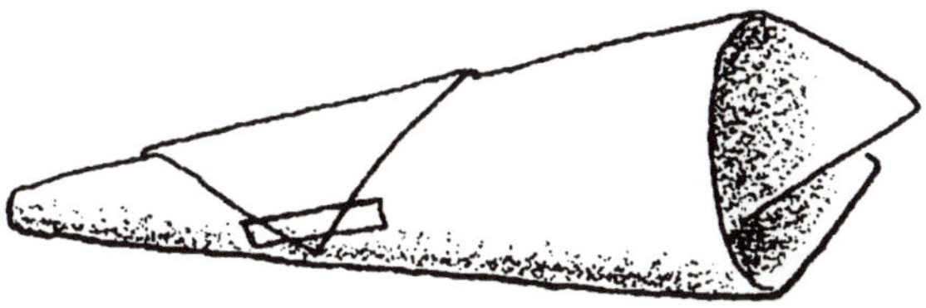

Leg den Pingpongball in den Trichter (oder den Papierkegel). Leg den Kopf in den Nacken und führ den Trichter zum Mund. Auf der Abbildung rechts kannst du sehen, wie das geht. Blas kräftig und gleichmäßig in den Trichter, damit der Ball herauskommt.

Was passiert: Es ist unmöglich, den Ball aus dem Trichter zu pusten, es sei denn, dein Trichter ist sehr klein.

Warum: Der Luftstrom um den Ball herum lässt ihn tanzen und springen, aber er fällt nicht heraus. Das ist deshalb so, weil der Luftstrom um den ganzen Ball herumströmt, anstatt ihn nur nach oben zu drücken. Der Ball springt zwar in die Höhe (manchmal sogar über den Rand des Trichters hinaus), aber niemals zur Seite.

DU BRAUCHST:
Blatt Papier
Schere
Klebeband oder Klebstoff
Strohhalm

Die sonderbare Papierrolle

161

Hier ist eine Papierrolle, die genau das Gegenteil von dem macht, was du ihr sagst.

Versuch: Schneid einen etwa 20 cm langen und 3,75 cm breiten Streifen aus dem Papier und kleb die Enden zu einer Rolle zusammen.

Nun brauchst du einen Strohhalm. Wenn du keinen zur Hand hast, kannst du auch ein halbes Blatt Papier zu einer Röhre rollen.

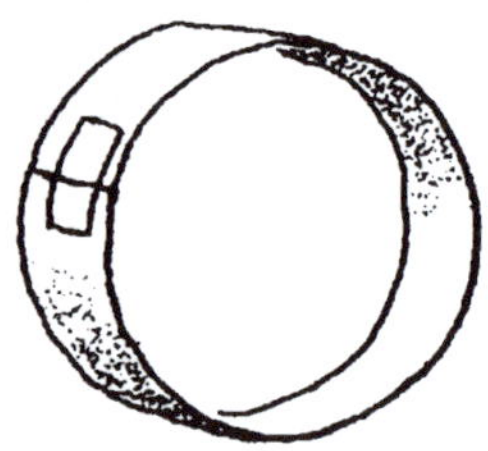

Führ den Strohhalm nah an die Papierrolle heran und puste. Die Rolle kommt jetzt mächtig in Schwung und rollt über den Tisch.

Leg nun die Rolle direkt vor dich auf den Tisch. Halte den Strohhalm so, dass er schräg über die Rolle hinwegzeigt (siehe Abbildung unten).

Jetzt blas kräftig in den Strohhalm.

Was passiert: Die Rolle bewegt sich entweder gar nicht oder sie entfernt sich von dir. Wenn sie nicht von dir wegrollt, d. h. auf den Luftstrom zu, der aus dem Strohhalm kommt, dann halte den Strohhalm in einem anderen Winkel über die Rolle und puste noch einmal.

Wenn du den Strohhalm genau richtig hältst und herausgefunden hast, wie kräftig du blasen musst, dann kannst du deine Freunde überraschen, indem du die Rolle mit dem Luftstrom laufen lässt und nicht von ihm weg.

Warum: In einer Luftströmung fällt der Luftdruck ab. Die Papierrolle wird durch die normalen Druckverhältnisse hinter ihr und neben ihr in diesen druckarmen Bereich hineingepresst.

Die Tatsache, dass eine Luftbewegung – oder ein Körper, der sich durch die Luft bewegt – einen Druckabfall bewirkt, ist eines der Prinzipien, die

ein Flugzeug in der Luft halten. Luft, die an einer gekrümmten Oberfläche vorbeiströmt, wird beschleunigt.

Je stärker die Luft beschleunigt wird, desto höher ist der Druckabfall. Das hilft dir auch zu verstehen, wie ein Gebiet niederen Luftdrucks über den gekrümmten Flächen eines Flugzeugs den Auftrieb bewirkt, den das Flugzeug zum Fliegen braucht.

162 Ungleiches Wettrennen

Das Ergebnis dieses Rennens zwischen der Münze und dem Stück Papier ist eine echte Überraschung.

DU BRAUCHST:
große Münze
Papier
Schere

Versuch: Schneide ein rundes Stück Papier so zurecht, dass es etwas kleiner ist als die Münze. Es muss nicht perfekt sein, aber doch fast rund. Es sollte jedenfalls nirgends ein Stück Papier hervorschauen, wenn du die Münze drauflegst.

Du schickst die Münze und das Papier nun in ein Rennen – mit wissenschaftlichem Hintergrund. Halt ungefähr 90 cm über dem Boden die Münze in einer Hand, das Papier in der anderen. Lass beide gleichzeitig fallen.

Was passiert: Die Münze fällt geradewegs zu Boden, während das Papier hin und her flattert und viel später unten ankommt. Die Wege, die sie zurücklegen, sehen so aus:

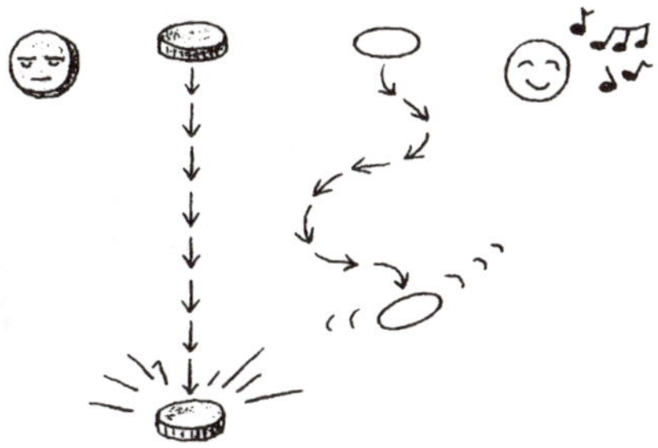

Warum: Die Münze ist schwer genug, sodass sie von der Schwerkraft direkt nach unten gezogen wird. Das Papier ist extrem leicht, hat aber dieselbe Oberfläche wie die Münze. Diese Kombination aus großer Oberfläche und geringem Gewicht bewirkt, dass das Papier flattert, da die Luft einen Gegendruck ausübt.

163 Gleiches Rennen – zweiter Durchgang

Es ist nur fair, dem Verlierer eines Rennens eine zweite Chance zu geben.

DU BRAUCHST:
Münze und Papier von Experiment 162

Versuch: Leg nun das runde Stückchen Papier auf die Münze und halte beide in einer Hand. Ungefähr so:

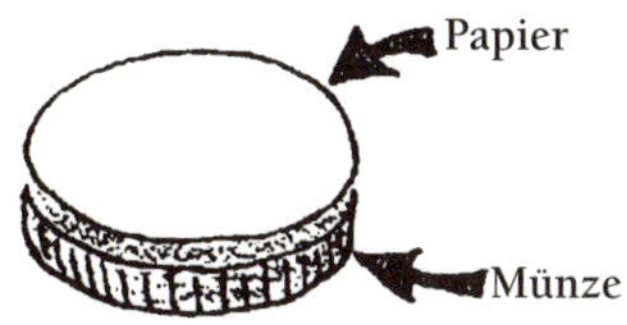

Halte die Münze am Rand fest ohne das Papier zu berühren. Lass sie dann fallen.

Was passiert: Die Münze und das Papier sollten gleichzeitig zu Boden fallen. Falls Luft dazwischen gerät, werden sie sich trennen und das Papier wird flatternd zu Boden fallen statt zusammen mit der Münze. Sollte das passieren, musst du das Experiment wiederholen.

Warum: Papier und Münze kommen zusammen unten an, da die schnell fallende Münze etwas Luft nach sich zieht. Darin nimmt die Münze das Papier huckepack.

164 Diese Münze vollbringt Unglaubliches!

DU BRAUCHST:
Trinkglas
kleine Münze

Hättest du jemals gedacht, dass man eine Münze über ein Glas hinwegpusten kann? Es ist unglaublich, aber wahr! Bestimmt möchtest du diesen Trick deinen Freunden zeigen.

Versuch: Stell das Glas auf einen Tisch und leg die Münze auf dem Rand des Glases ab:

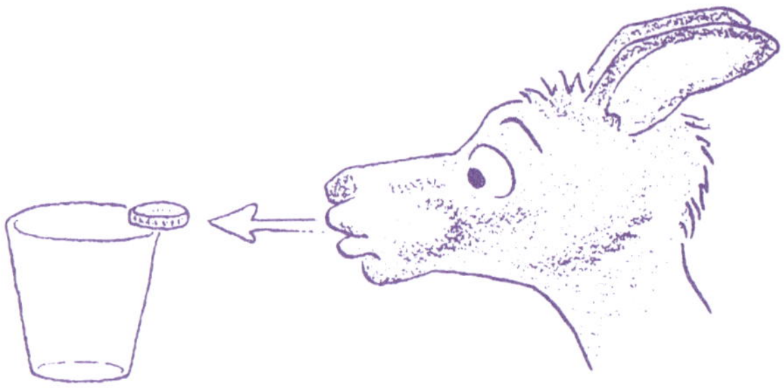

Puste kräftig gegen den Rand der Münze. Der Pfeil in der Zeichnung zeigt dir, wie der Luftstrom verlaufen soll.

Leg nun die Münze wieder auf den Glasrand. Dieses Mal wirst du die Münze über die Öffnung des Glases hinwegpusten, sodass sie auf der anderen Seite des Glases auf dem Tisch landet.

Du denkst, das geht nicht? Wart es ab!

Blas kräftig. Vielleicht fällt die Münze die ersten paar Male in das Glas.

Du musst direkt gegen die Kante der Münze blasen. Wirf noch mal einen Blick auf den Pfeil in der Zeichnung. Geh mit den Lippen nicht zu nahe an die Münze heran. Halt einen Abstand von einigen Zentimetern und blas direkt gegen die Kante der Münze.

Blas kräftig und schnell.

Was passiert: Beim ersten Versuch fiel die Münze vom Rand des Glases. Sie fiel in das Glas oder auf den Tisch. Aber das hast du ja erwartet, oder?

Als du den Dreh dann raus hattest, segelte die Münze über das Glas hinweg und stieß auf den gegenüberliegenden Rand, aber die Kraft des Luftstroms hielt sie in Bewegung.

Warum: Die Münze ist leicht genug, dass dein Pusten sie bewegen kann. Zudem war der Reibungswiderstand sehr gering, da sie auf dem Glasrand fast frei schwebte.

Es kommt nur darauf an, die Münze in die richtige Richtung zu bringen. Die Geschwindigkeit der Luft sorgt für den Rest.

165 Was ist bloß mit dieser Flasche los?

DU BRAUCHST:
große, leere Limonadenflasche aus Plastik
Trichter
Lumpen oder Klebeband
großer Krug
Wasser

Diese Flasche ist nicht verschlossen und dennoch kannst du sie nicht ausleeren.

Versuch: Steck den Trichter in den Flaschenhals. Dichte den Übergang zwischen dem Trichter und der Flasche sorgfältig ab. So wie hier:

Dazu eignet sich ein Lumpen ebenso gut wie ein stabiles Klebeband. Du musst sehr gründlich arbeiten. Versuch es mit Klebebandstreifen von 10 bis 12,5 cm Länge. Wichtig ist, dass die Stelle zwischen Flaschenhals und Trichter luftdicht abgeschlossen wird.

Stell die Flasche mit dem Trichter in das Spülbecken. Füll Wasser in den Krug und beginn die Flasche nun damit zu füllen. Gieß das Wasser so schnell in den Trichter, dass der Wasserstand im Trichter ansteigt. Das ist sehr wichtig! Gieß so lange, bis der Trichter fast bis zum Rand voll ist.

Leg nun deine flache Hand auf den Trichter (der jetzt voller Wasser ist) und dreh die Flasche schnell um. Hier siehst du, wie es aussehen soll:

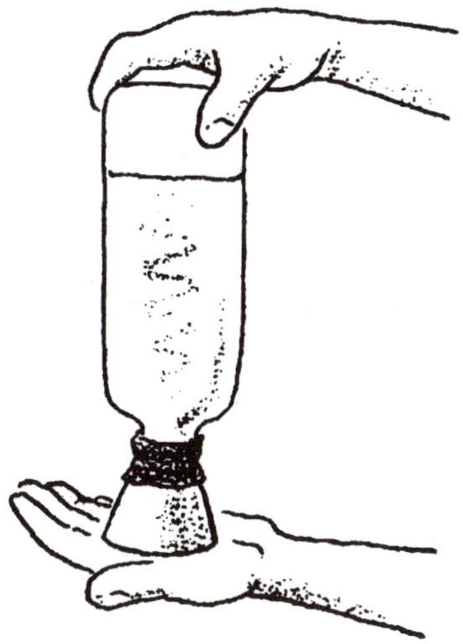

Lass deine Hand fest auf der Öffnung des Trichters liegen, während die Luft im Inneren der Flasche nach oben (in Richtung Flaschenboden) strömt. Achte darauf, dass nicht das kleinste Luftbläschen durch deine Hand in die Flasche gerät.

Was passiert:
Das Wasser bleibt in der Flasche.

Warum: Weil der Übergang von Trichter und Flasche luftdicht verschlossen und der Trichter voll Wasser ist, hat das Wasser in der Flasche keine Möglichkeit zu entweichen. Durch das Wasser in der Flasche werden die Luftmoleküle so zusammengepresst, dass der Luftdruck in der Flasche genauso groß ist wie der Druck, den das Wasser ausübt.

Solange keine Luft von außen in die Flasche strömt, sorgt der Luftdruck außerhalb der Flasche dafür, dass das Wasser in der Flasche bleibt.

166 Limonade – doch die Kehle bleibt trocken

DU BRAUCHST:
Flasche
Wasser oder Limonade
Trinkhalm
Klebeband oder Tesafilm

Stell dir vor, es ist heiß, du hast Durst, einen Trinkhalm und eine Flasche mit Limonade. Doch sosehr du dich auch bemühst, es kommt kein Tropfen aus der Flasche raus.

Versuch: Füll die Flasche fast voll Wasser. Steck den Trinkhalm in die Flasche.

Schneide ein 10 cm langes Stück Klebeband oder Tesafilm zurecht. Wickle es um den Flaschenhals und um den Trinkhalm, sodass die Flasche luftdicht verschlossen ist. Prüf nach, ob die Versiegelung dicht ist. Überkleb alles im Zweifel nochmal mit einem Streifen Tesafilm.

Versuch nun durch den Trinkhalm aus der Flasche zu trinken. Nimm den Trinkhalm erst aus dem Mund, nachdem du dich wirklich angestrengt hast aus der Flasche zu trinken.

Was passiert: Du wirst es nicht schaffen, auch nur einen Tropfen Wasser aus der Flasche zu trinken – egal, wie sehr du dich anstrengst.

Warum: Alleine der Luftdruck macht es möglich, durch einen Trinkhalm Flüssigkeit zu saugen. Sobald keine Luft auf die Flüssigkeit in der Flasche oder in einem Glas einwirken kann, ist es unmöglich, auf diese Weise zu trinken.

Wenn du an einem Trinkhalm saugst, verringerst du den Luftdruck in seinem Inneren. Durch den Luftdruck, der auf die Flüssigkeit wirkt, steigt diese im Trinkhalm nach oben und gelangt so in deinen Mund. Da die Flasche bei dem Versuch aber abgedichtet wurde, konnte von außen kein Luftdruck auf die Flüssigkeit in der Flasche einwirken. Ohne Druckausgleich gibt es also nichts zu trinken.

Das Papierkügelchen will nicht in die Flasche

167

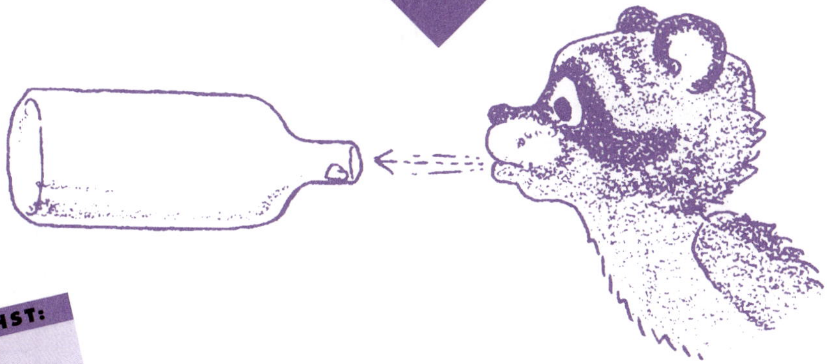

DU BRAUCHST:
Flasche
Papierfetzen

Es ist überhaupt kein Problem, eine Papierkugel in einer Flasche fallen zu lassen. Warum aber ist es so schwer, ein leichtes Papierkügelchen hineinzupusten?

Versuch: Leg die Flasche flach auf einen Tisch. Zerknüll ein kleines Papierstückchen zu einem erbsengroßen Kügelchen und leg es wie auf der Zeichnung (oben) in den Flaschenhals.

Versuch nun so fest du kannst Luft in den Flaschenhals zu blasen (siehe Zeichnung).

Was passiert: Anstatt im Inneren der Flasche zu verschwinden, kommt dir die Papierkugel aus dem Flaschenhals heraus entgegengeflogen.

Warum: Die von dir erzeugte starke Luftströmung fließt über die Papierkugel bis zum Flaschenboden und verstärkt den Luftdruck in der Flasche. Die Druckluft entweicht aus der Flasche und reißt die Papierkugel mit sich.

168 Entleer ein gefülltes Glas durch Blasen

DU BRAUCHST:
Wasser
2 gleich große Trinkgläser
flache Schale
Strohhalm

Klar, du kannst ein Glas Wasser ganz schnell leeren, indem du es einfach ausschüttest. Interessanter ist es aber, das Glas auszublasen.

Versuch: Leg die beiden Gläser mit den Öffnungen zueinander in das Küchenspülbecken. Lass nun so viel Wasser einlaufen, dass die Gläser vollkommen bedeckt sind.

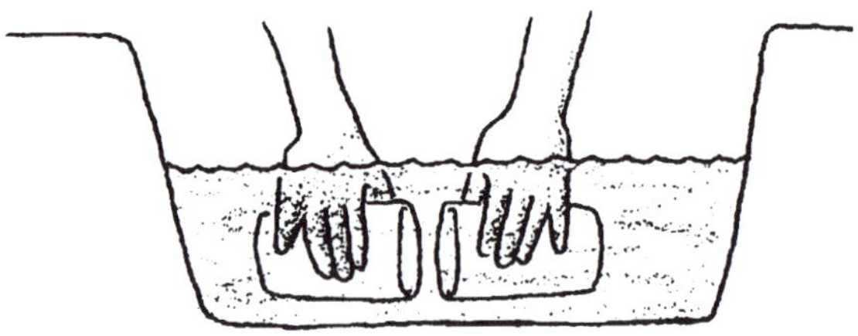

Wenn die Gläser voll Wasser sind, press die beiden Ränder zusammen und heb die Gläser vorsichtig aus dem Wasser.

Dreh nun die Gläser so, dass ein Glas kopfüber auf dem anderen steht und stell sie in eine flache Schale.

Schieb das obere Glas vorsichtig ein kleines Stück zur Seite. Das musst du ganz langsam machen, damit kein Wasser aus dem oberen Glas herausläuft. Jetzt sitzen die Ränder nicht mehr ganz genau übereinander. Die Abbildung zeigt dir, wie die Gläser stehen müssen.

Richte den Strohhalm genau auf das kleine Stück zwischen den Glasrändern, auf das der Pfeil weist. Nun blas erst sanft durch den Strohhalm, dann ein bisschen fester.

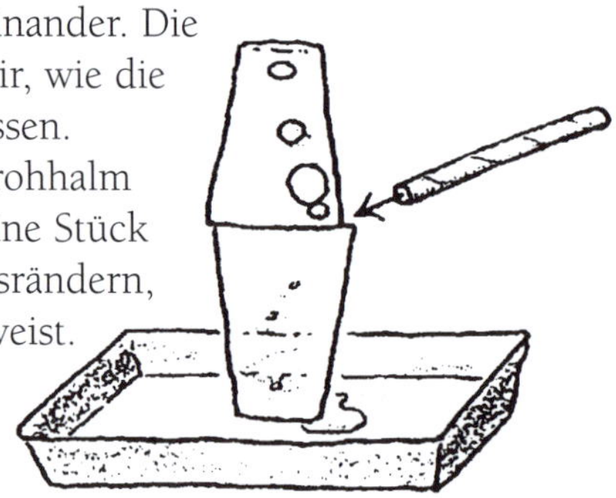

Was passiert: Wenn du die beiden Gläser leicht verschiebst, passiert nichts. Erst wenn du mit dem Strohhalm Luft in das untere Glas presst, steigen im oberen Glas Luftblasen auf und entlang des unteren Glases fließt Wasser in die Schale. Nach kurzer Zeit ist das obere Glas leer.

Warum: Der Luftdruck, der außerhalb der Gläser herrscht, und die Oberflächenspannung des Wassers verhindern, dass Wasser aus dem oberen Glas in die Schale läuft, wenn du die Glasränder ganz wenig verschiebst.

Indem du durch den Strohhalm bläst, erzeugst du hohen Luftdruck. Dieser durchbricht die Oberflächenspannung des Wassers und drückt Luft zwischen die beiden Gläser. Da Luft leichter ist als Wasser, steigt sie in Form von Bläschen im oberen Glas auf. Dabei verdrängt sie Wasser, das nun abfließt und sich in der Schale sammelt.

169 Ein tolles Experiment oder nur ein nasser Trick?

DU BRAUCHST:
Plastikflasche
Kombizange
kleiner Nagel
Wasser

Dieses wissenschaftliche Experiment dient dir auch als nasser Trick für Freunde.

Versuch: Stanz zwölf sehr kleine Löcher in den Boden einer Plastikflasche. Verwende dazu einen kleinen Nagel. Fass ihn mit der Kombizange und drück die Nagelspitze in den Boden der Flasche. Nachdem du alle Löcher gestanzt hast, stellst du die Flasche in die Spüle. Lass so viel Wasser einlaufen,

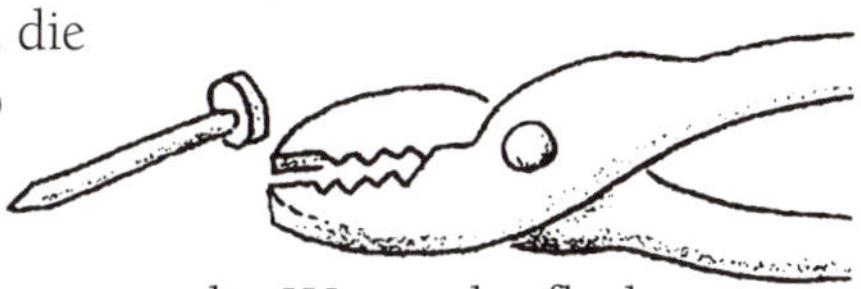

dass die Löcher unter der Wasseroberfläche liegen. Halte die Flasche dabei fest, damit sie nicht umkippt.

Gieß nun Wasser in die Flasche. Das Wasser in der Spüle verhindert, dass das Wasser in der Flasche durch die Löcher herausläuft. Heb die Flasche zwischendurch an, um zu prüfen, ob Wasser aus den Löchern fließen kann. Eventuell musst du die Löcher etwas erweitern.

Ist die Flasche randvoll, schraubst du sie zu und hebst sie langsam aus dem Wasser.

Was passiert: Vielleicht legen sich einige Tröpfchen rund um die Löcher, aber die Flasche wird nicht auslaufen. Halte die Flasche weiter über die Spüle und schraub langsam den Verschluss auf. Das Wasser fließt nun durch die Löcher ab, so wie du es hier siehst:

Warum: Solange der Druck des Wassers in der Schale auf die geöffnete Flasche wirkt, kann kein Wasser aus den Löchern fließen. Wenn du die Flasche aus dem Wasser hebst, entziehst du sie dem Druck des Wassers. Die Luft, die von oben in den Flaschenhals drückt, presst nun das Wasser durch die Löcher am Flaschenboden.

Wenn du damit jemandem einen Streich spielen willst, solltest du es nur im Freien tun. Gib vor die Flasche nicht öffnen zu können, die du vorher besonders fest zugeschraubt hast. Bitte jemanden um Hilfe. Sicher wird man dir helfen wollen und über deine Schwäche lachen. Wer den Deckel aufschraubt, wird sicherlich nass werden.

Umweltbewusstsein

Die folgenden Kapitel enthalten eine Fülle an Informationen und zahlreiche aufregende Experimente, die dich einiges über den bewussten Umgang mit der Natur und der Umwelt lehren. Vielleicht regen sie dich ja sogar dazu an, dich für die Erhaltung der Natur, der Wälder und der Gewässer in deiner Nachbarschaft einzusetzen.

Einige Experimente zeigen, wie Pflanzen Sauerstoff und Feuchtigkeit abgeben, und machen deutlich, dass es ohne sie kein Leben gäbe. Du lernst, dass Elektrizität und Magnetismus auf Elementarkräften beruhen. Du erfährst, wie Erdbeben entstehen, bastelst einen Seismographen, mit dem man Erdstöße messen kann. Und du baust einen Gletscher nach, der schmilzt, wandert und Geröll zurücklässt.

Außerdem erfährst du viel über unsere Böden, die Sonne und über Fossilien. Du baust einen Wasserfilter, einen Wasserkocher und eine Art „chemischen Vulkan", der qualmt und zischt.

Und zum Schluss erfährst du wissenswerte Fakten über Ozon, fossile Brennstoffe, sauren Regen, über den Regenwald und über die globale Erwärmung. Und sogar alte Zeitungen sind noch zu etwas zu gebrauchen. Du wirst lernen, wie man neues Papier daraus herstellen kann.

Weltliche Angelegenheiten

Der Planet Erde bewegt sich, wie die Sonne, die Sterne und andere Planeten, im Weltraum. Doch auf der Erdoberfläche gibt es keinen Stillstand. Hohe Berge und tiefe Täler, auf dem Festland und in den Meeren, sie alle sind in Bewegung. Nichts bleibt, wie es ist. Stell dir die Erde wie einen Apfel in der Sonne vor. Die Sonne erwärmt den Apfel, er verliert Wasser und schrumpft ein.

Auch die Erde zieht sich zusammen, wie das Innere des Apfels, und schrumpft. Während der heiße Kern im Erdinneren abkühlt und sich zusammenzieht, bringt das auch die äußere Hülle – die Erdkruste – in Bewegung. Auf der Oberfläche des Apfels bilden sich Runzeln, die wie Berge und Täler erscheinen. Auch die Erdkruste besteht aus Gebirgen und Tälern, lange Risse entstehen immer wieder, die von den Geologen Verwerfungen genannt werden.

In diesem Kapitel wirst du einige der Kräfte, die auf der Erde wirken, genauer kennen lernen.

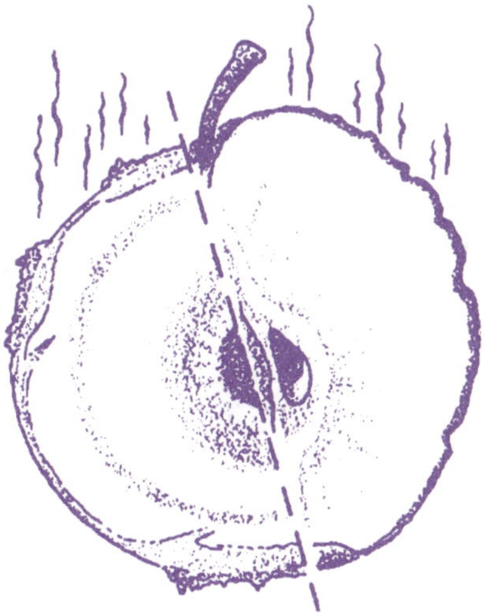

170 Erdbeben: An ihnen ist wirklich niemand schuld!

DU BRAUCHST:
3 gleich große Bücher mit festem Einband

Der Druck im Erdinneren erzeugt große Kräfte, die sich entladen und die Erdkruste aufbrechen. Diese Brüche nennt man Verwerfungen. Verschieben sich die Platten an einer Verwerfung, dann entstehen Erdbeben.

Versuch: Halte die drei Bücher, mit den Buchrücken nach oben, eng zusammengedrückt gegen deine Brust. Nun greifst du darunter und schiebst das mittlere Buch zwischen den beiden Büchern zur Rechten und zur Linken nach oben. Wenn du den Bogen raus hast, gleitet das Buch fast wie von selbst nach oben.

Jetzt hältst du die Bücher fest zusammengedrückt vor deinen Körper. Die Buchrücken zeigen wieder nach oben. Damit sie dir nicht entgleiten, musst du viel Kraft aufwenden. Nun lass den Druck etwas nach, bis das mittlere Buch herausrutscht.

Zum Schluss hältst du die Bücher eng zusammen, Buchrücken nach oben, während sie auf einem Tisch stehen. Schieb nur die beiden äußeren Bücher vor und zurück.

Was passiert: Die unterschiedlichen Bewegungsabläufe zeigen dir, was passiert, wenn an Verwerfungen Erdbeben entstehen.

Warum: In den ersten beiden Experimenten, bei denen du die Bücher zunächst an deinen Körper gedrückt und dann von deinem Körper weggehalten hast, hast du vertikale Verwerfungen im Modell dargestellt. Dazu gehören so genannte Aufschiebungen (das mittlere Buch wird nach oben gedrückt) und Abschiebungen (das mittlere Buch fällt nach unten weg). Die Bücher, die im letzten Versuch auf dem Tisch aneinander vorbeiglitten, machten deutlich, was bei einer horizontalen Verwerfung passiert.

Bau dir einen eigenen Seismographen

171

DU BRAUCHST:
Schere
Schuhkarton mit Deckel
schweres Gewicht
Abdeckband
Stift mit Radiergummi
Gewichte für den Stift (z. B. Unterlegscheiben)
Ton
2 Büroklammern
Bindfaden
2 Blatt Papier

Unglaublich! Ein gespitzter Bleistift und ein paar einfache Zutaten genügen für den Bau eines Seismographen. Seismologen (Erdbebenforscher) messen mit so einem Gerät die Stärke eines Erdbebens. (Vielleicht kann dir ein Erwachsener beim Bau helfen.)

So funktioniert es: Schneide in den Deckel des Schuhkartons an der Schmalseite, ungefähr in der Mitte, einen Schlitz ein. Stell den leeren Schuhkarton auf einer Schmalseite auf und stabilisier ihn mit einem schweren Gegenstand. Kleb den Deckel so auf den Schuhkarton, dass beide wie ein „L" aussehen, das auf dem Kopf steht. (Es spielt keine Rolle, ob die offene Seite des Kartons nach vorne oder nach hinten zeigt.)

Befestige nun die Gewichte, z. B. Unterlegscheiben oder Nägel, am angespitzten Ende des Bleistifts. Am besten funktioniert das mit Klebeband. Wenn du etwas Ton um den Bleistift, unterhalb der Gewichte, klebst, kannst du zusätzlich verhindern, dass die Gewichte abrutschen. Die Gewichte dürfen ruhig ziemlich schwer sein, damit die Linien, die der Bleistift später ziehen soll, gut lesbar sind.

Nun biegst du einen Teil der Büroklammer auf und bohrst das aufgebogene Ende in den Radiergummi des Bleistifts. An dem Teil der Büroklammer, der eine Öse bildet, wird nun der Faden befestigt. Befestige das andere Ende des Fadens an der zweiten Büroklammer. Wickle die Schnur nun wie eine Drachenschnur um die Büroklammer.

Steck diese Büroklammer jetzt durch den Schlitz und richte die Schnur so ein, dass die Spitze des Bleistifts den Tisch berührt.

Nun schneidest du jedes Blatt Papier der Länge nach in drei Streifen. Auf diesen Streifen werden die „Erdstöße" aufgezeichnet. Leg zunächst einen Streifen unter den Bleistift und ziehe den Streifen vorsichtig unter dem Bleistift hindurch. Du wirst sehen, dass die gezogene Linie völlig gerade ist.

Jetzt sollte jemand kräftig am Tisch wackeln und rütteln, während du den Papierstreifen unter dem Bleistift entlangziehst. Dein Seismograph schlägt zur Seite und nach oben aus. Vergleich die Papierstreifen. Wie unterscheiden sich die Linien? Wie reagieren sie auf eine horizontale Verwerfung und wie auf eine vertikale Verwerfung? (Vergleich deine Beobachtungen außerdem mit den Ergebnissen aus Experiment 170.)

172

Du kannst Berge versetzen

DU BRAUCHST:
Ton
Zeitungen

Sicherlich hast du dich schon einmal gefragt, wie Berge und ganze Gebirge eigentlich entstehen. Da ist zunächst der große Druck tief im Erdinneren, der Wellen und Falten auf der Oberfläche entstehen lässt. Du kannst die Wirkungen dieser Kraft ganz einfach nachvollziehen. Du brauchst nur einen Klumpen Ton – und ein bisschen Fantasie.

Versuch: Deck deine Arbeitsfläche, am besten auf einem Tisch, gut mit Zeitungen ab. Auf dieser Unterlage kannst du nun einen Klumpen Ton zu einer Wurst ausrollen. Wenn diese etwa 20 cm lang ist, legst du sie gerade auf den Tisch und drückst die Enden nach innen, sodass Berge und Täler entstehen. Danach rollst du die Wurst wieder glatt und lässt andere Kräfte auf sie wirken. Sie wird sich auf immer neue Weise krümmen und verformen.

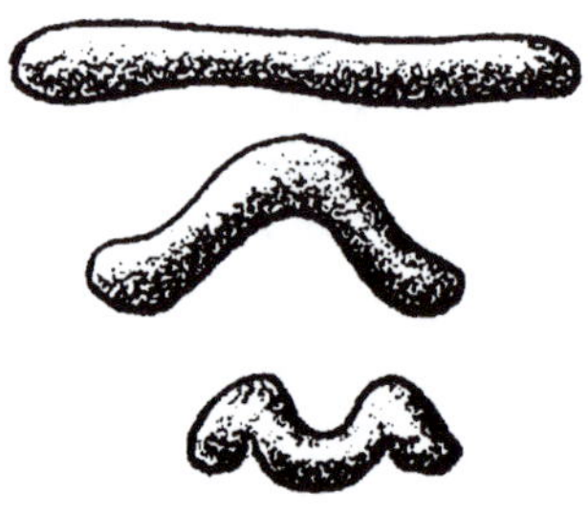

Was passiert: Das Verhalten der Wurst aus Ton macht deutlich, wie unsere Berge und Täler entstanden sind.

Warum: Riesengroße Stücke der Erdkruste, man nennt sie Platten oder auch Kontinentalplatten, schwimmen auf dem Erdmantel, der Schicht unter der Erdoberfläche – ganz ähnlich wie Eisschollen auf dem Wasser.

Wenn diese Platten aneinander reiben oder frontal zusammenstoßen (Plattentektonik), treten gewaltige Kräfte auf. Diese können die Erdoberfläche falten, krümmen und aufwerfen. Dabei entstehen ganze Gebirgszüge.

Als du die Wurst aus Ton von den Enden nach innen gedrückt hast, entstanden Berge und Täler wie in der Wirklichkeit. Bei der Bergformation in der Mitte handelt es sich um eine sattelförmige Bildung, bei jener darunter um eine muldenförmige Bildung. Die Appalachen in Nordamerika sind ein Beispiel für ein Gebirge, das durch Faltung entstanden ist.

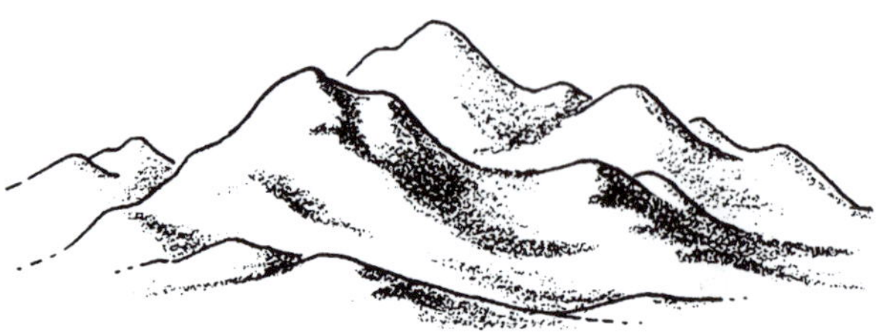

173 Tsunami: Diese Welle ist wirklich riesig

DU BRAUCHST:
tiefes Backblech
Wasser
2 Holzklötzchen

Wellen der Empörung können starke Auswirkungen haben und eine ganze Stadt in Aufruhr versetzen. Doch Tsunamis, ein japanisches Wort für große Ozeanwellen, können eine ganz Stadt tatsächlich unter Wasser setzen.

Bei diesem Versuch kannst du selbst eine Tsunami erzeugen. Du wirst genau verstehen, wie Flutwellen entstehen und warum sie so zerstörerisch sind. Dieses Experiment eignet sich bestens für einen heißen Sommertag, da du wahrscheinlich sehr nass dabei wirst! Pass also auf, dass du Kleidung trägst, die ruhig ein paar Wasserspritzer vertragen kann.

Versuch: Füll das Backblech voll Wasser und leg die Holzklötzchen hinein, sodass sie ganz unter der Wasseroberfläche sind. Es geht darum, das Wasser zwischen den Holzklötzchen plötzlich zusammenzupressen, zu komprimieren.

Schieb die beiden Hölzchen nun am Boden der Schüssel immer wieder und ganz schnell zusammen. Zunächst wirst du den Druck des Wassers noch spüren können, doch plötzlich wird er nachlassen.

Was passiert: Die Bewegung der unter Wasser aufeinander treffenden Holzklötzchen presst das Wasser nach oben. Dort entstehen Wellen, die über den Schüsselrand hinausschwappen.

Warum: Bei diesem Experiment hast du Bedingungen erzeugt, die jenen in den Tiefen des Ozeans, wo Tsunamis entstehen, sehr ähnlich sind. Erdbeben und vulkanische Kräfte auf dem Meeresboden bewirken, dass ungeheure Wassermassen komprimiert und nach oben gepresst werden. Dort entstehen hohe Wände aus Wasser, die unter Umständen ganze Küstenstädte bedrohen können. Manche Flutwellen werden 15 bis 30 Meter hoch. Da sie plötzlich und ohne Vorwarnung auftauchen, sind sie für die Küstenbewohner sehr gefährlich.

174 Fototermin: Bitte lächeln!

DU BRAUCHST:

Schuhkarton mit Deckel
schwarze Temperafarbe
(im Hobbygeschäft erhältlich)
Pinsel
Schere
Wachspapier oder Pauspapier
(ein Rechteck der Größe 7 x 12 cm)
Klebeband

Ohne die Lichtenergie der Sonne könnte es auf der Erde kein Leben geben! Mit diesem Experiment kannst du dir diese Energie jetzt und sofort zu Nutze machen, indem du eine einfache, aber verblüffende Lochkamera baust. Sie funktioniert – ganz ohne Batterie und Strom – allein auf Grund der Sonnenstrahlen.

Versuch: Mal zunächst die Innenseite des Schuhkartons und des Deckels mit der schwarzen Temperafarbe an.

Schneide eine 5 cm breite und 10 cm lange Öffnung in ein Ende des Schuhkartons und kleb das größere Stück Wachs- bzw. Pauspapier darüber. Du hast nun einen Sucher auf einer Seite deiner Lochkamera.

In der Mitte der gegenüberliegenden Schmalseite des Kartons bohrst du nun mit der Schere ein Loch mit einem Durchmesser von etwa 0,5 cm.

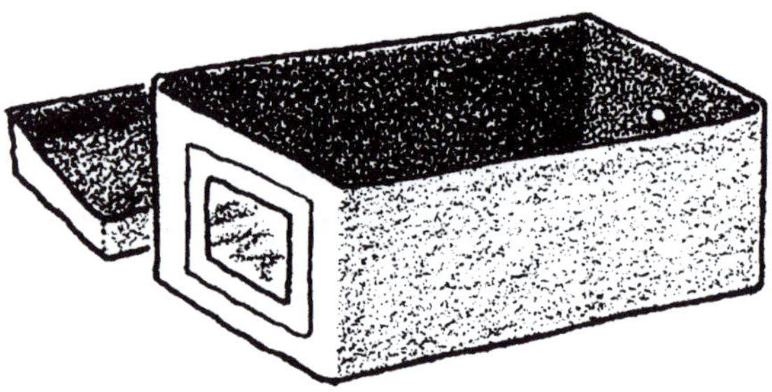

Nun kann es losgehen. Geh mit deiner Kamera nach draußen, such dir ein sonniges Plätzchen und ein schönes Motiv – z. B. einen Freund oder einen Baum. Halt die Kamera mit der Lochseite auf das Motiv und schau dabei durch den Sucher.

Im nächsten Experiment wirst du erfahren, wie man perfekte Bilder macht.

Was passiert: Wenn du die kleine Öffnung der Lochkamera auf ein Motiv richtest, erscheint ein unscharfes, aber deutlich erkennbares Abbild deines Motivs im Sucher. Allerdings steht es auf dem Kopf.

Warum: Das Bild in der Lochkamera steht Kopf, weil sich Lichtstrahlen immer nur in gerader Linie ausbreiten. Strahlen, die von der Oberseite des Motivs ausgehen, fallen auf die Unterseite des Suchers und umgekehrt.

175 Fotosafari: Tolles Bild im Kasten

Wenn du ein perfektes Bild in deiner Lochkamera sehen willst, musst du dir ein Tuch über den Kopf ziehen. Deck damit deinen Kopf und einen Teil des Kartons ab, sodass völlige Dunkelheit darunter herrscht. (Das erinnert dich vielleicht an die Fotografen alter Zeiten, mit ihren großen Kameras auf einem Dreifuß. Auch sie mussten sich bei der Arbeit große Tücher, die an den Kameras befestigt waren, über den Kopf ziehen.)

Such dir ein schönes Motiv. Wie wäre es mit einem schönen Haus oder einer Person vor einem Sonnenuntergang? Beweg die Kamera von dir weg, zu dir hin und auf und ab, so lange, bis du das Motiv gut im Bild hast. Lass dir Zeit – du musst dich sicherlich erst zurechtfinden. Deine Augen müssen sich an das Dunkel gewöhnen und in der Kamera muss genügend Licht sein, aber du wirst es schließlich schaffen.

176

Party-Vulkan

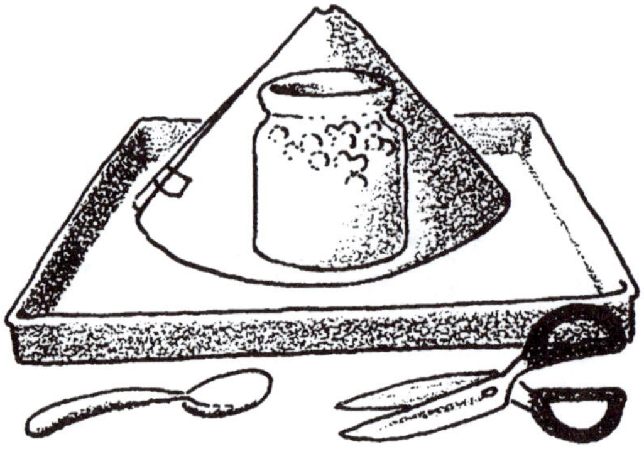

DU BRAUCHST:

Streifen (8 x 20 cm) aus dünner Pappe
kleines Glasgefäß (Gewürz- oder Medikamentenglas)
Schere
Büroklammer oder Klebeband
Tablett
Trockenhefe
½ Tasse Wasserstoffperoxyd
Metalllöffel

Dieses Experiment ist ein toller Party-Trick! Mit der Hilfe von Geowissenschaften und Chemie baust du einen ganz besonderen Vulkan. Da raucht nicht nur der Kopf! Es geht ganz einfach und du brauchst kaum Zutaten und nur wenig Zeit. Also, worauf wartest du? Aber Achtung! Schütt nach Abschluss des Experiments die Lösungen weg und wasch alle Behälter gründlich aus.

Versuch: Roll den Pappstreifen so zusammen, dass ein Kegel entsteht, und befestige das lose Ende mit einer Büroklammer oder einem Stück Klebeband. Begradige die breite Basis des Kegels, sodass er stabil auf dem Tablett stehen kann. An der Spitze des Kegels muss eine kleine Öffnung bleiben.

Das Glas muss so groß sein, dass das Wasserstoffperoxyd und die Hefe Platz darin haben, und klein genug, damit es unter den Kegel passt. Gib nun zuerst Wasserstoffperoxyd und dann Hefe in das Glas und rühr gründlich um. (Wenn es für dich leichter ist, kannst du den Kegel auch erst nach dem Umrühren aufsetzen, aber dazu musst du schnell sein!) Am besten funktioniert das Experiment, wenn du bis zum Ende weiterrührst.

Was passiert: Die Mischung aus Wasserstoffperoxyd und Hefe lässt unter lautem Zischen Dampf und Rauch aus dem „Vulkan" steigen.

Warum: In dem Glas unter dem Kegel läuft eine chemische Reaktion ab. Sie wird exothermisch genannt, weil neben dem Qualmen und Zischen auch noch Wärme entsteht. Du kannst die Wärme sogar fühlen, wenn du das Glas oder den Löffel anfasst.

Bei einem richtigen Vulkan dringt heißes, geschmolzenes Gestein, das Magma genannt wird, aus den Tiefen der Erde nach oben. Dieses flüssige Gestein fließt als Lava aus Öffnungen an den Hängen des Vulkans oder schießt explosionsartig aus dem Vulkantrichter, begleitet von Asche und Rauch. Dein Modell eines Vulkans ist zwar ganz einfach, aber es zeigt dennoch, was bei einem echten Vulkanausbruch passiert.

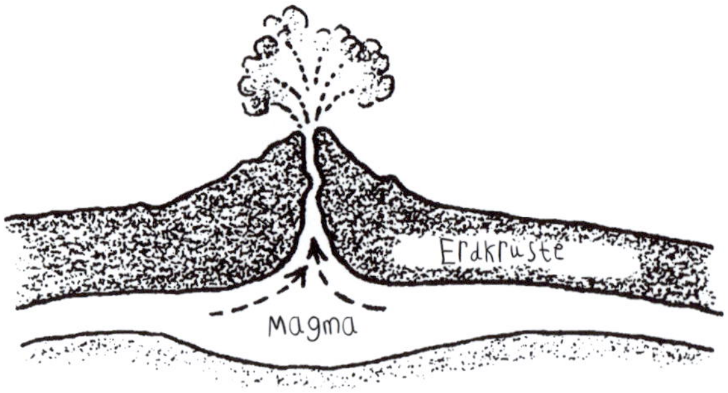

177 Der heiße Draht

DU BRAUCHST:
Draht-Kleiderbügel
Kerze

Gesteine im Erdinneren können sich auf Grund des dort herrschenden hohen Drucks verändern. Dieser Druck erzeugt Hitze. Das folgende Experiment macht es dir deutlich. Lass dir dabei von einem Erwachsenen helfen.

Versuch: Bitte einen Erwachsenen den Drahtbügel aufzubiegen oder mit einer Zange durchzuschneiden. Nimm den Bügel in beide Hände und bieg den Draht an einer Stelle ungefähr 30- bis 50-mal hin und her. Leg nun die so entstandene Knickstelle auf die Kerze aus Wachs.

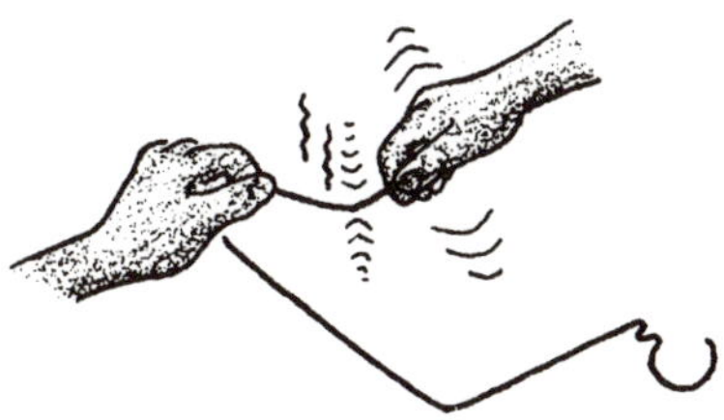

Was passiert: Der Draht ist heiß geworden. Das Kerzenwachs schmilzt dadurch und es entstehen Kerben und Furchen.

Warum: Tief im Erdinneren entstehen ständig neue Verwerfungen. Die damit verbundene Hitze verändert Zusammensetzung und Struktur des Gesteins. Man nennt die auf diese Weise entstandenen Gesteinsarten metamorphe Gesteine. Dazu zählen Quarz und Marmor.

Bei dem Experiment wurde durch das schnelle Biegen des Drahtes Hitze erzeugt, die das Kerzenwachs schmelzen ließ. Auf dieselbe Weise wirken Druck und Hitze im Erdinneren auf Gestein.

Zum (Kalk-)Steinerweichen 178

DU BRAUCHST:
Kreide
½ Tasse Weißweinessig
kleines Glas

Kalksteinhöhlen entstehen durch leicht saures Regenwasser, das über Jahrtausende hinweg den weichen Stein allmählich aufgelöst hat.

Versuch: Lass die Kreide etwa fünf Minuten lang in dem Essig liegen.

Was passiert: Die Kreide löst sich auf.

Warum: Schulkreide ist eine Form von Kalkstein oder Kalziumkarbonat. Sie besteht aus kleinen Muschelteilchen und dem Mineral Calcit und ähnelt dem weichen Gestein in Kalksteinhöhlen. Diese Höhlen wurden durch Säuren im Regen allmählich ausgewaschen – so wie sich unsere Kreide im Essig, eigentlich Essigsäure, aufgelöst hat. Die berühmten weißen Klippen von Dover sind große Kalkblöcke, bestehen also auch aus Kalziumkarbonat.

179 Muschelkalk

DU BRAUCHST:
kleine Muscheln
2 kleine Gläser
½ Tasse Weißweinessig
½ Tasse Wasser
Zeitungspapier
Metalllöffel

Ersetz die Kreide durch Muscheln aus dem Meer, auch sie bestehen aus Kalziumkarbonat und Kalkstein, und beobachte, wie schnell oder wie vollständig sie sich auflösen.

Versuch: Leg einige Muscheln in ein Glas mit Essig, andere in ein Glas mit Wasser (zur Kontrolle). Lass die Muscheln vier Tage lang liegen.

Nimm dann die Muscheln wieder heraus und leg sie auf ein Stück Zeitungspapier, das du auf dem Küchentisch ausgebreitet hast. Versuch nun sie mit dem Löffel zu zerdrücken.

Was passiert: Die Muscheln, die im Wasser lagen, sind so hart wie zuvor, während jene, die im Essig lagen, zerbröseln wie Kekse. Außerdem sind diese mit einer weißen, kreideartigen Substanz (Kalziumkarbonat) überzogen.

Warum: Die Muscheln im Wasserglas dienen als Gegenprobe, sie werden dazu mit den Muscheln aus dem Essigglas verglichen. Wie du schon weißt, ist Säure in Essig aber auch im Regen enthalten. Säure löst Kalziumkarbonat auf; sei es nun in der Form von Höhlengestein, von Kreide oder von Muscheln. In manchen Regionen der Welt ist der Regen so sauer wie Essig.

180 Schnee ... Eisbälle!

Gleich wirst du verstehen, warum es riesige Gletscher gibt.

Gletscher entstehen, wenn Schnee sehr fest gepresst wird. Sollte gerade Schnee vor deiner Haustür liegen, kannst du dir welchen von draußen holen. Wenn nicht, bitte einen Erwachsenen, dir z. B. Schnee aus dem Gefrierfach zu kratzen.

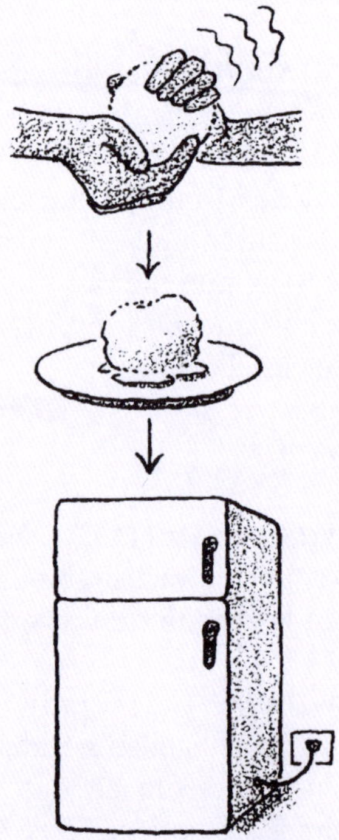

Press den Schnee oder das zerstoßene Eis zu einem festen Ball (achte darauf, wie kompakt er wird). Lass ihn leicht anschmelzen und leg ihn dann für etwa 30 Minuten in das Gefrierfach. Wenn du ihn wieder herausnimmst, wird er sich in pures Eis verwandelt haben.

Stell dir vor, wie viel Schnee in den Bergen fällt, Tag für Tag, und wie der alte Schnee unter dem neuen zusammengepresst wird. Nun weißt du, was mit diesem Schnee passiert – und wie Gletscher entstehen.

181 Gletscher schmelzen ab

DU BRAUCHST:

kleine Tasse oder ausgewaschener Jogurtbecher
Sand
kleine Kieselsteine
Wasser
Brett, für die schiefe Ebene
Hammer
dicker Gummiring
Nagel
Armbanduhr

Führ das Gletscher-Experiment am besten im Freien durch und lass dir von einem Erwachsenen dabei helfen.

Versuch: Füll den Becher gut 2 cm hoch mit Kieselsteinen und Sand. Füll das Ganze nun 7 cm hoch mit Wasser auf. Stell den Becher in das Gefrierfach. Wenn das Wasser gefroren ist, gibst du noch mal Sand, Kieselsteine und Wasser hinzu. Der Becher soll bis zum Rand gefüllt sein.

Als Nächstes schlägst du an einem Ende des Brettes, in der Mitte, einen Nagel ein. Stell dieses Ende auf eine feste Unterlage, sodass eine schiefe Ebene entsteht. Fertig.

Hol deinen „Gletscher" aus dem Gefrierfach. Lass warmes Wasser über den Becher laufen, gerade so viel, dass der „Gletscher" durch Klopfen auf den Boden des Bechers herausgleitet. Stell ihn nun mit der breiten Seite nach unten auf das Brett und leg das Gummiband um Gletscher und Nagel. Wie lange wird es dauern, bis dein Gletscher-Modell schmilzt, wandert und eine Spur aus Steinen und Sand hinterlässt? Schau auf die Uhr.

Was passiert: Das Eis müsste sofort schmelzen, selbst an kühleren Tagen. Kies- und Sandrückstände lösen sich in großen Klumpen und rutschen das Brett hinunter. An anderen Stellen bleibt eine Geröllspur zurück – eine Gletschermoräne.

Warum: Gletscher sind große Eismassen, die zu Tal rutschen und dabei tiefe Furchen hinterlassen. Die Ablagerungen von Gletschern aus lang vergangenen Zeiten kann man z. B. in der Arktis finden, in der Antarktis und sogar in Finnland und in Grönland.

Diese riesigen Eismassen würden sich aber überhaupt nicht bewegen, wenn nicht von ihnen selbst ein so großer Druck ausginge. Die Gewalt dieses Druckes bewirkt Perioden (Zeitabschnitte) der Erwärmung und des Abschmelzens. Das Schmelzwasser gefriert zwar sehr schnell wieder, der Tauprozess genügt jedoch, um den Gletscher abrutschen zu lassen.

Die Gletscher schieben dabei Tonnen von Gestein und Erdreich vor sich her und lagern sie andernorts wieder ab. Diese oftmals bizarren Formationen werden Moränen genannt. Dein Modell zeigt, wie ungewöhnlich und ungleichmäßig diese Ablagerungen sein können.

Weltreisende

Während die Erdoberfläche, die Erdkruste, sich ständig verändert und unser Planet sich durch das Weltall bewegt, durchlaufen die Tages- und Jahreszeiten feste Kreisläufe – Tag um Tag, Jahr für Jahr.

Du kannst vieles über die Position der Erde im Sonnensystem nachlesen, du kannst aber auch anhand einfacher Experimente herauszufinden versuchen, warum es Stunden, Tage und Jahre gibt und wie man sie messen und berechnen kann.

Alles, was du dazu brauchst, findest du bestimmt daheim. Ach ja, und dann ist häufig nur noch Sonnenlicht nötig!

182 Sonnenuhr

DU BRAUCHST:
Stab
Bleistift
Papier
Steine als Markierung

Bau dir eine Sonnenuhr und beobachte, wie der Schatten ihres Stabes wandert und die Zeit dabei angibt (der Stab wird auch Gnomon genannt). Der Winkel des Schattens wird je nach Sonnenstand ein anderer sein. Bleib also dabei und beobachte, wie der Schatten und mit ihm die Zeit voranschreiten!

Damit dieses Experiment funktioniert, muss natürlich die Sonne scheinen.

Versuch: Such dir eine sonnige Ecke im Garten und steck den Stab in die Erde. Schreib dir jeweils zur vollen Stunde die Zeit auf und markier die Stelle, an der der Schatten zu diesem Zeitpunkt steht, z. B. mit einem Stein. Wiederhol das so lange, bis das Zifferblatt deiner Sonnenuhr vollständig ist.

Was passiert: Der Winkel und die Länge des von deinem Gnomon geworfenen Schattens ändern sich mit dem Lauf der Sonne über den Himmel von Ost nach West.

Warum: Obwohl man das Gefühl hat, die Sonne würde von Osten nach Westen wandern, ist es in Wirklichkeit die Erde, die sich um die Sonne dreht. Aber die Erde umkreist nicht nur die Sonne, sie dreht sich auch wie ein Kreisel um ihre eigene Achse. Diese Rotation (Erdumdrehung) hat zur Folge, dass es die Tageszeiten gibt, also Tag, wenn es hell ist, und Nacht, wenn es dunkel ist. Der Schatten, den der Gnomon zu einer bestimmten Tageszeit wirft, fällt auch am nächsten und am übernächsten Tag wieder auf dieselbe Stelle.

Am Morgen ist der Schatten lang und schmal und zeigt nach Westen. Mittags, wenn die Sonne am höchsten Punkt steht, ist der Schatten kurz und zeigt, auf der Nordhalbkugel, nach Norden (auf der Südhalbkugel jedoch nach Süden). Am Nachmittag neigt sich der Schatten nach Osten.

183 Sonnenuhr im Taschenformat

DU BRAUCHST:
ein Stück Ton
2 Bleistifte
Stift für Notizen
Notizblock

Es ist wichtig, alle Experimente genauestens zu überprüfen, um sicherzustellen, dass die Ergebnisse mit deiner Hypothese, also deiner Vermutung, was bei dem Versuch passieren wird, übereinstimmen. Wenn du nicht aufpasst, könnten andere Einflüsse oder Variablen das Ergebnis verfälschen.

Um sicher zu sein, dass Schatten sich immer gleich verhalten, wiederhol das letzte Experiment. Doch dieses Mal vergleichst du den Schatten eines Bleistift-Gnomons mit dem Schatten deiner Sonnenuhr. Es handelt sich hierbei um ein „kontrolliertes“ Experiment.

Versuch: Form den Ton zu einer Scheibe von etwa 5 cm Durchmesser. Steck den Bleistift mit der Spitze in diesen Sockel. Jetzt hast du einen einfachen „Taschen-Gnomon“. Diesen stellst du neben den Stab in der Erde und richtest ihn an dessen Schatten aus. Notier dir die exakte Lage deines „Taschen-Gnomons“, damit du ihn, immer wenn du weitere Tests durchführst, an dieselbe Stelle setzen kannst. (Beispiel: Stell den „Taschen-Gnomon“ mit dem Tonsockel neben den Stab im Boden und richte ihn so aus, dass die Schatten der beiden Gnomone parallel verlaufen.)

Verlaufen beide Schatten tatsächlich in derselben Richtung? Markier auf dem Tonsockel deines „Taschen-Gnomons“ den Verlauf des Schattens mit der Spitze des zweiten Bleistifts, indem du diese kräftig in den Ton drückst. Vergleich den Schatten deines „Taschen-Gnomons“ weiterhin mit dem Schatten der Sonnenuhr. Markier die Lage beider Schatten jeweils zur vollen Stunde mit einem Stein und mit einem Abdruck im Tonsockel. Gibt es Übereinstimmungen und Unterschiede? Wandern die Schatten gleich schnell? Werden die Schatten länger oder kürzer? Wenn ja, wann?

Die Zeitmaschine

184

DU BRAUCHST:
Quadrat aus Pappe (10 x 10 cm)
Uhr
Schere
Klebeband
2 Blatt Papier
Bleistift

Die Sonne ist eine Art Zeitmaschine, wie dieses einfache Experiment deutlich macht. Es funktioniert aber nur an einem sonnigen Tag.

Versuch: Schneide in die Mitte der Pappe ein Loch (2 cm). Kleb das Quadrat an ein Südfenster. Du siehst sofort den Lichtstrahl, den die Sonne auf den Fußboden wirft. Drumherum sollte möglichst viel Platz sein. Leg ein Blatt Papier dorthin, wo der Sonnenstrahl auf den Fußboden fällt.

Schreib die Uhrzeit auf das Blatt. Kontrollier den Sonnenstrahl alle 30 Minuten. Markier die Position der Lichtflecken auf dem Boden jedes Mal mit einem Blatt Papier, auf dem du die Uhrzeit notierst.

Was passiert: Der Lichtstrahl wandert im Lauf des Tages von links nach rechts.

Warum: Während die Erde die Sonne umkreist, dreht sie sich im Lauf von 24 Stunden einmal um die eigene Achse, von Westen nach Osten. Diese Bewegung der Erde ist die Ursache dafür, dass der Sonnenfleck auf dem Fußboden von einem Papier zum nächsten wandert.

185

Jahreszeiten

Fällt das Licht um acht Uhr morgens immer auf dieselbe Stelle? Egal, ob es gerade Sommer oder Winter ist?

Wenn du geduldig bist und es bei euch ein Zimmer mit Südfenster gibt, kannst du versuchen das herauszufinden. Ideal wäre ein Zimmer, das kaum benutzt wird und in dem kaum Möbel stehen.

Wiederhol das letzte Experiment. Verwende aber nun quadratische Blätter mit einer Seitenlänge von etwa 10 cm.

Kleb je ein Blatt über einen Lichtfleck auf dem Fußboden, immer zur selben Tageszeit, aber zu unterschiedlichen Jahreszeiten. Beispiel: 8 Uhr morgens, 1. Oktober; 8 Uhr morgens, 22. Dezember.

Ändert der Lichtfleck im Lauf der Jahreszeiten seine Position? Schreib dir das Ergebnis deiner Beobachtung auf.

186 Bestimm deine Position

Die ersten Seefahrer verwendeten ein einfaches, Astrolabium genanntes Gerät, um ihre Position auf dem Meer zu bestimmen. Du kannst zur Bestimmung deiner Position auf der Erde mit einfachen Mitteln selbst ein Astrolabium basteln.

DU BRAUCHST:

- Bindfaden
- Schere
- Winkelmesser
- Gewicht (Unterlegscheibe, Schraube oder Büroklammer)
- neuer Bleistift

Versuch: Binde ein Stück Faden an der geraden Seite des Winkelmessers fest. Der Faden sollte über die kreisförmige Seite des Winkelmessers hinausragen. Befestige ein Gewicht an diesem Faden. Leg die gerade Seite des Winkelmessers an einen Bleistift an und binde den Bleistift mit zwei weiteren Fäden am Winkelmesser fest.

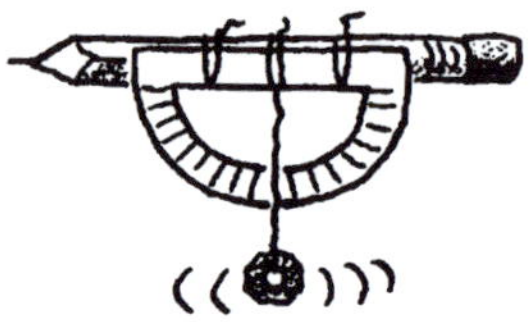

Dein Astrolabium ist nun einsatzbereit. Halt das Instrument in einer sternklaren Nacht vor dein Auge und richte es gegen den Polarstern. Die Gradzahl, die der Faden mit dem Gewicht auf dem Winkelmesser anzeigt, gibt deinen Breitengrad an. Wiederhol den Vorgang ein paar Mal, um den genauen Wert zu bekommen.

Was passiert: Dieses Instrument hilft dir den Breitengrad zu bestimmen, auf dem du dich befindest. Breitengrade sind eine Reihe gedachter Linien auf der Erdoberfläche, die in Zahlen die Position bestimmter Punkte auf der Erde angeben.

Warum: Ein Winkelmesser ist ein halbkreisförmiges Instrument zur Winkelbestimmung. Er ist in Einheiten zu je zehn Strichen geteilt, die Grad genannt werden. Wenn du dein Instrument gegen den Polarstern richtest, richtet sich der beschwerte Faden auf einen bestimmten Wert, der einem Breitengrad entspricht.

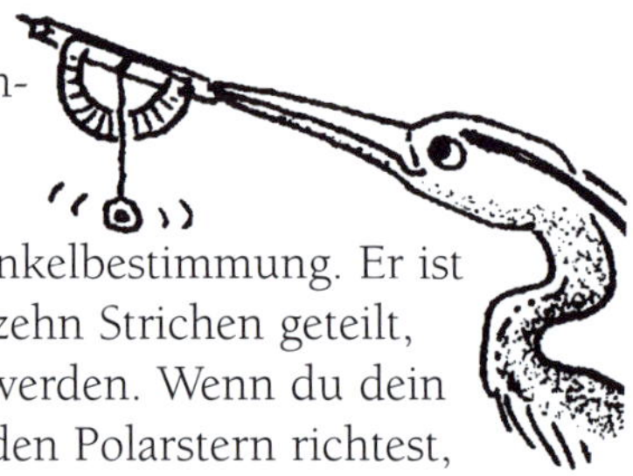

187 So findest du den Polarstern

Der Polarstern ist nur am nördlichen Himmel zu finden. Auf Grund seiner Lage über dem Nordpol scheint er fast wie ein Fixstern zu sein. Wie ein Uhrzeiger scheint er auch seine Lage zu ändern, von Stunde zu Stunde, von Jahreszeit zu Jahreszeit. Er ist nur schwach zu sehen, da er mehr als 400 Lichtjahre entfernt ist.

Der Polarstern befindet sich gegenüber dem Großen Bären und ist unter dem Namen Großer Wagen vielleicht besser bekannt. Er sieht aus wie ein Wagen mit einer langen Deichsel daran, würde man die einzelnen Punkte miteinander verbinden. Die von der Deichsel am weitesten entfernten Sterne, die Rückseite des Wagens, zeigen direkt zum Polarstern.

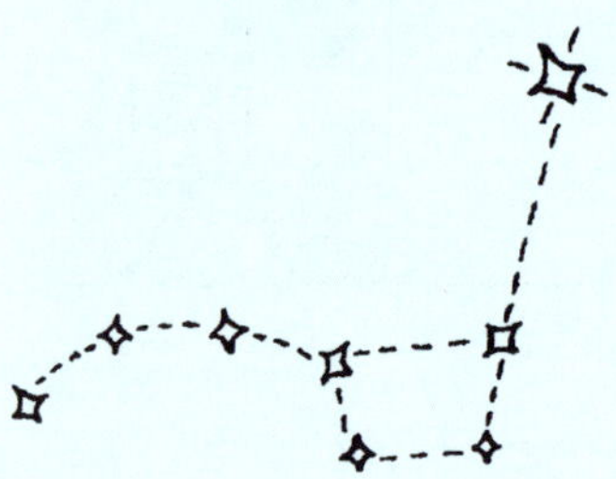

188 Wer kann das Kreuz des Südens sehen?

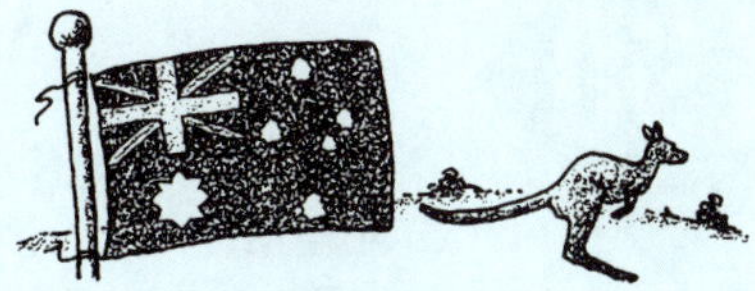

Können die Menschen der südlichen Hemisphäre, also diejenigen, die auf der Südhalbkugel der Erde leben, eigentlich auch die Sterne sehen, die man von der Nordhalbkugel aus sieht?

Nicht unbedingt. Die Menschen, die auf der nördlichen Hemisphäre leben, können nicht alle Sterne des Himmels über der Südhalbkugel sehen. Und wenn du dich auf der Südhalbkugel der Erde befindest, dann kannst du nicht alle Sterne sehen, die über der Nordhalbkugel leuchten.

Die Menschen jedoch, die in der Nähe des Äquators leben, einer gedachten Linie, die die Erde in die südliche und nördliche Hemisphäre teilt, können nahezu alle Sterne gleichzeitig erkennen.

Während die Menschen auf der Nordhalbkugel sich am Polarstern orientieren können, haben die Menschen auf der Südhalbkugel keinen derartigen Orientierungspunkt.

Das Kreuz des Südens ist eine Sternenkonstellation, eine Gruppe von vier Sternen, die zusammen ein Kreuz bilden und auf den Südpol weisen. Aber das Kreuz des Südens ist in dieser Funktion nicht verlässlich. Es erscheint nicht immer als Kreuz und ist oft nur schwer zu erkennen. Außerdem gibt es auf der Südhalbkugel keinen Fixstern, der die Position des Südpols markiert.

189 Sternschnuppen: Gibt es die wirklich?

Meteore sind kleinere Felsbrocken, die wahrscheinlich von Kometen oder Asteroiden abgesplittert sind und durch den Kosmos treiben. Sie verglühen, wenn sie in die Erdatmosphäre eintreten. Was dabei passiert, kannst du mit dem folgenden Experiment darstellen.

DU BRAUCHST:

große Flasche, gefüllt mit Wasser

½ Brausetablette

Versuch: Wirf die Brausetablette in die Flasche mit dem Wasser und beobachte, was passiert, wenn sie zu Boden sinkt.

Was passiert: Die Tablette löst sich in viele kleine Stückchen auf, die auf dem Weg nach unten verschwinden.

Warum: Das Wasser ist bei diesem Versuch die Erdatmosphäre und die Tablette steht für den Meteor.

Wie ein Meteor zerbricht die Tablette in viele kleine Stücke, während sie auf den Flaschenboden (also die Erdoberfläche) sinkt. Ein Meteor rast mit so hoher Geschwindigkeit durch das Weltall, dass die bei der Reibung gegen die Erdatmosphäre auftretenden Kräfte den Gesteinsbrocken erhitzen. Das weiß glühende Objekt explodiert und zerfällt zu Sternenstaub.

Die meisten Meteore sind nur so groß wie kleine Steine, aber es gibt immer wieder größere Brocken, die als Meteoriten auf die Erde fallen.

190

Sternenwerfer

Bau dir einen Sternenwerfer und zaubere einen Sternenhimmel in dein Zimmer. Es ist nicht schwer und macht Spaß – und vielleicht entdeckst du sogar einen neuen Stern.

DU BRAUCHST:
Papprühre mit Deckel
(zusätzliche Deckel)
Nagel
Taschenlampe
Bleistift

Versuch: Bohr mit dem Nagel „Sterne“, d. h. kleine Löcher, in den Deckel der Röhre. Nimm dein Lieblingssternbild als Vorlage oder schau dir einfach den nächtlichen Sternenhimmel genau an.

Je nach Größe des Deckels ist Platz für ein großes oder mehrere kleine Sternbilder.

Halte nun das hintere Ende der Taschenlampe gegen die Mitte des Röhrenbodens und zieh einen Kreis darum. Schneide den Kreis aus und steck die Taschenlampe in die Röhre (Oder du entfernst den Deckel und steckst die Lampe durch das Loch.)

Nun kannst du deine Freunde mit deinem

Sternenwerfer in Erstaunen versetzen. Indem du den Deckel oder die Röhre drehst, kannst du sogar erreichen, dass die Sternbilder rotieren. Geh in ein dunkles Zimmer und richte die Dose bei angeschalteter Taschenlampe an die Decke oder die Wand und genieß die Show.

Was passiert: Die Licht-Röhre wirft sternenähnliche Lichtpunkte an Decke und Wände.

Warum: Die Sternbilder am Himmel scheinen ständig zu wechseln. Sie sind nur zu bestimmten Zeiten des Jahres sichtbar. Ihre Lage ändert sich jede Nacht und von Woche zu Woche, je weiter sie nach Westen wandern.

Die Position der Erde auf ihrer Umlaufbahn um die Sonne entscheidet darüber, welche Konstellationen du sehen kannst. Im Winter werden die Sommersternbilder von der Sonne ausgeblendet, während im Sommer die Wintersternbilder ausgeblendet werden.

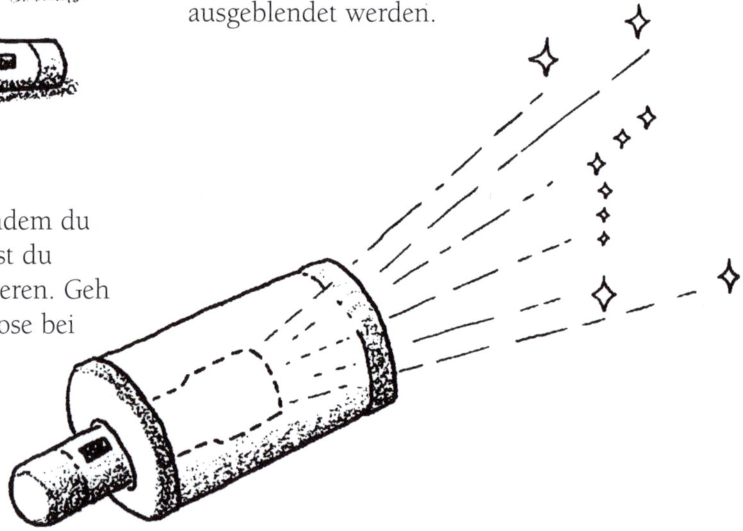

191 Parallaxe

DU BRAUCHST:
Bleistift

Wissenschaftler können die Entfernung der Sterne von der Erde mathematisch berechnen.

Wenn wir zu den Sternen aufsehen, dann sieht es so aus, als ob sie eine feste Position einnähmen und sehr weit von uns entfernt sind. Aber das muss nicht immer stimmen.

Wenn du z. B. an einem Haus vorbeigehst, bewegt sich das Haus zwar nicht, doch verändert sich seine Lage, da du es aus einem anderen Blickwinkel betrachtest, nachdem du daran vorbeigegangen bist. Das nennt man Parallaxe und dieses einfache Experiment zeigt dir, wie das alles funktioniert.

Versuch: Halte den Bleistift senkrecht vor deine Augen. Schließ nun dein linkes Auge, öffne es dann schnell und schließ dein rechtes Auge. Noch einmal. Fahr fort zuerst das eine Auge schnell zu schließen, dann das andere. Achte darauf, was mit dem Bleistift vor deinen Augen passiert.

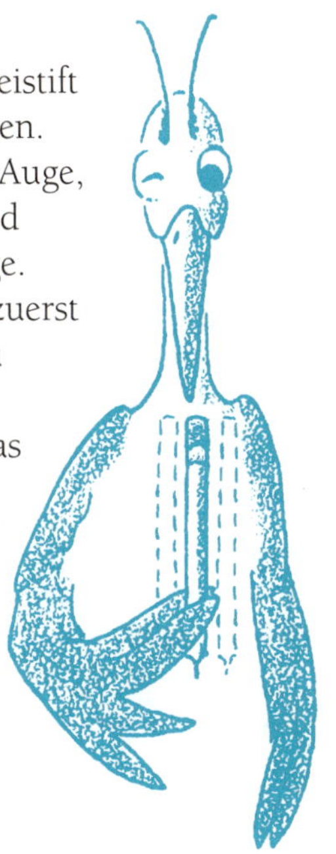

Was passiert: Der Bleistift springt hin und her. Wo ist er tatsächlich? Wer weiß das noch?

192 Nah und fern

Wiederhol das Experiment mit der Parallaxe, aber dieses Mal sollst du nicht nur den Bleistift im Auge behalten, sondern auch einen Gegenstand im Hintergrund, einen Tisch oder eine Lampe. Was siehst du? Ändert das eine Objekt seinen Standort stärker als das andere?

Was passiert: Obwohl der Bleistift weiterhin seine Lage änderte, blieb das weiter entfernte Objekt völlig regungslos.

Warum: Der Bleistift bewegte sich nicht wirklich, aber dein Blickwinkel änderte sich. Der Winkel zwischen deinem Auge und dem Bleistift änderte sich und somit auch seine Position. Aber nur, weil deine Augen und dein Gehirn das so wahrnehmen. Diesen Positionsunterschied nennt man Parallaxe und sie ist der Schlüssel zur Entfernungsbestimmung. Je näher ein Objekt ist, desto mehr ändert es seine Lage, während weiter entfernte Objekte das gar nicht tun. Auf dieselbe Weise bewirkt die Parallaxe, dass sich nahe Sterne zu bewegen scheinen, während sehr weit entfernte Sterne fix sind.

Um den Positionsunterschied von Sternen zu bestimmen, stellen Astronomen die unterschiedlichen Positionen von Sternen zu zwei verschiedenen Zeiten des Jahres fest. Auf diese Weise können sie die exakte Entfernung aller Sterne berechnen.

193 Verräterische Lichtwellen

DU BRAUCHST:
Blatt Papier
Trinkglas, halb mit Wasser gefüllt

Die Sonne ist Millionen von Kilometern von der Erde entfernt und ein gigantischer Ball aus Wasserstoff. Man kann jedoch einiges über sie erfahren, indem man die Wellenlängen des Sonnenlichts ermittelt. An einem sonnigen Platz im Freien ist das ganz einfach möglich.

Wenn die Wellenlänge des Lichtes durch das Glas aufgespalten und umgelenkt wird, werden Farben sichtbar. Das Licht der Sonne enthält viele Farben. Astronomen (Sternenforscher) untersuchen das Farbspektrum eines Sternes und können dann sagen, aus welchen Stoffen oder Gasen dieser Stern besteht.

Versuch: Wenn nun also die Sonne kräftig scheint, geh nach draußen und leg das Blatt Papier auf einen Tisch oder auf den Boden.

Nimm das Glas Wasser und halte es vorsichtig zwischen Daumen und Zeigefinger über das Papier. Das Glas sollte sich ungefähr 7 bis 10 cm über dem Papier befinden. Wichtig ist es, das Glas so zu halten, dass die Finger die Seitenflächen nicht abdecken.

Halte das Glas etwas höher oder tiefer, vielleicht auch schräg, bis ein farbiges Muster auf dem Papier erscheint.

Was passiert: Das Glas Wasser ist wie ein Prisma. Es zaubert die Farben des Regenbogens auf das Blatt Papier.

Warum: Ein Glas Wasser kann, wie ein Prisma, das Licht umlenken. Dadurch wird das im Licht enthaltene Farbspektrum sichtbar. Weißes Licht ist eigentlich eine Kombination vieler Farben.

194 Glastest

Spielt es eine Rolle, welche Art von Glas du als Prisma verwendest?

Um das herauszufinden, musst du nur das Experiment mit verschiedenen Gläsern wiederholen, mit kleinen und großen und mit Gläsern, die unterschiedlich geformt sind. Wie verhält es sich mit farbigem Glas? Kann man auch mit bunten Gläsern das Licht in seine Bestandteile aufspalten? Ist es besser, ein volles Glas zu verwenden als eine halb volles?

Du kannst das Experiment beliebig abwandeln. Notier dir in jedem Fall die Ergebnisse. Danach wirst du wissen, welches Glas sich am besten eignet.

195 Volle Sonne

DU BRAUCHST:
Thermometer
Papier
Bleistift
Taschenlampe
Uhr
Dose

Die Jahreszeiten hängen mit der Neigung der Erde zusammen und damit, ob die Sonne mit ihrem Licht die Nordhalbkugel besser erreicht oder die Südhalbkugel. Dieses einfache Experiment liefert die Erklärung.

Versuch: Notier dir die Temperatur auf dem Thermometer. Lass eventuell kaltes Wasser darüberlaufen, bis das Thermometer einen Wert anzeigt, mit dem es sich leicht rechnen lässt.

Lehn das Thermometer gegen die angeschaltete Taschenlampe, sodass die Skala nach außen zeigt. Lies das Thermometer nach drei Minuten ab und notier dir den Wert.

Halte das Thermometer nach diesem ersten Durchgang wieder unter das Wasser, bis die Skala wieder den von dir gewünschten Ausgangswert anzeigt.

Nun lehnst du das Thermometer gegen die Dose und lässt das Licht der Taschenlampe aus einer Entfernung von etwa 30 cm darauf scheinen. Auch diesmal musst du das Ergebnis nach drei Minuten vom Thermometer ablesen.

Was passiert: Als das Thermometer direkt an der Taschenlampe lehnte, das auftreffende Licht also stärker dosiert war, zeigte es einen höheren Wert an. Dagegen ging das Thermometer kaum nach oben, als die Taschenlampe weiter entfernt war.

Warum: Mit der Lichtkonzentration auf der Erde verhält es sich zu jeder beliebigen Zeit des Jahres wie mit der Lichtkonzentration in unserem Experiment.

Je größer eine angestrahlte Fläche ist, desto geringer ist die Temperatur. In unserem Experiment hatte die Lichtquelle auf das weiter entfernte Thermometer fast gar keinen Einfluss.

Die Nordhalbkugel, die im Dezember von der Sonne abgeneigt ist, erhält dann eine breiter gestreute Lichtmenge, während die Südhalbkugel zu dieser Zeit zur Sonne hingeneigt ist und eine konzentriertere Lichtmenge erhält. Das erklärt, warum es im Dezember in New York Winter, in Sydney in Australien dagegen Sommer ist.

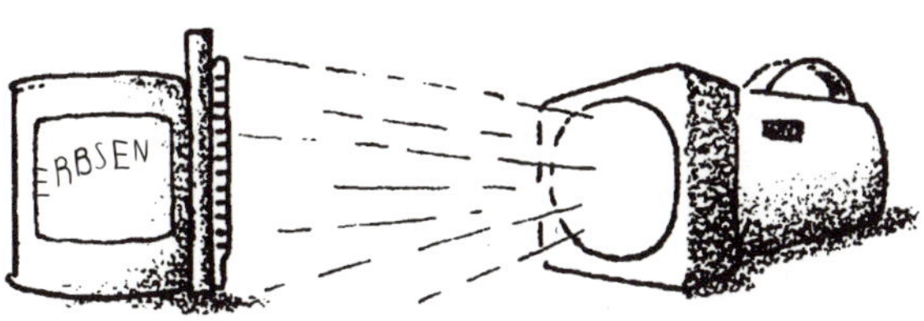

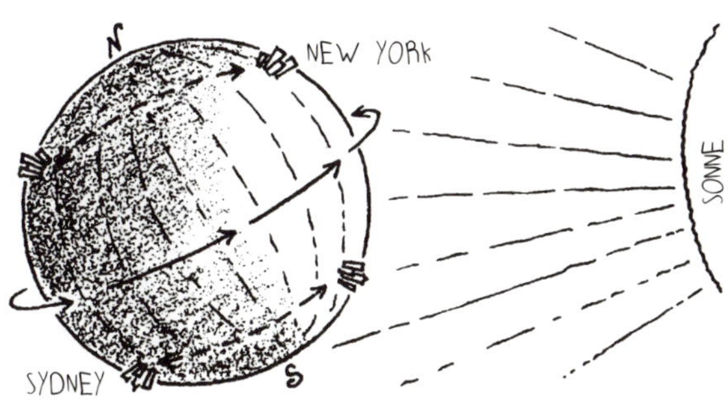

Wissenswertes über Pflanzen

Wir Menschen könnten ohne Pflanzen nicht leben. Denk mal darüber nach:

Pflanzen, Menschen und Tiere halten die Atmosphäre im Gleichgewicht.

Pflanzen erzeugen durch Photosynthese ihre Nahrung, wobei sie Kohlendioxid aufnehmen und Sauerstoff abgeben.

Tiere und Menschen atmen Sauerstoff ein und Kohlendioxid aus.

Tiere und Menschen erhalten durch den Verzehr von Pflanzen Zucker und Stärke.

Die Pflanzen geben jeden Tag Millionen von Tonnen Wasser an die Luft ab. Diesen Vorgang nennt man Transpiration. Wenn viele Bäume gefällt werden und die Menge der Atemluft von Menschen und Tieren, also die Kohlendioxidmenge der Atmosphäre, nicht in gleichem Maße abnimmt, kommt es zu einer Erwärmung der Erde.

Die Experimente in dem folgenden Kapitel beantworten viele Fragen rund um das Pflanzenwachstum. Außerdem machen sie deutlich, warum die Pflanzen so wichtig für uns Menschen sind.

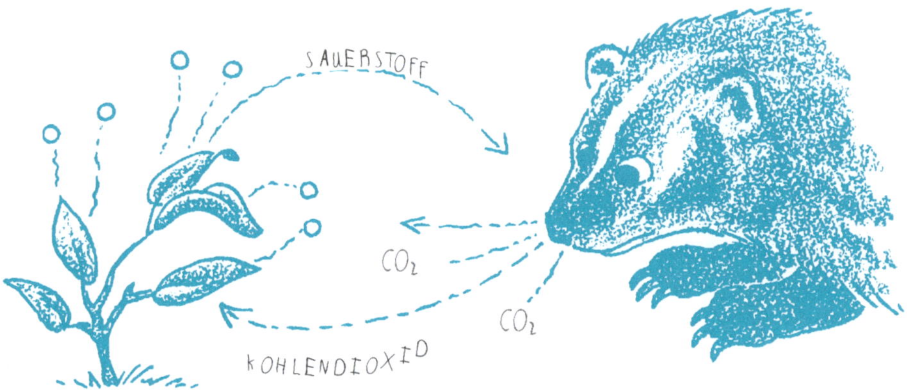

196 Sauerstoffbläschen

DU BRAUCHST:
breites, klares Glas
Wasser
Laubblatt
Lupe

Sauerstoffbläschen? Klingt geheimnisvoll – aber nicht mehr lang! Nach diesem Experiment weißt du, um was es dabei geht, und du wirst auch andere Begriffe aus dem Reich der Pflanzen verstehen, wie Photosynthese und Stomata.

Versuch: Füll das Glas mit Wasser und gib das Blatt hinein. Stell das Glas in die Sonne, auf ein Fensterbrett oder ins Freie. Es soll dort mindestens eine Stunde stehen bleiben, oder so lange, bis es sich von außen warm anfühlt. Beobachte mit der Lupe, was sich im Glas abspielt.

Was passiert: Tausende kleiner Bläschen erscheinen auf der Blattoberfläche und im Glas selbst.

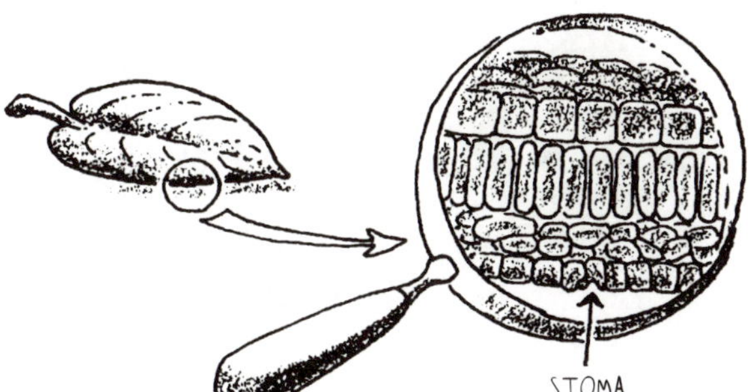

Warum: Die Bläschen sind aus Sauerstoff und werden von dem Blatt abgegeben.

Eine Pflanze benötigt bestimmte Stoffe und Sonnenlicht zur Herstellung ihrer Nahrung. Dieser Prozess wird Photosynthese genannt. „Photo" heißt „Licht" und „Synthese" bedeutet „zusammensetzen". Um zu überleben, braucht die Pflanze Wasser, Luft, Chlorophyll (die grüne Farbe der Pflanzen) und Sonnenlicht. Fehlt eines dieser Elemente, dann kann die Pflanze nicht leben.

Kohlendioxid, ein Gas, wird über winzige Öffnungen – man nennt sie Stomata – an der Unterseite des Blattes aufgenommen. Die Pflanze verwendet Sonnenlicht und Chlorophyll und macht daraus, in Verbindung mit Wasser und Kohlendioxid, ihre Nahrung. Diese ist eigentlich eine Art Zucker, der dann in Stärke verwandelt wird. Sauerstoff wird als Abfallprodukt abgegeben. Jetzt weißt du, woher die Bläschen auf dem Blatt kamen.

197 Licht und Schatten

Wiederhol das Experiment 196, stell nun aber das Glas in den Schatten.

Spielt es eine Rolle, ob das Blatt vor dem Experiment in der Sonne war? Leg ein Blatt, das zuvor von der Sonne bestrahlt wurde, in ein Glas Wasser. In ein zweites Glas legst du das Blatt einer Zimmerpflanze, die im Schatten stand. Stell beide Gläser in die Sonne. Gibt es einen Unterschied?

Führ dasselbe Experiment im Haus durch. Kannst du Bläschen auf den Blättern erkennen?

Denk daran, immer genau Buch zu führen und deine Beobachtungen und Ergebnisse exakt aufzuzeichnen.

198

Phototropismus: Warten aufs Wochenende

Pflanzen wachsen immer zur Sonne hin, selbst wenn du sie zur Seite biegst. Du wirst schon sehen.

DU BRAUCHST:

2 kleine Plastikstücke, etwa 8 x 8 cm, aus einem Plastikbehälter ausgeschnitten

Papierserviette

mittelgroße Pflanze mit gut entwickelten Blättern und Wurzeln

2 Gummiringe

flache Schale (z. B. von einem Fertiggericht für die Mikrowelle)

Wasser

Bleistift

Papier

Schere

Versuch: Leg die beiden Quadrate aus Plastik bereit. Falte die Serviette so, dass sie auf eines der Quadrate passt, und leg die Pflanze mit den Wurzeln darauf.

Leg das zweite Plastikquadrat darauf, sodass sich nur die Wurzeln der Pflanze in diesem „Sandwich" befinden. Fixier das Ganze mit den Gummiringen.

Füll nun Wasser in den flachen Behälter. Leg dann das „Pflanzen-Sandwich" hinein und stell alles zusammen an ein sonniges Fenster. Nach frühestens vier Tagen wirst du das Ergebnis bewundern können. In der Zwischenzeit sollte immer genügend Wasser (1 bis 2,5 cm) in der Schale sein. Halte die Position der Pflanze täglich mittels einer Zeichnung fest. Für diesen Versuch brauchst du etwas Geduld.

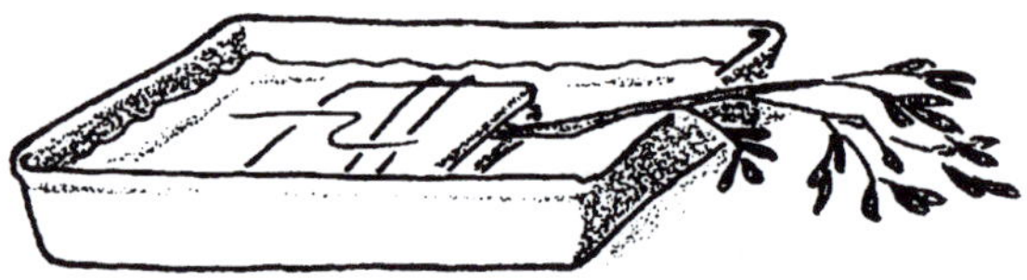

Was passiert: Blätter und Stiele der Pflanze wachsen nach oben, zur Sonne, obwohl die Pflanze auf der Seite liegt.

Warum: Eine Pflanze wächst immer dem Sonnenlicht entgegen, auch wenn du sie auf die Seite legst. Du könntest sie sogar auf den Kopf stellen, sie würde trotzdem zum Licht hin wachsen. Man nennt diese Eigenschaft Phototropismus.

199

Wie man Flaschen trockenlegt

Für einige Experimente braucht man unbedingt trockene Flaschen. Aber wie kann man eine Flasche innen trocknen? Küchenkrepp ist die Lösung. Mit einem langstieligen Kochlöffel oder einem Schraubenzieher presst du das saugfähige Papier gegen Wände und Boden der Flasche – wenn du fertig bist, schiebst du das Papier nach oben und ziehst es aus der Flasche heraus.

200 Sogar Pflanzen schwitzen: Transpiration

DU BRAUCHST:

Tonklumpen, so groß wie ein Golfball

2 kleine, durchsichtige Wasserflaschen

Nagel oder Bleistift

Blatt mit Stiel, frisch aus dem Garten

Lupe

Nicht nur wir Menschen, auch die Pflanzen schwitzen. Sie tun das über die Stomata, jene winzigen Poren an der Unterseite der Blätter. Beobachte, was dabei passiert.

Versuch: Roll den Ton zu einem 4 cm langen Stöpsel. Er muss bei beiden Flaschen 2 cm tief in den Flaschenhals ragen, sodass du eine Flasche senkrecht auf die andere stellen kannst.

Mit Bleistift oder Nagel bohrst du ein Loch in den Stöpsel, in welches du das Blatt mit dem Stiel hineinsteckst ohne es zu beschädigen. Dann drückst du den Ton um den Stiel herum vorsichtig zusammen. Füll eine Flasche mit Wasser und drück den Stöpsel mit dem Blatt darin in den Flaschenhals. (Der Stöpsel sollte aus dem Flaschenhals herausragen und der Stiel des Blattes muss ins Wasser reichen.)

Trockne nun Blatt und Stöpsel und versichere dich, dass der Stöpsel selbst nicht ins Wasser reicht – dadurch könnte Flüssigkeit in die obere Flasche geraten und das Experiment zunichte machen.

Steck jetzt die zweite Flasche vorsichtig, mit dem Hals nach unten, über das Blatt und den Stöpsel. Achte darauf, dass es keine undichten Stellen gibt. Nach einer Stunde kannst du mit der Lupe das Ergebnis des Experiments überprüfen.

Was passiert: An den Innenwänden der „trockenen“ Flasche hat sich eine geringe, aber deutlich sichtbare Flüssigkeitsmenge gebildet – kleine Tröpfchen und Dunst.

Warum: Transpiration bei Pflanzen läuft ähnlich ab wie das Schwitzen bei den Menschen. Pflanzen nehmen über die Wurzeln oft zu viel Grundwasser auf, welches sie dann über kleine Poren, die Stomata genannt werden, wieder abgeben.

Die Wasservorräte der Erde bleiben immer unverändert – kein Tropfen geht je verloren. Wasser verdunstet ständig, ein Großteil davon über die Transpiration der Pflanzen. In Form von Regen kommt es wieder auf die Erde zurück.

Du siehst es vielleicht nicht, aber die Pflanzen geben täglich tonnenweise Wasser in die Atmosphäre ab. Ohne diesen Prozess wäre kein menschliches Leben auf diesem Planeten möglich.

201 Die Vielfalt der Blätter

Beim letzten Experiment hast du gesehen, wie ein Blatt in einer Flasche Dunst entstehen lässt. Aber wäre die Transpiration ebenso stark, wenn du andere Blattsorten verwenden würdest?

Nimm mehr Flaschen und führ das Experiment mit verschiedenen Blättern durch – breite Blätter, schmale, gezackte und gefiederte. Stell die Flaschen im Haus und im Freien ab. Bleibt die Wassermenge in der „trockenen“ Flasche immer gleich? Stell eine Hypothese auf!

Zur Kontrolle könntest du das Experiment ohne Blatt durchführen. Das wäre der Beweis, dass die Tröpfchen von den Blättern stammen.

202 Vogelfutter

DU BRAUCHST:
Schwamm
flache Schale oder Teller
Wasser
Samen
Lupe

Ob Radieschen-, Kresse- oder Möhrensamen, alle Samen wachsen, wenn man sie auf eine feuchte Unterlage bettet.

Versuch: Leg den Schwamm in die Schale und gieß nur so viel Wasser dazu, dass die Oberseite des Schwammes noch herausschaut. Der Schwamm muss die ganze Zeit feucht bleiben.

Streu ein paar Samen auf dem Schwamm aus und drück sie leicht fest. Stell dann die Schale an einen sonnigen Ort, z. B. auf ein Fensterbrett. Nach zwei bis drei Tagen sollten sich erste Keime zeigen. Vielleicht kannst du sie nur unter der Lupe erkennen. Nach ungefähr fünf Tagen sollten die Keime voll entwickelt sein.

Warum: Die trockenen Samenkörner schwellen auf dem feuchten Schwamm an und platzen schließlich auf. Der Samen keimt, d. h., er entwickelt sich. Das Wasser weicht dabei die äußere Hülle, die Samenschale, auf. In diesem Stadium benötigt der Samen nur Nährstoffe, Wasser und Luft zum Wachsen. Zunächst reicht das Samenkorn als Nahrungsmittel, aber bald brauchen die neuen Pflanzen Erde und Sonnenlicht, um ihre eigene Nahrung herzustellen.

203 Was nun?

Du weißt nun, wie man Samen schnell zum Keimen bringt – du kannst ihnen dabei sogar zusehen. Anschließend nimmst du die Keimlinge vorsichtig vom Schwamm und pflanzt sie in ein Gefäß mit Blumenerde oder einem künstlichen Pflanzstoff wie Seramis. (Eine Anleitung steht im nächsten Experiment.)

204 Wasserbeet

Wachsen Pflanzen auch ohne Erde? Hydrokultur ist eine Möglichkeit, Pflanzen ohne dieses Grundelement zu ziehen. Wie geht man vor? Funktioniert es wirklich? Du wirst es gleich erfahren – ohne dir die Hände dabei schmutzig zu machen.

DU BRAUCHST:

- Blumentöpfe (mit Loch im Boden)
- Steine oder Tonscherben (für die Drainage)
- Tablett oder Teller
- Zerstäuber
- Blumen oder Gemüsesamen
- Tonkügelchen für Hydrokultur oder ein Pflanzgranulat wie Seramis
- Dünger

Versuch: Deck das Loch im Boden jedes Blumentopfes mit einer Tonscherbe oder einem Stein ab und füll die Töpfe danach mit dem Pflanzgranulat. Stell die Töpfe auf das Tablett oder auf flache Teller.

Benetz das Granulat oder die Tonkügelchen mit dem Zerstäuber – es soll feucht, aber nicht triefend nass sein. Streu nun den Samen gleichmäßig darüber aus und drück ihn fest. Wenn du viele verschiedene Samen hast, ist es am besten, mehrere Töpfe zu verwenden. Die Pflanzen wachsen dann besser. Stell die Töpfe an ein sonniges Fenster und feuchte das Granulat regelmäßig an.

Wenn die Samen keimen, musst du die Keime mit einer Mischung aus Wasser und Dünger gießen. (Wie viel Dünger du brauchst, steht auf dem Behälter des Düngemittels, das du verwendest.) Gieß die Pflanzen weiterhin je nach Bedarf. Sie dürfen nicht im Wasser stehen, sonst verfaulen ihre Wurzeln.

Was passiert: Aus den Samen entwickeln sich kräftige Keime und junge Pflanzen, obwohl keine Blumenerde in den Töpfen ist.

Warum: Pflanzen brauchen Licht, Luft und Wasser zum Wachsen, aber nicht unbedingt Erde. Man kann Pflanzen ohne Erde ziehen, indem man die Mineralien der Erde durch künstliche Dünger ersetzt. Hydrokultur, Pflanzenzucht ohne Erde, ist vielleicht die Lösung für Gebiete mit kargen Böden.

205 Phil O. Dendron schlägt Wurzeln

Wer ist das, ein neuer Popstar? Nein. Phil. O. Dendron ist ein Spitzname für den Philodendron. Diese Pflanze eignet sich perfekt für dieses Experiment – es funktioniert aber auch mit einer anderen Pflanze. Du wirst sehen, wie aus einem Stiel im Null-Komma-Nichts eine Pflanze wächst.

DU BRAUCHST:

Trieb, etwa 8 cm lang, von einem Philodendron oder einer anderen Pflanze

Glas mit Wasser

Versuch: Schneid den Trieb eines Philodendrons unterhalb eines Blattansatzes ab, d. h. des Knotens am Übergang von Blatt und Stiel. Entfern danach auch die Blätter.

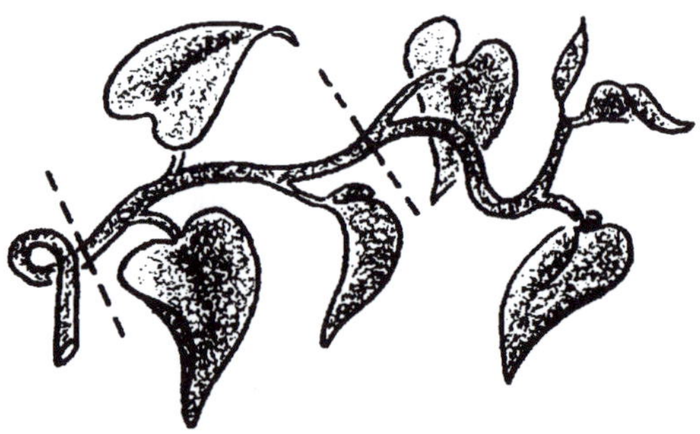

Leg den Trieb in das Glas Wasser. Achte darauf, dass die Stellen, an denen die Blätter saßen, also die Knoten, bedeckt sind. Nun heißt es warten, bis sich Wurzeln entwickeln. Das kann Wochen dauern.

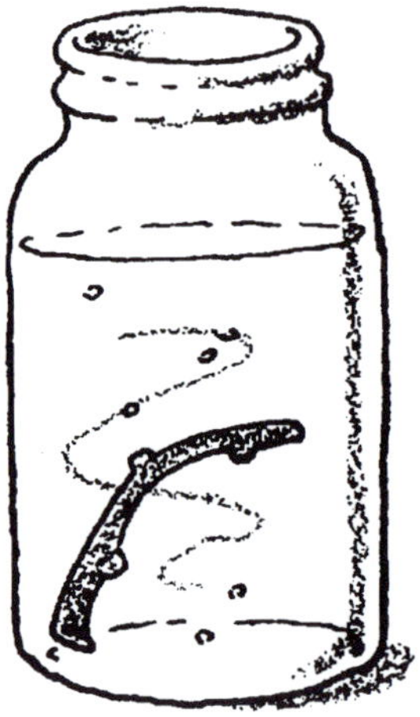

Was passiert: An den vernarbten Stellen, wo die Blätter entfernt wurden, bilden sich fadenartige, braune Wurzeln.

Warum: Einige Pflanzen lassen sich aus Wurzeln, Blättern oder Trieben ziehen. Triebe von einem Philodendron, man nennt sie auch Ableger, treiben im Wasser an den Knoten Wurzeln. Mit dieser Methode kann man auch Geranien und einige andere Pflanzen ziehen. Wenn du also keinen Erfolg gehabt hast, gib nicht auf. Versuch's noch einmal.

206 Eigene Treibhaustomaten

DU BRAUCHST:
- Blumentöpfe
- Blumenerde
- Löffel
- frische Tomaten oder Tomatensamen
- Klarsichtfolie
- Gummiringe
- sonniges Fensterbrett

Beachte: Die Materialmenge hängt davon ab, wie viele Pflanzen du ziehen möchtest.

Ein Treibhaus ist ein warmer Raum für die Pflanzenzucht. Auch die Erde kann zu einem Treibhaus werden, wenn sich die Atmosphäre durch Auto- und Fabrikabgase erwärmt. Man nennt das den Treibhauseffekt.

Den Treibhauseffekt wollen wir jetzt dafür nutzen, kleine Triebe zu züchten, aus denen mit etwas Glück einmal schöne, rote, leckere Tomaten werden. Es gibt nur wenige Experimente, die zu einem so saftigen, süßen Ergebnis führen.

Versuch: Füll die Töpfe mit Blumenerde. Streu die Samen von frischen Tomaten oder Tomatensamen aus der Tüte gleichmäßig auf die Blumenerde. Bedeck die Samen anschließend mit einer dünnen Schicht Erde.

Deck alle Töpfe mit Plastikfolie ab, nachdem du sie gegossen hast, und befestige die Folie mit Gummiringen. Stell die Töpfe an ein sonniges Fenster und warte, bis der Samen keimt.

207 Samen und Sämlinge

Ableger mit Wurzeln, Samen und Sämlinge können einfach in Erde eingepflanzt werden. Einige Regeln sind allerdings zu beachten:

Samen, die keimen, und Pflanzen, die wachsen sollen, brauchen Wasser – aber nicht zu viel, sonst „ertrinken“ sie aus Luftmangel, und auch nicht zu wenig, sonst vertrocknen sie. Viel Licht und ein Boden mit den richtigen Mineralien wirken sich sehr günstig auf das Wachstum der Pflanzen aus.

Setz Sämlinge und junge Pflanzen immer in Plastik- oder Tontöpfe mit Drainagelöchern im Boden. (Milchkartons mit Löchern am Boden eignen sich übrigens gut.) Tonscherben oder Steine über dem Loch sorgen für eine gute Drainage. Verwende gute Blumenerde mit Torf- und Mulchanteilen und einem ausgewogenen Stickstoff- und Eisengehalt.

Die Töpfe dürfen nie ganz bis zum Rand mit Erde gefüllt werden und die Pflanzen sollten auch immer genügend Platz haben, um sich auszubreiten. Samen oder Keime gedeihen gut, wenn du sie 1 cm dick mit Erde bedeckst und diese noch mal leicht festdrückst. Junge Pflanzen lieben sonnige Südfenster und ausreichende Bewässerung! Ein Zerstäuber oder eine Pipette liefert vielleicht die gerade richtige Menge und schützt vor „nassen Füßen“, d. h. davor, dass die Wurzeln zu nass werden.

Am Anfang deiner Karriere als Gärtner kannst du dir auch von einem Erwachsenen helfen lassen. Viel Glück und Erfolg!

KLINGT NACH SCHMUTZ: ERDE, SAND, HUMUS, SCHLAMM

Solltest du mal wieder in der Erde wühlen, dann sieh sie dir ruhig genauer an – wie sie aussieht, sich anfühlt und riecht, woraus sie besteht, was in ihr lebt. Du wirst allerlei Getier entdecken, Blätter und Steinchen, aber das ist noch nicht alles. Die Millionen Pflanzen und Lebewesen, die darin leben, kannst du nicht sehen, aber gerade sie machen gute, fette Erde aus.

Im folgenden Kapitel wirst du viel über Erde, Sand, Humus und Schlamm erfahren und darüber, wie sie sich unter bestimmten Bedingungen verhalten. Wer in der Erde gräbt, der bekommt zwar schmutzige Hände, doch es lohnt sich.

Viele schmutzige Fragen – viele feine Antworten

Woraus besteht Erde eigentlich? Sind alle Böden gleich? Was gibt es für Unterschiede? Welche Erde ist für Pflanzen am besten geeignet? Wo kann man mehr über Erde und Böden erfahren?

Wenn du diese Einleitung durchgeackert und dich durch die folgenden Experimente durchgepflügt hast, dann wirst du eine Menge über Böden und Erde erfahren haben.

Was man gemeinhin als Erde bezeichnet, besteht aus verwittertem Gestein, Mineralien, Resten von tierischem und pflanzli-

chem Leben und kleinsten Organismen, den Bakterien. Diese Einzeller sind so klein, dass du sie nur unter einem Mikroskop sehen kannst. Sie sind sehr nützlich und die Erde ist voll davon.

Auch kleine Tiere, Würmer, Sauerstoff und Wasser werden in der Erde benötigt. Mit der Hilfe höher entwickelter Tiere nutzen die Bakterien Luft und Wasser, um die Erde chemisch zu verändern. Wenn sie ihre Arbeit beendet haben, ist aus magerer Erde, auf der man nichts anbauen konnte, stickstoffreiche, fruchtbare Erde geworden.

Es gibt viele verschiedene Arten von Erden

Die Fachleute unterscheiden vier verschiedene Bodenarten, je nach Textur (weich oder hart) und Zusammensetzung: Sand, Schwemmsand, Löss, Lehm.

Sandböden bestehen aus zerriebenen Muschelschalen, aus verwittertem Gestein wie Quarz und dem vulkanischen Basalt. Enthält ein Boden zu viel Sand, dann versickert das Wasser zu schnell und die Pflanzen vertrocknen. Sand kommt in Wüsten vor, am Strand und in Flussbetten. Sehr groben Sand nennt man Kies.

Schlick dagegen ist ein sehr feinkörniger Sandboden. Seine Körnchen sind kleiner als Sandkörner, aber größer als Lehmpartikel.

Lehm ist sehr fein und für alle Böden wichtig. Ohne Lehm zerfällt der Boden und Dünger wird weggespült. Zu viel Lehm jedoch lässt das Wasser schlecht abfließen und die Wurzeln verfaulen.

Der beste Boden für alle Pflanzenarten ist Löss. Löss ist eine Mischung aus Lehm, Sand und Schlick. Ausreichend Humus (verrottetes organisches Material) macht ihn fett und fruchtbar.

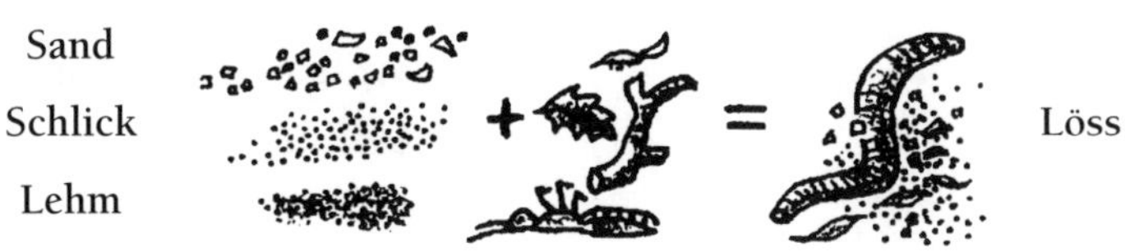

208 Cocktail aus Erde: Sedimentation

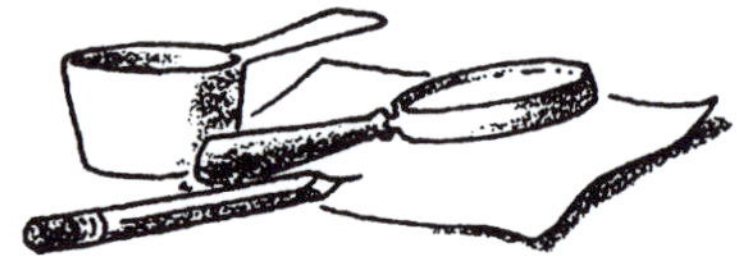

DU BRAUCHST:

Gläser mit Deckel (je nachdem, wie viele Bodenproben du untersuchen möchtest)

½ Tasse Erdboden, aus mehreren Lagen und Tiefen entnommen

Wasser

Lupe

Papier

Bleistift

Sedimentation, also die Ablagerung von Gestein und Erde, ist ein sehr interessanter Vorgang. Also, schüttle den Shaker und sieh, was passiert.

Versuch: Füll die Gläser mit je ½ Tasse Erde. Gib Wasser dazu. Die Gläser sollten zu ¾ gefüllt sein. Schraub den Deckel darauf und schüttle alles kräftig. Hab etwas Geduld! Es dauert ungefähr zwei Stunden, bis sich die Erde abgesetzt hat. (Wenn du willst, kannst du dabei zuschauen, wie die vielen kleinen Partikel durch das Wasser schweben.) Dann nimmst du die Lupe und schaust nach, was mit den Bodenproben passiert ist.

Was passiert: Je nach Bodenart setzen sich einzelne Schichten ab.

Warum: Bei sandigen Proben setzen sich die schwereren, kiesartigen Partikel zuerst ab, gefolgt vom helleren Schlick.

Bei den Lehmböden, meist die oberste Bodenschicht, setzen sich die mineralischen Bestandteile unten ab, der dunklere Humus bildet die oberste Schicht im Glas. Du siehst also, mit diesem Test kannst du fruchtbare, lehmhaltige Böden gut erkennen.

209 Noch mehr Proben

Nimm Bodenproben aus verschiedenen Gegenden, in den Ferien oder bei längeren Ausflügen. Zu Hause kannst du die Proben dann untersuchen um herauszufinden, wie viel Humus und andere Bestandteile sie enthalten.

210 Luftblasen

DU BRAUCHST:
kleines Glas
½ Tasse Erde
Tasse abgekochtes Wasser
Lupe

So kannst du erkennen, ob ein Boden in einem guten Zustand ist.

Versuch: Gib zunächst die Bodenprobe in das Glas. Gieß nun das abgekochte und bereits abgekühlte Wasser darüber und beobachte genau, was passiert.

Was passiert: Auf der Oberfläche der Erde bilden sich kleine Luftbläschen.

Warum: Trockene Erde enthält immer auch Luftbestandteile. Das Wasser im Glas zwingt die Luft, die in der Erde eingeschlossen ist, in Form von Bläschen aufzusteigen.

Auch in Wasser ist Luft enthalten. Deshalb musste es für dieses Experiment abgekocht werden. Während des Kochens löst sich die erhitzte Luft aus dem Wasser. Das Experiment beweist also, dass die Luftbläschen im Glas aus der Erde stammen.

211 Sprudelsteine

DU BRAUCHST:
poröses Gestein oder Tonscherben
Auflaufform
Wasser
Lupe

Such dir ein paar poröse Steine (leichte Steine mit Hohlräumen), leg sie in eine flache Schale mit Wasser und warte, bis die Show der Bläschen beginnt.

Versuch: Leg die Steine in die Auflaufform und gieß Wasser dazu, bis sie bedeckt sind. Beobachte mit der Lupe, was passiert.

Was passiert:

Aus den Steinen entweichen ganze Ketten aus Bläschen. Je poröser das Gestein ist, desto mehr Bläschen kannst du sehen. Je nachdem wie schwer die Steine sind und wie viel Luft sie enthalten, bewegen sie sich vielleicht sogar und knacken und knistern.

Warum: Sauerstoff ist überall, sogar in Steinen. Steine bestehen aus Mineralien, in deren Zwischenräumen sich Luftbläschen befinden. Sie können nun entweichen und steigen nach oben.

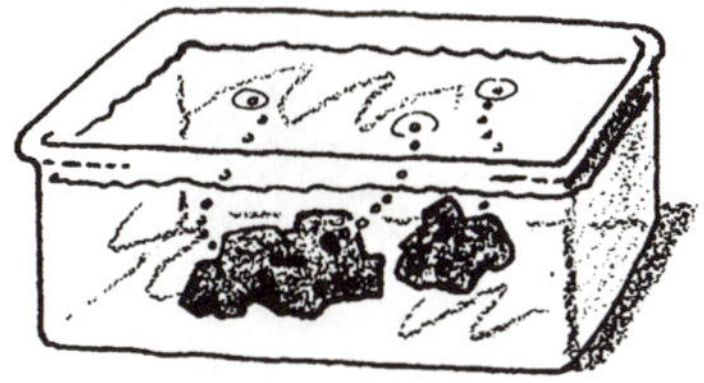

212 Treibsand

DU BRAUCHST:

- Zeitungspapier
- große Schüssel
- Messbecher
- 1 ¼ Tassen Maisstärke
- Tasse Wasser
- Rührlöffel
- 2 Teelöffel Kaffeepulver

Treibsand ist eine dicke Schicht aus Sand und Wasser mit einer nur scheinbar festen Oberfläche. Sie sieht so aus, als könne man darauf gehen, was aber ein Trugschluss ist. Es ist schon vorgekommen, dass Menschen oder Tiere im Treibsand versunken sind.

In diesem Experiment rührst du eine Art Treibsandbrei an, der auf mysteriöse Weise deine Hand gerade eine Minute lang trägt, aber in der nächsten schon nicht mehr.

Versuch: Benutz die Zeitung als Unterlage, falls Spritzer danebengehen! Verrühr die Maisstärke und das Wasser in der Schüssel, bis ein Brei entsteht. Das ist harte Arbeit, weil der Brei ziemlich fest an der Schüssel klebt. Streu anschließend den gemahlenen Kaffee gleichmäßig darüber, bis alles trocken und eben aussieht.

Nun geht der Spaß los! Mach eine Faust und drück sie leicht gegen die Oberfläche. Achte darauf, was passiert und wie es sich anfühlt. Dann streckst du deine Finger in die Tiefe.

Was passiert: Als du mit deiner Faust auf die Mischung gedrückt hast, schien es, als würde eine sonderbare Kraft sie aufhalten. Als du aber deine Finger nach unten ausgestreckt hast, glitten sie leicht und problemlos bis auf den Boden der Schüssel.

Warum: Die Moleküle des Treibsandbreis verhalten sich wie richtiger Treibsand. Im Vergleich zu Wassermolekülen sind die Moleküle des Maisbreis größer. Sie schwellen an und verzahnen sich, beinahe so wie bei einem festen Stoff und nicht so wie bei einer Flüssigkeit. Noch dazu verleiht das Kaffeepulver der Mischung ein trügerisch festes und trockenes Aussehen, eben wie richtiger Treibsand.

213 Schnelldurchlauf

DU BRAUCHST:

Nagel

4 gleich große Bodenproben wie z. B. Lehm, Sand, Blumenerde und Humus

4 Pappbecher oder abgeschnittene Milchkartons

Untertassen

Wasser

Papier und Bleistift

Messbecher

Böden werden durchlässig genannt, wenn Wasser in ihnen versickern kann. Welche Böden sind am durchlässigsten? Welche halten gerade die richtige Wassermenge? Dieses überhaupt nicht stubenreine Experiment solltest du im Freien durchführen!

Versuch: Bohr mit dem Nagel ungefähr sechs Löcher in den Boden jedes Pappbechers bzw. jeder Milchpackung. Füll die Behälter dann jeweils zur Hälfte mit der zu testenden Bodenprobe und gieß ½ Tasse Wasser darüber. Stell eine Untertasse darunter, um das Wasser aufzufangen. Gieß das ausgelaufene Wasser in den Messbecher. Notier dir, welche Bodenart wie viel Wasser hält. Wiederhol diesen Test auch mit den anderen Bodenproben und merk dir die Ergebnisse.

Was passiert: In einigen Untertassen sammelt sich deutlich mehr Wasser an. Und auch bei manchen Proben läuft das Wasser schneller durch als bei anderen.

Warum: Lehmböden halten zu viel Wasser, während Sandböden zu durchlässig sind. Werden die zarten Wurzeln von Pflanzen zu feucht gehalten, dann verfaulen sie, während sie bei zu wenig Wasser austrocknen und schrumpfen. Die meisten Pflanzen bevorzugen humusreiche Böden mit viel verrottetem, organischem Material. Sie halten die optimale Wassermenge, damit die Pflanzen gut wachsen können. Dennoch fühlen sich manche Pflanzenarten in anderen Böden wohler.

214 Ein einfacher Wasserfilter

DU BRAUCHST:

mittelgroßer Blumentopf (oder abgeschnittener Milchkarton mit Löchern im Boden)
Kaffeefilter oder Küchenkrepp
große Limonadenflasche mit Verschluss
2 Tabletts oder flache Schalen
Kieselsteine, Sand und Erde
Trichter
Wasser

Hast du jemals darüber nachgedacht, warum unser Leitungswasser so klar ist? Bastele doch einfach mal ein Filtersystem! Schon ein Testdurchlauf liefert jede Menge Informationen.

Du solltest das Wasser, das bei diesem Experiment gereinigt wird, auf keinen Fall trinken. Deine „Kläranlage" vermittelt dir zwar eine Vorstellung davon, wie Wasserfilter funktionieren, sie ist aber keine richtige Filteranlage. Schon ein winziger Tropfen unsauberes Wasser kann einen Menschen krank machen, denn er kann Bakterien enthalten.

Führ dieses Experiment am besten im Freien durch. Du vermeidest dadurch, dass die Wohnung schmutzig wird. Außerdem findest du die wichtigsten Zutaten sowieso draußen vor der Tür.

Versuch: Leg den Kaffeefilter oder ein Stück Küchenkrepp auf den Boden des Topfes. Füll nun eine 5 cm hohe Lage Kieselsteine darauf. Zum Schluss schüttest du den Topf zu ¾ mit Sand voll. Fertig ist dein Filter.

Mit Hilfe des Trichters beförderst du ungefähr eine Tasse Erde in die Flasche und füllst sie anschließend mit Wasser auf. Verschließ sie und schüttle alles gründlich durch.

Gieß einen Teil dieses Schmutzwassers in eine der Schalen. Sie dient zum späteren Vergleich mit dem gefilterten Wasser. Stell deinen Filter in die andere Schale und gieß etwas Schmutzwasser hinein. Beobachte, wie das Wasser hindurchläuft, und vergleich es mit dem Wasser in der Kontrollschale. Hab etwas Geduld: Das Wasser aus den ersten Durchläufen wird noch nicht ganz klar und durchsichtig sein. Wiederhol die Prozedur so lange, bis das gefilterte Wasser ziemlich klar ist. Stell immer wieder den Vergleich mit dem Wasser in der Kontrollschale an.

Was passiert: Das erste Wasser, das aus dem Filter sickert, ist noch ziemlich schmutzig. Je öfter du das Wasser durchlaufen lässt, desto klarer wird es. Eine gewisse Menge an Sedimenten wird aber immer zu sehen bleiben.

Warum: Trotz gewisser Ähnlichkeiten ist deine einfache Filteranlage nicht mit der Wasseraufbereitungsanlage einer großen Stadt zu vergleichen. Dort wird das Wasser in die Luft gesprüht, um es von unerwünschten Gasen zu befreien. Mit Hilfe spezieller Substanzen werden Schmutzpartikel verdichtet und danach herausgefiltert.

Wie in deinem System durchläuft das Wasser in Kläranlagen einen Filter aus Sand und Kies, aber auch eine weitere Filterschicht aus Holzkohle. Dann wird das Wasser mit Chlor versetzt um alle Bakterien abzutöten. Die Reinigung von Wasser ist eine ziemlich aufwändige Angelegenheit.

Jetzt weißt du, wie richtige Kläranlagen funktionieren. Dein selbst gereinigtes Wasser darfst du nicht trinken, weil du es mit deinen Filtern zwar von großen Partikeln reinigen kannst, doch die Bakterien konntest du nicht entfernen.

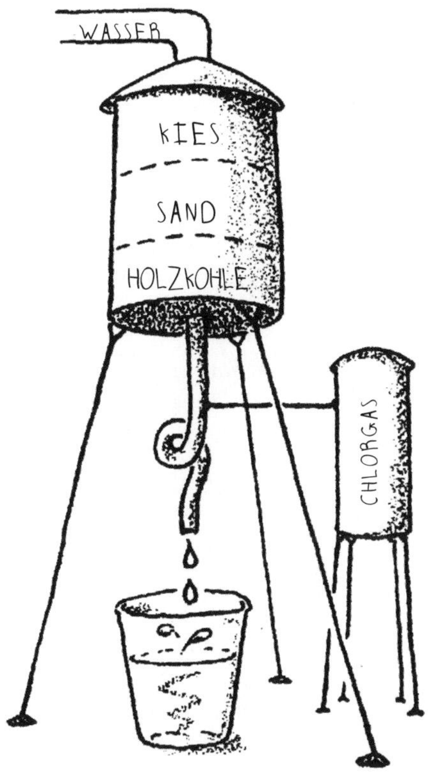

215 Erosion im Sandkasten

DU BRAUCHST:
Sand oder feine Erde
Backblech aus Metall
Wasser

Die Meeresbrandung, die ununterbrochen auf die Strände und die Klippen an den Küsten einwirkt, trägt mit der Zeit ganze Küstenlinien ab und führt zur Bildung neuer Sandformationen. Das folgende Experiment zeigt dir, wie dieser Prozess, der Erosion genannt wird, die Meeresküsten ständig verändert.

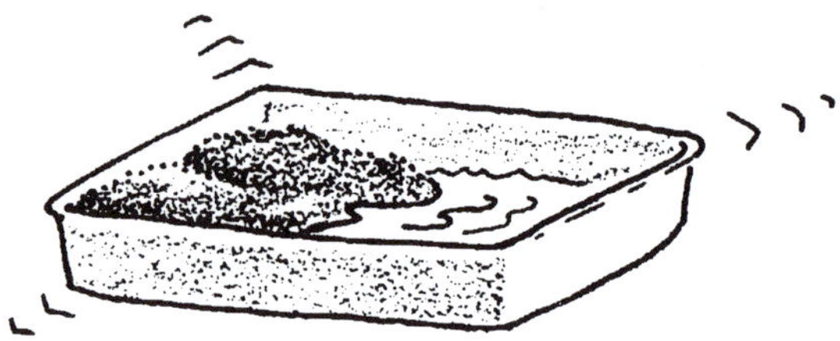

Versuch: Häuf den Sand auf einer Seite des Backblechs an und drück ihn fest. Er übernimmt in diesem Experiment die Rolle eines Meeresstrands bzw. einer Küste. Gieß so viel Wasser in die Mitte der Form, bis ein Teil des Strandes bedeckt ist. Schieb die Form zunächst sanft, dann immer kräftiger hin und her, bis kleine Wellen entstehen, die den Strand hinaufrollen und den Sand allmählich verfrachten.

Was passiert: Die Wellenbewegung verändert nach und nach die Form der Küste, das Wasser trägt den Sand mit sich fort.

Warum: Die Weltmeere sind ständig dabei, die Küsten, gegen die sie anbranden, umzuformen. Das Meer frisst sich ins Landesinnere, es entstehen bizarre Felsformationen, große Mengen Sand werden weggespült und anderswo abgelagert. Diesen langsam, aber ständig wirkenden Prozess nennt man Erosion.

216 Bodenerosion im Milchkarton

DU BRAUCHST:
Schere
3 Milchkartons (1 l)
Gartenerde
Wasser
Tablett oder flache Schale
kurzer Stock
Messbecher
Bleistift und Papier

Wenn du gerne im Matsch spielst, wirst du dieses Experiment mögen. Zieh dir alte Sachen an und geh ins Freie. Wer nicht vorsichtig ist, der kann ziemlich schmutzig werden.

Versuch: Entfern bei allen drei ausgeleerten Milchkartons jeweils eine der Seitenwände. (Die Ausgießtülle sollte, wie in der Abbildung zu sehen, unten liegen.) Füll in alle drei Kartons gleich viel Gartenerde.

Feuchte die Gartenerde mit Wasser an. Sollte die Erde zu nass werden, gib einfach noch etwas trockene Erde dazu und vermisch alles.

Form nun die Erde in allen drei Behältern so, dass ein Abhang entsteht; er sollte zur Öffnung hin abfallen. Zieh danach mit einem Finger oder einem Stöckchen im ersten Behälter quer verlaufende Rillen und im zweiten Behälter Stufen. Die Erde im dritten Behälter bleibt, wie sie ist.

Lass die Erde nun 30 Minuten lang trocknen. Danach lehnst du die erste Packung mit der Rückseite nach oben gegen eine erhöhte Stelle, sodass sie sich in Schräglage befindet. Stell die flache Schale unter die Öffnung der Packung.

Gieß nun etwa eine Tasse Wasser langsam und vorsichtig auf die höchste Stelle des „Abhangs“. Warte ein paar Minuten, bis das Wasser abgelaufen ist und sich in der Schale gesammelt hat.

Gieß das Wasser dann in den Messbecher zurück um zu sehen, wie viel übriggeblieben ist. Schreib dir den Wert auf. Wiederhol nun das Ganze mit den beiden anderen Packungen. Halt die Ergebnisse wiederum fest. Schreib dir auch jeweils dazu, wie klar oder schmutzig das Wasser ist, wie viel Erde oder Sediment darin enthalten ist und auch, wie lange es gedauert hat, bis das Wasser abgelaufen ist.

Was passiert: Bei einem vorangegangenen Versuch ergaben der Karton mit den Stufen und der Karton mit der Schräge je eine Tasse Wasser und Sediment, der Karton mit den Rillen jedoch nur ½ Tasse. Wie verhält es sich bei deinem Versuch?

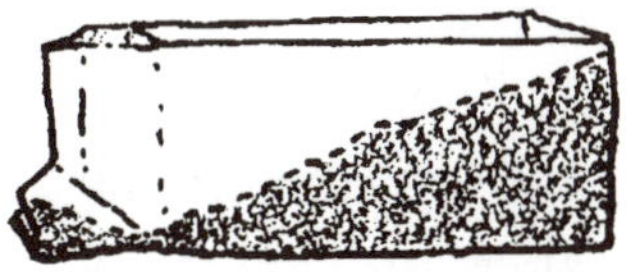

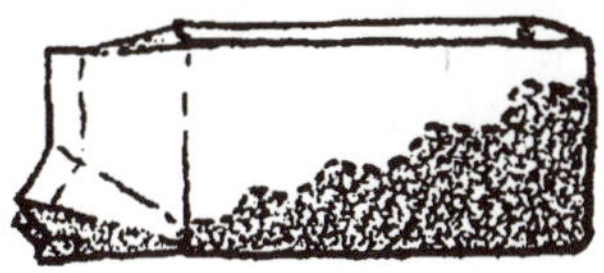

Warum: Die Milchkartons, aus denen möglichst wenig Erde weggespült wurde und deren abgeflossenes Wasser kaum Sedimente enthielt, haben am wenigsten Erosion erfahren. Erosion, das Abtragen der obersten Bodenschicht, kann durch spezielle Ackerbautechniken verringert werden. Du selber hast zwei dieser Methoden angewandt. Beim Konturpflügen werden quer laufende Rillen angelegt, bei der Terrassierung eine Abfolge von Stufen.

Gravitation und Magnetismus: anziehende Kräfte

Gravitation und Magnetismus sind nicht dasselbe, doch beide entwickeln sie enorme Zugkräfte.

Gravitation ist die Kraft, die alle Gegenstände nach unten zieht, und zwar in Richtung Erdmittelpunkt – dich, dein Haus, deinen Ball, dein Bett, euer Auto – alles! Dein Körpergewicht ist nichts weiter als der Zug, den diese Kraft auf dich ausübt.

Die Planeten, die Sonne und der Mond, haben ihre eigene Gravitation. Die ist aber stärker oder schwächer als die Gravitation auf der Erde. Die Gravitation der Sonne hält die Erde und andere Planeten auf deren Umlaufbahn fest, während die Gravitation des Mondes die Gezeiten der Meere verursacht. Isaac Newton, ein englischer Gelehrter, entdeckte das Gesetz der Schwerkraft.

Magneten dagegen haben zwei Pole oder Felder, die unterschiedlich stark sind. Die Erde selbst wirkt auf Grund ihres eisenhaltigen Kerns wie ein riesiger Magnet.

Die folgenden Experimente rund um die Gravitation und den Magnetismus werden deine Aufmerksamkeit sicherlich auf sich ziehen.

217 Federwaage

DU BRAUCHST:

Nagel
untere Hälfte einer Milchpackung
Schnur
Büroklammer
dicker Gummiring
Lineal
Sachen zum Wiegen: Steine, Bohnen, Reis, Sand, Bonbons usw.

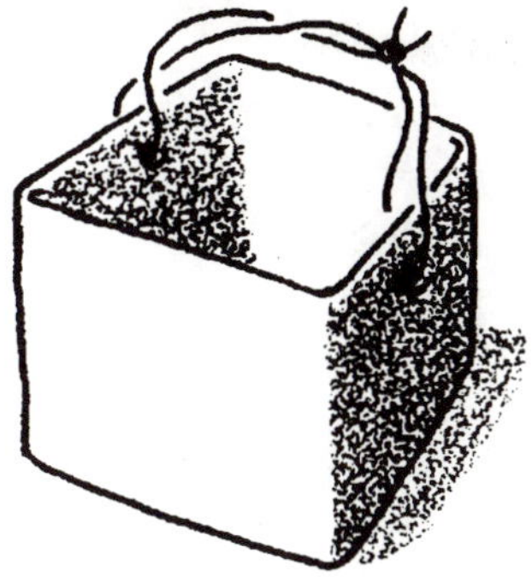

Dein Körpergewicht und das Gewicht anderer Gegenstände ist nichts anderes als die Wirkung der Erdanziehungskraft (Gravitation). Du solltest dieses Experiment im Freien durchführen um nichts schmutzig zu machen. Auch die Hilfe eines Freundes könnte nützlich sein.

Versuch: Bohr mit dem Nagel, etwa 2,5 cm unter dem Rand, ein Loch in den Milchkarton und ein weiteres direkt auf der gegenüberliegenden Seite. Zieh die Enden der Schnur durch diese beiden Löcher und binde sie zusammen, sodass ein stabiler Henkel entsteht. Häng die Büroklammer in der Mitte des Henkels ein und befestige den Gummiring nun ebenfalls an der Büroklammer. Stell das Lineal als Messlatte senkrecht auf.

Bitte deinen Assistenten, z. B. einen Freund, die Federwaage so zu halten, dass der Rand des Kartons mit der Oberkante des Lineals genau abschließt. Nun kannst du mit dem Wiegen beginnen. Füll die Waagschale, also den Milchkarton, z. B. mit etwas Kies oder Reis oder Bohnen auf.

Beobachte dabei, wie sich die Oberkante des Kartons am Lineal entlang nach unten bewegt. An der Skala am Lineal kannst du das „Gewicht" der Gegenstände im Karton ablesen.

Was passiert: Deine selbst gebastelte Federwaage misst die Kraft, mit der die Gravitation die im Karton befindlichen Gegenstände nach unten zieht. Der Karton wird, je nachdem, wie stark die Erdanziehung wirkt, unterschiedlich weit nach unten gezogen.

Warum: Die Erde zieht alles zu ihrem Mittelpunkt hin. Je größer der Zug ist, den die Gravitation auf einen Gegenstand ausübt, desto schwerer ist dieser und desto mehr Masse besitzt er. Während du also den Karton immer voller machst, wächst auch die von der Federwaage gemessene Kraft der Gravitation.

218 Die Wunderdose

DU BRAUCHST:

2 große, schwere Bücher
leere Kaffeedose mit Deckel
Lehmkugel (Golfballgröße)
Marker

Lass eine Dose bergauf rollen und lern dabei eine Menge über die wichtige Kraft, von der alles auf der Erde betroffen ist.

Versuch: Leg ein Buch mit einem festen Einband so auf ein zweites Buch, dass eine Rampe entsteht. Steck die Tonkugel in die Kaffeedose und drück sie an der Innenseite der Dose fest. Die Kugel sollte in der Mitte, zwischen dem oberen und dem unteren Ende der Dose sitzen.

Markier dir diese Stelle an der Außenseite der Dose mit einem Marker, sodass du von außen erkennen kannst, wo das Gewicht genau liegt.

Verschließ die Dose mit dem Plastikdeckel und mach dich auf ein kleines Wunder gefasst.

Leg die Dose am unteren Ende der Buchrampe an und experimentier so lange herum, bis du sie so weit hast, dass sie nach oben rollt. Dann kannst du dieses „Wunder der Schwerelosigkeit" deinen Freunden vorführen.

Was passiert: Die Dose rollt wie durch Zauberhand auf der Rampe nach oben.

Warum: Alle Dinge werden durch eine ständig wirkende Kraft, die Gravitation, zum Erdmittelpunkt gezogen. Der Schwerpunkt eines Gegenstands ist jener Punkt, an dem sich sein ganzes Gewicht konzentriert. Auf diesen Punkt hin kann man einen Gegenstand ausbalancieren.

Die Tonkugel in der Kaffeedose reicht, um den natürlichen Schwerpunkt der Dose zu verschieben. Dadurch wurde die Dose von den Gravitationskräften auf der Rampe nach oben gezogen.

219 Rollenspiel

Wiederhol das letzte Experiment, indem du den Neigungswinkel der Rampe veränderst. Was passiert, wenn du die Dose so anlegst, dass das Gewicht sich an der abfallenden Seite der Rampe befindet? Was passiert auf einer ebenen Fläche?

Entfern den Deckel und beobachte, wie sich das Gewicht bei den Tests verhält. Wenn die Dose still steht, dann hat das Gewicht die tiefstmögliche Lage eingenommen. Wenn sich der Schwerpunkt verschiebt, wird die Dose durch das Gewicht bewegt.

Wo liegt der Schwerpunkt? Drück einen Faden in den Ton und schau, was passiert.

220 Die Trägheit

DU BRAUCHST:
Plastikbecher
kleine Kugel, z. B. ein kleiner Ball oder eine Murmel

U- und S-Bahnen werden auch Schnellbahnen genannt. Nun kannst du sehen, wie schnell eine Kugel aus einem Trinkbecher entweicht, und dabei ein wichtiges Naturgesetz kennen lernen.

Versuch: Leg die Kugel in den Plastikbecher und schieb den Becher, auf der Seite liegend, die Öffnung zeigt nach vorne, schnell über den Fußboden oder über einen Tisch. Stopp plötzlich ab und beobachte, was mit der Kugel passiert.

Was passiert: Die Kugel schießt aus dem Glas heraus und rollt geradeaus weiter, bis sie durch ein Hindernis gebremst oder in ihrem Lauf umgelenkt wird.

Warum: Sir Isaac Newton, ein englischer Physiker, entdeckte mehrere Naturgesetze zur Schwerkraft und zur Bewegung. Eines davon ist das Gesetz der Trägheit. Es besagt, dass ein Körper im Ruhezustand diesen Zustand auch beibehält und sich nicht bewegt, es sei denn, er wird durch eine von außen wirkende Kraft in Bewegung versetzt – und auch diesen Zustand der Bewegung behält er so lange bei, bis er gebremst wird!

Die Kugel in dem Becher, den du schnell bewegt hast, blieb so lange ruhig an ihrem Platz, solange der Becher in Bewegung war. Erst durch den plötzlichen Stopp wurde ihre Trägheit überwunden und die Kugel ins Rollen gebracht – so lange, bis eine andere Kraft sie wieder aufhielt.

221 Die tanzende Kobra

DU BRAUCHST:
Baumwollfaden, 20 cm lang
Stecknadel
Hufeisenmagnet

Dieser Trick mit einer Nadel und einem Magneten wird dich an die Künste indischer Schlangenbeschwörer erinnern.

Versuch: Binde den Faden mit einem Ende an der Nadel fest.

Zieh Nadel und Faden an dem Magneten hängend nach oben. Bring mit der anderen Hand die Nadel in eine aufrechte Position und entfern den Magneten vorsichtig von der Nadel, sodass diese frei in der Luft hängt. Beweg den Magneten nun langsam im Kreis und beobachte, wie Nadel und Faden, deine Kobra, diesen Bewegungen folgen. Der Abstand zwischen Nadel und Magnet ist wahrscheinlich sehr kurz, es sei denn, du hast einen sehr starken Magneten.

Was passiert: Nadel und Faden bewegen sich, dem Magneten folgend, frei in der Luft schwebend im Kreis herum.

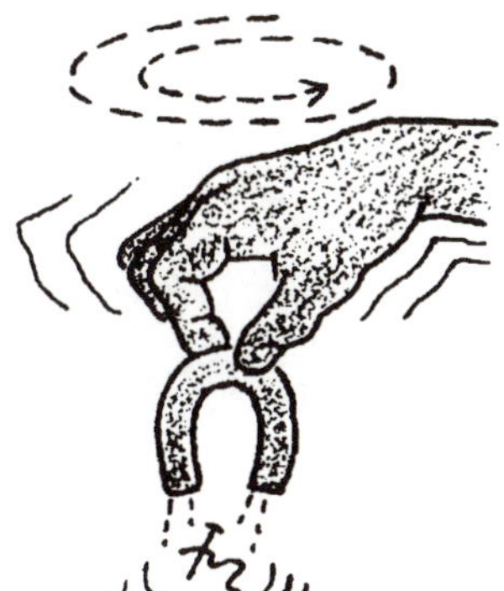

Warum: Die Nadel scheint die Schwerkraft zu überwinden, angezogen vom Magneten, ohne ihn zu berühren. Das beweist, dass die Anziehungskraft eines Magneten auch über eine gewisse Distanz hinweg wirkt und dabei die Schwerkraft ausgleicht.

222 Nadelzauber auf der Santa Maria

DU BRAUCHST:
Nähnadel
Hufeisenmagnet
Wachspapier
Schere
Schale voll Salzwasser

Christoph Kolumbus und andere Seefahrer seiner Zeit benutzten ein einfaches Instrument, das es ihnen erlaubte, die Meere auch ohne Sichtkontakt mit der Küste zu befahren – eine magnetische Nadel, die in einer Schale mit Wasser schwimmt.

Heute orientieren sich die Seefahrer durch modernste Navigationsinstrumente, die mit Satelliten in Verbindung stehen. Doch zurück zu jener alten Version des Kompasses. Du wirst staunen, wozu eine Nähnadel fähig ist.

Versuch: Magnetisier die Nadel, indem du mit dem Nordpol des Magneten 50-mal über das eine Ende, z. B. die Spitze, streichst und mit dem Südpol ebenso oft über ihr hinteres Ende. Achte genau darauf, dass du den Magneten nur in einer Richtung über die Nadel bewegst, d. h. von der Mitte nach außen. Heb den Magneten beim Zurücksetzen immer von der Nadel ab.

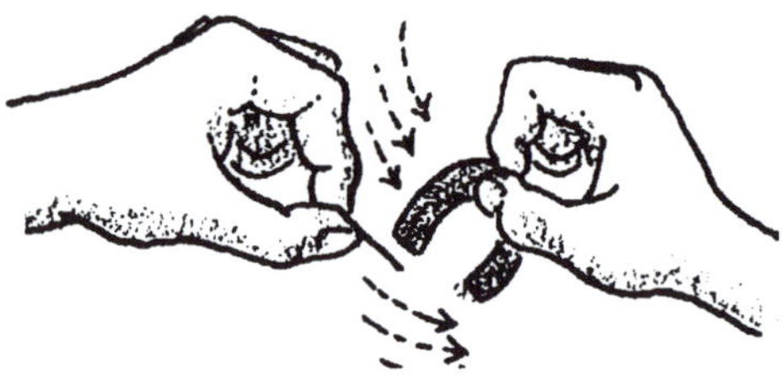

Schneide einen kleinen Kreis aus dem Wachspapier aus. Er sollte etwa einen Durchmesser von 2,5 cm haben. Stell die Schale mit dem Salzwasser auf einen Tisch. Steck die Nadel vorsichtig in das Wachspapier, wie in ein Stück Stoff. Leg das Wachspapier mit der Nadel in der Mitte der Schale auf die Wasseroberfläche. Versuch sie zu drehen. Beobachte, was passiert.

Was passiert: Die Nadel richtet sich immer wieder automatisch in Nord-Süd-Richtung aus, egal in welche Richtung du sie auch drehst.

Warum: Die schwimmende Nadel reagiert auf die magnetische Anziehung der Erde, die von dem riesigen Stabmagneten im Erdinneren bewirkt wird. Sie richtet sich immer nach dem Nord- und dem Südpol aus.

223

Ist auch alles richtig gepolt?

Wieso kannst du dir sicher sein, dass sich deine Kompassnadel wirklich immer in Nord-Süd-Richtung ausrichtet? Leg zur Kontrolle einen echten Kompass daneben um auszuschließen, dass andere Einflüsse dein Ergebnis verfälschen.

Wiederhol das Experiment zur Kontrolle mit einer Nadel, die du nicht magnetisiert hast.

Halte den Kompass über die Schale und dreh die nicht magnetisierte Nadel im Kreis. Warte ab, bis sie still steht. Mach mehrere Probeläufe, sowohl mit der magnetisierten als auch mit der nicht magnetisierten Nadel, und vergleich die Positionen der Nadeln jeweils mit der Nadel im Kompass.

224

Es geht auch ohne Nadel!

Bau dir einen Kompass der etwas anderen Art. Er braucht weder ein Gehäuse, noch musst du ihn schütteln.

DU BRAUCHST:

- großer Klumpen Knetmasse (zur Stabilisierung)
- sehr spitzer Bleistift mit Radiergummi
- Hufeisenmagnet

Versuch: Roll die Knetmasse zu einer Kugel und drück diese Kugel dann flach. Steck den Bleistift mit dem Radiergummiende in diesen Sockel. Balancier den Hufeisenmagneten vorsichtig auf der Bleistiftspitze aus.

Was passiert: Der Magnet richtet sich von ganz alleine in Nord-Süd-Richtung aus.

Warum: Die Erde ist eine magnetische Kugel mit einem magnetischen Südpol und einem magnetischen Nordpol. Der Magnet richtet sich in Nord-Süd-Richtung aus, da magnetische Metalle und Flüssigkeiten im Erdinneren die Erde zu einem riesigen Stabmagneten machen, der natürlich alle Magneten und Kompasse anzieht. Diese großen magnetischen Kräfte konzentrieren sich an den Polen, deren Lagen nicht ganz mit dem Nord- und dem Südpol identisch sind.

225 Anziehend oder abstoßend?

DU BRAUCHST:
2 Stecknadeln
Hufeisenmagnet mit Polkennzeichnung
Bleistift
Papier
Baumwollfaden
2 Büroklammern
schweres Buch

Magnetische Stecknadeln mit gleichen Polen stoßen sich ab, während ungleiche Pole sich anziehen.

Versuch: Magnetisier beide Stecknadeln, indem du sie auf eine harte Oberfläche legst und mit dem Pluspol des Magneten von der Mitte ausgehend darüber streichst. Wiederhol die Bewegung 50-mal und heb den Magneten nach jedem Streich von der Nadel ab. Mit dem Minuspol magnetisierst du auf dieselbe Weise die andere Hälfte der Nadel.

Notier dir, welches Ende (Spitze oder Kopf) negativ und welches positiv geladen ist. Binde an der Mitte jeder Nadel einen etwa 25 cm langen Faden fest. An das andere Ende des Fadens bindest du je eine Büroklammer. Lass die Nadeln dann 5 cm voneinander entfernt von einer Tischkante baumeln. Leg dazu das Fadenende mit der Büroklammer daran auf den Tisch und fixier die Klammern mit einem Buch. Versuch nun die Nadeln zusammenzuschieben.

Was passiert: Manchmal streben die Nadeln auseinander, manchmal ziehen sie einander an.

Warum: Gleiche magnetische Pole stoßen einander ab, ungleiche Pole ziehen einander an.

226 Zauberstab

DU BRAUCHST:
Stabmagnet
lange Baumwollschnur
Papier
Bleistift

Beobachte den rotierenden Stabmagneten genau und dir werden erstaunliche Dinge auffallen.

Versuch: Binde ein Ende der Schnur in der Mitte des Stabmagneten fest. Befestige das andere Ende z. B. an einem Lampenschirm, einer Garderobenstange oder an einer Stuhllehne, sodass der Magnet frei schwebt. Achte darauf, dass der Magnet sich im Gleichgewicht befindet und nicht nach einer Seite hin hängt.

Dreh nun den Magneten und warte drei Minuten, bis er zum Stillstand kommt. Notier dir, wo Pluspol und Minuspol jeweils liegen. Wiederhol das fünf- oder sechsmal. Kommt der Magnet immer in der gleichen Position zum Stillstand? Zeigen die Pole jedes Mal in dieselbe Richtung?

Was passiert: Der Stabmagnet sollte sich immer gleich ausrichten, ganz egal, wie oft du ihn auch rotieren lässt.

Warum: Da der Magnet frei schwebend an einer Schnur hängt, richtet er sich wie ein Kompass an den magnetischen Kräften der Erde aus.

227 Der Automatentrick

Viele Münzautomaten erkennen Falschgeld, aber auch Gegenstände wie Unterlegscheiben durch einen eingebauten Magneten. Wie funktioniert diese Diebstahlsicherung?

DU BRAUCHST:
3 große Bücher mit festem Einband
Stabmagnet
4 verschiedene Münzen
3 Unterlegscheiben

Versuch: Leg zwei Bücher aufeinander und lehn das dritte gegen den Stapel, sodass eine schiefe Ebene entsteht. Halte den Magneten etwa in der Mitte des Buches, während du die verschiedenen Münzen und die Unterlegscheiben daran vorbeigleiten lässt.

Was passiert: Die Münzen rutschen durch, die Unterlegscheiben bleiben am Magneten hängen.

Warum: Der Stabmagnet „schnappte sich" die Unterlegscheiben, da diese aus Stahl oder Eisen sind. Die von der staatlichen Münzanstalt geprägten Münzen gleiten vorbei, da sie aus nicht magnetischen Metalllegierungen bestehen.

Die meisten Münzen enthalten einen hohen Kupferanteil. Kupfer ist nicht magnetisch, kann also von einem Magneten nicht angezogen werden. Deshalb werden in Münzautomaten Magnete eingebaut, die eisenhaltiges Falschgeld und Unterlegscheiben „aus dem Verkehr ziehen".

228

Magnetkunst

DU BRAUCHST:
2 Blatt Papier
alte Schere
Stahlwolle (Akupads)
Stabmagnet
Lupe

Rätsel: Auf welchem Papier kann man zeichnen ohne einen Stift zu benutzen? Nach dem Experiment kennst du die Lösung.

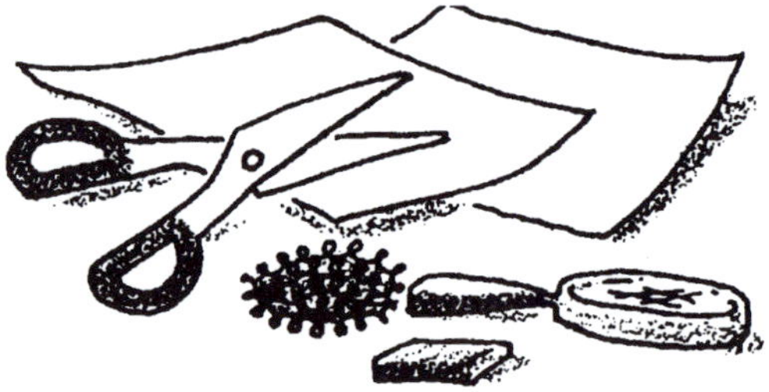

Versuch: Schneide mit einer alten Schere die Stahlwolle über einem Blatt Papier in feine, kurze Späne. Sei sehr vorsichtig und pass auf, dass die Splitter nicht neben das Papier fallen. Du kannst dich sonst leicht daran verletzen. Leg nun den Magneten flach hin und deck ihn mit dem zweiten Blatt Papier zu. Streu jetzt die Stahlspäne vorsichtig auf dieses Blatt Papier. Hau mit der Faust leicht auf den Tisch und beobachte, wie die Späne sich dabei bewegen. Untersuch das entstandene Muster mit der Lupe.

Was passiert: Die feinen Stahlspäne werden vom Magneten angezogen und richten sich kreisförmig um ihn herum aus.

Warum: Die Stahlspäne bilden eindeutig kreisförmige Linien um den Magneten. Dieses Muster nennt man das Magnetfeld. Die Späne konzentrieren sich an den Polen des Magneten, wo die Kraft am größten ist, während sie zur Mitte hin dünner gesät sind. Dort nimmt auch die Kraft des Magnetfelds ab. Ein solches Magnetfeld umgibt auch die Erde. Da die Erde ein riesiger Magnet ist, verhalten sich alle Gegenstände aus Stahl und Eisen wie die Späne in unserem Experiment.

Finger weg von Fossilien

Jeder von uns hat schon einmal vergessen, das Licht in seinem Zimmer auszumachen, oder die Heizung oder die Klimaanlage angestellt, wenn es gar nicht nötig war. Auch das Wasser läuft manchmal unnötig lange. Und wer hat nicht schon mal leere Dosen, Papier, Glas und Plastik gedankenlos in den Restmüll geworfen. Aber die natürlichen Ressourcen, d. h. die Rohstoffe, die wir zur Energieherstellung nutzen und die unser Leben angenehmer machen, werden immer knapper. Es gibt Fachleute, die sagen, dass diese Ressourcen in fünfzig Jahren verbraucht sein werden. Du wirst das also noch erleben!

Die Kohle- und Ölvorräte der Welt verwenden wir Menschen zum Beheizen von Häusern, zur Stromherstellung und für unsere Autos. Kohle und Öl sind fossile Brennstoffe, da sie in Jahrmillionen aus den Resten vorzeitlicher Pflanzen und Tiere entstanden sind. Sie sind nicht erneuerbar.

Es gibt aber noch andere Energiequellen. Dazu gehören Kernenergie, Solar- und Windenergie, Wasserkraft und geothermische Energie (heißes Wasser aus dem Erdinneren). Doch sind sie noch kein rentabler Ersatz für fossile Brennstoffe.

Was also kannst du selbst tun, um die Umwelt zu schonen? Du kannst darauf achten, dass in keinem Zimmer das Licht unnötig lange brennt. Du kannst den Heizkörper-Thermostat niedriger stellen und dich stattdessen wärmer anziehen oder nach einer Decke greifen, wenn dir kalt ist. Du kannst Papier, Glas, Kunststoff, Aluminium vom restlichen Müll trennen. Verschwende kein Wasser. Geh beim Waschen sparsam damit um, dusch nicht allzu lange, spül die Toilette nur, wenn es nötig ist, lass das Wasser nicht die ganze Zeit laufen, während du dir die Zähne putzt. Nur zur Information: Durch tropfende Wasserhähne werden jährlich Tausende Liter Wasser verschwendet!

In dem folgenden Kapitel lernst du viel über Umweltschutz, fossile Brennstoffe und Recycling und sogar, wie du selbst Recyclingpapier herstellen kannst. Auch du kannst deinen Teil zum Schutz der Umwelt und unseres Planeten beitragen, indem du dich umweltbewusst verhältst. Also, Finger weg von alten Fossilien – geh sparsam mit Öl und Kohle um!

Das Treibhaus Erde

Ein Treibhaus ist ein geschlossenes Glashaus, in dem Pflanzen angebaut werden. Darin wird die Sonnenwärme gespeichert und Feuchtigkeit kann nicht entweichen.

Fachleute sind heute der Meinung, dass die Erde selbst zu einem Treibhaus wird. Durch das Verbrennen von Öl, Kohle und anderen fossilen Brennstoffen und durch den übermäßigen und oft auch überflüssigen Einsatz von Autos werden Kohlendioxid und andere schädliche Gase in die Atmosphäre gepustet. Diese Gase wirken wie eine Kuppel oder wie ein Deckel über der Erdatmosphäre. Die Sonnenwärme wird darin gespeichert und kann nicht ins Weltall abziehen.

Wenn Wälder wie der tropische Regenwald großflächig abgeholzt werden, verbleiben Tonnen von Kohlendioxid in der Atmosphäre, statt in Sauerstoff umgewandelt zu werden. Es ist so, als würde man die Erde in einen riesigen Kochtopf aus Glas stecken, in dem die Sonnenwärme gespeichert und die Luft immer dicker wird.

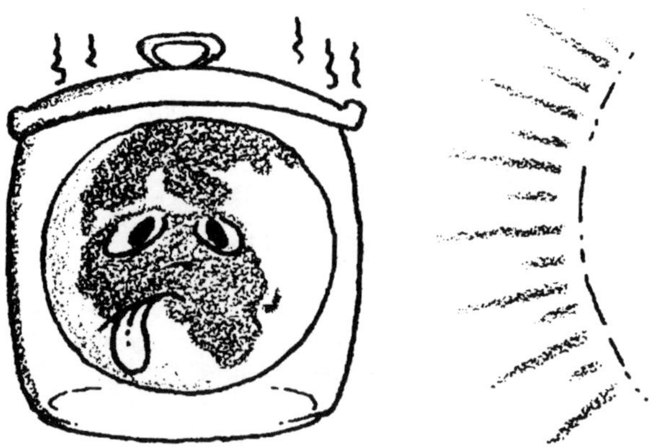

229 Was ist ein Treibhaus?

DU BRAUCHST:
Glas mit Deckel
1 Teelöffel Wasser
sonniger Platz im Freien

Wenn du in der Stadt wohnst, gibt es wahrscheinlich kein Treibhaus in deiner Nähe, aber über den Treibhauseffekt und über seine Folgen Bescheid zu wissen kann auf keinen Fall schaden.

Versuch: Gib einen Teelöffel Wasser in das Glas und verschließ es luftdicht. Stell das Glas anschließend für eine Stunde in die Sonne.

Was passiert: An den Innenwänden des Glases bilden sich Wassertröpfchen.

Warum: Durch die Sonne erwärmt sich das Innere des Glases, wodurch die Bewegung der Wassermoleküle beschleunigt wird und das Wasser verdampft. Aber die Flüssigkeit kann nicht entweichen, also sammelt sie sich in Tröpfchen an den kühlen Glaswänden – sie kondensiert. Der Deckel macht das Glas zu einem Treibhaus und es entsteht der Treibhauseffekt. Ähnlich verhält es sich mit dem Kohlendioxid, das durch den Einsatz von fossilen Brennstoffen im Haushalt und in der Industrie freigesetzt wird und die Atmosphäre wie ein Deckel verschließt.

230 Treibhaus: Wie man Überhitzung vermeidet

Wiederhol das Experiment 229, allerdings ohne Deckel. Führ das Experiment auch mit verschieden großen Gläsern durch, mit und ohne Deckel, mit mehr und mit weniger Wasser. Bildet sich der Hitzestau, der die Verdunstung bewirkt, früher oder später?

Welche Unterschiede fallen dir auf? Wie zeigen die Experimente, was momentan mit der Erde passiert? Liefern die Ergebnisse Anhaltspunkte, wie der Treibhauseffekt zu vermeiden wäre?

231 Aufwärmen

DU BRAUCHST:
2 Thermometer
Flasche mit Schraubdeckel und weiter Öffnung
2 kleine Steine
2 Streifen schwarzer Stoff oder Papier (5 x 15 cm)
Papier
Bleistift

Ursache und Wirkung des Treibhauseffekts lassen sich gut studieren, indem man die in einer Flasche gestaute Wärmeenergie misst. Bei diesem Experiment muss die Sonne scheinen.

Versuch: Beide Thermometer müssen zu Beginn dieselbe Temperatur anzeigen. Such dir ein sonniges Plätzchen und leg die Flasche seitlich auf den Boden. Mit zwei kleinen Steinchen als Stütze verhinderst du, dass sie wegrollt.

Nimm ein Stück schwarzes Bastelpapier oder Stoff und leg ein Thermometer darauf. Schieb dann beides zusammen in die Flasche. Schraub den Deckel auf; dabei sollte das Thermometer aber nicht von der schwarzen Unterlage rutschen.

Leg das andere Thermometer neben der Flasche auf einem schwarzen Streifen ab. Lies die Temperatur auf beiden Thermometern ab, warte zehn Minuten und lies erneut die Temperatur ab.

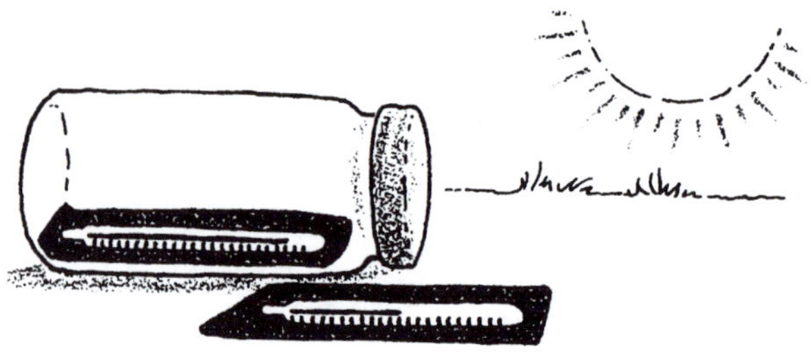

Was passiert: Das Thermometer in der Flasche zeigt eine höhere Temperatur an als jenes, welches neben der Flasche liegt.

Warum: Dieses Experiment demonstriert die Wirkung großer Mengen Kohlendioxid (CO_2) in der Erdatmosphäre. CO_2-Gas wirkt wie das Glas der Flasche, es speichert Wärme. Die schwarzen Streifen absorbieren jeweils gleich viel Sonnenlicht und sie produzieren auch gleich viel Wärmeenergie. Aber die Glasbarriere verhindert, dass die Wärme abstrahlt.

Kohlendioxid wird von Menschen und Tieren ausgeatmet, doch viel größere Mengen entstehen durch die Verbrennung fossiler Energieträger. Dadurch wird die Luft verschmutzt und die Atmosphäre heizt sich auf. Diese Wärmespeicherung durch zunehmende CO_2-Mengen in der Atmosphäre wird Treibhauseffekt genannt.

232 Abkühlen

Wiederhol das Experiment 231, allerdings nun ohne die schwarzen Streifen. Kannst du einen Unterschied feststellen? Nimm die Flasche mit dem Thermometer und das andere Thermometer mit ins Haus (öffne sie nicht).

Lies die Temperatur ab, nachdem alles abgekühlt ist. Bewegt sich die Anzeige bei einem der beiden Thermometer schneller nach unten? Wenn ja, bei welchem Thermometer und um wie viel schneller?

233 Oh, Ozon!

DU BRAUCHST:
Kaugummi
Limonadenflasche
heißes Leitungswasser
Lupe

Bastele ein Modell der Ozonschicht, der dünnen Gasschicht hoch oben in der Erdatmosphäre, die uns vor den ultravioletten Strahlen der Sonne schützt. Erkundige dich über FCKW, jene Chemikalien, die das Leben so bequem machen, die aber auch Schaden anrichten (sie zerstören die Ozonschicht). Du kannst beobachten, wie in deiner Ozonschicht Löcher entstehen, sie zerreißt und sich schließlich auflöst!

Versuch: Kau den Kaugummi gründlich durch. Wenn er weich ist, nimm ihn aus dem Mund. Form ihn zwischen den Fingern zu einer Scheibe. Aus dieser Scheibe wird eine dünne, flache Kappe zum Verschließen der Flasche. Füll nun die kleine Flasche bis zum Rand mit sehr heißem Leitungswasser. Verschließ sie mit der Kaugummischeibe. Vermeide Löcher und achte darauf, dass das Wasser die Kappe leicht berührt. Nimm die Lupe und beobachte, was passiert.

Was passiert: Der Kaugummi verliert im Kontakt mit dem heißen Wasser seine Elastizität und es bilden sich Löcher. Schließlich zerreißt der Kaugummi sogar.

Warum: In deinem Modell entspricht die Flasche der Erde und die Kaugummikappe der Ozonschicht. Das heiße Wasser steht für die FCKW (Fluorchlorkohlenwasserstoffe), die Chemikalien, die die Ozonmoleküle angreifen.

FCKW wurden als Kältemittel in Kühlschränken und Klimaanlagen und als Treibgas in Spraydosen verwendet. Die Chemikalie wird als Chlorgas in die Atmosphäre geleitet, wo sie die Ozonschicht allmählich zerstört.

234 Stopp das Ozonloch

Wie kann man den Ausstoß von FCKW in die Atmosphäre verringern? Du kannst selbst einen Beitrag dazu leisten. Kauf keine Produkte, die FCKW enthalten, und erinnere deine Freunde, Verwandten und Bekannten an ihre Verantwortung für die Umwelt. Nur wenn wir alle zusammen helfen, können wir die Erde retten.

Nun wiederhol das Ozon-Experiment, füll die Flasche dieses Mal aber nur zur Hälfte mit heißem Wasser. Nutzt sich die Kaugummikappe noch immer ab? Gibt es einen Unterschied? Nun siehst du, welche Folgen ein geringerer FCKW-Ausstoß für die Ozonschicht der Erde hat.

235

Sonnenenergie

DU BRAUCHST:

265 cm durchsichtiger Schlauch, z. B. für Aquarien (in Zoohandlungen erhältlich)

Gummiring

großes Glas mit weiter Öffnung

Alufolie

Auflaufform

große Limonadenflasche

Wasser

Die Energie der Sonne kann man sammeln, um schließlich Wasser damit zum Kochen zu bringen. Du hast vielleicht schon mal diese glänzenden dunklen Platten auf Hausdächern bemerkt. Das sind Sonnenkollektoren, die Sonnenstrahlen bündeln und die Energie zur Erwärmung von Wasser nutzen.

Du kannst dir sogar selber solch einen Sonnenkollektor bauen. Es ist nicht schwierig, macht Spaß und du brauchst kein teures Zubehör. Den Versuch solltest du aber im Freien ausführen, damit dein Sonnenkollektor die Sonne voll abkriegt. Mittags, wenn die Sonne am höchsten steht, ist die beste Zeit. Wichtig ist es, das Glas vorzuwärmen, indem du es vorab schon mal 30 bis 60 Minuten in die Sonne stellst.

Versuch: Wickele den Schlauch ziehharmonikaartig auf und spar an beiden Enden ein etwa 50 cm langes Stück aus. Fixier diese „Spule" mit dem Gummiband und steck sie in das Glas. Deck es mit der Folie ab, die du um den Schlauch herum festdrückst. Stell die Konstruktion in der Backform im Freien auf einen Tisch zum Vorwärmen.

Um den Versuch abzuschließen, füllst du die Flasche mit kaltem Wasser, stellst sie neben den „Sonnenkollektor" auf den Tisch und steckst ein Ende des Schlauches hinein. Das andere freie Ende sollte vom Tisch nach unten hängen.

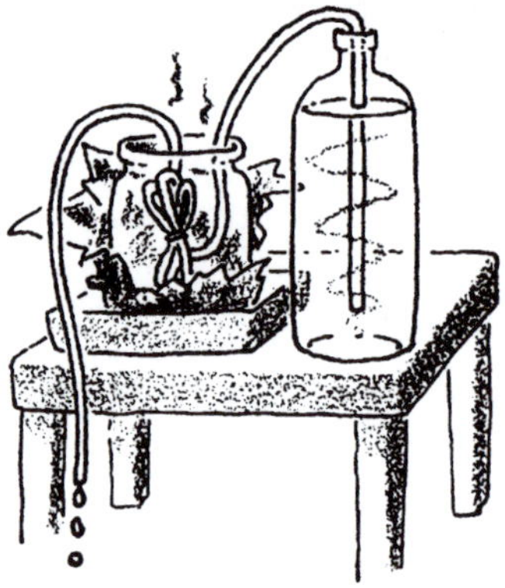

Um nun das Wasser durch das Kollektorenglas laufen zu lassen, saugst du am freien Ende des Schlauches wie an einem Strohhalm. Dadurch sollte der Wasserdurchlauf von der Flasche durch das Glas und aus dem am Tisch herabhängenden Schlauchende in Gang kommen.

Was passiert: Das Wasser, das aus dem Schlauch fließt, ist deutlich wärmer als das Wasser in der Flasche.

Warum: Dein Kollektorenglas ist eine Miniaturversion der Sonnenkollektoren auf den Hausdächern. Auch dein Modell fängt die Sonnenenergie ein und erwärmt das durch ein Röhrensystem fließende Wasser. Wie stark sich das durchlaufende Wasser erwärmt, hängt von mehreren Faktoren ab: von der Jahreszeit, der Tageszeit, der Außentemperatur, der Position des Kollektors, von der Durchlaufgeschwindigkeit des Wassers und von der Vorwärmzeit.

236

Ein heißer Ofen

DU BRAUCHST:
Kollektorenglas
Limonadenflasche
Wasser

Was soll an diesem Glas heiß sein? Höchste Zeit, das herauszufinden. Bei der Versuchsanordnung „Sonnenenergie“ *(S.194)* handelt es sich eigentlich um zwei Experimente. Du hast einen Sonnenkollektor gebaut, aber auch einen Saugheber, eine Vorrichtung zum Abziehen von Flüssigkeiten. Er funktioniert auf Grund einer dir bekannten Kraft – der Gravitation.

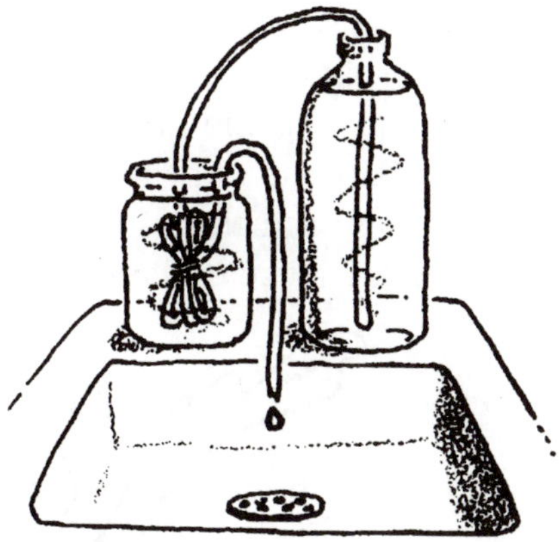

Versuch: Entfern die Alufolie vom Kollektorenglas, verändere aber am Schlauchsystem nichts und füll das Glas mit sehr heißem Leitungswasser. Die Flasche dagegen füllst du nun mit sehr kaltem Leitungswasser.

Stell die Flasche neben dem Kollektorenglas auf das Spülbecken oder auf einen kleinen Tisch im Freien. Das freie Schlauchende sollte in das Becken hängen oder einfach nach unten. Saug kurz an dem Schlauch, damit das Wasser zu fließen beginnt.

Was fällt dir auf? Ist das herausfließende Wasser nun wärmer als das Wasser aus dem Sonnenkollektor? Welche Dinge, oder Variablen, könnten die Temperatur des ausströmenden Wassers beeinflusst haben?

Gibt es ein Gerät bei dir zu Hause, das dieser Vorrichtung ähnelt? Könnte das vielleicht ein Durchlauferhitzer sein?

Vom Vorleben der Fossilien

Vor Jahrmillionen gab es riesige, in Sümpfen wachsende Farne, Moose und andere Pflanzen. Sie starben ab und bildeten Schichten aus Torf oder verrottetem Pflanzenmaterial. Dieser Prozess setzte sich über Jahrhunderte hinweg fort, bis riesige Flächen von abgestorbenem Pflanzenmaterial entstanden waren, die wiederum von Sedimenten, Schlamm und Gestein bedeckt wurden. Derart zusammengepresst, verwandelten sich diese Schichten unter der Einwirkung natürlicher Hitze und großen Drucks in Kohle oder Erdgas, das hauptsächlich aus Sumpfgasen oder Methan bestand.

Rohöl entstand auf ähnliche Weise – durch einen chemischen Umbau der Überreste von Pflanzen und kleinem Meeresgetier unter der Einwirkung von Hitze und großem Druck. Durch diese Kompression verwandelten sich die toten Meerespflanzen und Meerestiere in Erdöl. Ein Großteil dieses chemischen Prozesses fand unter Meeren statt, von denen die meisten heute nicht mehr existieren.

237 Test mit Würze

Du kannst selbst den pH-Wert messen. Dabei werden Teststreifen in die zu testenden Flüssigkeiten getaucht, und die daraus resultierende Farbveränderung wird mit einem Messstreifen verglichen. So kann man direkt ablesen, wie sauer oder wie basisch eine Substanz ist.

Die pH-Skala besteht aus einer Folge von Zahlen und Farben. 1 ist sehr sauer, während 14 extrem basisch ist und Säuren neutralisiert. 7 gilt als neutraler Wert.

Aus dem Gewürz Kurkuma kannst du dein eigenes Testpapier herstellen. Da die Kurkumalösung Flecken macht, solltest du den Arbeitsbereich mit Zeitungspapier abdecken. Rühr in einer Tasse aus einem Esslöffel Kurkuma und fünf Esslöffeln Wasser eine Kurkumapaste an.

Schneide weißes Bastelpapier (oder Küchentücher) in schmale Streifen und tauch sie in die Kurkumapaste. Du wirst schmutzige Finger bekommen, aber die Paste ist ungefährlich. Lass die goldbraunen Streifen nun trocknen.

Wenn die Streifen wirklich trocken sind, teste einen nach dem anderen in folgenden Flüssigkeiten: Essig, Seifenlauge, Backpulverlösung, Zitronensaft, verdünntem Spülmittel. Wenn die Lösung sehr sauer ist, färbt sich der Streifen gelb; ist sie basisch, wird er rötlichbraun. Mit den Kurkuma-Teststreifen kannst du auch euer Leitungswasser testen oder das Wasser aus Pfützen, Seen und Flüssen oder aus Bodenproben.

Nach dem Test lässt du deine Streifen wieder trocknen und notierst dir, welche Flüssigkeit du mit dem jeweiligen Streifen getestet hast.

Saurer Regen

Ist der saure Regen verantwortlich für das Waldsterben? Vielleicht nicht allein, aber Fachleute stimmen darin überein, dass Eingriffe des Menschen in das Leben von Pflanzen und Bäumen von Bedeutung sind für deren Gesundheit und für unser Überleben.

Saurer Regen enthält Schwefel- und Salpetersäure. Daraus entstehen giftige Metalle wie Quecksilber, die Pflanzen und Tiere schädigen. Die Böden werden verunreinigt, und die Pflanzen, von denen wir uns ernähren, werden geschädigt.

Die Schwefel- und Stickstoffbestandteile greifen auch Gebäude, Autolacke, Statuen usw. an. Sie verursachen große Schäden.

Diese Umweltgifte finden sich im Regen, im Schnee, im Nebel und in verschieden hohen Anteilen auch einfach in der Luft. Hast du gewusst, dass es in einigen europäischen Städten schon Regen gab, der so sauer wie Zitronensaft war (2,3 auf der pH-Skala)? Wie verhält es sich mit dem Regen in deiner Stadt? Mit den Kurkuma-Teststreifen aus dem Experiment 237 kannst du das nachprüfen.

238

Papierherstellung: Aus Alt mach Neu

DU BRAUCHST:

Alufolie
Schere
Bleistift
alte Zeitung
großes Glas mit Deckel
heißes Leitungswasser
Holzlöffel oder Spatel
Backform aus Metall
3 Esslöffel Maisstärke
Plakafarbe, Filzstifte, Marker zum Verzieren

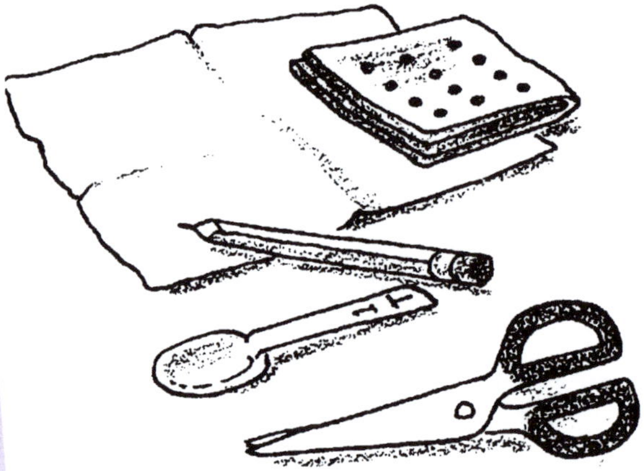

Papier wird gewöhnlich aus einem dicken Brei aus Holzfasern und Wasser hergestellt. Dieser wird zum Trocknen auf ein Gittersieb gestrichen. Auch du kannst selbst ganz einfach Papier herstellen und brauchst dazu nicht mal einen Mixer zum Anrühren des Breis.

Dieses „Rezept" reicht für vier quadratische Kärtchen (15 cm Seitenlänge). Um größeren Schmutz zu vermeiden, solltest du den Brei in der Küche anrühren und ihn dann auf einem abwaschbaren Tisch im Freien weiterverarbeiten. Allerdings aufgepasst! Die Papierherstellung ist aufwendig. Für dieses Experiment brauchst du vielleicht einen ganzen Tag.

So geht's: Schneide vier Streifen aus der Alufolie zurecht und falte sie zu einem Quadrat (15 cm Seitenlänge). Daraus wird das Sieb, auf dem der Papierbrei später abtropft und trocknet. Bohr mit der Bleistiftspitze in vertikalen Reihen Löcher in einem Abstand von 1 cm in die Alufolienquadrate.

Schneide nun das Zeitungspapier in Streifen und diese Streifen dann in kleinere Stücke. Du brauchst ungefähr 1½ Tassen voll dicht gepresster Schnipsel.

Nun füllst du das Glas mit den Papierschnipseln darin zu ¾ mit heißem Wasser. Verschließ das Glas mit dem Deckel und lass die

Mischung drei Stunden lang stehen. Rühr alles immer wieder um, damit sich die Papierschnipsel auflösen. Je gründlicher du die Schnipsel auflöst, desto glatter und pampiger wird die Mischung. Vielleicht musst du heißes Wasser nachgießen.

Wenn der Brei dickflüssig und zäh geworden ist, schüttest du ihn in die Backform. Rühr ihn noch mal durch, um sicherzustellen, dass sich alle Schnipsel aufgelöst haben. Lös nun die Maisstärke in einer halben Tasse voll heißem Wasser auf, gieß die Lösung in den Papierbrei und vermisch alles gründlich.

Alles, was nun folgt, erledigst du am besten im Freien, an einem abwaschbaren Arbeitsplatz.

Leg ein Folienquadrat auf den Brei und drück es mit der Handfläche in den Brei, bis es völlig bedeckt ist. Nimm die Folie heraus und leg sie auf den Tisch. Drück den darauf befindlichen Brei flach und press das Wasser heraus. Wiederhol den Vorgang mit den übrigen Folienquadraten.

Nun legst du an einem sonnigen Ort etwas Zeitungspapier aus und lässt darauf die Papiermasse auf den Folien trocknen. Press dabei das verbleibende Wasser immer wieder heraus. Dabei kannst du auch Blasen glatt drücken.

Nach drei Stunden kannst du das trockene Papier von der Folie abziehen und es z. B. zu Grußkarten zurechtschneiden.

Nun kannst du mit bunten Farben eine ganz persönliche Grußkarte für einen guten Bekannten gestalten. Mit so einem schönen, selbst gemachten Gruß kann man viel Freude bereiten.

Was nun? Dein recyceltes Zeitungspapier ist dem Material von Eierschachteln nicht unähnlich. Würde es anders aussehen, wenn du andere Papiersorten verwenden würdest?

Sammle Reste von gebrauchtem, weißem Schreibpapier und recycle es wie das Zeitungspapier. Gibt es einen Unterschied in Farbe und Beschaffenheit des Papiers?

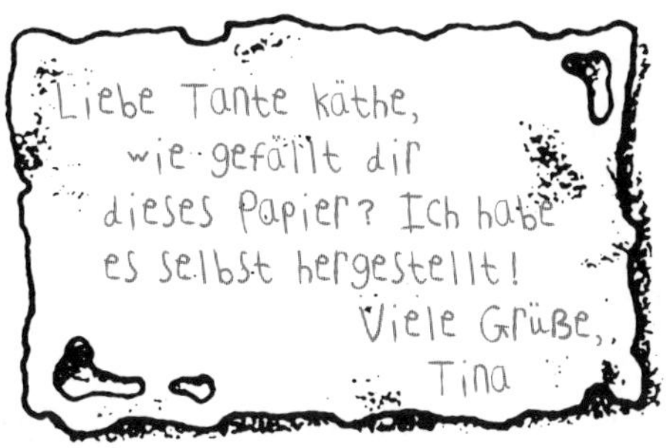

Das Wetter

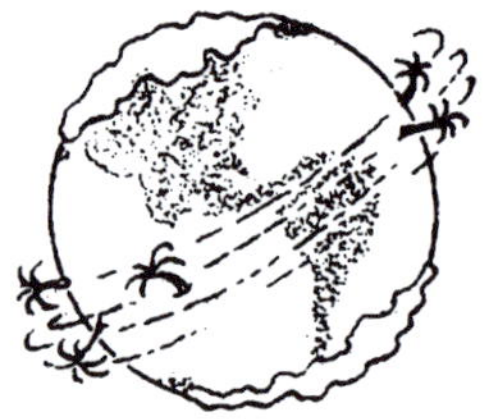

Warum ist es am Nordpol kälter als am Südpol? Warum geht die Sonne unter? Wodurch entstehen Donner und Blitz? Die folgenden vier Kapitel enthalten Experimente, die dir alles über diese und andere Fragen verraten.

Als Klima werden die langfristigen Witterungsverhältnisse einer Region bezeichnet. Das Wetter dagegen hängt mit den täglichen Veränderungen in den tieferen Schichten der Erdatmosphäre zusammen – jenen Luftmassen, die die Erde umgeben.

Klima und Wetter entstehen durch das Zusammenspiel von Sonne und Erde. Entscheidend sind die Faktoren Wärme, Wasser und Wind. Die folgenden Experimente verdeutlichen das Wie und Warum.

Du wirst verstehen, warum es in manchen Regionen wärmer ist als anderswo und dass die Nähe zur Sonne nicht ausschlaggebend ist! Du wirst herausfinden, wodurch Wind entsteht und wie er zum Sturm wird. Du wirst erkennen, warum kalte Luft oft zu „Hochdruck“ und schönem Wetter führt, während warme Luft häufig die Ursache für „Tiefdruck“, schlechtes Wetter und starken Wind ist.

Du wirst erfahren, was hinter Schnee, Eisregen und Hagel, Blitz und Donner steckt. Mit einer eigenen Wetterstation kannst du Temperatur, Luftdruck, Windrichtung und Windgeschwindigkeit, Luftfeuchtigkeit und Regenmenge messen.

Du kannst natürlich mit einem beliebigen Experiment beginnen. Viel sinnvoller ist es aber, wenn du dich auf ein Kapitel konzentrierst und die Experimente hintereinander durchführst.

Für Experimente, die mit dem Wort HEISS gekennzeichnet sind, brauchst du ein Streichholz oder eine Herdplatte. Bitte einen Erwachsenen dir dabei zu helfen.

Manche Experimente sind wirklich tolle Tricks, die nicht nur dich, sondern auch deine Freunde verblüffen werden. Aber das Beste daran ist, dass du ganz nebenbei die Naturgesetze kennen und verstehen lernst, die das Klima und das Wetter bestimmen.

Erst mal aufwärmen

Wodurch erwärmt sich die Erde? Warum ist es in einigen Gebieten kalt, in anderen warm? Warum gibt es am Äquator Regenwälder und in Polnähe gefrorene Tundra? Wie entstehen die Jahreszeiten? Was ist der „Treibhauseffekt"?

Die einfachen Experimente in diesem Kapitel liefern dir die Antworten auf diese und viele andere Fragen!

Temperaturrekorde

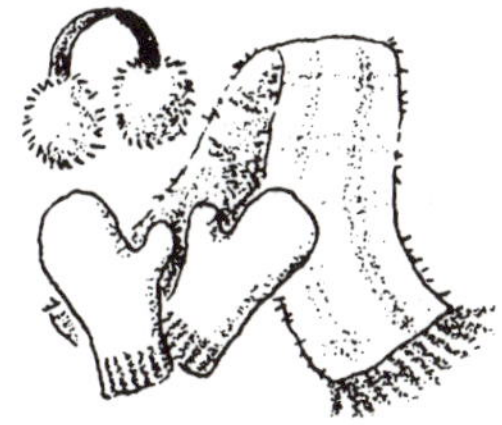

Temperaturmaximum: 57,7 °C
Ort: Azizia, Tripolis, Lybien
Datum: 13. September 1922

Längste Hitzewelle: 38 °C, an 162 aufeinander folgenden Tagen
Ort: Martin Bar, Westaustralien
Datum: 31. Oktober 1923–7. April 1924

Höchstes jährliches Temperaturmittel: 34,4 °C
Ort: Dallol, Äthiopien
Datum: 1960–1966

Heißeste Hitzewelle: 48,8 °C oder höher, 43 Tage lang
Ort: Death Valley, Kalifornien
Datum: 6. Juli–17. August 1917

Temperaturminimum: –89 °C
Ort: Vostok, Antarktis
Datum: 21. Juli 1983

Temperaturminimum in einer bewohnten Gegend: –68 °C
Ort: Oymyakon, Sibirien, Russland
Datum: 3. Februar 1933

Niedrigstes jährliches Temperaturmittel: –56,6 °C
Ort: Pleasteau Station in der Antarktis

239 Wie entsteht Wärme?

DU BRAUCHST:
sonniges Fenster

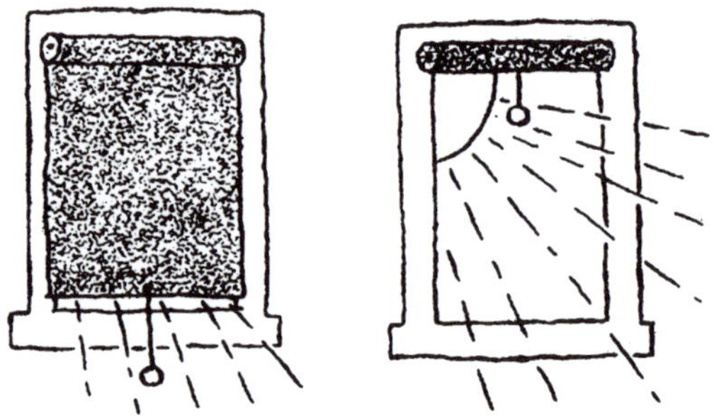

Häuser werden durch Kohle, Öl, Gas oder Strom mit Energie versorgt. Woher aber kommen Wärme und Licht im Freien? Wodurch erwärmen sich Erde, Luft und die Meere?

Versuch: Halte deine Hand an einem sonnigen Tag vor das geschlossene Rollo eines Fensters. Öffne danach das Rollo.

Was passiert: Deine Hand wird sofort wärmer.

Warum: Obwohl du nichts berührt hast, konntest du die Hitze spüren. Sie kam von der Sonne – einem Stern, der 150 Millionen Kilometer von der Erde entfernt ist.

Wie alle Sterne besteht die Sonne aus heißen Gasen. Sie strahlt große Mengen Hitze, Licht und andere Energieformen ab. Nur ein ganz geringer Teil dieser Energie erreicht die Erde, doch genug, um sie mit Licht und Wärme zu versorgen.

Die Sonne

Die Sonne ist ein riesiger, glühender Gasball. Sie ist nur ein Stern unter Billionen anderen in unserer Galaxie, aber sie ist der Erde am nächsten. Der Abstand der Sonne zur Erde schwankt (144 Millionen Kilometer im Winter und 153,6 Millionen Kilometer im Sommer).

Die Sonne hat einen Durchmesser von ca. 1 400 000 km (das 108-fache der Erde).

Die Voraussetzungen für alles Leben auf der Erde – Licht und Wärme – entstehen in der Sonne ständig neu. Die Wasserstoffbombe funktioniert nach einem ähnlichen Prinzip.

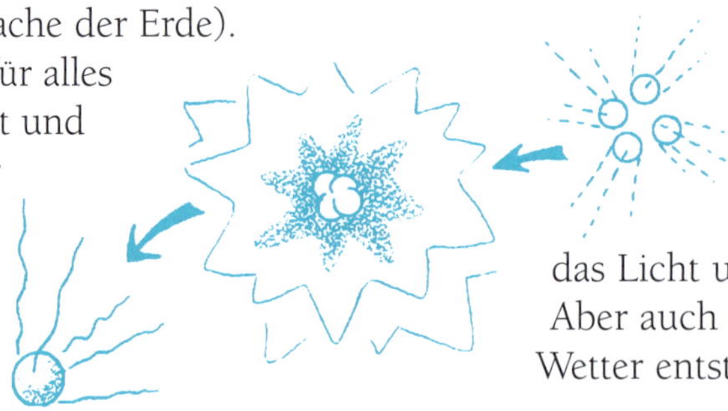

Durch die extreme Hitze der Sonne (mehrere Millionen Grad in ihrem Zentrum) werden die Wasserstoffatome in ihrem Inneren extrem stark beschleunigt. Wenn sie aufeinander prallen, verschmelzen die Atomkerne in Gruppen zu je vier und bilden ein schwereres Element – Helium.

Die Wucht des Aufpralls ist so groß, dass ein Teil der Atome in Energie umgewandelt wird.

Genau diese Energie liefert das Licht und die Wärme für die Erde. Aber auch unser Klima und unser Wetter entstehen durch sie.

240 Hitzewellen

DU BRAUCHST:
Band (20 cm)

Wie kommt die Wärme der Erde zu uns?

Versuch: Nimm ein Ende des Bandes in die Hand und beweg es schnell hin und her.

Was passiert: Deine Bewegung setzt sich wie eine Welle über die ganze Länge des Bandes fort.

Warum: Energie breitet sich oft in Wellen aus. Kurze Wellen tragen Licht und Wärme von der Sonne auf die Erde. Längere Wellen transportieren andere Energieformen. Wenn sich Energie in Form von Wellen ausbreitet, dann spricht man von Strahlungsenergie.

241 Wenn der Frühling erst spät kommt

DU BRAUCHST:
tiefer Teller
Glühlampe
Tasse dunkle Erde
Tasse heller Sand
2 Raumthermometer
Stift
Papier

In manchen Gegenden lässt der Frühling lange auf sich warten. Dieses Experiment liefert eine Erklärung.

Versuch: Stell den Teller direkt unter die Glühlampe. Fülle ihn zur einen Hälfte mit Sand, zur anderen mit Erde. Steck in jede der Hälften ein Thermometer.

Notier die Temperaturen auf beiden Thermometern. Schalte die Glühlampe 30 Minuten lang an. Vergleich danach die Temperaturen mit den Ausgangstemperaturen.

Was passiert: Die dunkle Erde wird wärmer.

Warum: Der helle Sand wirft die Lichtenergie zurück, bevor diese zu Wärme werden kann. Die dunkle Erde dagegen verschluckt das Licht und wandelt es in Wärme um.

Genau das passiert, wenn die Sonnenstrahlen die Erde erreichen. Regionen mit dunklen Böden verschlucken das Sonnenlicht und heizen sich schnell auf. Regionen mit hellen Böden reflektieren das Sonnenlicht und bleiben kühl.

Auch die Luft erwärmt sich über dunklen Böden schneller als über hellem Sand oder schneebedeckten Bergen. Deshalb beginnt der Frühling in schneebedeckten Gegenden später.

242 Schwarz, weiß und silberfarben

DU BRAUCHST:

3 leere Konservendosen
weiße & schwarze Farbe (z. B. Acrylfarbe)
warmes Wasser
Raumthermometer
Papier
Stift
Bierdeckel
Tablett
kaltes Wasser

Das Experiment zeigt, wie verschiedene Farben und Oberflächen auf Wärme reagieren.

Versuch: Mal eine Dose innen und außen weiß an, die zweite schwarz. Die dritte Dose bleibt silbern glänzend.

Füll in alle drei Dosen gleich viel warmes Wasser. Notier dir die Wassertemperaturen.

Deck die Dosen mit Bierdeckeln ab und stell sie an einen kühlen Ort. Miss viermal hintereinander, alle fünf Minuten, die Wassertemperaturen.

Schütte nun das Wasser weg, trockne die Dosen ab und füll sie mit sehr kaltem Wasser. Notier dir die Wassertemperaturen. Deck die Dosen mit Bierdeckeln ab und stell sie an einen warmen Ort oder in die Sonne. Miss die Temperaturen erneut, viermal hintereinander, alle fünf Mintuten.

Was passiert: Die Wassertemperatur in der schwarzen Dose ist immer die höchste, die in der glänzenden Dose wird immer die niedrigste sein.

Warum: Schwarz verschluckt das Licht und verwandelt es in Wärme. Die Farben weiß und silber reflektieren Licht, bevor es sich in Wärme umwandeln kann.

243 Schneeschmelze

DU BRAUCHST:

Stück Alufolie
schwarzes Stück Stoff

Ein Experiment für verschneite Tage.

Versuch: Nachdem es geschneit hat, musst du abwarten, bis die Sonne wieder scheint. Leg dann die Alufolie und den schwarzen Stoff in den Schnee und lass beide eine Stunde lang liegen. Welches Material wird tiefer einsinken?

Was passiert: Das schwarze Tuch ist tiefer eingesunken als die Folie, da es am meisten Wärme gespeichert hat.

Warum: Das dunkle Tuch hat das Licht aufgenommen. Das Licht hat sich in Wärme verwandelt, sodass der Schnee geschmolzen ist. Die Folie hat das Licht zurückgeworfen, noch ehe es sich in Wärme umwandeln konnte.

244

Zu Wasser und zu Lande

DU BRAUCHST:

2 Plastikbecher
½ Tasse Wasser
½ Tasse Erde
Raumthermometer

Was erwärmt sich stärker – Land oder Wasser?

Versuch: Füll einen Plastikbecher mit dem Wasser, den anderen mit der Erde. Stell beide Becher zehn Minuten lang in den Kühlschrank, danach 15 Minuten lang in die Sonne. Miss nun die Temperatur des Wassers und der Erde.

Was passiert: Die Erde erwärmt sich, während das Wasser kühl bleibt.

Warum: Bei Sonnenschein wird der Boden schneller warm als Wasser. Der Erdboden speichert die Wärme nicht nur deshalb, weil er dunkler ist. Im Wasser dringt die Wärme tiefer ein und breitet sich aus, während der Erdboden die Wärme an der Oberfläche speichert. Wenn du an einem heißen Sandstrand ein Loch gräbst, dann wirst du feststellen, dass die tieferen Sandschichten kühl sind. Das Sonnenlicht kann sie nicht durchdringen. Deshalb wird die Oberfläche sehr heiß.

Dazu kommt, dass die spezifische Wärmekapazität von Wasser höher ist. Das bedeutet, dass zur Erwärmung einer bestimmten Menge Wasser mehr Hitze benötigt wird als zur Erwärmung derselben Menge Erde.

Aus diesen Gründen heizt sich an einem sonnigen Tag die Erdoberfläche mehr auf als Wasser.

245

Wasser oder Luft

DU BRAUCHST:

leeres Trinkglas
mit Wasser gefülltes Trinkglas

Warum ist es am Meer im Sommer nicht so heiß und im Winter milder als im Binnenland?

Versuch: Stell beide Gläser 15 Minuten lang in den Kühlschrank.

Was passiert: Das mit Wasser gefüllte Glas fühlt sich wärmer an als das leere Glas.

Warum: Im „leeren" Glas befindet sich Luft. Luft und Glas geben ihre Wärme schneller ab als Wasser. Das Wasser in dem anderen Glas speichert die Wärme und hält auch das Glas länger warm.

Die Weltmeere sind Speicher der Sonnenwärme. Im Winter kühlen sie nicht so schnell ab wie die Landmasse. So ist es in einer Stadt am Meer wärmer als im Binnenland. Das Meer heizt sich auch im Sommer nicht so schnell auf, sodass die Küstenstädte ein milderes Klima haben.

246 Sonnenbrand?

DU BRAUCHST:
Stück schwarze Dachpappe

Warum ist es im Sommer heißer als im Winter? Einen Grund dafür verdeutlicht dieses Experiment.

Versuch: Leg die Dachpappe eine Minute lang in die Sonne. Fühl daran. Leg sie danach weitere fünf Minuten in die Sonne. Fühl nochmal.

Was passiert: Je länger die Dachpappe in der Sonne liegt, desto heißer wird sie.

Warum: Die Wärme wird von der Dachpappe aufgenommen und gespeichert.

Im Sommer ist es bei uns nicht zuletzt deshalb wärmer als im Winter, weil die Sonne im Juli durchschnittlich 15 Stunden pro Tag scheint, im Dezember aber nur neun Stunden. Genau umgekehrt verhält es sich auf der Südhalbkugel der Erde – die Sonne scheint dort im Dezember am längsten und im Juli am kürzesten.

247 Warum ist es im Sommer wärmer als im Winter?

DU BRAUCHST:
2 Dosendeckel
schwarze Farbe

Direkte Sonneneinstrahlung erzeugt mehr Hitze als indirekte.

Versuch: Mal die Deckel von beiden Seiten schwarz an und lass sie trocknen.

Stell einen Deckel so auf, dass die Sonne senkrecht darauf scheint. Der andere muss so liegen, dass die Sonnenstrahlen schräg darauf treffen.

Lass beide Deckel zehn Minuten lang so stehen und berühre sie dann.

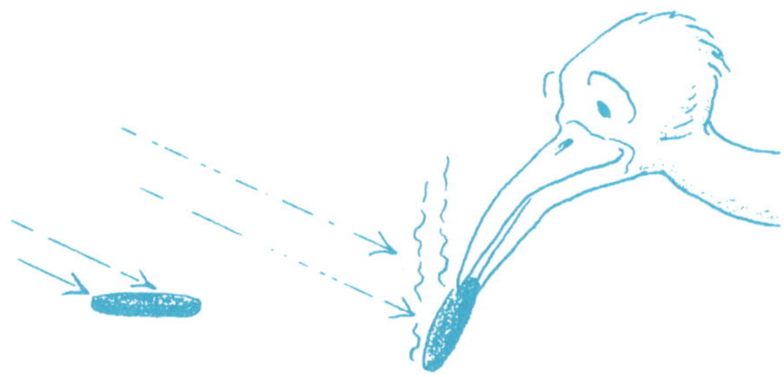

Was passiert: Der Deckel, auf den die Sonnenstrahlen senkrecht auftreffen, wird heißer als der Deckel, auf den sie nur schräg treffen.

Warum: Im Sommer treffen die Sonnenstrahlen direkter auf die Erde als im Winter. Deshalb ist es im Sommer wärmer.

248 Warum ist es am Äquator wärmer als am Nordpol?

DU BRAUCHST:
Taschenlampe
Blatt Papier

Hier der Beweis, warum direkte Sonneneinstrahlung mehr Hitze erzeugt als indirekte.

Versuch: Leuchte mit der Taschenlampe direkt auf das Blatt Papier. Neig dann, wie in der Abbildung unten, die Taschenlampe, sodass die Strahlen schräg auf das Papier auftreffen.

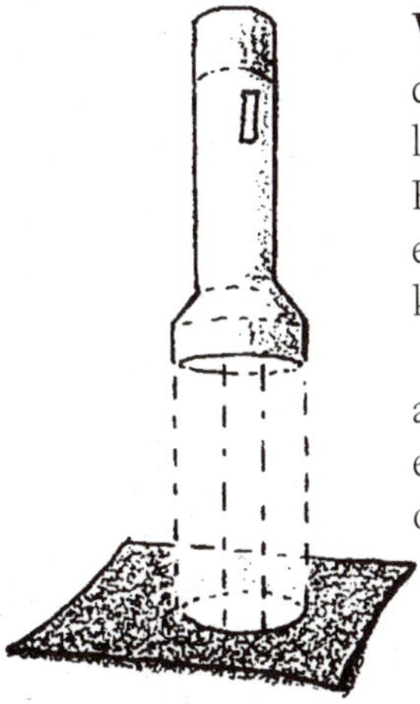

Was passiert: Wenn du den Strahl der Taschenlampe senkrecht auf das Papier richtest, entsteht ein heller, runder Lichtkreis.

Richtest du ihn schräg auf das Papier, entsteht ein großer, nicht so heller, ovaler Lichtkreis.

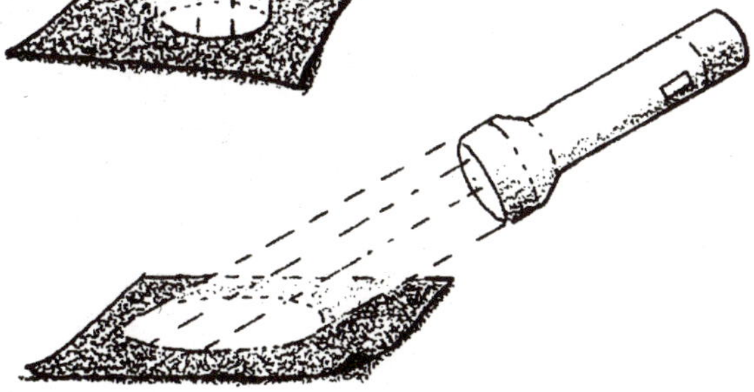

Warum: Sowohl das Oval als auch der Kreis wurden von derselben Lichtquelle verursacht (der Taschenlampe). Deshalb ist die Lichtmenge im Oval ebenso groß wie jene im Kreis. Weil aber das Oval größer ist, muss das Licht darin dünner verteilt sein.

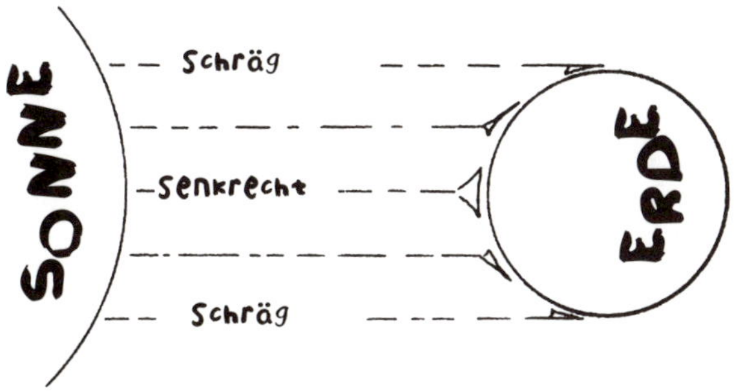

Auch ein schräg auf die Erde treffender Sonnenstrahl verbreitet sich weiter als ein Strahl, der unmittelbar senkrecht auftrifft. Während beide die gleiche Wärmeenergie von der Sonne mitbringen, wird die Wärmemenge des schrägen Strahls weiter verteilt. Deshalb ist sie weniger intensiv.

Aus diesem Grund bekommen die Regionen am und in der Nähe des Äquators zweieinhalbmal so viel Wärme ab als der Nord- und der Südpol, wo die Sonnenstrahlen nur sehr schräg einfallen.

249 Schatten-thermometer

DU BRAUCHST:
Laternenpfahl, Zaunpfahl oder Baum
Maßband
Notizbuch
Stift

Je höher die Sonne am Himmel steht, desto direkter treffen die Sonnenstrahlen auf der Erde auf – Hitze entsteht. Eine einfache Methode zur Feststellung der Sonnenposition besteht darin, die Schattenlänge zu messen.

Versuch: Wähl einen Pfahl oder einen kleinen Baum als Meßlatte aus. Beginn nun damit, im Herbst, jeweils mittags, einmal pro Woche die Länge des Schattens zu messen.

Leg im Notizbuch eine Tabelle an. Darin trägst du jeweils, wie in der Abbildung, die Länge des Schattens ein. Vergiss das Datum nicht.

Was passiert: Die Messung ergibt, dass der Schatten immer länger wird.

Warum: Je höher die Sonne mittags am Himmel steht, desto kürzer sind die Schatten. Je niedriger die Sonne steht, desto länger werden die Schatten.

Wenn es Winter wird, erscheint die Bahn der Sonne am Himmel mit jedem Tag niedriger und weiter südlich. Die Sonnenstrahlen treffen zunehmend im schrägen Winkel auf der Erde auf und auch die Wärmeenergie nimmt ab. Je direkter die Sonnenstrahlen auf der Erde auftreffen, desto wärmer ist es und umgekehrt.

Wenn du mit diesem Experiment aber im Winter oder Frühling beginnst, werden die Schatten allmählich kürzer – und nicht länger –, da die Sonne höher steigt und ihre Strahlen in einem Winkel von bis zu 90° auftreffen.

250 Länge versus Höhe

DU BRAUCHST:
2 Bleistifte
2 Fadenspulen
weißes Blatt Papier
Taschenlampe
Maßband

Dieses Experiment macht deutlich, wie sich die Schattenlänge ändert, wenn die Lichtquelle ihre Position wechselt.

Versuch: Stell einen der Bleistifte in die Mitte der Fadenspule und das Ganze auf ein Blatt Papier. Verdunkle den Raum und halte die Taschenlampe, unterschiedlich geneigt, über den Bleistift. Notier jeweils die Länge des Schattens.

Was passiert: Wenn du die Taschenlampe senkrecht direkt über den Bleistift hältst, ist der Schatten kurz. Je schräger du die Lampe hältst, desto länger wird der Schatten.

251 Das Haus bewegt sich!

Beobachte in einer klaren Nacht, wie die Erde sich dreht!

Versuch: Setz dich an einem klaren Abend auf einen Stuhl nach draußen oder leg dich auf eine Wiese. Du solltest nach Süden schauen und dabei einen festen Punkt in deinem rechten Blickfeld fixieren, z. B. einen Dachfirst. Such dir einen Stern in der Nähe dieses Fixpunktes und behalte ihn im Auge.

Was passiert: In einer oder zwei Minuten verschwindet der Stern hinter dem Haus.

Warum: Es scheint zwar, dass sich der Himmel bewegt, in Wirklichkeit aber ist es das Haus – als Teil der Erde, die sich um ihre eigene Achse dreht.

252 Geht die Sonne wirklich unter?

DU BRAUCHST:
Glühlampe
Orange
Stricknadel

Wie entstehen Tag und Nacht? Natürlich geht die Sonne, auch wenn es so aussieht, am Morgen nicht auf und am Abend nicht unter. In diesem Versuch erfährst du, was wirklich passiert.

Versuch: Stell eine Lampe ohne Lampenschirm in der Mitte eines abgedunkelten Raumes auf. Sie stellt die Sonne dar. Die Stricknadel steckst du mitten durch die Orange. Die Orange stellt die Erde dar.

Geh im Kreis um die Lampe herum. Halte die Orange an der Stricknadel fest und dreh sie, wie einen Kreisel, entgegen dem Uhrzeigersinn.

Was passiert: Es wird nur immer ein Teil der Orange vom Licht der Lampe erhellt und erwärmt.

Warum: Die Lampe (Sonne) bewegt sich nicht – die Orange (Erde) kreist um die Lampe und um sich selbst. Nur uns Menschen auf der Erde erscheint es, als ob die Sonne am Horizont aufsteigen bzw. untergehen würde. In Wirklichkeit bewegt sie sich nicht – verantwortlich ist alleine die Erdrotation. Gleichzeitig bewegt sich die Erde auf ihrer elliptischen Umlaufbahn etwas auf die Sonne zu und wieder von ihr weg.

Wenn es Nacht ist, dann liegt unser Wohnort gerade auf der von der Sonne abgewandten Seite der Erde. Es wird erst wieder hell, wenn unser Standpunkt auf der Erde durch die Erdrotation wieder in das Blickfeld der Sonne geraten ist. Eine vollständige Drehung der Erde dauert 24 Stunden.

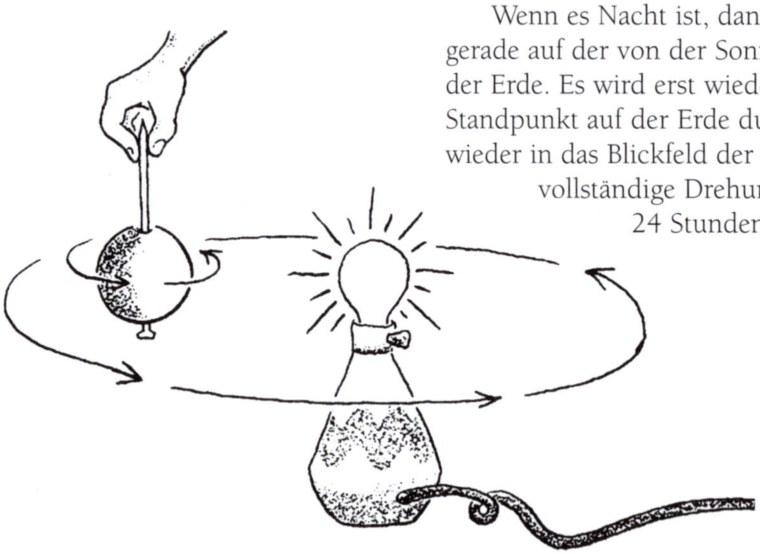

253 Foucaultsches Pendel

DU BRAUCHST:
Stricknadel
Ball
Nylonschnur oder dünner Draht (3 m)
Klebeband
große Karteikarte
Malkreide

Um zu beweisen, dass sich die Erde dreht, kannst du ein Experiment wiederholen, das der französische Physiker Jean Bernard Léon Foucault bereits 1851 durchgeführt hat. Er brachte an einem Gebäude in Paris ein 67 m langes Pendel an. Das Gewicht zeichnete die Erdrotation auf dem Boden im Sand nach.

Auch du kannst zu Hause mit einem viel kleineren Pendel dieselbe Bewegung nachzeichnen. Sand ist dafür nicht nötig.

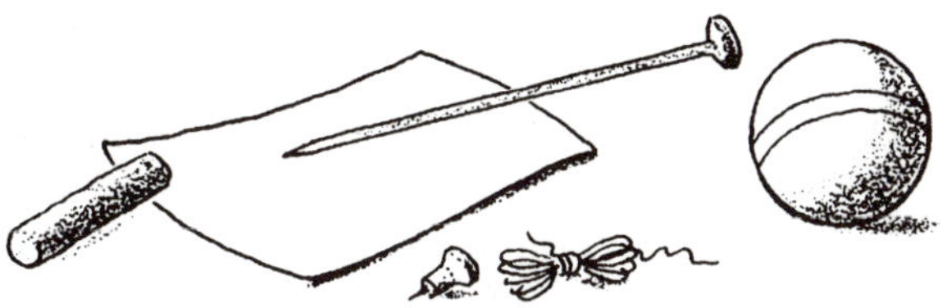

Versuch: Du steckst die Stricknadel durch den Ball und befestigst das Ende der Schnur oder des Drahts an der Nadel. Kleb nun das „Pendel" an die Decke, sodass es frei schwingen kann.

Mit der Kreide ziehst du eine Linie auf der Karteikarte, dann klebst du diese auf dem Fußboden direkt unter der Nadelspitze fest.

Lass das Pendel nun in Richtung der Linie schwingen. Nach zwei Stunden fällt dir sicher etwas auf.

Was passiert: Das Pendel schwingt genauso wie vorher, aber nicht mehr über dem Kreidestrich.

Warum: Auf Grund seiner Trägheit schwingt das Pendel innerhalb derselben Ebene, jedoch nicht mehr über dem Kreidestrich, da das Zimmer sich bewegt hat! Schuld daran ist die Erdrotation. Am Sitz der Vereinten Nationen in New York kann man ein riesengroßes Pendel in Aktion besichtigen.

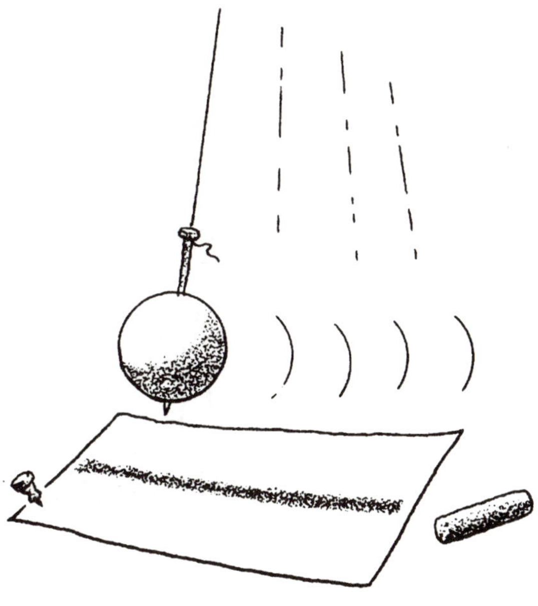

254 Vorboten des Sonnenlichts

DU BRAUCHST:
fest verschlossene Flasche mit Wasser
Bücher
Lampe ohne Schirm

Warum wir die Sonne bereits einige Minuten vor und nach Sonnenuntergang sehen. Das ist der Grund:

Versuch: Leg die Flasche neben einen Stapel Bücher auf einen Tisch. Stell die Lampe gegenüber auf. Der Bücherstapel soll so hoch sein, dass du die Lampe nicht sehen kannst. Leg dann die Wasserflasche vor den Bücherstapel. Die Abbildung zeigt dir wie.

Was passiert: Du kannst das Licht sehen, obwohl die Lichtquelle hinter dem Bücherstapel versteckt ist.

Warum: Die Rundung der Flasche gleicht der Erdatmosphäre. Sie bricht die Lichtstrahlen und bringt die Lichtquelle in das Blickfeld. Dadurch entsteht eine Luftspiegelung, wie sie in der Wüste, auf See oder am Himmel beobachtet werden kann.

Das Licht der auf- oder untergehenden Sonne durchdringt eine dickere Schicht der Erdatmosphäre als das Mittagslicht. Dadurch werden die Sonnenstrahlen gebrochen. So kann man bei Sonnenaufgang ein Abbild der Sonne am Horizont erkennen, noch bevor die Sonne selbst den Horizont erreicht. Ebenfalls wegen der gebrochenen Sonnenstrahlen kann man auch nach Sonnenuntergang für kurze Zeit noch ein Abbild der Sonne erkennen.

255 Die Welt ist in Bewegung

Viele Jahrhunderte lang glaubten die Menschen, die Sonne würde sich um die Erde drehen. Heute wissen wir, dass die Erde sich um ihre eigene Achse und um die Sonne dreht. Für dieses Experiment benötigst du lediglich einen leichten Stuhl.

Versuch: Stell den Stuhl in die Mitte des Raums. Geh um den Stuhl herum.

Was passiert: Hinter dem Stuhl tauchen immer neue Gegenstände auf.

Warum: Die Gegenstände im Raum hinter dem Stuhl scheinen sich zu bewegen, obwohl du es bist, der sich bewegt.

So haben wir auch von der Sonne den Eindruck, sie würde sich bewegen, aber es ist die Erde, die sich dreht und diesen Eindruck hervorruft.

Die Erde vollendet ihre 965 Millionen Kilometer lange Reise um die Sonne in einem Zeitraum von etwas mehr als 365 Tagen, mit einer Geschwindigkeit von annähernd 29,76 km pro Sekunde. Sie beschreibt dabei eine ovale Bahn – eine Ellipse. Deshalb bewegt sie sich nicht immer gleich schnell. Je näher die Erde an die Sonne herankommt, desto schneller wird sie.

256 Sonnenlicht im Zimmer

DU BRAUCHST:
Stück Kreide
Bleistift oder Füller

Noch ein Beweis, dass die Erde ihre Position ändert. Dieses Experiment wird dich für Monate beschäftigen!

Versuch: Markier mit der Kreide auf dem Fußboden oder an der Wand die Stelle, bis zu der die Sonne in das Zimmer scheint. Notier dir die Stelle, die exakte Uhrzeit und das Datum.

Eine weitere Linie ziehst du, zur selben Tageszeit, eine Woche später. Notier dir wieder Stelle und Datum.

Wiederhol diese Prozedur jede Woche ein ganzes Jahr lang.

Was passiert: Die Sonnenstrahlen treffen jede Woche auf eine andere Stelle.

Warum: Die Bewegung der Erde um die Sonne ist dafür verantwortlich, dass die Linie von Woche zu Woche und von Monat zu Monat wandert.

257 Die vier Jahreszeiten

DU BRAUCHST:
Orange
Stricknadel
hohe Lampe ohne Schirm
Stück Pappe
Stift

Am Äquator ist es das ganze Jahr über heiß, während es am Nordpol und am Südpol immer kalt ist. Aber in den meisten Erdregionen gibt es vier Jahreszeiten. Warum?

Versuch: Steck die Stricknadel durch die Orange. Die Orange stellt die Erde, die Stricknadel die imaginäre Erdachse dar.

Zeichne mit einem Stift eine Ellipse mit einem Durchmesser von 25 cm auf die Pappe *(siehe Experiment 258)*. Sie stellt die ovale Umlaufbahn der Erde dar. Markier die vier Himmelsrichtungen: Norden, Süden, Osten, Westen.

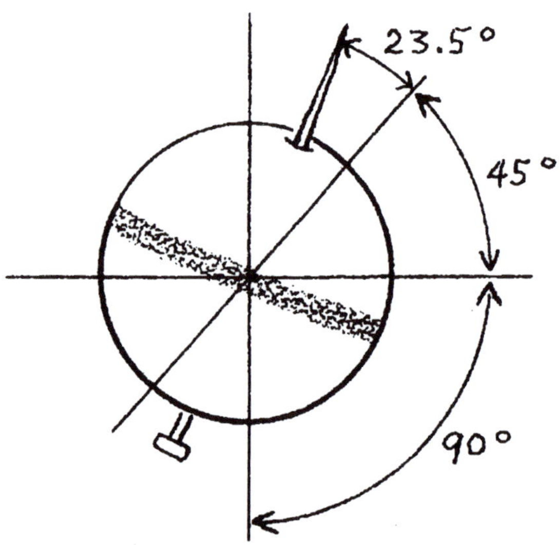

Stell die Lampe, die deine Sonne ist, in die Mitte der Pappe

1. Halte die Nadel senkrecht und beweg die Orange zu den vier Positionen. Achte darauf, welche Teile der Orange erhellt werden.

2. Neig die Orange, sodass der Winkel zwischen Senkrechter und Achse ca. 23,5° beträgt. *(siehe Abbildung)*. Dreh die Orange nacheinander in die vier Positionen, ohne den Neigungswinkel der Nadel zu verändern. Beachte, wo die Orange angestrahlt wird, d. h., an welchen Stellen die Strahlen direkt und an welchen sie indirekt auftreffen.

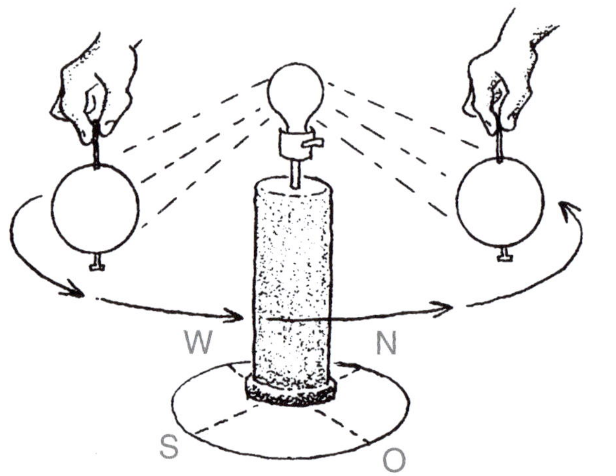

Was passiert:

1. Bei exakt senkrechter Nadel wird immer dieselbe Stelle erhellt, unabhängig davon, wo sich die Orange im Verhältnis zur Lampe befindet.

2. Ist die Nadel in einem Winkel von 23,5° geneigt, hängt die Lichtmenge davon ab, ob sich die Orange zur Lampe hin- oder aber abneigt.

Warum: Verliefe die Erdachse senkrecht, gäbe es keine Jahreszeiten. Aber die Erdachse befindet sich in einem Winkel von 23,5° zum Polarstern. Nur wegen dieses Neigungswinkels gibt es auf der Erde unterschiedliche Jahreszeiten.

Ist der Teil der Erde, auf dem wir wohnen, zur Sonne hingeneigt, dann ist Sommer, da wir die

Sonnenstrahlen direkt empfangen. Sechs Monate später ist unser Teil von der Sonne abgeneigt – es ist Winter, da das Sonnenlicht schräg einfällt und somit auch weniger Wärme transportiert.

Am Äquator trifft das Sonnenlicht immer direkt auf. Es gibt keine Jahreszeiten. An den Polen fallen die Sonnenstrahlen immer schräg ein.

Die Jahreszeiten entstehen also nicht durch den Abstand zwischen Erde und Sonne. Tatsächlich ist auf der Nordhalbkugel der Abstand der Erde von der Sonne im Januar geringer als im Juni.

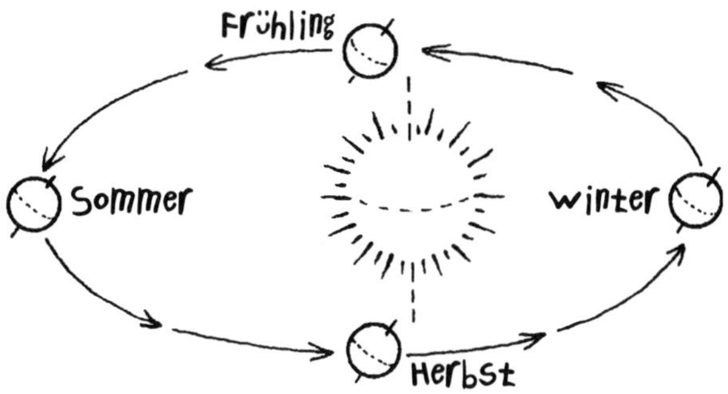

258 Ellipsen zeichnen

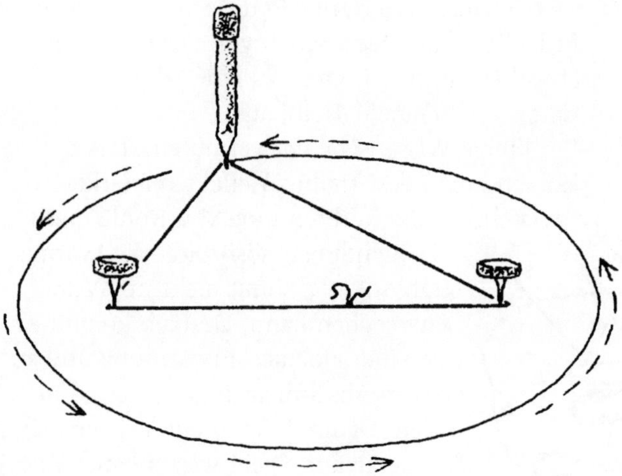

Die Umlaufbahn der Erde um die Sonne ist elliptisch. So wird eine Ellipse gezeichnet:

Leg ein Blatt unliniertes Papier auf ein Stück Karton. Steck zwei Nadeln (oder Reißzwecken) in einem Abstand von 5 cm in das Papier. Binde die beiden Enden eines 15 cm langen Fadens zusammen und leg den Faden um die Nadeln herum. Steck einen Bleistift in die Schlinge und spann den Faden. Du bewegst nun, bei gespanntem Faden, den Bleistift im Kreis herum und es entsteht eine Ellipse.

259 Der Treibhauseffekt

DU BRAUCHST:
Plastiktüte
2 Zimmerthermometer

Der Treibhauseffekt führt zu einer Erwärmung der Erde. Was steckt dahinter? Dieses Experiment muss an einem sonnigen Tag durchgeführt werden.

Versuch: Du legst die verschlossene Plastiktüte, mit einem der beiden Thermometer darin, auf ein sonniges Fensterbrett. Daneben legst du das zweite Thermometer.

Lies beide Thermometer nach 10 Minuten ab.

Was passiert: Das Thermometer in der Tüte zeigt einige Grade mehr an als das andere.

Warum: Die Sonnenstrahlen dringen problemlos in das Innere der Tüte. Dort verwandeln sie sich in Wärme, die jedoch nur teilweise entweichen kann. Deshalb steigt die Temperatur in der Tüte an. Sie heizt sich auf wie ein Treibhaus, in dem der Gärtner seine Pflanzen zieht.

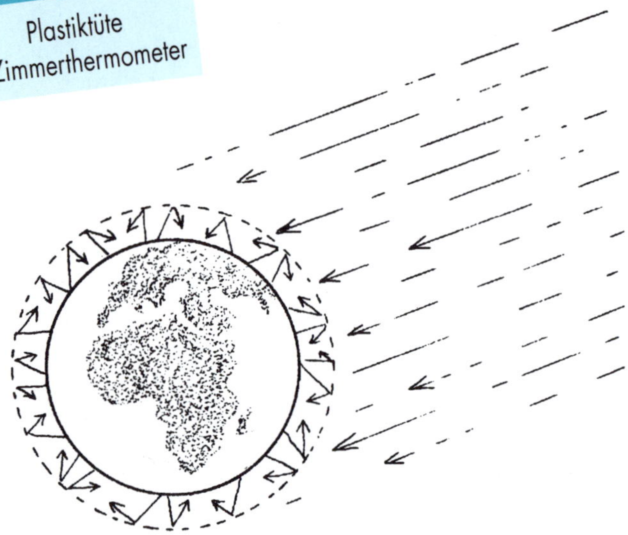

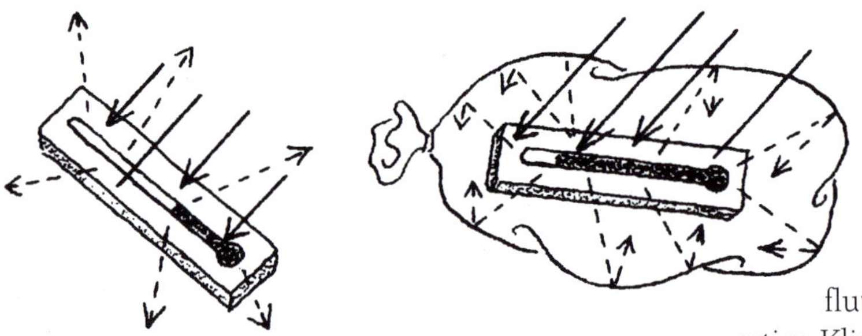

Genauso durchdringen die Sonnenstrahlen die Erdatmosphäre. Sie werden von der Erdoberfläche absorbiert und es kommt zu einer Klimaerwärmung wie in einem Treibhaus.

Einige Wissenschaftler vermuten, dass das Kohlendioxid den Treibhauseffekt verstärkt. Es entsteht bei der Verbrennung von Kohle und Öl. Kohlendioxid absorbiert die Wärmestrahlung, die somit nicht ins Weltall entweichen kann. Deshalb kommt es zu einer globalen Erwärmung und zu einem Abschmelzen des Eises an den Polen. Dadurch kann der Wasserspiegel der Meere ansteigen, was zu einer Überflutung der Küsten führen würde. Eine derartige Klimaveränderung würde viele Probleme verursachen.

Andere Wissenschaftler sagen eine Abkühlung voraus. Ihrer Meinung nach hält die Luftverschmutzung einen Teil der Sonnenstrahlen ab und verhindert so eine Verstärkung des Treibhauseffekts.

Wirbelstürme und sanfte Brisen

Wir leben auf dem Grund eines Ozeans aus Luft, den wir Atmosphäre nennen. Das Wettergeschehen spielt sich größtenteils in den unteren 5000 Metern der Atmosphäre ab. Der Wind spielt eine wichtige Rolle – er transportiert Sonnenwärme von wärmeren Regionen in kältere Gebiete.

Wind ist bewegte Luft. Was aber ist Luft? Wodurch gerät sie in Bewegung? Wie entstehen Stürme?

Windrekord

Stärkster gemessener Bodenwind: 370 km/h
Ort: Mount Washington, New Hampshire
Datum: 12. April 1934

Windigster Ort: Orkanböen erreichen 320 km/h
Ort: Commonwealth Bay, Antarktis

Der stärkste Tornado: 457 km/h
Ort: Wichita Falls, Texas
Datum: 2. April 1958

Der verheerendste Tornado: tötete 792 Menschen
Ort: im südlichen Binnenland der USA
Datum: 18. März 1925

Der stärkste Wind im Randbereich eines Hurrikans: über 118 km/h

Der Hurrikan mit den stärksten Sturmböen: zwischen 280 und 288 km/h
Ort: Central Keys und die Südwestküste Floridas (USA)
Datum: 29. August–13. September 1960

Der verheerendste Hurrikan der Welt: in den Flutwellen starben eine Million Menschen
Ort: Bangladesch
Datum: 1970

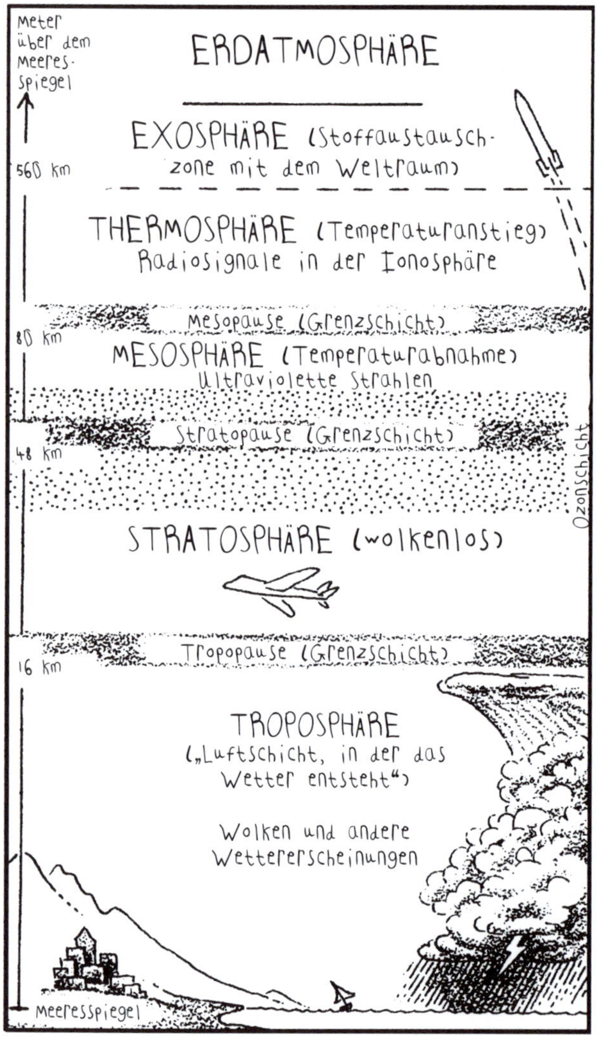

260 Luft benötigt Platz

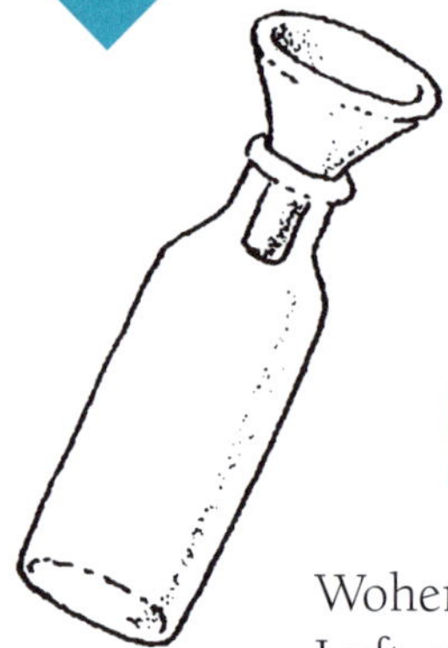

DU BRAUCHST:

Trichter
leere Milchflasche
breites Kreppband
oder Knetmasse
Wasser

Woher wissen wir, dass es Luft gibt?

Versuch: Steck den Trichter in die Milchflasche. Verwende zum Abdichten der Stelle zwischen Flaschenhals und Trichter entweder das Kreppband oder die Knetmasse.

Füll Wasser in den Trichter.

Was passiert: Das Wasser bleibt im Trichter. Es fließt nicht in die Flasche.

Warum: Die „leere“ Flasche ist bereits mit Luft gefüllt. Sie benötigt Platz und lässt kein Wasser rein.

Wenn du das Kreppband oder die Knetmasse entfernst, passiert etwas ganz anderes, da die Luft nun entweichen kann.

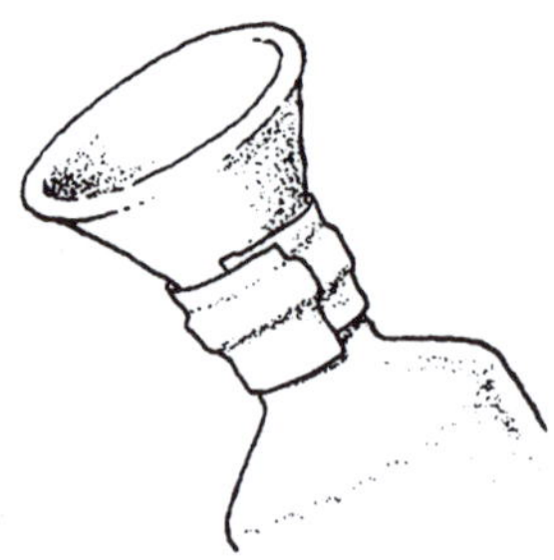

261

Luft hat Gewicht

DU BRAUCHST:
Lineal
Kleiderhaken
2 Luftballons
Klebeband
Faden

Luft ist ein richtiger Stoff. Sie nimmt nicht nur Raum ein, sondern hat auch Gewicht. Hier ist der Beweis.

Versuch: Binde das Lineal in der Mitte mit der Schnur an den Kleiderhaken. Befestige die Ballons am Lineal, jeweils gleich weit von den Enden entfernt. Das Lineal muss im Gleichgewicht sein.

Lös einen Ballon und blas ihn auf. Verschließ ihn mit einem Knoten und befestige ihn wieder an derselben Stelle des Lineals.

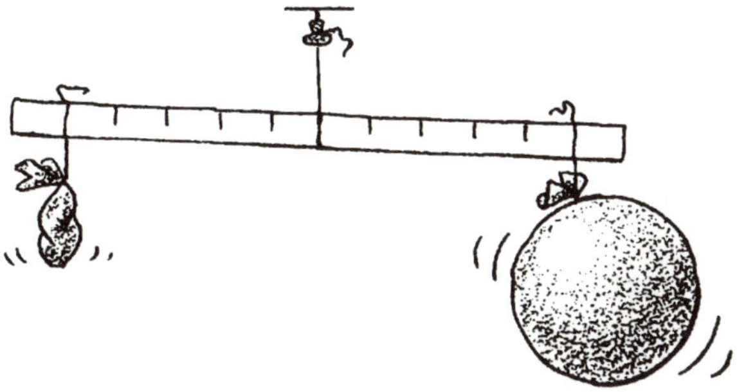

Was passiert: Der mit Luft gefüllte Ballon zieht das Lineal nach unten.

Warum: Der mit Luft gefüllte Ballon ist schwerer als der ohne Luft. Luft hat Gewicht. Sie ist sogar ziemlich schwer. Auf Meereshöhe wiegen 2,5 cm^3 Luft 6,6 kg. Im Hochgebirge ist die Luft dünner und wiegt weniger.

Nur heiße Luft

DU BRAUCHST:
Luftballon
Milchflasche
Topf heißes Wasser

262

Warum nimmt heiße Luft mehr Raum ein als kalte?

Versuch: Zieh die Öffnung des Ballons über den Flaschenhals.

Stell die Flasche für fünf Minuten in heißes Wasser.

Was passiert: Der Ballon wird wie von selbst aufgeblasen.

Warum: Die Luft im Ballon dehnt sich beim Erwärmen aus. Die Moleküle bewegen sich schneller und über eine größere Distanz. Deshalb dehnt sich der Ballon aus.

Genauso verhält sich erwärmte Luft auch außerhalb des Ballons. Warme Luft hat eine geringere Dichte als kalte. Sie benötigt mehr Raum als dieselbe Menge kalter Luft – und wiegt weniger.

263 Luftströmung und Wind

DU BRAUCHST:
Körperpuder
Tuch
Glühlampe

Erzeug eine Luftströmung – und beobachte, was sie bewirkt.

Versuch: Streu etwas Puder auf das Tuch und schüttele es über der ausgeschalteten Lampe aus. Achte darauf, was passiert.

Schalte die Lampe nun ein. Schüttele erneut das Tuch mit etwas Puder über der Lampe aus, nachdem sie sich einige Minuten erwärmt hat.

Was passiert: Bei ausgeschalteter Lampe rieselt der Puder langsam nach unten. Ist die Lampe heiß, steigt der Puder nach oben.

Warum: Die Luft, durch die heiße Lampe erwärmt, steigt nach oben – und mit ihr der Puder. Kühlere und dichtere Luft sinkt nach unten.

Dasselbe passiert auch in der Natur. Warme Luft steigt wegen ihrer geringeren Dichte nach oben, kühlere Luft strömt nach.

Luftmassen, die nach oben oder nach unten strömen (vertikal), werden Luftströmung genannt. Wind dagegen bewegt sich horizontal.

Die Geschwindigkeit von Strömungen und von Wind hängt davon ab, wie groß die Temperaturunterschiede benachbarter Regionen sind. Die Windrichtung hängt von der Lage dieser Gebiete ab.

264 Wie viel Sauerstoff ist in der Luft?

DU BRAUCHST:
Bleistift
Stahlwolle
Wasser
Teller mit Wasser
Messbecher aus Glas

Luft ist eine Mischung unsichtbarer, geruchloser Gase, darunter Sauerstoff. Wie hoch ist der Sauerstoffanteil?

Versuch: Bedeck den Boden des Messbechers mit Stahlwolle, feuchte sie an und steck den Bleistift hinein. Stell den Messbecher samt Inhalt nun kopfüber in den mit Wasser gefüllten Teller. Lass das Ganze drei Tage lang stehen.

Was passiert: Die Stahlwolle rostet, das Wasser steigt, bis es ca. ein Fünftel des Messbechers füllt.

Warum: Durch die Rostbildung wird der Luftsauerstoff im Glas verbraucht. Es entsteht ein Raum mit niedrigem Druck. Wasser strömt in den Becher und nimmt den Platz des verbrauchten Sauerstoffs ein. Da Luft zu einem Fünftel aus Sauerstoff besteht, steigt der Wasserspiegel bis zu einem Fünftel an.

Der restliche Bestandteil der Luft ist größtenteils Stickstoff mit einem geringen Anteil verschiedener anderer Gase, darunter Kohlendioxid.

265

Wodurch entsteht eine Inversion?

HEISS!

Was geschieht bei einer Inversion? Lass dir bei diesem Experiment von einem Erwachsenen helfen.

DU BRAUCHST:
2 Marmeladengläser
heißes Wasser
kaltes Wasser
Karteikarte
Streichhölzer
Stück Schnur

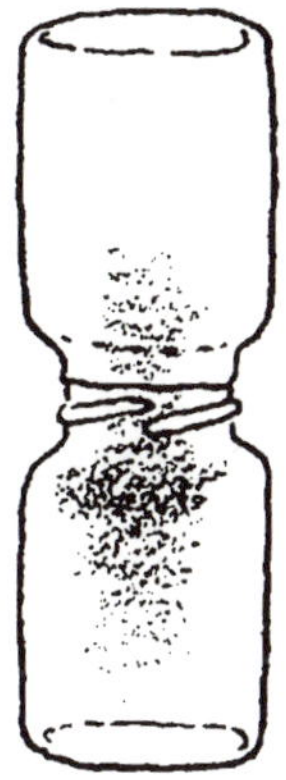

Versuch: Spül das eine Glas mit sehr heißem Wasser aus, das andere mit kaltem. Trockne beide gründlich ab.

Leg die Karteikarte über die Öffnung des kalten Glases und stell das warme Glas kopfüber darauf.

Bitte einen Erwachsenen ein Schnurende anzuzünden. Leite den Qualm in das untere Glas, bis es voll davon ist. Stell das andere wieder darauf und entfern die Karteikarte.

Wiederhol den Versuch, jedoch diesmal mit dem kalten Glas unten und dem warmen Glas darüber. Was passiert nun?

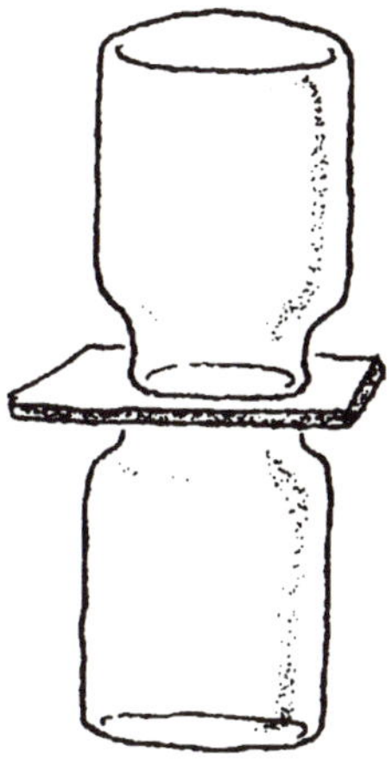

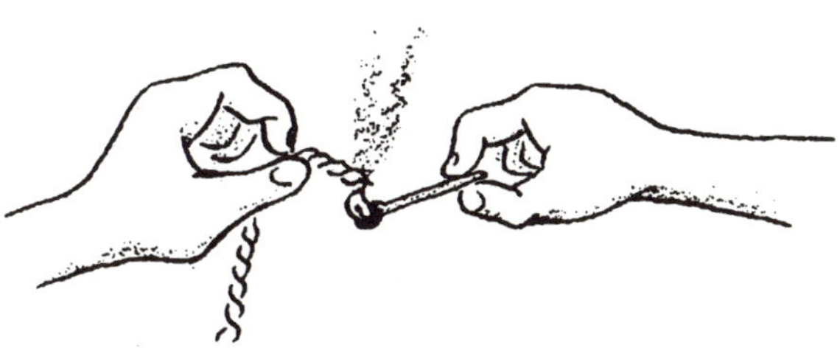

Was passiert: Befindet sich das warme Glas unten, steigt der Rauch aus dem unteren in das obere Glas auf. Im umgekehrten Fall bleibt der Rauch unten gefangen und kann nicht aufsteigen.

Warum: Der Rauch steigt zusammen mit der warmen Luft nach oben, während die kalte, dichtere Luft absinkt. Wenn aber die kalte Luft unterhalb der warmen Luft gefangen ist, kann auch der Rauch nicht aufsteigen.

Genau das passiert in der Erdatmosphäre, wenn warme Luftmassen in der Höhe Staubpartikel am Boden halten. Das nennt man eine Inversionslage. Bei hoher Luftverschmutzung kann es zu Beschwerden der Augen und der Atemwege kommen.

Der Schadstoffanteil der Luft wird regelmäßig gemessen. Besonders gesundheitsschädlich sind hohe Anteile von Schwefeldioxid und Kohlenmonoxid.

266 Luftverschmutzung?

DU BRAUCHST:
große, leere Büchse
weißes Blatt Papier
Lupe

Man braucht keine komplizierten Messinstrumente, um festzustellen, ob die Luft verschmutzt ist.

Versuch: Leg die Dose mit dem Papier aus. Stell sie dann eine Woche lang ins Freie.

Hol die Dose wieder rein, entfern das Papier vorsichtig aus der Dose und schau es dir unter der Lupe genau an.

Was passiert: Staub und Ruß haben das Papier verfärbt.

Warum: Autos und Fabrikschlote stoßen Schadstoffe aus. Diese verschmutzen die Luft und reichern sich dort an, wo der Wind sie nicht verteilt – z. B. weil eine warme Luftschicht wie ein Deckel über ihnen liegt. Manchmal bildet sich durch den Staub in der Luft dichter Nebel, in dem man kaum mehr die Hand vor Augen sehen kann.

267 Wirbelstürme

DU BRAUCHST:
Stricknadel
Ball
Farbstift

Warum wirbeln Wirbelstürme nördlich des Äquators gegen den Uhrzeigersinn?

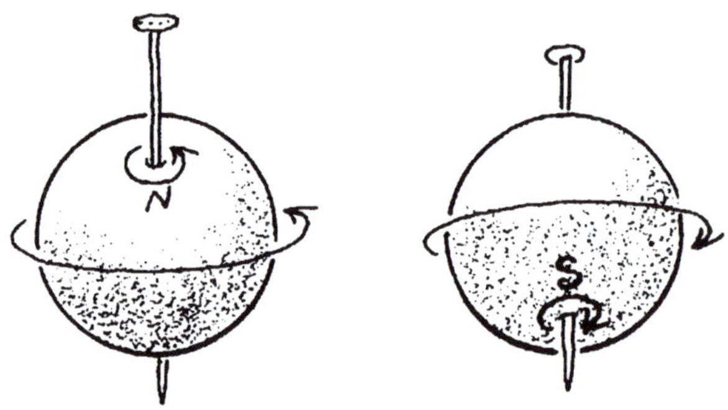

Versuch: Steck die Stricknadel durch den Ball. Markier die Oberseite mit einem „N“ für Nordpol, die Unterseite mit einem „S“ für Südpol.

Halte den Ball so, dass das „N“ oben liegt, und dreh ihn in westliche Richtung. Achte auf das „N“.

Halte nun den Ball über deinen Kopf und dreh ihn weiterhin in derselben Richtung.

Was passiert: Am Nordpol dreht sich der Globus entgegen dem Uhrzeigersinn – aber die Südhälfte dreht sich im Uhrzeigersinn!

268 Vorherrschende Winde

DU BRAUCHST:
Murmel
Drehscheibe (z. B. eine drehbare Tortenplatte)

Die Erde dreht sich in ostwestlicher Richtung. Das beeinflusst auch die Richtung, in der die Winde wehen. Der folgende Versuch zeigt, warum in manchen Regionen der Wind immer aus derselben Richtung bläst.

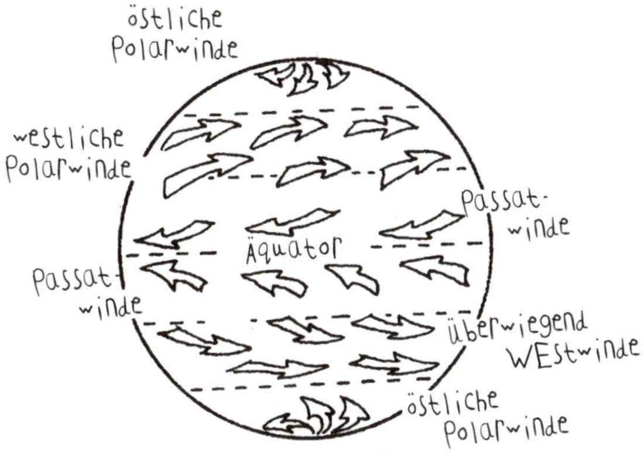

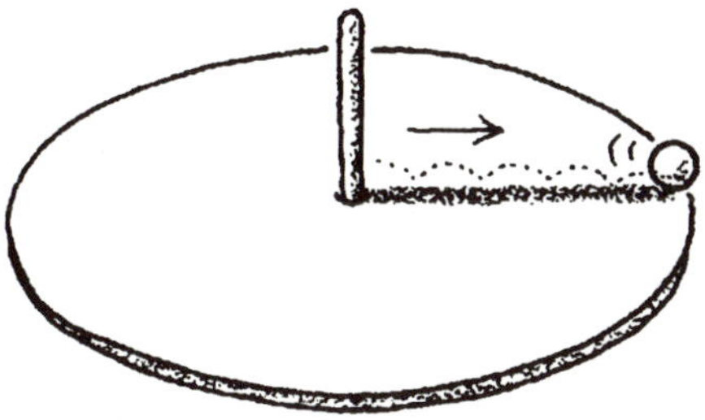

Versuch: Lass die Kugel von der Mitte der Drehscheibe an den Rand rollen. Beachte, was passiert.

Setz die Platte nun in Bewegung. Ziel mit der Kugel von der Mitte der Drehscheibe aus auf denselben Punkt am Rand.

Versuch anschließend noch die Kugel vom Rand der Drehscheibe zur Mitte zu rollen.

Was passiert: Wenn sich die Scheibe nicht dreht, dann rollt die Kugel in gerader Linie von der Mitte zum Rand. Dreht sich die Scheibe jedoch, wird die Kugel seitlich abgelenkt.

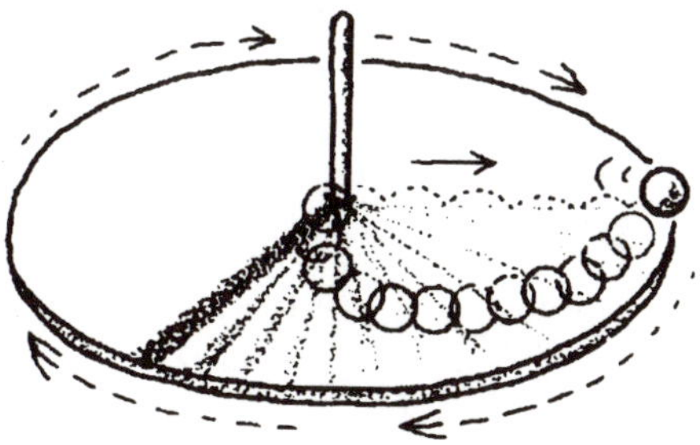

Warum: Es ist ganz klar, dass die Kugel geradeaus rollt, wenn die Drehscheibe still steht. Obwohl es nicht so aussieht, rollt die Kugel auch dann noch geradeaus, wenn die Scheibe sich dreht. Die Kugel stoppt an verschiedenen Stellen der rotierenden Scheibe und deshalb scheint sie eine Kurve zu beschreiben. Aber sie verändert ihre Position, weil die Scheibe sich von ihr weg bewegt. Dieses Phänomen nennt man Coriolis-Effekt.

Auf dieselbe Weise bewirkt die Rotation der Erde um ihre eigene Achse, dass die Winde nach einem bestimmten Muster abgelenkt werden. Die Erdrotation verursacht weltweit verbreitete Windsysteme, die „vorherrschende Winde“ genannt werden – Winde, die fast ständig aus derselben Richtung wehen. Das Wetter auf der Erde wird zu einem großen Teil von diesen Windsystemen beeinflusst.

Lokale Winde

Winde können ganz sanft sein und von kurzer Dauer. Manchmal aber sind sie so gewaltig, dass in kurzer Zeit Menschen und Häuser zu Schaden kommen. In einigen Regionen der Erde kommen heftige Stürme jedes Jahr vor, sodass die Menschen sich darauf einstellen müssen.

Seewinde wehen vom Meer landeinwärts. Sie entstehen durch Druckunterschiede über dem Land und dem Meer.

Fallwinde stürzen von einem Gebirge in die Täler hinab. Der Wind, der aus einem Tal einen Hang hinaufsteigt, wird Thermik genannt.

Föhn ist warmer, trockener Wind, der auf der windabgewandten Seite eines Gebirges ins Tal fällt. In den Rocky Mountains kann der Föhn über Nacht bis zu einem halben Meter Schnee wegschmelzen. Die Indianer nennen ihn deshalb auch *chinook* (Schneefresser). In Südamerika heißt der Föhn, der auf der Westseite der Anden abfällt, *zonda*, der Föhn, der auf der Ostseite vorkommt, wird *puelche* genannt.

Eine Sturmböe kann sehr heftig sein, dauert aber nur eine Minute oder zwei. Sie wird oft von einer dicken, dunklen Wolkenwand und einem kurzen, heftigen Schauer begleitet. Es kam aber schon vor, dass eine Sturmböe Hunderte von Booten zum Kentern brachte. In Alaska nennt man diese Winde *Williwaw* und in Australien *Cockeyed Bob*.

Der Mistral bläst im Winter kalte und trockene Luft aus den französischen Alpen über die südfranzösische Küste. Er kann Monate dauern. Der Monsun, ein von der Jahreszeit abhängiger Wind in Indien und Südostasien, bringt im Sommer sintflutartige Regenfälle. Der Samum, ein heißer, trockener Wüstenwind, wirbelt riesige Sandwolken auf. Er kann nur ein paar Minuten dauern, aber auch mehrere Tage anhalten.

In einer Höhe von 10 bis 20 km über dem Meeresspiegel gibt es den so genannten Jetstream. Er entsteht durch die großen Temperaturunterschiede zwischen der Troposphäre und der Stratosphäre. Mit einer Geschwindigkeit von bis zu 550 km pro Stunde erstreckt er sich über Tausende von Kilometern hinweg. Piloten nutzen mit ihren Flugzeugen häufig die Schubkraft dieser Winde, wenn ihre Richtung mit der Flugrichtung übereinstimmt.

269 Luftmassen und Fronten

Eine Luftmasse wird immer von derselben Temperatur und derselben Luftfeuchtigkeit bestimmt. Wie bilden sich Luftmassen? Um das zu erfahren, brauchst du nur einen Heizkörper oder ein Heizgerät und einen Kühlschrank oder ein Klimagerät.

Versuch: Stell dich zunächst zwei Minuten lang vor den Heizkörper oder das Heizgerät. Dann stell dich zwei Minuten lang vor den offenen Kühlschrank oder das Klimagerät.

Was passiert: Vor dem Heizkörper stehend spürst du warme Luft, während du vor dem Kühlschrank die kalte Luft spüren kannst.

Warum: Der warme Heizkörper erwärmt die Luft in seiner Umgebung. Der Kühlschrank kühlt die ihn umgebende Luft. Bei Luftmassen passiert das Gleiche. Luft, die sich über längere Zeit über einer bestimmten Region befindet, bildet eine Luftmasse von gleicher Temperatur und Luftfeuchtigkeit.

Wenn eine Luftmasse weiterzieht, bestimmt sie das Wetter der Region, über die sie hinwegzieht.

Warme und kalte Luftmassen, die aufeinandertreffen, mischen sich nicht. Stattdessen bildet sich eine Front, die oft viele Kilometer lang ist. Bei einer Kaltfront zwingen die kalten Luftmassen die warmen zum Aufsteigen. Von einer Warmfront spricht man, wenn warme Luftmassen kalte Luftmassen vor sich herschieben. Bewegt sich keine der Luftmassen, nennt man dies eine stationäre Front.

Die Ankunft einer Front kündigt einen Wetterwechsel an.

Eine Kaltfront bewegt sich schnell. Ist die mitgeführte Luft trocken, dann wird es bewölkt und kälter. Führt eine Kaltfront feuchte Luft mit sich, können sich Gewitter und Hagel bilden.

Eine Warmfront rückt langsamer heran. Wenn die Luft trocken ist, bilden sich Wolkenfetzen. Ist die Luft aber feucht, dann wird der Himmel grau und es kann tagelang regnen oder schneien.

Wenn die Front weiterzieht, herrscht meistens schönes Wetter – warm, wenn warme Luftmassen zurückbleiben, kalt, wenn kalte Luftmassen zurückbleiben.

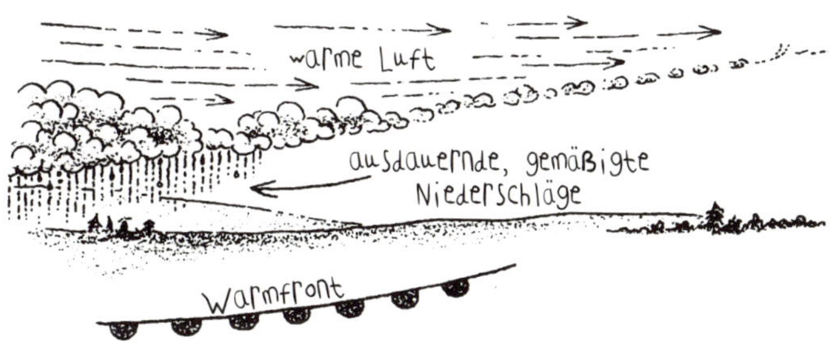

270 Luftdruck und Wettervorhersagen

DU BRAUCHST:
Stück Luftballon
Trichter
Klebeband

Beobachte den Luftdruck und du kannst vorhersagen, wie sich das Wetter in den nächsten Stunden und Tagen entwickeln wird.

Versuch: Spann den Luftballon über die Oberseite des Trichters und kleb ihn gut fest.

Saug etwas Luft aus der Tülle des Trichters. Achte darauf, was mit dem Gummi passiert.

Dreh den Trichter um und saug wieder etwas Luft an. Nun halte den Trichter zur Seite und saug erneut Luft an.

Was passiert: Wenn du Luft ansaugst, wird der Gummi nach innen gezogen, unabhängig davon, wie du den Trichter hältst.

Warum: Wenn du Luft ansaugst, entfernst du diese aus dem Inneren des Trichters. Während dieser Zeit ist der Andrang der Luft von außen größer als von innen, auch wenn du den Trichter nach unten oder zur Seite hältst. Die Schwere der Luft wirkt immer – nach allen Richtungen gleich.

Du hast bereits erfahren, dass die Luft auf Grund der Erdanziehungskraft über jedem Quadratzentimeter der Erdoberfläche 1 kg wiegt. Dieses Gewicht wird Luftdruck genannt.

Bei Kälte drückt dichte Luft auf die Erde und der Luftdruck ist hoch. Warme, weniger dichte Luft steigt nach oben; deshalb ist der Luftdruck, wenn es draußen warm ist, eher niedrig.

Hochdruck führt in der Regel zu gutem Wetter, während Tiefdruck schlechtes Wetter und Wind verursacht. Ein Druckabfall oder Druckanstieg bringt immer Wind.

Bei großen Druckunterschieden strömen Luftmassen aus einem Hochdruckgebiet in das Gebiet mit niedrigerem Luftdruck. Das verursacht starken bis stürmischen Wind. Wenn der Druckunterschied gering ist, füllt sich das Tiefdruckgebiet langsam auf und wir haben eine sanfte Brise.

271 Ein Dosen-Trick

Dieses Experiment solltest du über einem Spül- oder Waschbecken ausführen.

DU BRAUCHST:
- leere Dose mit Schraubverschluss, z. B. Bonbondose
- Hammer
- Nagel
- Wasser

Versuch: Schlag mit dem Hammer und dem Nagel, nahe am Boden, ein kleines Loch in die Seitenwand der Dose. Füll die Dose mit Wasser und schraub den Deckel schnell zu. Nun entferne den Schraubverschluss wieder.

Was passiert: Erst wenn du den Verschluss entfernt hast, fließt Wasser aus dem Loch.

Warum: Der Luftdruck, der von unten gegen die Dose drückt, ist stärker als der Wasserdruck – bis du den Deckel entfernst. Dann wird, gemeinsam mit dem Druck der Luft auf die Öffnung der Dose, der nach unten gerichtete Druck des Wassers größer als der nach oben gerichtete Druck der Luft.

272 Buys-Ballot

Seit 1857 kann die Lage von Hoch- und Tiefdruckgebieten bestimmt werden.

Der niederländische Naturwissenschaftler Buys-Ballot entdeckte 1857, dass zwischen der Richtung des Windes und der Lage der Hoch- und Tiefdruckgebiete, die ihn verursachen, eine Beziehung besteht.

Wenn du auf der Nordhalbkugel der Erde mit dem Rücken zum Wind stehst, befindet sich das Hochdruckgebiet zu deiner Rechten, das Tiefdruckgebiet zu deiner Linken. Auf der Südhalbkugel verhält es sich genau anders herum.

Dreht sich der Wind, dann ändert sich oft auch das Wetter. Nördlich des Äquators bringen West- oder Südwinde warmes und feuchtes Wetter. Winde aus Norden oder Osten bringen meist trockene Kaltluft, besonders im Winter.

273 Tornado!

DU BRAUCHST:
saubere, leere Plastikflasche

Die Zerstörung, die ein Tornado anrichtet, wird fast immer von der gewaltigen Geschwindigkeit des Wirbelsturms verursacht. Eine Menge Schaden entsteht aber auch durch den Druckabfall.

Versuch: Saug mit deinem Mund die Luft aus der Flasche.

Was passiert: Die Flasche verliert ihre Form.

Warum: Die Luft außerhalb der Flasche presst die Flasche zusammen, da du einen Teil der Luft aus dem Flascheninneren entfernt hast. Normalerweise gleicht die Luft in der Flasche den Druck von außen aus.

Der Luftdruck in der Flasche fällt ab, wie im Zentrum eines Tornados.

Ein Tornado entwickelt sich, wenn kalte, trockene Luft aus dem Westen auf sehr warme, feuchte Luft aus dem Süden trifft. Es entsteht ein Wirbelsturm in Verbindung mit dicken, dunklen Wolken und Gewittern. Mit den spiralförmig nach oben aufsteigenden, warmen Luftmassen werden Wassertröpfchen mitgerissen. Wenn sich die Luft dann abkühlt, entsteht daraus die trichterförmige Wolke des kreisenden Tornados.

Die trichterförmige Windwolke entwickelt enorme Geschwindigkeiten und ergreift Staub, Bäume, Wasser, Autos, Häuser und alles, was sich ihr in den Weg stellt, und wirbelt es in die Luft. In der rasant aufsteigenden Luftsäule innerhalb des Trichters verringert sich der Luftdruck ständig.

Ein Haus im Zentrum des Tornados kann genauso zerstört werden wie die Flasche – weil der Luftdruck im Zentrum des Tornados geringer ist als der Druck im Inneren des Hauses.

Der Tornado wütet so lange, bis die erwärmten Luftmassen in Landnähe vollständig von einströmenden kühleren, weniger dichten Luftmassen ersetzt wurden. Dann tritt in der Atmosphäre Ruhe ein und der Tornado löst sich auf.

Mehr über Tornados

Ein Tornado dauert selten länger als eine Stunde. In der Regel hat er einen Durchmesser von 158 m. Nur zwei Prozent aller Tornados werden als verheerend eingestuft.

Tornados können aber auch länger dauern, mit Windgeschwindigkeiten bis zu 480 km/h. Die Schneise der Zerstörung kann bis zu 42 km lang und 1,6 km breit sein. Tornados gehören zu den verheerendsten Stürmen auf der Welt. Die meisten Verletzungen und Todesfälle gehen auf herumgewirbelte Gegenstände zurück.

Tornados werden auch Zyklone genannt.

274 Das Bernoulli-Prinzip

DU BRAUCHST:
2 Äpfel
2 Schnüre (je ca. 30 cm lang)
2 Reißzwecken

Der Luftdruck im Inneren eines Tornados ist so niedrig, dass er Häuser zerstören kann. Wie kommt der niedrige Druck zustande?

Versuch: Häng die Äpfel in einem Abstand von 7,5 cm an der Schnur auf. Puste kräftig dazwischen hindurch.

Was passiert: Statt auseinander gedrückt zu werden, bewegen sich die Äpfel aufeinander zu.

Warum: Durch dein Pusten kommt die Luft zwischen den Äpfeln in Bewegung. Dadurch verringert sich der Luftdruck zwischen ihnen. Deshalb werden die Äpfel durch den Luftdruck von der Seite aneinander gedrückt.

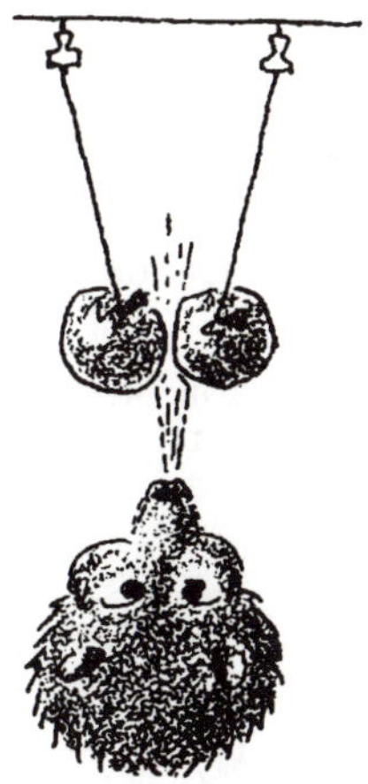

Je schneller sich die Luft bewegt, desto stärker ist der Druckabfall. Dieses Prinzip entdeckte der Schweizer Physiker Daniel Bernoulli im Jahr 1738.

Diese durch eine hohe Luftgeschwindigkeit verursachte Verringerung des Luftdrucks ist einer der Gründe für die verheerende Wirkung von Tornados. Auch noch so schwere Gegenstände werden durch den stärkeren Luftdruck in ihrer Umgebung nach oben gewirbelt.

275 Im Auge des Hurrikans

DU BRAUCHST:
Jo-Jo

Ein Hurrikan ist ein gewaltiger Sturm, der über tropischen Gewässern entsteht. Im Zentrum der kreisenden Winde befindet sich das ruhige „Auge“.

Versuch: Lass das Jo-Jo über dem Kopf kreisen.

Was passiert: Das Jo-Jo scheint an der Hand, die den Faden umfasst hält, zu zerren. Je schneller du es herumwirbelst, desto kräftiger zieht es.

Warum: Die Erklärung dafür ist die Zentrifugalkraft, jene Kraft, die einen Gegenstand nach außen zieht, wenn er sich in einer Kreisbahn bewegt.

Auf dieselbe Weise drängen die Winde eines Hurrikans mit zunehmender Geschwindigkeit nach außen, weg vom Zentrum. Sind die Winde schnell genug, dann entsteht in der Mitte ein Loch – das Erkennungszeichen für einen richtigen Hurrikan.

Das Auge eines Hurrikans ist ein wolkenloses Loch mit einem Durchmesser von ungefähr 16 km. Darin herrscht absolute Windstille. Aber um das Loch herum toben die Winde mit Geschwindigkeiten bis zu 240 km in der Stunde, manche Böen erreichen bis zu 288 km in der Stunde.

Hurrikane können in einer Breite von bis zu 96 km wüten. Sie dauern eine Woche oder länger und legen Entfernungen von Zehntausenden Kilometern zurück.

Hurrikane entstehen, wenn feuchtwarme Luftmassen über tropischen Gewässern in große Höhen (1800 m) aufsteigen. Die Feuchtigkeit kondensiert, verwandelt sich in Regentropfen, wodurch Wärmeenergie freigesetzt wird. Durch die nun einsetzende Sogwirkung kommt es zur Bildung einer bis zu 80 km hohen Luftsäule und statt blumenkohlartiger Kumulus-Wolken türmen sich Gewitterwolken.

Dann strömt Luft von außen nach um die aufsteigende Luft zu ersetzen. Auf Grund der Erdrotation entsteht ein Luftwirbel um die Säule. Dieser nimmt erneut Feuchtigkeit vom Meer auf, die dann wiederum in den Sog nach oben gerät, kondensiert und noch mehr Energie freisetzt. Der Sog nach oben verstärkt sich, es werden noch mehr Luftmassen und Feuchtigkeit von außen angezogen und der Luftwirbel um das Auge herum wird immer schneller.

Hurrikane drehen sich auf der Nordhalbkugel im Uhrzeigersinn, auf der Südhalbkugel gegen den Uhrzeigersinn.

Im Indischen Ozean werden die Hurrikane Zyklone genannt, im Pazifik heißen sie Taifune.

Querschnitt durch das Auge eines Hurrikans

WASSER, WASSER, ÜBERALL WASSER

Wie gelangt Wasser in die Luft? Wie löst es sich aus der Luft? Warum schneit es? Wie entsteht Regen? Graupel? Hagel? Das folgende Kapitel enthält Antworten auf diese und viele andere Fragen.

Rekord-Niederschläge

Größte Regenmenge an einem Tag:
184 cm
Ort: Réunion, Inselgruppe im Indischen Ozean
Datum: 15. März 1952

Größte Regenmenge in einem Monat:
915 cm
Ort: Assam, Indien
Datum: Juli 1961

Größte Regenmenge in einem Jahr:
26,02 m
Ort: Assam, Indien
Datum: August 1880–August 1881

Größte durchschnittliche Regenmenge:
11,50 m
Ort: Mount Waialeale, Kauai, Hawaii

Größte Gewitterhäufigkeit:
an 322 Tagen im Jahr
Ort: auf der Insel Java, Indonesien

Geringste Regenmenge im Jahr: 0,08 cm
Ort: Arica, Chile

Längste Trockenperiode: 400 Jahre
Ort: Atacamawüste, Chile

Größte Schneemenge an einem Tag:
189,5 cm
Ort: Silver Lake, Colorado
Datum: 14. April 1921

Schneereichster Schneesturm:
472,5 cm
Ort: Mount Shasta, Kalifornien
Datum: 13.–19. Februar 1959

276

Wasser steigt in die Luft

DU BRAUCHST:
2 Gläser (1 Deckel)
Wasser

Die Feuchtigkeit in der Luft ist Teil eines gigantischen Wasserkreislaufs. Der größte Teil stammt aus den fünf Ozeanen der Welt und aus vielen kleineren Wasserspeichern. Wie kommt das Wasser in die Luft?

Versuch: Füll in beide Gläser gleich viel Wasser. Verschließ eines mit dem Deckel. Lass beide Gläser über Nacht auf einem Tisch stehen. Schau sie dir am nächsten Morgen genau an.

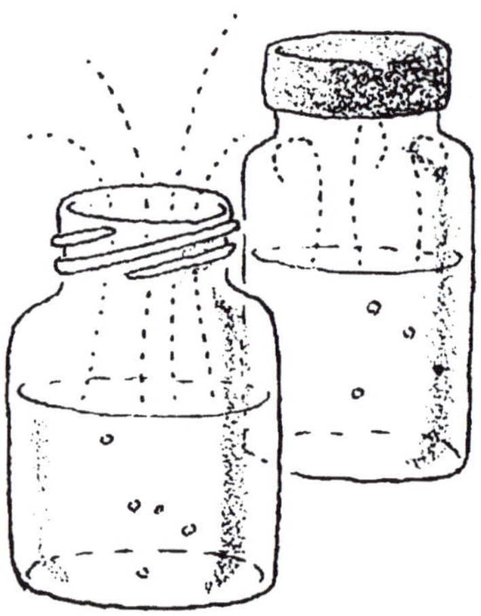

Was passiert: Im offenen Glas befindet sich weniger Wasser als im verschlossenen.

Warum: Selbst bei Zimmertemperatur bewegen sich die kleinen Partikel oder Moleküle im Wasser schnell genug, um aus dem Glas zu entkommen. Das Wasser verwandelt sich in Dunst, ein unsichtbares Gas. Dies wird als Verdunstung bezeichnet.

Solltest du dich je gefragt haben, was nach dem Regen mit den Wasserpfützen passiert, das ist die Erklärung. Und genau auf diese Weise gelangt Wasser in die Luft.

277 Verdunstung: 1. Lektion

DU BRAUCHST:
Messbecher
große, flache Schale
Wasser
hohe, schmale Flasche

In welchem Behälter verdunstet das Wasser schneller – in der Schale oder in der Flasche?

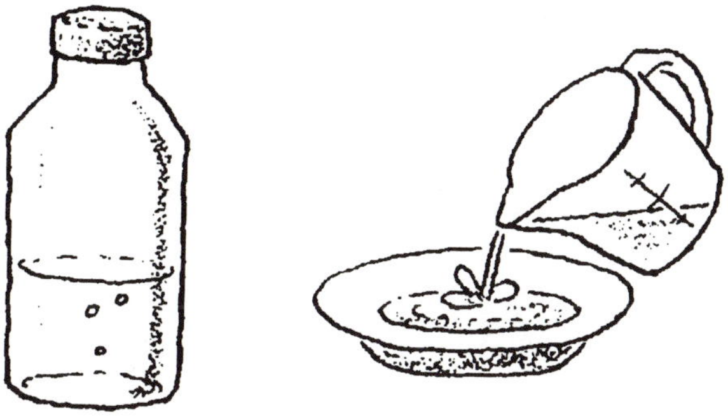

Versuch: Gieß je gleich viel Wasser in die Flasche und in die Schale. Lass beide, unbedeckt, über Nacht auf einem Tisch stehen. Schau sie dir am nächsten Morgen genau an.

Was passiert: In der Schale befindet sich weniger Wasser als in der Flasche.

Warum: Die Wassermoleküle können nur an der Oberfläche entweichen. Deshalb verdunstet Wasser bei einer größeren Oberfläche schneller. Eine große, seichte Pfütze wird deshalb schneller austrocknen als eine kleine, aber tiefe Pfütze.

278 Wind und Wasser

DU BRAUCHST:
Wäscheleine
Stück Pappe
2 nasse Taschentücher

Welche Wirkung hat Wind auf das in der Luft enthaltene Wasser? Warum trocknet eine nasse Tafel schneller, wenn sie ein Ventilator anbläst?

Versuch: Hänge beide Taschentücher zum Trocknen auf. Fächere einem mit der Pappe Luft zu.

Was passiert: Das Taschentuch, dem du Luft zugefächert hast, ist zuerst trocken.

Warum: Fächern beschleunigt die Verdunstung, weil dadurch die feuchte Luft um das Taschentuch herum durch trockene Luft ersetzt wird. Dieselbe Wirkung hat Wind auf die Wolken am Himmel.

279 Verdunstung: 2. Lektion

DU BRAUCHST:
2 Teller
Wasser

Welche Rolle spielt die Sonne bei der Verdunstung?

Versuch: Füll die Teller zur Hälfte mit Wasser. Stell einen in die Sonne oder auf die Heizung, den anderen in den Schatten.

Was passiert: In der Sonne und auf der Heizung verdunstet das Wasser schneller.

Warum: Je wärmer die Wassermoleküle sind, desto schneller steigen sie in die Luft auf.

Der größte Teil des verdunsteten Wassers stammt aus Seen, Flüssen, Meeren, Blättern und aus nassem Boden. Durch die Sonnenwärme verwandelt sich Wasser aus einer Flüssigkeit in Gas, das dann in die Luft aufsteigt. Je wärmer die Luft ist, desto mehr Wasser kann sie aufnehmen. Je stärker sie abkühlt, desto weniger Wasser enthält sie.

DU BRAUCHST:

Thermometer
Baumwolle
Strohhalm
Wasser
Gummiband

Verdunstung kühlt die Luft

280

Der Verdunstungsprozess verbraucht Wärme – deshalb wird die Umgebung, in der Flüssigkeiten verdunsten, automatisch kühler.

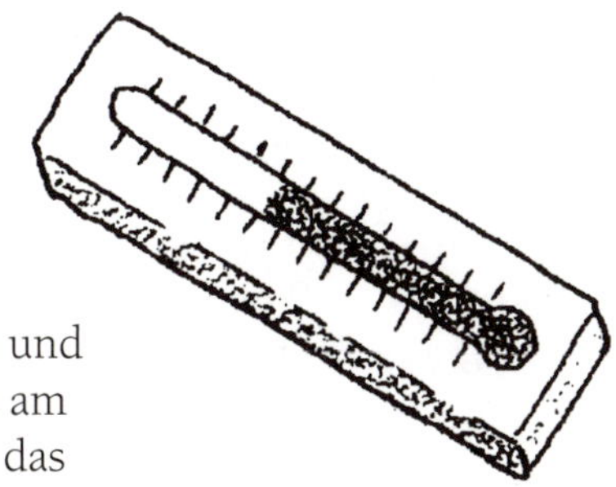

Versuch: Leg das Thermometer an einem windigen Ort aus. Notier dir nach 30 Minuten die Temperatur.

Feuchte eine kleine Menge Baumwolle mit dem Strohhalm an und befestige sie mit dem Gummiband am Reservoir des Thermometers. Lass das Thermometer wieder 30 Minuten lang im Wind liegen und notiere dir die Temperatur.

Was passiert: Die zweite Messung mit der feuchten Baumwolle zeigt einige Grade weniger an als die erste Messung.

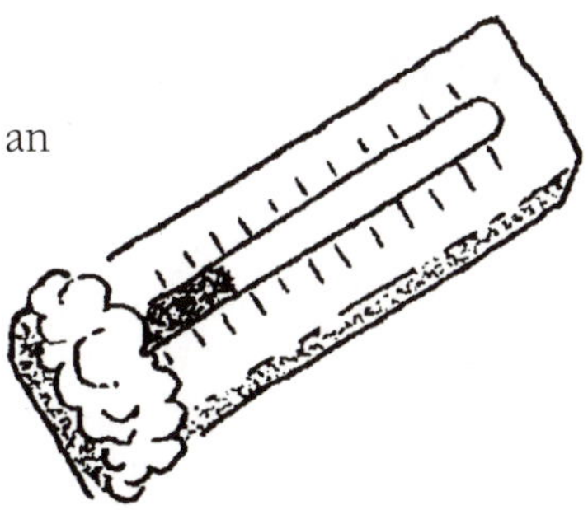

Warum: Durch die Verdunstung wird dem Thermometer Energie in Form von Wärme entzogen. Das Hygrometer, eines der wichtigsten meteorologischen Instrumente, basiert auf dieser Tatsache *(siehe S. 254)*.

281

Regenmacher

So kannst du in der Küche Regen machen!

DU BRAUCHST:
Schnellkochtopf
Wasser
4 Eiswürfel

Versuch: Bedeck den Boden des Topfes mit Wasser und bring es zum Kochen. Gieß kaltes Wasser in den Einsatz und füg noch die Eiswürfel hinzu. Setz den Einsatz nun in den Topf.

Was passiert: Du siehst – es regnet!

Warum: Die Kälte des Einsatzes kühlt den Wasserdampf ab. Der Dampf verwandelt sich in Wasser zurück und es bilden sich Tropfen am Einsatz. Wenn die Tropfen groß und schwer genug sind, „regnet" es.

Das kochende Wasser verhält sich wie Wasser, das von der Sonne erwärmt wurde. Der Dampf ist Wasser, das verdunstet. Wenn der Dunst aufsteigt, kühlt er sich ab. Wenn sich kleine Tröpfchen bilden, siehst du diese als Wolken. Die Tröpfchen nehmen mehr Dunst auf und sind schließlich groß genug, um als Regen auf die Erde zu fallen.

282

Wie groß ist ein Regentropfen?

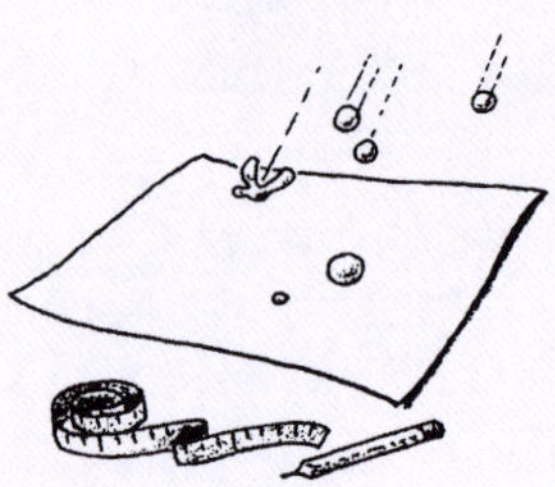

Wenn du bei einsetzendem Regen ein Stück Pappe aus dem Fenster hältst, kannst du sehen, wie groß ein Regentropfen ist.

Der Durchmesser eines Regentropfens beträgt im Schnitt 0,25 cm bis 1 cm. Jeder Einzelne setzt sich aus Millionen kleiner Tröpfchen zusammen.

Kleine Regentropfen – weniger als 0,5 mm im Durchmesser – brauchen oft eine Stunde oder mehr, bis sie den Boden erreichen. Regen aus solch kleinen Tropfen wird Sprühregen genannt. Er fällt gewöhnlich aus einer Schichtbewölkung, die weniger als 2 km dicht ist.

Plötzliche, heftige Schauer, mit großen Tropfen oder gar Hagel, fallen aus aufgetürmten Kumulonimbus-Wolken, die bis zu 15 km dick sein können.

283 Aus der Luft löst sich Wasser

DU BRAUCHST:
leere Blechbüchse
Eiswürfel
Wasser
Lebensmittelfarben

Du weißt jetzt, wie Wasser in die Luft gelangt. Nun wollen wir sehen, wie es wieder herauskommt.

Versuch: Du entfernst das Etikett von der Dose, dann füllst du sie mit Eis. Füg Wasser und ein wenig Farbe hinzu. Lass die Dose fünf Minuten lang auf dem Tisch stehen.

Was passiert: Die Dose scheint zu „schwitzen". An der Außenwand bilden sich Wassertropfen.

Warum: Die Tropfen sind farblos, stammen also nicht von dem Wasser in der Dose. Die Wassertropfen müssen sich aus der Luft gebildet haben.

Die Luft um die Dose herum enthält gasförmiges Wasser, das durch das Eis abgekühlt wurde.

Die Moleküle werden in kaltem Zustand langsamer. Sie rücken enger zusammen und werden flüssig. Das nennt man Kondensation.

Durch die Sonne, die Meere, Seen und Flüsse erwärmt, verdunstet ständig Wasser. An schwülen Tagen kann der Wasseranteil der Luft fünf Prozent betragen. Der Wasserdampf wird von der wärmeren Luft in der Nähe der Erdoberfläche aufgenommen. Da warme Luft eine geringere Dichte als kalte hat, steigt sie in allmählich kälter werdende Luftschichten auf. Erreichen die warmen Luftmassen eine Schicht, die kalt genug ist, verwandelt sich der Wasserdampf in kleine Tröpfchen. Kalte Luft kann nicht so viel Wasser aufnehmen wie warme.

Viele dieser kleinen Tröpfchen binden Staubpartikel. So entstehen Wolken. Sind die Tropfen so schwer geworden, dass sie der Luftdruck nicht mehr tragen kann, fallen sie als Regen oder Schnee auf die Erde.

Diesen Wechsel von Verdunstung und Kondensation nennt man Wasserkreislauf.

284

Stuben-Wolken

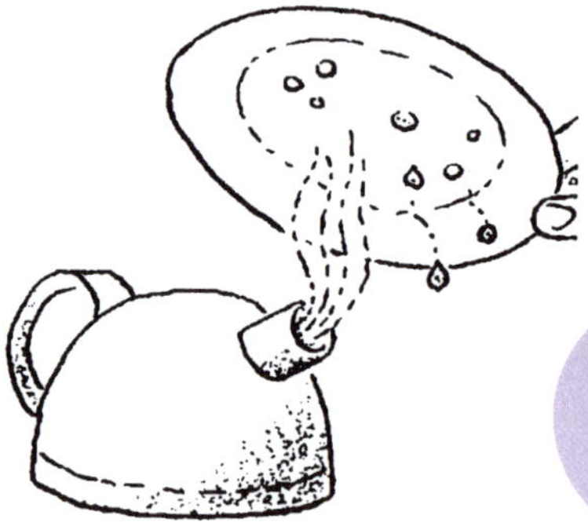

DU BRAUCHST:
Teekessel mit Wasser
Aufschnittplatte aus Metall

HEISS!

Jedes Mal wenn du Wasser im Teekessel kochst, entsteht eine Wolke in der Küche.

Versuch: Erhitz das Wasser im Kessel. Wenn es zu kochen beginnt, halte die Aufschnittplatte in den Dampf.

Was passiert: Wenn das Wasser kocht, bildet sich eine weiße „Wolke" über der Tülle. Wenn du die Aufschnittplatte in die „Wolke" hältst, bilden sich Wassertropfen daran.

Warum: Die Wolken am Himmel entstehen auf dieselbe Art. Erhitzte Luft, die unsichtbaren Dunst enthält, steigt in die Höhe. Dabei kühlt sie sich ab. Der Dunst kondensiert zu Millionen kleiner Wassertropfen, die als Wolke sichtbar werden.

An einem sonnigen Sommertag heizt die Sonne den Boden schnell auf. Dieser erwärmt die darüber befindliche Luft. Da warme Luft weniger dicht ist als kalte, steigt sie auf. Sie entfernt sich vom warmen Boden und kühlt ab. Wenn sie hoch genug aufsteigt und sich genügend abkühlt, kondensiert der Dunst in der Luft – verwandelt sich in Wassertröpfchen. Millionen dieser Tropfen ergeben gerade eine dieser flaumigen Wolken, die wir am Himmel sehen. Man nennt sie Kumulus-Wolken.

Warum sind Wolken weiß?

Das weiße Licht der Sonne ist in Wirklichkeit bunt. Wenn Licht durch einen Wassertropfen scheint, spaltet es sich in die unterschiedlichen Wellenlängen auf, die wir als rot, orange, gelb, grün, blau und violett sehen. Ein Teil des farbigen Lichts wird von dem Tropfen reflektiert und strahlt zurück.

Das Blau des Himmels rührt daher, dass Wasserdampf und kleine Staubpartikel in der Luft das Licht brechen. Die kurzwelligeren Strahlen (Blau- und Violetttöne) breiten sich weiter aus als die langwelligeren Strahlen (Rot- und Gelbtöne).

Durch größere Staubpartikel werden nicht nur die blauen Strahlen gebrochen. Dann erscheint der Himmel weiß bis trübe. Wenn sich eine Wolke bildet, werden alle Anteile des Sonnenlichts, unabhängig von der Wellenlänge, gebrochen. Wir sehen eine Mischung aller Farben des Farbspektrums, deshalb ist die Wolke für unser Auge weiß.

Bei Sonnenaufgang und -untergang erscheint der Himmel rot, da dann die langwelligeren Strahlen besonders gut gebrochen werden. Durch die größere Nähe der Sonne zum Horizont fällt ihr Licht schräg auf die Erde und durchdringt eine dickere Schicht der Atmosphäre, die mehr Staub- und Wasserteilchen enthält.

285 Wie entsteht Smog?

DU BRAUCHST:
Flasche mit kleiner Öffnung
Streichhölzer

Smog ist eine Mischung aus Abgasen *(engl. smoke)* in der Luft und Nebel *(engl. fog)* – winzigen Wassertröpfchen. Was passiert? (Bitte einen Erwachsenen dir bei diesem Versuch zu helfen.)

Versuch: Blas kräftig in eine große Flasche und nimm dann schnell deine Lippen weg. Lass dir ein Streichholz anzünden und blase es aus. Halte das noch qualmende Streichholz in die Flasche, damit Rauch in die Flasche steigt. Blas wieder in die Flasche und nimm deine Lippen wieder schnell weg.

Was passiert: In der Flasche bildet sich Smog.

Warum: Als du zum ersten Mal aufgehört hast zu blasen, bewirkte die plötzliche Verringerung des Luftdrucks eine Abkühlung. Dadurch kondensierte Wasser in der Flasche – es entstanden winzige Tröpfchen. Als der Rauch von dem Streichholz dazukam, verbanden sie sich mit den kleinen Staubpartikeln des Rauchs, und es entstand Smog.

An trockenen, windreichen Tagen werden Rauch und Ruß aus Fabrikschloten und Autoabgasen hoch in die Luft getragen und weggeweht. Aber an kühlen und feuchten Tagen ohne Wind hängen die Partikel tief in der Luft und es entsteht Smog.

286 Kühlschrankwetter

DU BRAUCHST:
Reif (aus dem Gefrierfach) oder Schnee (im Winter)
schwarzer Tonkarton oder schwarzes Tuch
Lupe
Eiswürfel
Hammer

Hier lernst du den Unterschied zwischen Schnee und Graupeln kennen. Sammle Reif aus dem Gefrierfach eines Kühlschranks oder hol dir Schnee von draußen.

Versuch: Leg den Reif auf die schwarze Unterlage und betrachte ihn durch die Lupe. Zerschlag den Eiswürfel und betrachte die Splitter ebenfalls unter der Lupe.

Was passiert: Schnee oder Reif sind als sechseckige, sternförmige Kristalle zu erkennen, nicht aber das Eis.

Warum: Der Reif im Kühlschrank und die Schneeflocken am Himmel entstehen auf dieselbe Weise. Wasserdampf in den Wolken – und Wasserdampf im Gefrierfach – kühlt so stark ab, dass er, statt sich in Wassertropfen zu verwandeln, zu Schnee oder Reif gefriert.

Der Eiswürfel entsteht auf dieselbe Weise wie Graupeln. Beide sind zunächst Wasser – das später gefriert. Die Vorstufe von Graupeln sind Regentropfen. Wenn sie durch sehr kalte Luftschichten fallen, gefrieren sie zu kleinen Eiskristallen.

287 Hagelkorn-Sektion

DU BRAUCHST:
Hagelkorn
Hammer
Zeitungspapier

Wer je einen Hagelschauer erlebt hat, weiß, welche Gewalt damit verbunden ist. In Ohio wurde 1981 ein 13,5 kg schweres Hagelkorn gefunden! Wie entsteht Hagel? Hagelkörner sind, wie Graupelkörner, gefrorene Regentropfen, doch ihr Aufbau ist komplizierter.

Versuch: Zerschlag ein Hagelkorn auf der Zeitungsunterlage. Zähl die Anzahl der Ringe.

Was passiert: Die Ringe „erzählen" dir von der Vergangenheit des Hagelkorns, ehe es zu Boden fiel.

Warum: Starke Winde erfassen Regentropfen und schleudern sie in kältere Luftschichten, wo sie zu Eis gefrieren. Würden sie jetzt auf die Erde fallen, wären es Graupelkörner. Wenn sie aber erneut von Luftströmen in noch viel kältere Luftschichten getragen werden, bildet sich eine weitere Eisschicht um die Hagelkörner. Dieser Vorgang wiederholt sich so oft, bis die Hagelkörner zu schwer geworden sind. Dann stürzen sie als Hagel auf die Erde.

Hagelkörner können größer als Golfbälle werden und ganze Ernten vernichten sowie Häuser zerstören. Das größte je gefundene Hagelkorn hatte einen Durchmesser von 44 cm. Es fiel am 3. September 1979 auf Coffeyville in Kansas.

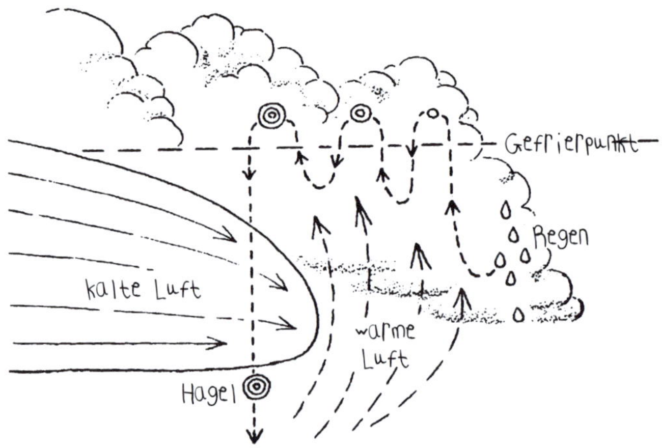

Ozon

Ozon, der Hauptbestandteil von Smog, ist ein Gas, dessen Moleküle aus drei Sauerstoffatomen bestehen. Es entsteht, wenn Kohlenwasserstoffe und Stickstoffverbindungen – sie sind in Auto- und Industrieabgasen enthalten – mit Hitze und Sonnenlicht reagieren.

Ozon in den unteren Schichten der Atmosphäre kann Menschen krank machen. Wenn der Ozongehalt in der Luft zu hoch ist, sollte man nicht ins Freie gehen.

In der Stratosphäre, 16–50 km über dem Erdboden, gibt es eine natürliche Ozonschicht, die die Erde vor den gefährlichen ultravioletten Strahlen der Sonne schützt. Mittlerweile hat sich jedoch ein riesiges Ozonloch über der Antarktis gebildet. Es entsteht durch Fluorchlorkohlenwasserstoffe (FCKW), wie sie in Spraydosen und Kühlschränken zum Einsatz kommen. Wenn sich das Ozonloch weiter vergrößern sollte, besteht die Gefahr, dass Krebserkrankungen, besonders Hautkrebs, zunehmen werden.

288

Was ist ein Blitz?

DU BRAUCHST:
Kamm aus Plastik
Wolltuch
Türknauf aus Metall

Lass es doch mal blitzen! Keine Sorge – selbst gemachte Blitze sind ungefährlich. Du hast vielleicht schon welche erzeugt, ohne es zu wissen.

Versuch: Reib den Kamm mit dem Wolltuch. Halte den Kamm danach an den Türknauf.

Was passiert: Es entsteht ein kleiner Funke.

Warum: Während du mit der Wolle über den Kamm reibst, wird er elektrisch geladen. Der Funke entsteht, wenn die Ladung auf den Türknauf überspringt. Der Funke ist der Übergang elektrischer Ladung von einem Objekt auf ein anderes.

Du hast vielleicht schon mal so einen Funken gespürt, wenn du einen Türknauf berührt hast, nachdem du über einen Teppich gegangen bist. Oder du kennst die knisternden Geräusche, die beim Kämmen oder beim Streicheln einer Katze auftreten können. Alles Beispiele für elektrische Ladungen.

Ein Blitz ist ein riesiger elektrischer Funke, der dann auftritt, wenn Ladung von einer Wolke zur anderen oder auf die Erde geleitet wird. Ein Blitz führt zwar große Mengen an Elektrizität mit sich, diese tritt aber nur so kurz auf, dass eine Nutzung nicht möglich ist.

Wenn an einem heißen, schwülen Sommertag warme Luft schnell aufsteigt, kondensiert die in der Luft enthaltene Feuchtigkeit, um Billionen von Wassertropfen und Eiskristalle zu bilden. Diese nehmen bei ihrem Fall nach unten kleine Mengen elektrischer Ladung auf. Die gewaltigen Luftströme in Gewitterwolken bewegen Tropfen und Staubpartikel verschiedener Größe unterschiedlich schnell. Tropfen, die gleich groß und gleich stark aufgeladen sind, konzentrieren sich im selben Teil der Wolke. Eine sehr starke, positive elektrische Ladung bildet sich oft in den kalten, höheren Teilen der Wolke, während im unteren Bereich der Wolke die Ladung meist negativ ist. Dadurch entsteht eine starke Spannung, die sich in Blitzen entlädt.

Schlägt der Blitz zweimal an derselben Stelle ein?

Manche Menschen behaupten, ein Gegenstand oder eine Person könnte nur einmal vom Blitz getroffen werden. Ein Ranger in den USA bewies das Gegenteil: Er wurde siebenmal von Blitzen getroffen.

Sturmwarnungen

Ein Sommergewitter reinigt und kühlt die Luft. Das Grollen und Brüllen des Donners ist harmlos, doch Blitze sind nicht ganz ungefährlich. Sie können Häuser in Brand setzen, Bäume umwerfen und Menschen verletzen oder sogar töten.

Ein Blitz nimmt immer den kürzesten Weg. Er sucht sich deshalb das nächstgelegene Ziel aus – einen hohen Baum, ein Haus, einen Turm oder einen Menschen, der alleine auf einer freien Ebene steht. Heute sind die meisten Häuser mit einem Blitzableiter versehen, der die Energie in den Boden leitet. So kann der Blitz das Haus treffen ohne Schaden anzurichten.

Wenn sich ein Gewitter nähert, solltest du Folgendes beachten.

Wenn du draußen bist: Geh möglichst immer nach drinnen. Wenn kein Haus in der Nähe ist, setz dich in ein Auto (kein Kabrio!). Such keinesfalls in einer Hütte ohne Blitzableiter Schutz, egal ob sie aus Holz oder Metall ist. Meide Telegrafenmasten und frei stehende Bäume. Halte dich nicht auf einem Berggipfel auf. Achte darauf, dass es rund um dich noch höhere Gegenstände gibt. Such in Senken oder unter kleinen Bäumen Schutz. Bist du gerade auf freiem Feld, kauere dich eng auf den Boden.

Halte dich fern von Schienen, Metallröhren und -zäunen. Trag keine metallenen Gegenstände bei dir. Benutz weder Fahrrad noch Mofa. Bist du mit einer Gruppe unterwegs, dann verteilt euch! Haltet einige Meter Abstand!

Meide die Nähe von Wasser. Fahr nicht in einem Boot und such nicht Schutz unter einem Sonnenschirm.

Wenn du drinnen bist: Halte dich von Fenstern und Türen fern. Meide Dinge, die Strom leiten können, wie Wasserhähne und Herde. Schalte Elektrogeräte aus – Fernseher, Bügeleisen, Toaster oder Mixer.

Telefonier nicht, nur im Notfall.

289 Wie entsteht Donner?

DU BRAUCHST:
Papiertüte & Schnur

Es knallt, wenn eine Tüte oder ein Luftballon platzt. Wodurch entsteht dieses Geräusch und was verursacht das Grollen des Donners?

Versuch: Blas die Tüte auf. Binde sie mit einer Schnur oder einem Gummiband zu. Lass die Tüte zwischen deinen Händen platzen.

Was passiert: Es entsteht ein lauter Knall.

Warum: Du hast einen Donnerschlag erzeugt, indem du Luft in Bewegung versetzt hast. Immer wenn sich Gase, Flüssigkeiten oder Körper bewegen, versetzen sie die Luft in Schwingung. Erreicht diese Schwingung das Ohr, wird sie als Geräusch wahrgenommen. Menschen können dies allerdings nur hören, wenn die Luft mindestens 16-mal, aber nicht mehr als 20 000-mal pro Sekunde schwingt.

Wenn ein Blitz durch die Atmosphäre zischt, erwärmt sich die Luft in seiner Umgebung und dehnt sich rasch aus: Ein Geräusch wird hörbar. Ein kurzer Blitz verursacht einen kurzen Knall. Langes Donnergrollen entsteht, wenn sich Blitze über weite Strecken hinziehen oder wenn Berge und andere Hindernisse das Echo zurückwerfen.

290 Ist das Gewitter nah?

Du kannst leicht errechnen, wie weit ein Gewitter entfernt ist: Wenn du einen Blitz siehst, beginnst du die Sekunden zu zählen, etwa so: „und eins, und zwei, und drei“ – mach weiter so, bis du den Donner hörst. Teil dann die gezählten Sekunden durch drei. Als Ergebnis erhältst du die Kilometerzahl, die das Gewitter entfernt ist.

Warum: Blitz und Donner entstehen gleichzeitig. Aber Licht und Schall bewegen sich mit unterschiedlicher Geschwindigkeit und erreichen uns somit nicht zum selben Zeitpunkt. Licht legt pro Sekunde eine Strecke von 300 000 km zurück, und es dauert nur den Bruchteil einer Sekunde, bis es uns erreicht. Wir sehen den Blitz fast im Moment seiner Entstehung.

Schall dagegen bewegt sich in drei Sekunden nur einen Kilometer weit.

Ist ein Gewitter in der Nähe, macht es sich durch lauten, harten Donner bemerkbar. Ist das Gewitter weit entfernt, hört man nur ein leises Grollen. Normalerweise hört man einen Donner nur dann, wenn das Gewitter nicht mehr als 16 bis 24 km entfernt ist. Wenn du einen Blitz siehst und im selben Moment auch gleich den Donner hörst, befindet sich das Gewitter genau über dir.

291 Mach dir einen Regenbogen

DU BRAUCHST:
Glas Wasser
weißes Blatt Papier

Sonne und Wasser zaubern farbenprächtige Regenbogen an den Himmel. Mach es den beiden nach!

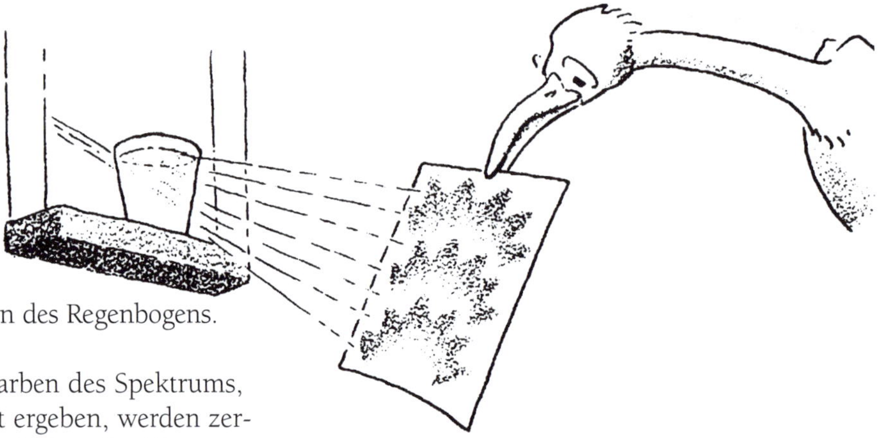

Versuch: Stell das Glas Wasser auf ein sonniges Fensterbrett. Leg das Blatt Papier auf den Boden.

Was passiert: Auf dem Papier bilden sich die Farben des Regenbogens.

Warum: Die einzelnen Farben des Spektrums, die zusammen weißes Licht ergeben, werden zerlegt. Wenn Licht schräg durch das Glas Wasser scheint, ändern die Strahlen ihre Richtung – sie werden „gebrochen". Jede Farbe hat einen anderen Krümmungswinkel: Violett hat den größten, Rot den kleinsten. Dringt das Licht durch das Glas, verlaufen die Farbstrahlen in einer bestimmten Richtung und treffen einzeln auf dem Papier auf.

Das ist auch das Prinzip des echten Regenbogens. Dabei handelt es sich einfach um ein gebogenes Farbspektrum, das dann entsteht, wenn die Sonne in einem Winkel von 40° bis 42° zum Horizont auf Wassertropfen in der Luft scheint. Die Wassertropfen brechen und reflektieren die Strahlen der Sonne.

Damit du einen Regenbogen sehen kannst, muss die Sonne in deinem Rücken stehen. Du kannst einen Regenbogen also nur früh am Morgen erleben, wenn die Sonne im Osten steht und es im Westen regnet, oder am späten Nachmittag, wenn die Sonne im Westen steht und die Regenschauer im Osten fallen.

Die Sichel, die du am Himmel siehst, ist nur ein Teil des Regenbogens.

Aufbau einer Wetterstation

Aus einfachen Gegenständen kannst du simple Instrumente bauen. Sie geben dir Auskunft über Temperatur, Luftdruck, Windrichtung, Windgeschwindigkeit, Luftfeuchtigkeit und Niederschlagsmenge.

Sei nicht besorgt, wenn deine Vorhersagen nicht immer zutreffen. Auch die Meteorologen – also diejenigen, die sich beruflich mit dem Wetter beschäftigen – haben nicht immer Recht; und dass, obwohl sie von Computern, Radargeräten, Wettersatelliten und -ballons unterstützt werden!

Aufzeichnungen müssen sein

Wetterkarten basieren auf Informationen, die von unzähligen lokalen Wetterstationen gesammelt werden. Vergleich doch die Ergebnisse deiner eigenen „Station“ mit den Durchsagen im Lokalradio und im Fernsehen oder mit den Angaben in der Tageszeitung deiner Stadt.

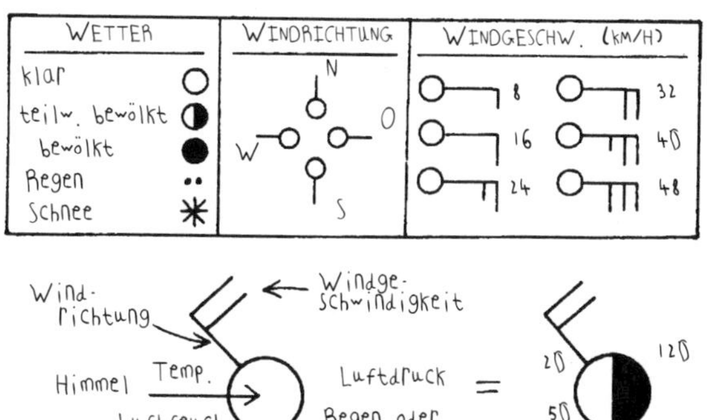

Du kannst deine Ergebnisse aufzeichnen und deinen Freunden mitteilen.

Instrumente und einfache Beobachtungen liefern dir jede Menge Daten. Trag sie in eine Tabelle ein, wie sie nebenstehend abgebildet ist.

Du kannst auch mit den Symbolen arbeiten, die in Wetterstationen verwendet werden. Sie finden gut auf Karten Platz. Du kannst die links abgebildeten Symbole übernehmen, um deine täglichen Ergebnisse festzuhalten und zu vergleichen. Dieses Beispiel sagt einen teilweise wolkigen Tag voraus. Der Wind wird mit einer Geschwindigkeit von 32 km/h aus Nordwest kommen; die Temperatur liegt bei 18,3 °C, der Taupunkt bei 10 °C. Der Luftdruck wird in Millibar (mbar) angegeben (siehe S. 247). Für ein Hoch verwendest du einfach ein „H“, für ein Tief ein „T“. Ein „+“ markiert steigenden, ein „–“ fallenden Luftdruck.

292 Strohhalm-Thermometer

Wie funktioniert ein Thermometer? Bau dir eins und du wirst es herausfinden.

DU BRAUCHST:

- Glasfläschchen
- passender Korken
- Nagel
- Trinkhalm aus Glas oder Pipette
- Wasser
- Lebensmittelfarben
- Filzstift

Versuch: Bohr mit dem Nagel ein Loch durch den Korken. Schieb den Trinkhalm oder die Pipette hindurch.

Färb das Wasser mit einem oder zwei Tropfen Lebensmittelfarbe und füll die Flasche damit randvoll. Verschließ sie vorsichtig mit dem Korken. Markier mit dem Filzstift die Stelle, zu der das Wasser in der Röhre aufsteigt.

Stell die Flasche zu verschiedenen Tageszeiten an wechselnde Orte – an ein sonniges Fenster, in den Kühlschrank oder in einen Topf mit heißem Wasser. Markier jeweils den Stand des Wassers in der Röhre.

Was passiert: Bei Wärme steigt das Wasser in der Röhre an, wenn die Temperatur sinkt, fällt es.

Warum: Die Temperatur wird in Relation zu den Temperaturunterschieden gemessen. Eigentlich ist die Temperatur ein Maßstab dafür, ob ein Objekt Wärme von einem anderen Objekt aufnimmt oder Wärme an dieses abgibt.

Flüssigkeiten dehnen sich bei Wärme aus, bei Kälte ziehen sie sich zusammen. Die Flüssigkeit im Thermometer absorbiert Wärme. Sie dehnt sich aus in einer Umgebung, die wärmer ist als sie selbst. In einer Umgebung, die kälter ist als sie selbst, zieht sich die Flüssigkeit zusammen.

Normalerweise werden Quecksilber und gefärbter Alkohol als Flüssigkeiten in Thermometern verwendet, da sie am schnellsten auf Temperaturveränderungen reagieren.

Für die Herstellung von Raum- oder Außenthermometern verwendet man eine geschlossene Glasröhre, die in einer Kugel mündet. Die Skaleneinteilung ergibt sich aus zwei festen Werten: 0 °C ist die Temperatur, bei der Wasser gefriert, 100 °C ist die Temperatur, bei der es kocht.

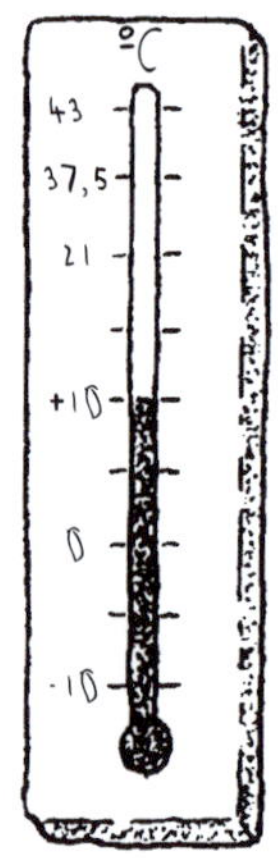

Auch bei deinem selbst gebauten Thermometer kannst du eine Skala anbringen. Du musst dazu nur die Einteilung eines herkömmlichen Thermometers auf dein Röhrchen übertragen.

Der in Danzig geborene Physiker Gabriel Fahrenheit stellte 1714 die erste, allgemein verwendete Temperaturskala auf. In englischsprachigen Ländern ist sie noch heute in Gebrauch. Rund 30 Jahre später entwickelte der schwedische Astronom Anders Celsius die Celsiusskala, die in vielen Länder gültig ist.

Der italienische Naturforscher Galileo Galilei erfand 1593 das Thermometer.

293 Fahrenheit und Celsius

°Fahrenheit		°Celsius
212	Wasser kocht	100
194		90
176		80
158		70
140		60
136	Höchste jemals gemessene Temperatur	57,7
122		50
104		40
98,6	Körpertemperatur	37
86		30
68		20
50		10
32	Wasser gefriert	0
14		–10
–4		–20
–22		–30
–40		–40
–58		–50
–76		–60
–94		–70
–112		–80
–129	Niedrigste jemals gemessene Temperatur	–89
–130		–90

So rechnest du °F exakt in °C um: Zieh von den Angaben in °F 32 ab und multiplizier das Ergebnis mit 5. Den erhaltenen Wert teilst du durch 9. Für eine ungefähre Umrechnung genügt es, 30 abzuziehen und diesen Wert durch 2 zu teilen.

So kommst du von °C auf °F: Multipliziere mit 9. Teile das Ergebnis durch 5 und zähle 32 hinzu. Schneller geht's, wenn du mit 2 multiplizierst und dann 30 hinzuzählst.

294 Das Barometer lesen

Auf Meeresspiegelhöhe steht die Quecksilbersäule in einem Barometer meist bei 760 mm (1013,2 Millibar oder Hektopascal, abgekürzt hPa). Bei kühlem, trockenem Wetter steigt der Quecksilberpegel an. Bei warmer, feuchter Witterung fällt er, genau wie Wasser in einem Flaschen-Barometer. Im nächsten Experiment lernst du dieses kennen.

Wetterstationen ziehen das Quecksilberbarometer dem Aneroidbarometer (ein Barometer ohne Flüssigkeit) vor, da es genauer ist. Heutzutage wird der Luftdruck meist in hPa angegeben, wobei die ersten beiden Ziffern und das Komma einfach weggelassen werden. Der Normaldruck – 1013,2 – wird also mit 132 hPa angegeben.

Der niedrigste Luftdruck wurde am 12. Oktober 1979 im Pazifik, ungefähr 300 Meilen westlich von Guam, bei einem Taifun gemessen: 870 hPa. Der höchste Luftdruck wurde am 31. Dezember 1968 in Agata in Sibirien gemessen: 1083,8 hPa.

Der Luftdruck ist in der Regel an stürmischen Tagen niedriger als an kalten, trockenen Tagen. Wenn der Luftdruck fällt, bedeutet das also, dass sich ein Sturm nähert. Eine Änderung des Luftdrucks von 2,5 mm oder mehr innerhalb von sechs Stunden deutet auf einen rasanten Wetterwechsel hin.

295 Flaschen-Barometer

DU BRAUCHST:
Untertasse
Wasser
Plastikflasche
Karteikarte
Klebeband

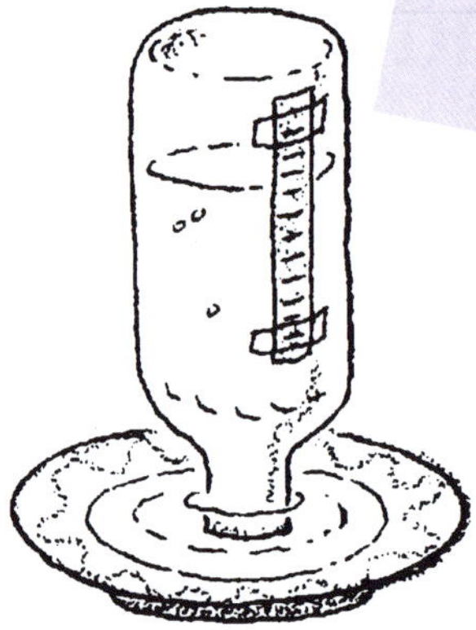

Du weißt bereits, dass das Gewicht der Luft, die die Erde umgibt, einen Druck von 1 Newton pro Quadratmeter ausübt. Vor mehr als 300 Jahren ersann der italienische Physiker Evangelista Torricelli erstmals eine Methode zur Messung des Drucks der Atmosphäre. Er ersetzte eine Wassersäule durch eine Quecksilbersäule. Du kannst ein Barometer bauen, das nach demselben Prinzip funktioniert.

Versuch: Füll die Untertasse halb mit Wasser, die Flasche zu drei Vierteln. Stell die Flasche auf den Kopf und verschließ dabei die Öffnung mit dem Daumen. Nimm deinen Daumen dann weg und stell die Flasche schnell in die Untertasse. Kleb, wie die Abbildung zeigt, einen Streifen der Karteikarte auf die Flasche.

Markier die Stelle, an der sich der Wasserstand einpegelt. Jede Änderung des Wasserstands wird dir dann auffallen. Mit einem Ansteigen des Luftdrucks steigt auch der Wasserpegel. Er fällt, wenn der Luftdruck sinkt. Wenn der Wasserstand fällt, steht dir wärmeres, allerdings auch nasses Wetter bevor.

Was passiert: Das Wasser fließt nicht aus der Flasche. Stattdessen fällt der Pegel leicht ab und bleibt schließlich stabil. Dann steigt und fällt er, je nachdem, wie sich der Luftdruck ändert.

Warum: Luft drückt gegen den Wasserspiegel der Untertasse und verhindert somit das Ausfließen des Wassers aus der Flasche. Der Wasserspiegel fällt nicht mehr, wenn Wasserdruck und Luftdruck einander die Waage halten.

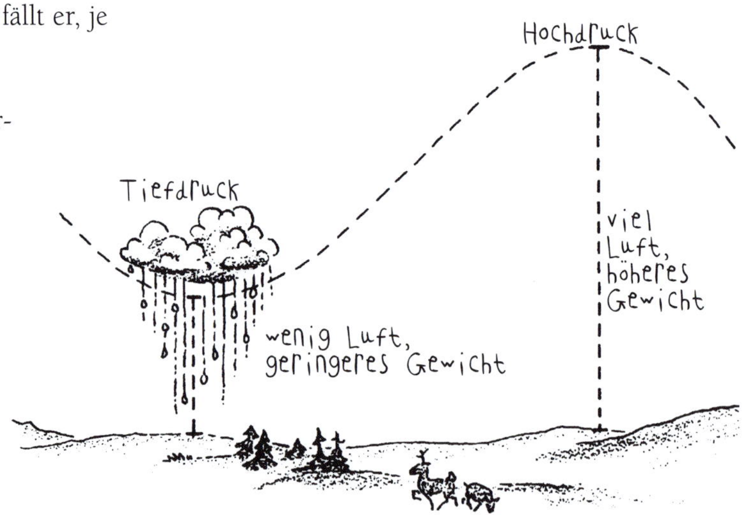

296

Ballon-Barometer

Auch dieses einfache Barometer zeigt an, ob der Luftdruck steigt oder fällt.

DU BRAUCHST:

Luftballon
Milchflasche
Gummi oder Faden
Klebstoff
Strohhalm
Stecknadel
Karteikarte

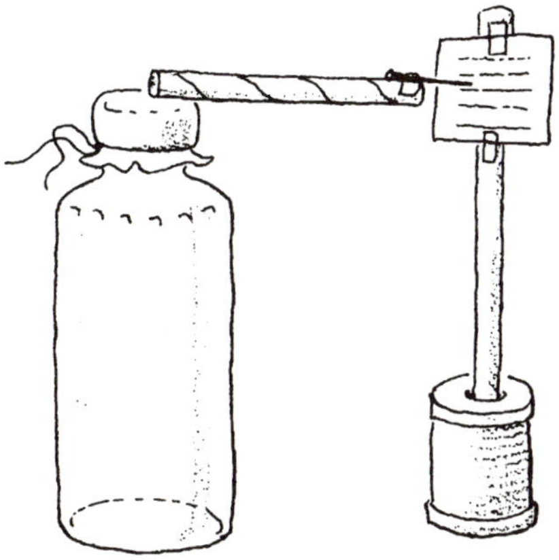

Versuch: Spann den Ballon über die Flaschenöffnung. Für festen Halt sorgt ein Gummiband oder ein Faden. Kleb dann den Strohhalm waagerecht auf. Er sollte in der Mitte der Gummimembran ansetzen und über die Flasche hinausragen. Befestige die Nadel am anderen Ende des Strohhalms.

Bring die markierte Karteikarte in Position, so wie auf der Abbildung angegeben. Mit ihrer Hilfe kannst du die Bewegungen des Strohhalms verfolgen.

Was passiert: Das bewegliche Ende des Strohhalms (der Zeiger) geht manchmal nach oben, manchmal nach unten.

Warum: Bei zunehmendem Luftdruck ist der Druck innerhalb der Flasche geringer als außerhalb. Deshalb wölbt sich der Gummi nach innen, und der Zeiger geht nach oben. Bei fallendem Luftdruck ist der Druck im Flascheninneren stärker als draußen. Der Gummi spannt sich, drückt nach oben und der Zeiger geht nach unten.

Bewegt sich dein Zeiger bei fallendem Luftdruck nach unten, musst du mit schlechtem Wetter rechnen. Steigt der Luftdruck an, ist das fast immer ein Zeichen für schönes Wetter.

Dein Ballon-Barometer funktioniert ähnlich wie das Aneroidbarometer. Auch bei diesem wölbt sich eine flexible Oberfläche den Veränderungen des Luftdrucks folgend nach oben oder nach unten. Dabei wird ein Zeiger auf der Instrumentenskala auf- und abbewegt.

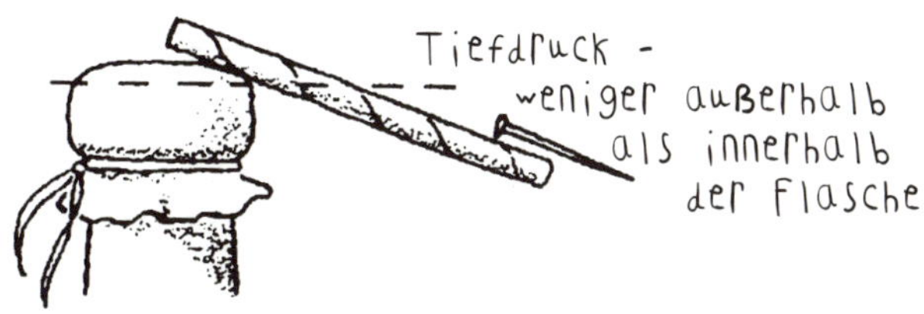

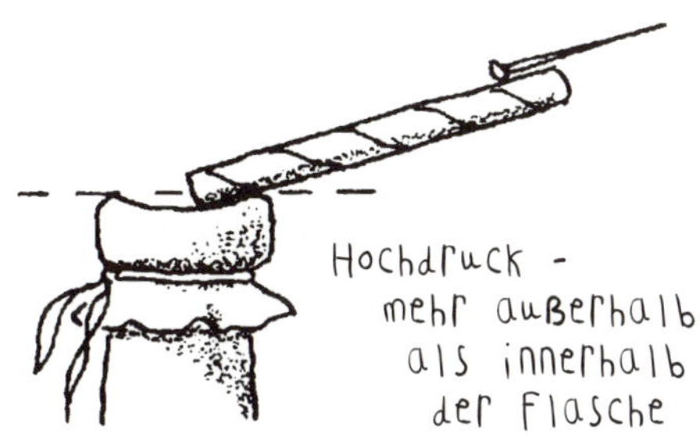

297 Wetterhahn

Wenn wir wissen, aus welcher Richtung der Wind weht, ist es möglich, Tiefdruckgebiete zu orten und das damit verbundene schlechte Wetter vorauszusagen. Ein Wetterhahn zeigt die Windrichtung an.

DU BRAUCHST:

- Strohhalm
- Schere
- Karteikarte oder dünner Karton
- Stecknadel
- Bleistift mit Radiergummi
- roter Farbstift
- Kompass
- dünner Draht
- mit Erde gefüllter Blumentopf oder Tonklumpen

Versuch: Das eine Ende des Strohhalms kerbst du etwa 2,5 cm weit ein. Aus dem Karton (oder der Karteikarte) schneidest du eine Form, so wie sie auf der unten stehenden Grafik abgebildet ist, und klebst sie in die Kerbe. Das andere Ende des Strohhalms bemalst du mit roter Farbe. Bohr die Stecknadel 5 cm von der Kerbe entfernt durch den Strohhalm. Steck nun das Ganze auf den Radiergummi. Der Strohhalm sollte sich leicht um die Stecknadel-Achse drehen können.

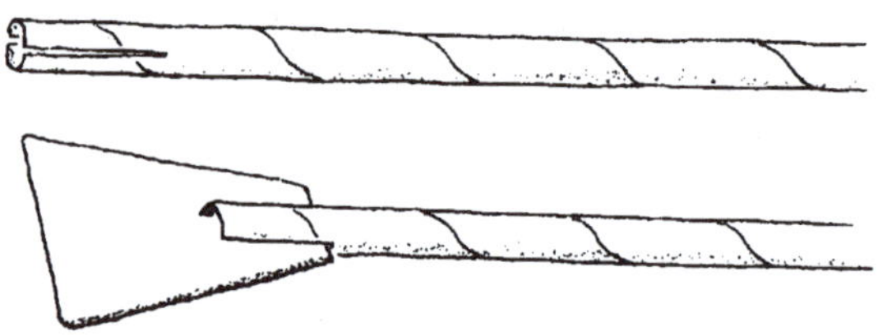

Forme aus Draht die Buchstaben N, S, O und W. Befestige sie unterhalb des Radiergummis am Bleistift. Nun stellst du den Bleistift mit der Spitze nach unten in den Blumentopf oder in den Tonklumpen.

Stell den Wetterhahn an einer Stelle auf, an der der Wind ungehindert weht. Mit einem Kompass kannst du die Buchstaben ausrichten.

Was passiert: Der Wetterhahn bewegt sich mit dem Wind.

Warum: Der Wind drückt das Hindernis (dein Segel aus Karton) zur Seite. Folglich zeigt das rote Ende des Strohhalms exakt in die Richtung, aus der der Wind weht.

Europa liegt mit Ausnahme des hohen Nordens (Norwegen, Finnland) und des äußeren Südostens (Gebiet um das Kaspische Meer) im Westwindgürtel der gemäßigten Breiten. Westwinde bringen, infolge der warmen Meeresströme (Golfstrom) mildes Klima und Niederschläge. Aus östlicher Richtung kommen kalte Winde.

298

Schalen-Windmesser

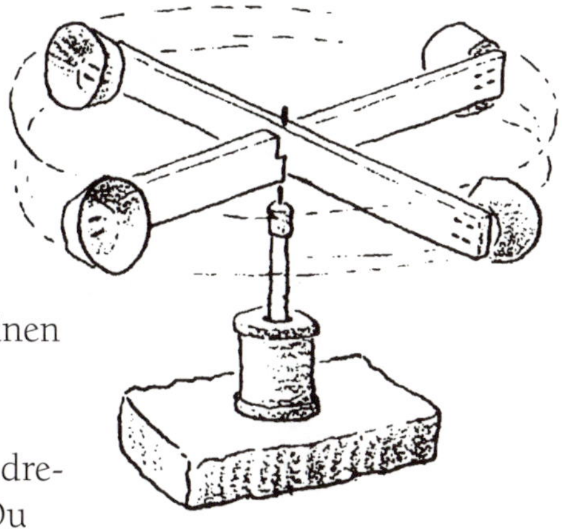

Wie kannst du die Geschwindigkeit des Windes messen? Ein Schalen-Windmesser macht's möglich. Dieses Instrument besteht aus drei oder vier kleinen metallenen Hohlformen, die drehbar auf einem Metallstab befestigt sind. In ihnen fängt sich der Wind. Je schneller sie sich drehen, desto schneller ist auch der Wind. Du musst die Umdrehungen selbst messen, bei professionellen Anemometern übernimmt dies der Computer.

DU BRAUCHST:

- fester Karton
- Schere
- 4 Muffin-Förmchen aus Alufolie
- Farbe
- dünner, spitzer Nagel
- Stopfnadel
- Bleistift mit Radiergummi
- Garnspule
- Knetmasse oder Küchentücher
- Klebstoff oder Faden
- Holzbrett oder Steinplatte

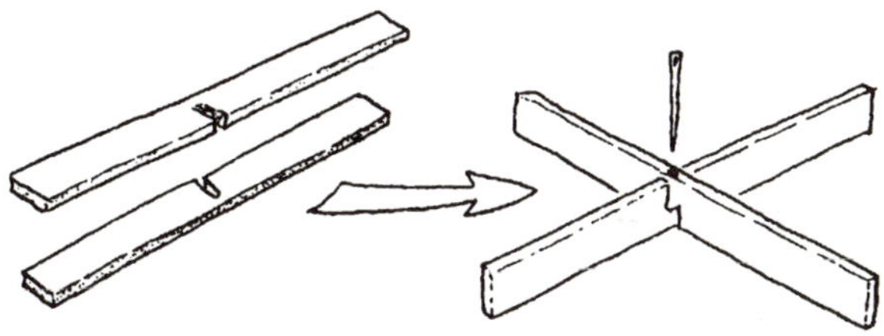

Versuch: Schneide aus dem Karton zwei Streifen aus, die ungefähr 5 x 45 cm groß sind. Kerb beide Streifen in der Mitte ein, sodass du sie wie ein Kreuz zusammenstecken kannst.

Kleb nun je ein Muffin-Förmchen an die Enden des Kreuzes. Wenn du keine Muffin-Förmchen zur Hand hast, kannst du auch Pappbecher verwenden. Mal eines der Förmchen bunt an. Bohr mit der Stopfnadel oder einem dünnen Nagel ein Loch durch die Mitte des Kreuzes.

Die Nadel dient als Achse. Drück das Öhr in den Radiergummi des Bleistifts. Die Bleistiftspitze steckst du in die Mitte der Spule. Mit den Küchentüchern oder der Knetmasse kannst du für festen Halt sorgen.

Binde oder kleb die Spule auf das Brett oder die Steinplatte. Platzier das Kreuz auf der Achse, indem du es auf die Nadelspitze stellst. Blas in die Förmchen. Dreht sich das Kreuz nicht leicht, musst du das Loch in der Mitte etwas erweitern.

Stell den Windmesser im Freien auf einem etwa 1 m hohen Karton auf. Führ Buch über die Anzahl der Umdrehungen pro Minute. Die farbige Schale dient dir beim Zählen als Anhaltspunkt.

Was passiert: Der Windmesser dreht sich manchmal sehr schnell, dann wiederum steht er fast still.

Warum: In den Schalen fängt sich die Windkraft. Deshalb geraten sie in Bewegung. Je häufiger sich der Windmesser pro Minute dreht, umso höher ist die Windgeschwindigkeit. Eine rasche Zunahme der Umdrehungen kann bedeuten, dass es bald regnen oder schneien wird. Manchmal kündigt sich dadurch ein Gewitter an.

299

Die Beaufort-Skala

Der britische Admiral Francis Beaufort stellte 1805 eine zwölfteilige Skala auf, mit der die Windstärke gemessen wurde. Sie half den Seeleuten sich auf dem Meer zurechtzufinden. Die nach ihrem Erfinder benannte Beaufort-Skala dient heute generell zur Messung der Windstärke. Die Wetterstationen messen zwar die Windgeschwindigkeit mit dem Anemometer, geben aber die Windstärke in Beaufort an.

Wenn du dir die unten stehende Liste einprägst und bei Wind beobachtest, was sich bewegt, kannst du die ungefähre Windstärke angeben und deinen Freunden mitteilen.

0: Still
Rauch steigt gerade auf; Windstille.
Windgeschwindigkeit: unter 1 km/h

1: Leiser Zug
Rauch treibt mit der Windrichtung.
Windgeschwindigkeit: 1–5 km/h

2: Leichte Brise
Wind ist im Gesicht spürbar; Laub raschelt; Wetterhähne drehen sich.
Windgeschwindigkeit: 6–11 km/h

3: Schwache Brise
Blätter und Zweige sind ständig in Bewegung; Fahnen bauschen sich.
Windgeschwindigkeit: 12–19 km/h

4: Mäßige Brise
Staub, Papierfetzen und dünne Äste werden bewegt; Fahnen flattern.
Windgeschwindigkeit: 20–28 km/h

5: Frische Brise
Kleine Laubbäume beginnen sich zu biegen; Fahnen flattern stärker.
Windgeschwindigkeit: 29–38 km/h

6: Starker Wind
Dicke Äste biegen sich; Regenschirme werden umgedreht.
Windgeschwindigkeit: 39–49 km/h

7: Steifer Wind
Ganze Bäume biegen sich; Fahnen stehen im Wind.
Windgeschwindigkeit: 50–61 km/h

8: Stürmischer Wind
Zweige brechen von den Bäumen; Gehen wird schwierig.
Windgeschwindigkeit: 62–74 km/h

9: Sturm
Geringe Schäden an Gebäuden; Fernsehantennen knicken um, Markisen zerreißen.
Windgeschwindigkeit: 75–88 km/h

10: Schwerer Sturm
Bäume werden entwurzelt; schwere Gebäudeschäden.
Windgeschwindigkeit: 89–102 km/h

11: Orkanartiger Sturm
Verheerende Schäden
Windgeschwindigkeit: 103–117 km/h

12: Orkan
Schneisen der Verwüstung
Windgeschwindigkeit: über 117 km/h

300 Gehst du heute mit Jacke …

Luftlemperatur (°C)

Windgeschwindigkeit (km/h)	2	1	-4	-6	-9	-10	-15	-18	-20	-23	-26	-28	-31	-34	-37	-40	-42
0-6	2	1	-4	-6	-9	-10	-15	-18	-20	-23	-26	-28	-31	-34	-37	-40	-42
8	0	3	-5	-8	-11	-14	-18	-20	-23	-26	-29	-32	-35	-37	-41	-43	-46
16	-5	-8	-10	-19	-19	-23	-26	-30	-33	-36	-40	-43	-46	-50	-53	-57	-60
24	-8	-12	-17	-20	-23	-28	-31	-35	-39	-42	-46	-50	-53	-58	-61	-65	-69
32	-11	-15	-19	-23	-27	-31	-35	-39	-43	-47	-51	-55	-58	-62	-66	-70	-75
40	-13	-17	-22	-26	-30	-33	-37	-42	-46	-50	-54	-58	-63	-66	-71	-75	-79
48	-14	-19	-23	-28	-31	-36	-40	-45	-48	-53	-57	-62	-65	-69	-74	-78	-82
56	-15	-20	-24	-28	-32	-37	-42	-46	-50	-55	-58	-63	-67	-71	-76	-80	-84
64	-16	-20	-25	-29	-33	-38	-42	-47	-51	-56	-60	-64	-69	-73	-77	-81	-86
72	-17	-21	-25	-30	-34	-39	-43	-48	-52	-57	-61	-65	-69	-74	-78	-83	-87

Die Windgeschwindigkeit beeinflusst dein Temperaturempfinden. Der Windkühlungsfaktor ergibt sich aus dem Verhältnis von Windgeschwindigkeit und Lufttemperatur.

Die Tabelle zeigt dir, wie kalt sich die Luft bei unterschiedlichen Windstärken tatsächlich anfühlt. Nimm zum Beispiel eine tatsächliche Temperatur von –6° C: Bei einer Windstärke von 32 km/h hast du das Gefühl, die Temperatur läge bei –23 °C.

301 … oder nur im T-Shirt?

Die Temperaturempfindung hängt stark von der Luftfeuchtigkeit ab. Je höher die Luftfeuchtigkeit, desto höher das Temperaturempfinden. Das heißt: Wenn das Thermometer 29,4 °C misst, die Luftfeuchtigkeit mit 95 Prozent aber sehr hoch ist, hast du das Gefühl, als wäre es 40 °C warm.

Mit einem Hygrometer – einem Messgerät, das die relative Luftfeuchtigkeit misst – und dem Wärmeindex kannst du berechnen, wie du die tatsächliche Temperatur empfindest.

Relative Luftfeuchtigkeit (%)

Lufttemperatur (°C)	25	30	35	40	45	50	55	60	65	70	75	80	85	90	95	100
60																
57																
54																
52																
49	59	64														
46	52	57	61	66												
43	47	50	54	58	61	65										
40	42	45	47	50	53	57	61	65								
38	38	40	41	43	46	49	52	55	58	62						
35	34	35	36	38	40	41	43	45	48	51	54	58				
32	31	32	33	33	35	35	36	37	38	41	43	45	47	50		
29	28	29	29	30	30	31	32	32	32	34	35	36	37	39	40	42
27	25	26	26	26	27	27	27	28	28	29	30	30	30	31	32	32
24	22	23	23	23	23	23	23	24	24	24	24	25	25	26	26	27
21	18	19	19	20	20	21	21	21	21	21	21	22	22	22	22	23

302 Milchtüten-Hygrometer

DU BRAUCHST:
2 Zimmerthermometer
Stück Baumwollstoff
Faden
Milchkarton
Gummiringe
Schere
Wasser

Luftfeuchtigkeit ist der Gehalt an Wasserdampf in der Atmosphäre. Statt von absoluter Luftfeuchtigkeit sprechen die Meteorologen meistens von relativer Luftfeuchtigkeit. Die relative Luftfeuchtigkeit bezeichnet das Verhältnis zwischen dem tatsächlichen und dem maximal möglichen Wassergehalt, einem Wert, der wiederum von der Temperatur abhängt. Bei einer hohen Luftfeuchtigkeit in Verbindung mit hohen Temperaturen fühlen sich die meisten Menschen unwohl.

Du kannst die relative Luftfeuchtigkeit mit Hilfe eines selbst gebastelten Hygrometers ermitteln.

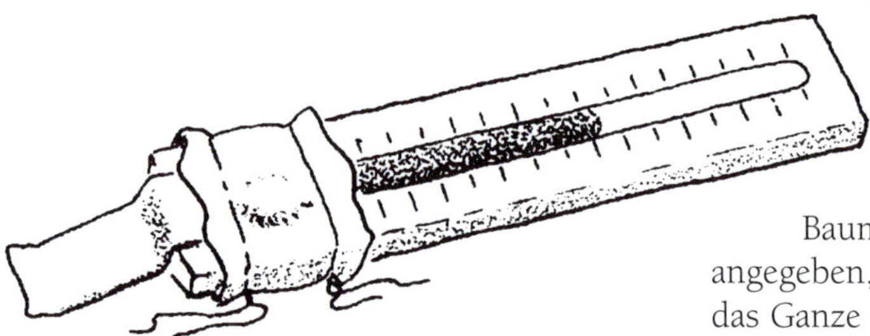

Versuch: Vergewissere dich, dass beide Thermometer dieselbe Temperatur anzeigen.

Umwickle das untere Ende eines Thermometers mit einem Stück Baumwollstoff. Lass wie in der Abbildung angegeben, eine Zunge herausstehen und befestige das Ganze mit dem Faden.

Mit den Gummiringen fixierst du die beiden Thermometer an je einer Seite des Kartons. Schneide unterhalb des mit Stoff umwickelten Thermometers eine Öffnung in den Karton und steck die Stoffzunge durch diese in das Kartoninnere. Füll nun den Karton bis zur Öffnung mit Wasser, sodass der Stoff vom Wasser benetzt wird.

Lies nun die Temperaturwerte des Trocken- und des Nass-Thermometers ab.

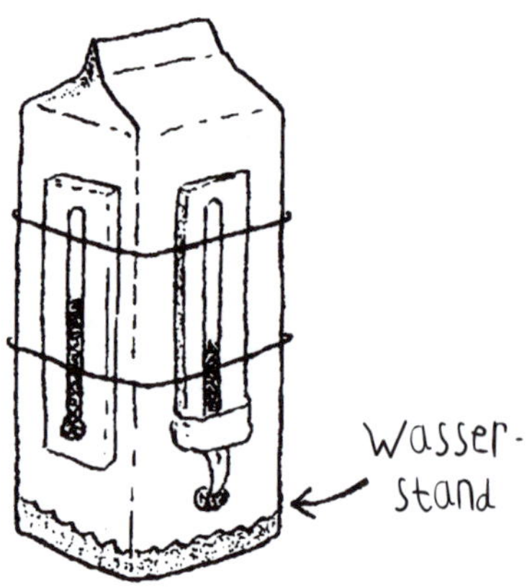

Was passiert: Das Nass-Thermometer zeigt immer eine niedrigere Temperatur an als das Trocken-Thermometer.

Warum: Die Verdunstung des Wassers am Nass-Thermometer verbraucht Wärme. Deshalb sinkt dort die Temperatur.

Die Verdunstung am Nass-Thermometer hält an, solange die Luft Wasserdampf aufnehmen kann. Trockene Luft kann mehr Wasser aufnehmen als Luft, die bereits mit Wasserdampf gesättigt ist.

Je trockener die Luft (je niedriger die Luftfeuchtigkeit) ist, desto weiter auseinander liegen die angezeigten Werte. Stimmen sie exakt überein, dann liegt die Luftfeuchtigkeit bei 100 Prozent.

Je höher die Temperatur, desto mehr Wasserdampf kann die Luft enthalten. Liegt die Luftfeuchtigkeit bei 100 Prozent, dann schneit oder regnet es.

Wenn du die beiden Thermometer abgelesen hast, kannst du mit Hilfe der unten abgebildeten Tabelle jederzeit die relative Luftfeuchtigkeit ermitteln.

Relative Luftfeuchtigkeit

Unterschied zwischen den Temperaturen an Trocken- und Nass-Thermometer

Temperatur des Trocken-Thermometers (°C)	1	2	3	4	5	6	7	8	9	10	11	12	14	16	18	20	22	24
-12	78	56	34	13														
-9	82	64	46	29	11													
-6	85	70	55	40	26	12												
-4	87	74	62	49	37	25	13	1										
1	89	78	67	56	46	36	26	16	6									
2	91	81	72	63	54	45	36	27	19	10	2							
4	92	83	75	68	60	52	45	37	29	22	15	7						
7	93	86	78	71	64	57	51	44	38	31	25	18	6					
10	93	87	80	74	67	61	55	49	43	38	32	27	16	5				
12	94	88	82	76	70	65	59	54	49	43	38	33	23	14	5			
15	94	89	83	78	73	68	63	58	53	48	43	39	30	21	13	5		
18	95	90	85	80	75	70	66	61	56	52	48	44	35	27	20	12	5	
21	95	90	86	81	77	72	68	64	59	55	51	48	40	33	25	19	12	6
23	96	91	86	82	78	74	70	66	62	58	54	51	44	37	30	24	18	12
26	96	91	87	83	79	75	72	68	64	61	57	54	47	41	35	29	23	18
32	96	92	89	85	81	78	74	71	68	65	61	58	52	47	41	36	31	26
37	96	93	89	86	83	80	77	73	70	68	65	62	56	51	46	41	37	33

303

Das Wohlfühl-Thermometer

Der Temperatur-Feuchtigkeits-Index (TFI) zeigt, wie das Verhältnis von Luftfeuchtigkeit und Wärme das Wohlbefinden beeinflusst.

Wenn dir Temperatur und relative Luftfeuchtigkeit bekannt sind, kannst du auf der Tabelle ablesen, wie du dich fühlst. Beträgt die Temperatur z. B. 27,2 °C bei einer Luftfeuchtigkeit von 55 Prozent, dann liegt der TFI bei 75 (etwa die Hälfte deiner Mitmenschen fühlen sich dann unwohl).

Wenn du ein Mathe-Fan bist, kannst du den TFI auch selbst ausrechnen:

1. Addiere die Temperaturen des Trocken-Thermometers und des Nass-Thermometers.
2. Multipliziere die Summe mit dem Faktor 0,4.
3. Zähle den Wert 15 dazu.

Wenn du kein Nass-Thermometer zur Verfügung hast, dir aber Temperatur und Luftfeuchtigkeit bekannt sind, kannst du den Wert des Nass-Thermometers auch von der Tabelle auf Seite 255 ablesen. Du brauchst nur den Differenzwert von der dir bekannten Temperatur abzuziehen.

Temperatur-Feuchtigkeits-Index

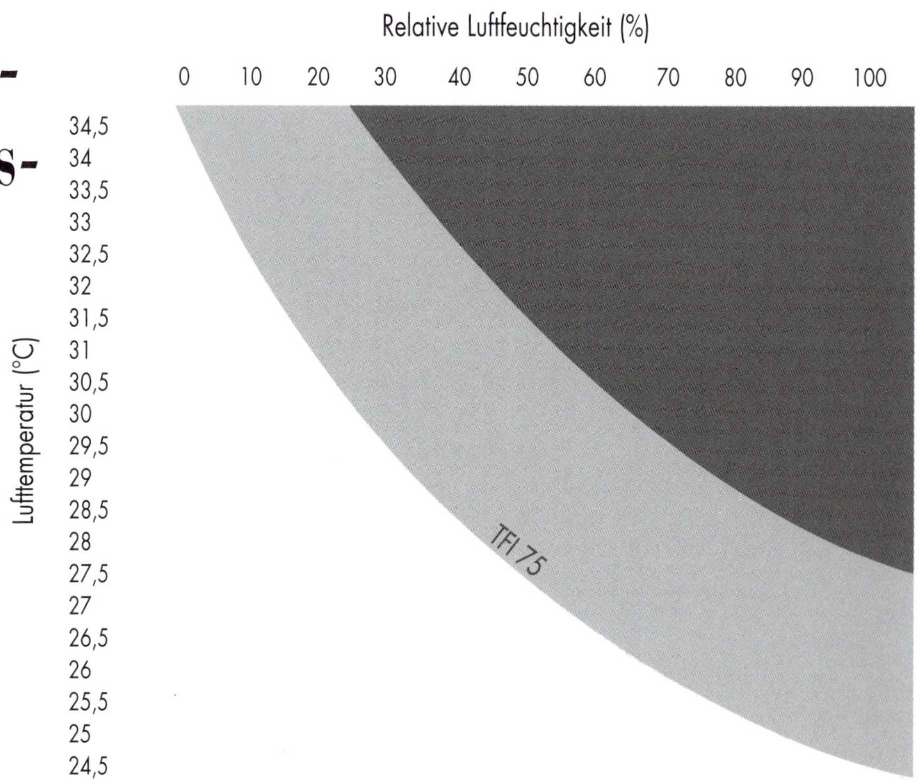

304

Der Taupunkt

DU BRAUCHST:

Bleistift
Papier
leere Dose
Wasser
Raumthermometer
Eiswürfel

Der Taupunkt bezeichnet jene Temperatur, bei der die Luft kein Wasser mehr aufnehmen kann und sich Tau bildet. Die Feuchtigkeit in der Luft beginnt dann zu kondensieren und aus Wasserdampf werden kleine Tröpfchen. Diese Temperatur ist nicht an jedem Tag gleich; sie hängt von der Lufttemperatur und von der Feuchtigkeitsmenge in der Luft ab. Je näher der Taupunkt an die Lufttemperatur heranreicht, desto wahrscheinlicher entstehen Nebel, Regen oder Schnee.

Du kannst den Taupunkt ganz einfach selbst feststellen.

Versuch: Schreib die Lufttemperatur auf.

Entfern die Papierhülle von der Dose. Füll sie mit Wasser und achte darauf, dass die Dose von außen trocken ist. Steck das Thermometer hinein.

Gib nach und nach Eiswürfel in die Dose. Rühr den Inhalt mit dem Thermometer vorsichtig um. Behalt dabei das Thermometer und die Außenwand der Dose gut im Auge.

Was passiert: Die Dose wird außen feucht – gleichzeitig sinkt die Temperatur des Wassers in der Dose.

Warum: Wenn sich die ersten Tröpfchen an der Außenhaut der Dose zeigen, hat die Temperatur den Taupunkt erreicht. Die relative Luftfeuchtigkeit beträgt nun 100 Prozent.

Wenn sich Wasser abkühlt und an einem Gegenstand kondensiert, dann nennt man die entstehenden Tröpfchen Tau. Tau entsteht, wenn die Temperatur feuchter Luft an einem kalten Gegenstand unter den Taupunkt absinkt – jener Punkt, an dem sie mit Feuchtigkeit gesättigt ist.

Wenn Luftschichten schnell aufsteigen, kühlen sie sich in der Höhe ab, und es entstehen Wolken. Wenn sich warme und kalte Luftschichten mischen, entsteht Nebel.

Tau bildet sich gewöhnlich auf Gras oder auf Pflanzen, die sich abgekühlt haben. Die Temperatur, bei welcher das eintritt, hängt vom Wassergehalt der Luft ab. Ist er niedrig, entsteht erst bei einer Temperatur von 0 °C oder darunter Tau. Dieser zeigt sich dann als Reif. Ist der Feuchtigkeitsgehalt der Luft sehr hoch, dann bildet sich schon bei 20 °C Tau.

305 Regenmesser

Miss die Regenmenge, die im Laufe einer Woche oder eines Monats fällt, und vergleich deine Ergebnisse mit den offiziellen Werten.

DU BRAUCHST:
Lineal
Kreppband (Tesakrepp)
verschiedene leere Behälter, z. B. Kaffeedose, Glas, abgeschnittener Milchkarton
Bleistift
Papier

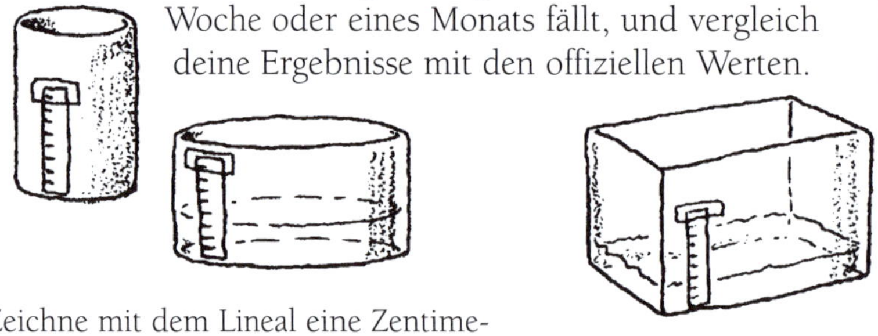

Versuch: Zeichne mit dem Lineal eine Zentimeterskala auf mehrere Streifen des Kreppbands. Befestige diese Skalen an den Behältern.

Stell die Behälter auf einer ebenen Fläche im Freien auf, am besten in einer Schachtel, damit der Wind sie nicht umweht.

Miss nach jedem Regen die Niederschlagsmenge in den Behältern. Sie wird unabhängig von der Größe der Behälter immer gleich hoch sein. Notier die Menge und das jeweilige Datum.

Vergleich die Mengen von einer Regenperiode zur nächsten. Und vergleich deine Messungen mit denen des Wetteramts. Sie stimmen vielleicht nicht immer überein. Manchmal regnet es auf einer Straßenseite stärker als auf der anderen!

306 In den Wolken lesen

Wenn die Luft schwer ist von Feuchtigkeit und die Temperatur sinkt, verwandelt sich Wasserdampf in Tröpfchen und bildet mit kleinen Staubpartikeln Nebel (in Bodennähe) und Wolken (am Himmel). Die Wolkenart hängt davon ab, wie sehr die Luft sich abgekühlt hat und wie schnell sie sich bewegt.

Zirrus- oder Federwolken sind hohe, federartige Wolken.

Stratus- oder tiefe Schichtwolken liegen wie eine Decke am Himmel. Es ist bedeckt oder nebelig.

Kumuluswolken, auch Blumenkohlwolken genannt, sind typische Schönwetterwolken.

Nimbostratuswolken sind dunkelgraue Regenwolken.

Meistens verändern die Wolken ihre Form ständig. Bei starkem Wind oder bei Kontakt mit wärmerer Luft verdampfen Teile von ihnen.

Man spricht von wolkenlosem Himmel, wenn nicht eine Wolke zu sehen ist, und von klarem Himmel, wenn die Wolken weniger als 3/10 des Himmels bedecken. Teilweise sonnig ist es, wenn der Himmel bis 7/10 bedeckt ist. Sind noch mehr Wolken da, dann ist es bedeckt oder wolkig.

Die Meteorologen beobachten die Wolken sehr genau. Mit Hilfe der Wolkenkarte kannst auch du in den Wolken lesen!

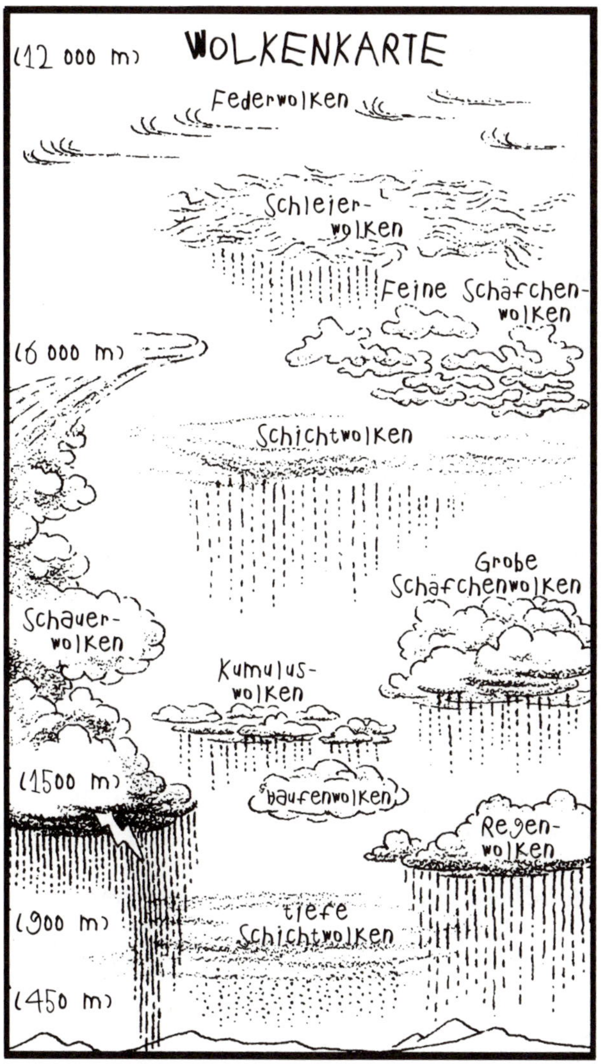

pH-Skala

Die pH-Skala wurde von dem dänischen Biochemiker S. P. L. Sørensen entwickelt. Sie gibt an, wie sauer oder basisch eine Flüssigkeit ist.

Säuren enthalten Wasserstoff. Je stärker die Säure ist, desto mehr Wasserstoff enthält sie – und umso weniger Wasserstoff verträgt die Lösung, wenn sie mit anderen Substanzen gemischt wird. Kann sie keinen Wasserstoff mehr aufnehmen, liegt ihr pH-Wert bei Null. Je stärker die Säure ist, desto niedriger ist ihr pH-Wert.

Eine Lösung mit einem pH-Wert über 7 ist basisch. Liegt der pH-Wert unter 7, ist sie sauer.

Base/Lauge

- 14,0 Abflussreiniger
- 13,0 Lauge/Ammoniak
- 12,4 Kalk
- 11,0
- 10,5 Magnesium
- 8,5 Backsoda
- 8,3 Meerwasser
- 8,0
- 7,4 Blut
- 7,0 destilliertes Wasser
- 6,6 Milch
- 6,0
- 5,6 sauberer Regen
- 5,0 Tomatensaft
- 4,2 Kaffee
- 3,0 Apfelsaft
- 2,2 Essig
- 2,0 Zitronensaft
- 1,5
- 1,0 Batteriesäure
- 0,0

Säure

307

Saurer Regen

Mit Hilfe von Lackmuspapier (auf Seite 284 steht, wie du es herstellen kannst) oder Rotkohlsaft kannst du feststellen, ob der Regen, der an deinem Wohnort fällt, sauber ist, oder ob es sich um sauren Regen handelt.

DU BRAUCHST:

6 bis 10 Esslöffel Rotkohlsaft
5 kleine Gläser
Pappbecher
Regenwasser
Apfelsaft
Zitronensaft
saubere Schüssel
destilliertes Wasser
Milch

Versuch: Sammle Regenwasser in einer Schüssel.

Stell die Pappbecher in einer Reihe auf, nummerier sie und füll jeden mit einem Esslöffel Rotkohlsaft. Gib nun etwas Regenwasser in den ersten Becher, ebenso viel destilliertes Wasser in den zweiten, Milch in den dritten, Apfelsaft in den vierten und Zitronensaft in den fünften.

Vergleich jetzt die Farbe der Flüssigkeit aus dem Becher mit Regenwasser mit den Farben der anderen Flüssigkeiten. Wähl die Flüssigkeit aus, die annähernd dieselbe Farbe hat wie das Regenwasser und schätz anhand der pH-Tabelle von Seite 259, welchen pH-Wert das Regenwasser hat.

Was passiert: Wenn sich die Farbe des Rotkohlsafts nach der Zugabe von Regenwasser nur leicht verändert, dann ist das Wasser in Ordnung.

Wenn die Lösung aber so pinkfarben wird wie die Zitronen-Rotkohl-Lösung, ist dein Regenwasser sehr sauer.

Warum: Regen ist auf Grund der Oxyde in der Luft normalerweise leicht sauer. Sauberes Regenwasser hat einen ph-Wert von etwa 5,6.

Wenn der pH-Wert deines Regenwassers unter diesem Wert liegt, dann handelt es sich um sauren Regen. Wenn der pH-Wert des Wassers in Seen oder Flüssen unter 5 abfällt, dann werden die meisten Fische sterben.

Die Abgase, die ungefiltert aus Fabrikschloten entweichen – aber auch aus Autos, Lastwagen und Flugzeugen –, gehen mit den Wassermolekülen der Luft Säureverbindungen ein, die dann, in Form von Regen und Staub, auf die Erde fallen.

Dieses schleichende Gift wird allein von Menschenhand verursacht. Es schadet Bäumen und Ackerfrüchten und stellt für alles Leben zu Wasser und zu Land eine Bedrohung dar. Sogar die Fassaden von Steinhäusern werden von der aggressiven Säure angegriffen.

LUFT, H_2O UND ANDERE DINGE

Jeder Gegenstand nimmt auf der Erde Raum ein und hat ein Gewicht: sogar die Luft!

Stoffe können fest, flüssig und gasförmig sein. Alles fühlt sich irgendwie an, ist hart oder weich, bewegt sich oder nicht, selbst wenn es unsichtbar ist wie die Luft.

Ein Tisch ist ein fester Gegenstand, Wasser ist flüssig, und Luft ist ein Gas. Alle drei bestehen aus kleinen Teilen, den Molekülen, und noch winzigeren Teilchen, den Atomen. Diese Teilchen werden von den Chemikern untersucht und neu zusammengesetzt. So entstehen neue Produkte wie z. B. Kunststoffe für Gummistiefel oder Kaugummi.

Sicherheit geht vor

Sei ein heller Kopf und beachte bei den folgenden Experimenten diese Sicherheitsregeln:

- Alle Geschirr- oder Besteckteile musst du nach den Experimenten gründlich reinigen.
- Gebrauchte chemische Lösungen niemals stehen lassen. Entsorge sie vorschriftsmäßig.
- Besondere Vorsicht ist angesagt, wenn du den Herd oder die Mikrowelle benötigst oder mit heißem Wasser oder Essen umgehst. Bitte einen Erwachsenen dir dabei zu helfen.
- Möchtest du irgendwelche Lösungen aufbewahren, solltest du die Flaschen oder Gläser genau beschriften. Bewahr sie sicher vor dem Zugriff kleiner Kinder auf.
- Lies die Anleitungen immer genau durch, bevor du mit einem Experiment beginnst. So bist du sicher, dass du wirklich alle Zutaten und auch die erforderliche Zeit zur Verfügung hast.
- Falls ein Experiment Schmutz verursacht, führ es im Spülbecken oder im Freien durch oder leg den Arbeitsplatz mit altem Zeitungspapier aus.

Winzig wie ein Molekül

Ein Molekül ist der kleinste Teil, aus dem ein Gegenstand besteht. Man kann Moleküle nicht sehen und dennoch besteht die ganze Welt aus ihnen. Stell dir z. B. vor, du wärst so winzig wie ein einziges Molekül. Wenn du nun als Molekül auf einem Tisch neben einem Salzkörnchen liegen würdest, dann würde dir dieses Salzkörnchen so groß wie ein Gebirge vorkommen. Wenn du ein Wassermolekül wärst, wärst du der allerkleinste Teil eines Tropfens. Der letzte Teil des Tropfens, der verdunsten würde, wärest du. Nun hast du eine gute Vorstellung darüber, wie klein Moleküle wirklich sind. Aber die Teile, aus denen Moleküle bestehen, sind noch viel kleiner. Diese sehr kleinen Teile werden Atome genannt.

Wenn du ein Sauerstoffmolekül wärst, dann würdest du aus zwei von diesen Atomen bestehen. Zwei Sauerstoffatome deshalb, weil ein Sauerstoffatom alleine sich nicht wie Sauerstoff verhält.

Eine Substanz, die aus nur einer Art von Atomen besteht, wird Element genannt. Sauerstoff, Wasserstoff, Stickstoff und Kohlenstoff z. B. sind Elemente *(siehe* Periodensystem der chemischen Elemente *auf Seite 264 und 265).* Wenn du das Element Stickstoff wärst, würdest du nur aus Stickstoffatomen bestehen. Wenn du das Element Kohlenstoff wärst, würdest du nur aus Kohlenstoffatomen bestehen. Du könntest unmöglich etwas anderes sein.

Die Atome verschiedener Elemente bilden zusammen verschiedene Moleküle. Ein Wassermolekül besteht aus drei Atomen. Wenn du ein Sauerstoffatom wärst, dann bräuchtest du zwei Freunde, Wasserstoffatome, um zusammen ein Wassermolekül zu bilden, da Wasser immer aus zwei Wasserstoff- und einem Sauerstoffatom besteht. Du wärest dann ein Stoff, der sich aus zwei verschiedenen Elementen zusammensetzt, eine sogenannte Verbindung. Wasser, Kohlendioxid und Zucker sind alles Beispiele für chemische Verbindungen. Als Molekül, oder als kleines Stück Materie, könntest du in drei Zuständen existieren. Chemiker würden dich entweder als fest, flüssig oder gasförmig beschreiben.

Wenn nötig, könnte dich ein Chemiker mittels Elektrizität auch wieder in deine ursprünglichen Bestandteile oder Atome auflösen. Dann wärst du nicht mehr Wasser, sondern zwei Wasserstoffatome und ein Sauerstoffatom. Die kleinste Einheit, in der du als Wasser existieren könntest, wäre das Molekül.

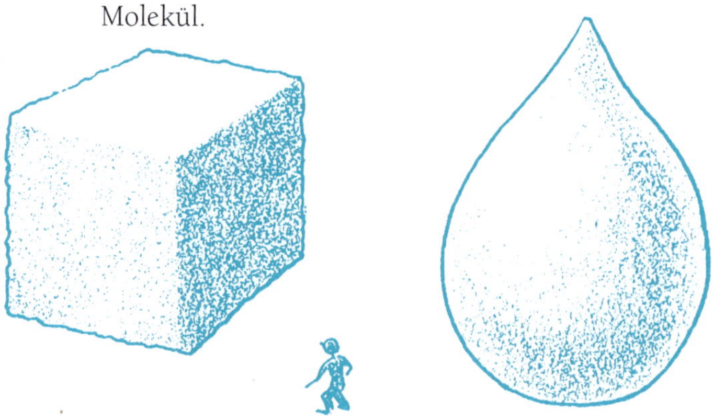

Atome

Alles auf der Welt besteht aus Atomen. Sie sind der kleinste Teil eines jeden Elements. Gleichzeitig unterscheiden sich die Atome der Elemente untereinander. Wenn du die Elektronen für jedes Element zusammenzählen würdest, würdest du ganz unterschiedliche Werte erhalten.

Jedes Atom hat einen Mittelpunkt, oder Kern, der aus Neutronen und Protonen besteht. Die Protonen des Atomkerns enthalten positive elektrische Ladung, während die Neutronen nicht geladen sind (sie sind elektrisch neutral).

Noch kleinere Teile, die Elektronen, kreisen um den Atomkern herum. Sie enthalten negative elektrische Ladung. Diese positive und negative elektrische Ladung zwischen Elektronen und Protonen hält das Atom zusammen.

Stell dir einen Atomkern einfach als Ball vor, der von kleineren Bällen, den Elektronen, umkreist wird. Die Wege, die die Elektronen um den Atomkern herum beschreiben, sind die Elektronenbahnen. Eine andere Möglichkeit ist es, sich den Atomkern als die Sonne vorzustellen und die Elektronen als die Planeten. Die auf einer Kreisbahn befindlichen Planeten werden von der Sonne angezogen wie die Elektronen vom Atomkern.

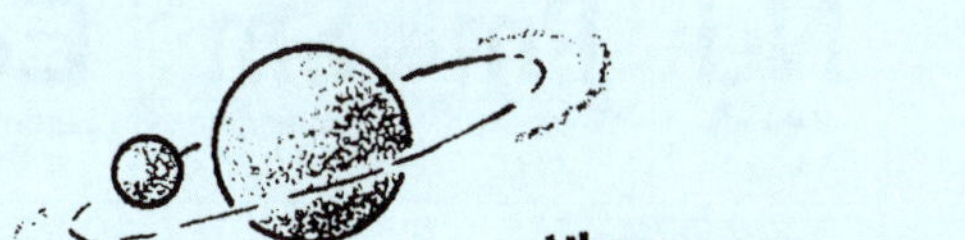

308 Landkarte der Elemente

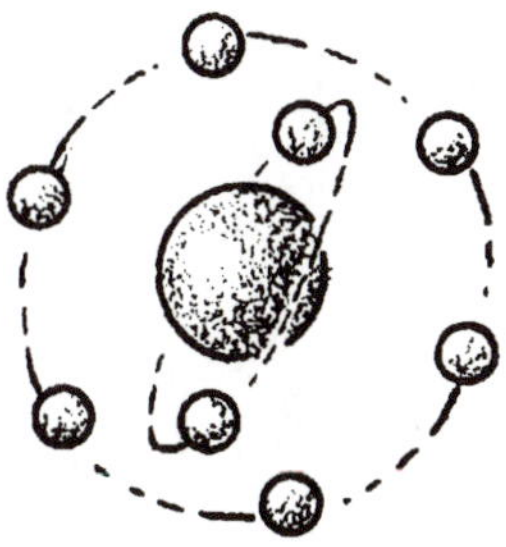

Auf einer Tabelle, die als Periodensystem der chemischen Elemente bekannt ist, ist die ganze Welt der Atome übersichtlich angeordnet. Das allererste Periodensystem hat der russische Chemiker Dimitri Ivanovich Mendelejev 1869 zusammengestellt. Er hatte einige Stellen frei gelassen, weil er wusste, dass noch neue Elemente entdeckt werden würden. Beim modernen Periodensystem *(siehe Seiten 264 und 265)* zeigen die Ziffern auf der linken Seite, sie verlaufen von oben nach unten, die Periode an, d. h. die Zahl der Kreisbahnen, auf denen die Elektronen beim jeweiligen Element sich bewegen.

Elemente der ersten Periode besitzen nur eine Kreisbahn, Elemente der zweiten Periode besitzen zwei Kreisbahnen usw.

Jedes Element verfügt darüber hinaus über eine Nummer (die Ordnungszahl), ein Buchstabensymbol und die Angabe des Atomgewichts (Atommasse). Das Element Sauerstoff z. B. befindet sich auf der Tabelle unter Periode 2, in der Gruppe 6A, und hat das Kürzel O. Die Ordnungszahl beträgt Acht. Das heißt, dass es acht Protonen im Atomkern des Sauerstoffatoms gibt. Außerdem sind die Ziffern 2 und 6 zu sehen. Diese beiden Ziffern geben an, wie viele Elektronen sich auf der ersten Kreisbahn (2) und wie viele sich in der zweiten Kreisbahn (6) des Atoms befinden. Die Gesamtzahl der Elektronen, die einen Atomkern umkreisen, entspricht immer der Anzahl der Protonen dieses Kerns.

PERIODENSYSTEM DER

6 C Kohlenstoff 12,01115	2 4

- 2 4 – Anzahl der Elektronen auf den Kreisbahnen
- 6 – Ordnungszahl
- C – Symbol
- Kohlenstoff – Name
- 12,01115 – Atommasse

1	Moderne Schreibweise
1A	Hauptgruppen

	1 1A	2 2A	3 3B	4 4B	5 5B	6 6B	7 7B	8 8B	9 8B
1	1 H Wasserstoff 1,00797 1								
2	3 Li Lithium 6,939 2 1	4 Be Beryllium 9,0122 2 2							
3	11 Na Natrium 22,9898 2 8 1	12 Mg Magnesium 24,12 2 8 2							
4	19 K Kalium 39,102 2 8 8 1	20 Ca Calcium 40,08 2 8 8 2	21 Sc Scandium 44,956 2 8 9 2	22 Ti Titan 47,90 2 8 10 2	23 V Vanadium 50,942 2 8 11 2	24 Cr Chrom 51,996 2 8 13 1	25 Mn Mangan 54,9380 2 8 13 2	26 Fe Eisen 55,847 2 8 14 2	27 Co Kobalt 58,9332 2 8 15 2
5	37 Rb Rubidium 85,47 2 8 18 8 1	38 Sr Strontium 87,62 2 8 18 8 2	39 Y Yttrium 88,905 2 8 18 9 2	40 Zr Zirconium 91,22 2 8 18 10 2	41 Nb Niob 92,906 2 8 18 12 1	42 Mo Molybdän 95,94 2 8 18 13 1	▲43* Tc Technetium (98) 2 8 18 13 2	44 Ru Ruthenium 101,07 2 8 18 15 1	45 Rh Rhodium 102,905 2 8 18 16 1
6	55 Cs Cäsium 132,905 2 8 18 18 8 1	56 Ba Barium 137,34 2 8 18 18 8 2		72 Hf Hafnium 178,49 2 8 18 32 10 2	73 Ta Tantal 180,948 2 8 18 32 11 2	74 W Wolfram 183,85 2 8 18 32 12 2	75 Re Rhenium 186,2 2 8 18 32 13 2	76 Os Osmium 190,2 2 8 18 32 14 2	77 Ir Iridium 192,2 2 8 18 32 15 2
7	▲87 Fr Francium (223) 2 8 18 32 18 8 1	▲88 Ra Radium (226) 2 8 18 32 18 8 2		▲104* Rf Rutherfordium (261) 2 8 18 32 32 10 2	▲105* Db Dubnium (262) 2 8 18 32 32 11 2	▲106* Sg Seaborgium (263) 2 8 18 32 32 12 2	▲107* Bh Bohrium (264) 2 8 18 32 32 13 2	▲108* Hs Hassium (265)	▲109* Mt Meitnerium (266)

Lanthaniden

6	57 La Lanthan 138,91 2 8 18 18 9 2	58 Ce Cer 140,12 2 8 18 19 9 2	59 Pr Praseodym 140,907 2 8 18 21 9 2	60 Nd Neodym 144,24 2 8 18 22 8 2	▲61* Pm Promethium (147) 2 8 18 23 9 2	62 Sm Samarium 150,35 2 8 18 24 8 2	63 Eu Europium 151,96 2 8 18 25 8 2
7	▲89 Ac Actinium (227) 2 8 18 32 18 9 2	▲90 Th Thorium 232,038 2 8 18 32 18 10 2	▲91 Pa Proctactinium (231) 2 8 18 32 18 10 2	▲92 U Uran 238,03 2 8 18 32 32 10 2	▲93* Np Neptunium (237) 2 8 18 32 22 9 2	▲94* Pu Plutonium (242) 2 8 18 32 24 8 2	▲95* Am Americium (243) 2 8 18 32 25 9 2

Actiniden

CHEMISCHEN ELEMENTE

✶ künstliches Element

▲ Radioaktiv

( ) Masse des langlebigsten der bekannten Isotope

10	11 1B	12 2B	13 3A	14 4A	15 5A	16 6A	17 7A	18 8A
								2 **He** Helium 4,0026 (2)
			5 **B** Bor 10,811 (2 3)	6 **C** Kohlenstoff 12,01115 (2 4)	7 **N** Stickstoff 14,0067 (2 5)	8 **O** Sauerstoff 15,9994 (2 6)	9 **F** Fluor 18,9984 (2 7)	10 **Ne** Neon 20,179 (2 8)
			13 **Al** Aluminium 26,9815 (2 8 3)	14 **Si** Silicium 28,086 (2 8 4)	15 **P** Phosphor 30,9738 (2 8 5)	16 **S** Schwefel 32,064 (2 8 6)	17 **Cl** Chlor 35,453 (2 8 7)	18 **Ar** Argon 39,448 (2 8 8)
28 **Ni** Nickel 58,71 (2 8 16 2)	29 **Cu** Kupfer 63,54 (2 8 18 1)	30 **Zn** Zink 63,37 (2 8 18 2)	31 **Ga** Gallium 69,72 (2 8 18 3)	32 **Ge** Germanium 72,59 (2 8 18 4)	33 **As** Arsen 74,9216 (2 8 18 5)	34 **Se** Selen 78,96 (2 8 18 6)	35 **Br** Brom 79,904 (2 8 18 7)	36 **Kr** Krypton 83,80 (2 8 18 8)
46 **Pd** Palladium 106,4 (2 8 18 18 0)	47 **Ag** Silber 107,868 (2 8 18 18 1)	48 **Cd** Cadmium 112,40 (2 8 18 18 2)	49 **In** Indium 114,82 (2 8 18 18 3)	50 **Sn** Zinn 118,69 (2 8 18 18 4)	51 **Sb** Antimon 121,75 (2 8 18 18 5)	52 **Te** Tellur 127,60 (2 8 18 18 6)	53 **I** Jod 126,9044 (2 8 18 18 7)	54 **Xe** Xenon 131,29 (2 8 18 18 8)
78 **Pt** Platin 195,09 (2 8 18 32 17 1)	79 **Au** Gold 196,967 (2 8 18 32 18 1)	80 **Hg** Quecksilber 200,59 (2 8 18 32 18 2)	81 **Tl** Thallium 204,383 (2 8 18 32 18 3)	82 **Pb** Blei 207,19 (2 8 18 32 18 4)	83 **Bi** Wismut 208,980 (2 8 18 32 18 5)	▲84 **Po** Polonium (209) (2 8 18 32 18 6)	▲85 **At** Astat (210) (2 8 18 32 18 7)	▲86 **Rn** Radon (222) (2 8 18 32 18 8)

64 **Gd** Gadolinium 157,25 (2 8 18 25 9 2)	65 **Tb** Terbium 158,924 (2 8 18 27 8 2)	66 **Dy** Dysprosium 162,50 (2 8 18 28 8 2)	67 **Ho** Holmium 164,930 (2 8 18 29 8 2)	68 **Er** Erbium 167,26 (2 8 18 30 8 2)	69 **Tm** Thulium 168,934 (2 8 18 31 8 2)	70 **Yb** Ytterbium 173,04 (2 8 18 32 8 2)	71 **Lu** Lutetium 174,97 (2 8 18 32 9 2)
▲96✶ **Cm** Curium (247) (2 8 18 32 25 9 2)	▲97✶ **Bk** Berkelium (247) (2 8 18 32 26 9 2)	▲98✶ **Cf** Californium (251) (2 8 18 32 28 8 2)	▲99✶ **Es** Einsteinium (254) (2 8 18 32 29 8 2)	▲100✶ **Fm** Fermium (257) (2 8 18 32 30 8 2)	▲101✶ **Md** Mendelevium (258) (2 8 18 32 31 8 2)	▲102✶ **No** Nobelium (255) (2 8 18 32 32 8 2)	▲103✶ **Lr** Laurentium (256) (2 8 18 32 32 9 2)

309 Kreisbahnen

DU BRAUCHST:

Knete in vier verschiedenen Farben

Zeitungspapier

Deckel eines Glases mit weiter Öffnung

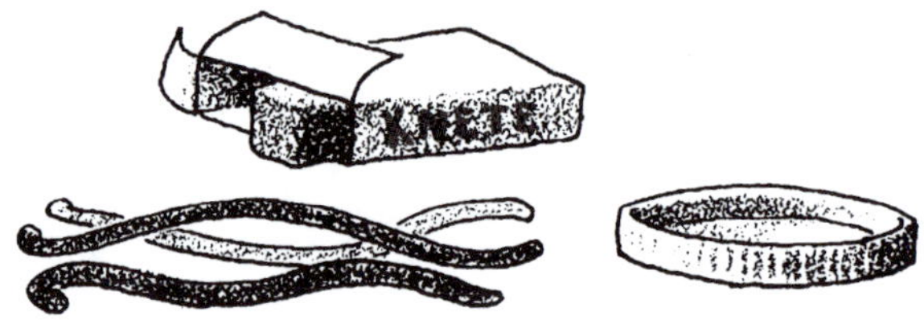

Du begreifst die Welt der Atome am besten, wenn du ein Atommodell bastelst. Obwohl Elektronen und Protonen keine Knetkugeln sind (es handelt sich natürlich um elektrisch geladene, schnell bewegliche Teilchen), trägt ein Modell aus Knete zum Verständnis dieser schwierigen Materie bei.

Versuch: Leg deine Arbeitsfläche mit Zeitungspapier aus. Such dir Knete in zwei unterschiedlichen Farben aus. Wir verwenden Rot und Blau. Jetzt rollst du mit den Händen zwei rote Schlangen und eine blaue. Sie markieren die Kreisbahnen der Elektronen, auf welchen diese den Atomkern umkreisen. Achte darauf, dass die Schlangen so lang sind, dass sie auch für einen ganzen Kreis innerhalb des Deckels ausreichen. Nun legst du die erste rote Schlage an den Innenrand des Deckels. Dicht daneben legst du die blaue Schlange. (Am Ende sieht das Ganze wie eine Zielscheibe aus.) An die blaue legst du die zweite rote Schlange. Dann legst du ein Stück blaue Knete in die Mitte und drückst es zu einer Scheibe auseinander.

Nun rollst du ein gelbes Kügelchen aus Knete und klebst es mitten auf das blaue Zentrum. Zwei etwas kleinere (grüne) Kügelchen klebst du an den Rand der blauen Scheibe, jeweils direkt gegenüber der gelben Kugel in der Mitte. Dann platzierst du acht weitere grüne Kügelchen in vier Gruppen auf den äußeren Rand des roten Rings.

Was passiert: Du hast nun ein einfaches Schalenmodell eines Atoms gebaut!

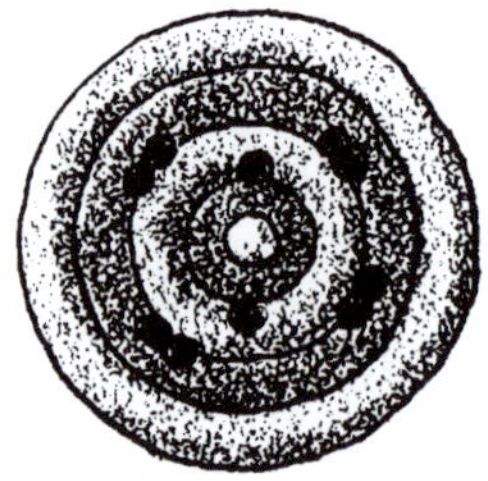

Warum: Die große Kugel im Zentrum stellt den Kern des Atoms dar. Die zwei kleineren Kugeln am äußeren Rand der blauen Scheibe zeigen, dass sich in der ersten Kreisbahn nur zwei Elektronen befinden. Die zweite Kreisbahn, der rote Ring, ist mit acht grünen Kügelchen besetzt, da nur für acht Elektronen Platz ist.

Auf der dritten Kreisbahn des Modells (äußerer blauer Ring, unbesetzt) ist für bis zu acht weitere grüne Kügelchen oder Elektronen Platz, wenn es die letzte Kreisbahn ist, aber für bis zu 18 Kügelchen, wenn es nicht die letzte Kreisbahn ist. Wichtig ist auch, dass, nach der ersten Kreisbahn, jede weitere Kreisbahn mit acht Kügelchen besetzt sein muss, ehe eine neue Kreisbahn bzw. Schale eröffnet wird.

310 Erkenn das Modell

Such auf dem Periodensystem der Elemente das Modell, das du gerade gebastelt hast. Füg dann Kügelchen, oder Elektronen, hinzu, um andere Elemente darzustellen.

Was sind Isomere?

Isomere sind Moleküle aus zwei oder mehreren Elementen und somit auch Atomkernen. Anzahl und Art der Atome bleiben zwar unverändert, sie sind jedoch anders angeordnet. Wissenschaftler haben verschiedene Molekülverbindungen verwendet und die Anordnung der Atomkerne so verändert, dass ein neuer Stoff daraus hervorging. So entstanden künstliche Produkte, die heute ganz alltäglich sind, wie z. B. Waschmittel, Farben, Benzin und Aspirin.

311 Wie viele Isomere?

Wie viele verschiedene Muster kannst du mit nur drei Büroklammern erzeugen und wie viele mit vier? Eine ganze Menge!

DU BRAUCHST:
6 Büroklammern
Papier
Bleistift

Versuch: Nimm eine Büroklammer und leg sie vor dich hin. Schon hast du das erste Muster. Gibt es noch mehr mit nur einer Klammer? Nimm nun zwei Büroklammern und leg sie hintereinander, sodass sie eine Kette bilden. Leg dieselben zwei Klammern zu einem Kreuz aufeinander. Wie viele Muster kannst du mit zwei Klammern legen?

Ergänze nun eine dritte Klammer. Wie viele Muster fallen dir nun ein? Schließlich nimmst du noch mehr Klammern dazu, eine nach der anderen. Wie erhöht sich die Zahl der Möglichkeiten, wenn du nur je eine Klammer dazu nimmst? Stell jeweils eine Hypothese auf oder rate, wie viele zusätzliche Muster möglich sind. Schreib dir die Zahl immer auf und mach eine Skizze der Muster, die dir einfallen.

Was passiert: Mit jeder neu hinzugekommenen Büroklammer kannst du weitere Muster legen.

Warum: Dieses Experiment stellt eine Wahrscheinlichkeitsstudie dar. Die Frage lautet: Wie viele Muster kannst du mit einer bestimmten Anzahl von Klammern legen? Je mehr Büroklammern hinzukommen, desto größer wird die Zahl der Möglichkeiten. Diese steigt schneller an als die Zahl der hinzugefügten Klammern.

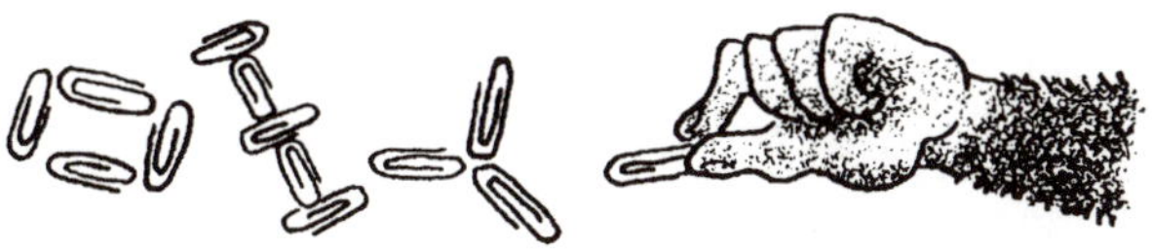

312 Bleistift-Lotto

Die meisten Bleistifte haben sechs flache Kanten. Nummerier die Kanten von eins bis sechs. Leg ein Buch auf den Tisch und lass den Bleistift darauf zu rollen. Wie groß ist die Wahrscheinlichkeit, dass eine bestimmte Zahl oben liegt?

Der Zufall will es, dass jede Zahl gleich oft erscheint. Mathematisch ausgedrückt ist die Wahrscheinlichkeit gleich groß. Gibt es irgendwelche Einflüsse, die sich darauf auswirken könnten, wie oft eine bestimmte Zahl oben erscheint?

313 Bewegte Moleküle

Wie sich Moleküle in festen, flüssigen und gasförmigen Körpern verhalten, lässt sich leicht darstellen.

DU BRAUCHST:

Deckel einer Schachtel (oder flache Schachtel)
Murmeln (oder andere kleine Kügelchen)
Schere

Versuch: Leg so viele Murmeln in den Deckel, bis er ganz voll ist. Schieb den Deckel vorsichtig hin und her. Nun nimmst du ein paar Murmeln heraus und schiebst den Deckel wieder hin und her, schneller als zuvor.

Nimm noch mehr Murmeln heraus und beweg den Deckel noch etwas schneller.

Zuletzt schneidest du in jede Seite des Deckels ein Loch und wieder bewegst du ihn ganz schnell hin und her.

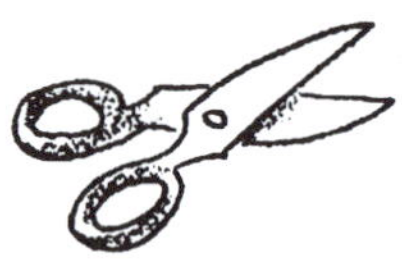

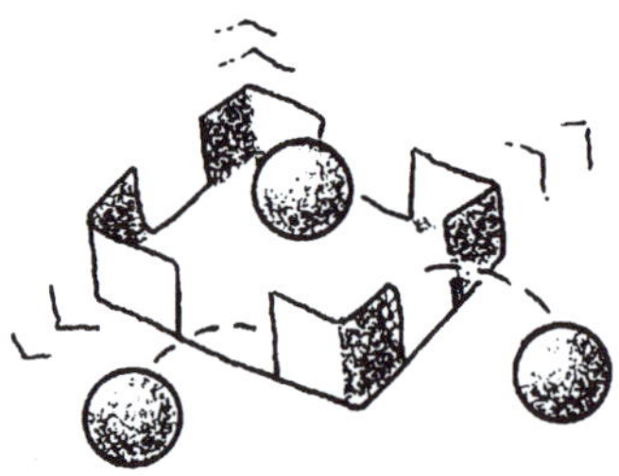

Was passiert: Je weniger Murmeln im Deckel sind, desto stärker rollen sie umher. Einige rollen sogar aus den Löchern heraus.

Warum: Die „eingezwängten“ Murmeln im ersten Versuch verhalten sich wie Moleküle eines festen Körpers. Die Moleküle bewegen sich kaum und deshalb ist der Körper auch fest.

Als du einige Murmeln herausgenommen hast, ist das Modell einer Flüssigkeit entstanden. Die Moleküle haben mehr Platz und bewegen sich schneller.

Als nur noch ganz wenige Murmeln im Deckel waren, hatten sie einen großen Abstand zueinander und konnten sich sehr schnell bewegen, so wie die Moleküle von Gasen.

Die Löcher in den Seitenwänden zeigen, was passiert, wenn eine Substanz sich auflöst: Kochendes Wasser verwandelt sich in Dampf und steigt aus dem Topf nach oben. Ein auf einem Teller zurückgebliebener Wassertropfen verdunstet. Bewegt sich eines seiner Moleküle schnell genug, löst es sich von der Oberfläche des Tropfens und steigt in die Luft.

Wenn ein Eiswürfel im Topf schmilzt, verwandelt sich sein Zustand von einem festen in einen flüssigen und schließlich in einen gasförmigen Zustand. Die Moleküle des Stoffes Wasser ändern sich nie, aber sein Zustand kann sich ändern; zum Beispiel von Eis zu Wasser zu Dampf.

314 Ausbreitung von Molekülen

DU BRAUCHST:
2 durchsichtige Gläser
Leitungswasser
Lebensmittelfarben
Pipette

Bewegen sich Wassermoleküle wirklich? Wenn ja, wie schnell oder wie langsam?

Versuch: Füll ein Glas mit kaltem Wasser, das andere mit heißem Wasser. Nun lässt du schnell in jedes Glas einen Tropfen Farbe fallen. (Achte darauf, dass die Bedingungen in beiden Fällen die gleichen sind. Das heißt, dass in den Gläsern gleich viel Wasser sein sollte und dass du gleich viel Farbe hinzufügst. Es ist wichtig, die Variablen zu überprüfen, um sicherzustellen, dass das Experiment wissenschaftlich korrekt ist.)

Was passiert: Die Lebensmittelfarbe breitet sich in beiden Gläsern aus, allerdings unterschiedlich schnell.

Warum: Das kalte Wasser braucht sehr lange, bis es durchgehend gefärbt ist, da die Wassermoleküle sich langsam im Glas herumbewegen. Aber bei warmem Wasser (das heiße Leitungswasser) bewegen sich die Moleküle auf Grund der Wärmeenergie viel schneller. Dadurch breitet sich die Farbe auch schneller aus.

Es wäre vielleicht nicht schlecht, sich aufzuschreiben, wie lange es dauert, bis die Farbe in beiden Gläsern gleich verteilt ist.

Geschichte der Chemie

Vor langer Zeit glaubten die Menschen, dass Natur und Naturprozesse von Geistern beherrscht würden. Dann entdeckten die Menschen Feuer und Hitze und wie diese die Dinge verändern. Die Alchimisten entdeckten chemische Verbindungen und hofften Metall in Gold verwandeln zu können. Noch wusste man nicht, wie die Chemie funktioniert.

Die Chemie (organische Chemie beschäftigt sich mit Kohlenstoffverbindungen, anorganische Chemie mit allen anderen Elementen und Verbindungen) entstand um 1600, als Robert Boyle die noch heute gültige Liste der Elemente aufstellte. Ende des 18. Jahrhunderts entdeckten die Chemiker Joseph Priestley und Karl Scheele unabhängig voneinander den Sauerstoff. Zur selben Zeit erkannte der französische Chemiker Antoine Lavoisier die chemischen Veränderungen bei der Verbrennung. John Dalton nahm an, dass die Elemente aus Atomen bestehen (1803), und der Schwede Jons J. Berzelius erkannte, dass alle Atome negativ bzw. positiv geladen sind (1812). Er ordnete den Elementen auch Atomgewichte zu, während Henry Moseley ihnen die Ordnungszahlen zuwies. Schließlich entdeckten die Chemiker Pierre und Marie Curie 1898 das radioaktive Element Radium.

Verwandlung

315

DU BRAUCHST:
10 Eiswürfel
Topf mit Deckel
Herd

Manchmal ändern sich Dinge unwiderruflich. Wenn Toast verbrennt, entsteht ein völlig neuer Stoff. Durch die Wärme verändert sich die Struktur der Moleküle des Brotes, es entsteht Kohle. Diese stoffliche Umwandlung wird chemische Reaktion genannt. Wenn aber aus Eis Wasser und schließlich Wasserdampf wird, werden die Wassermoleküle nicht umgewandelt. Diese Verwandlung ist wieder umkehrbar und wird als natürliche Umwandlung bezeichnet.

Versuch: Bring die Eiswürfel im Topf auf dem Herd zum Schmelzen. Leg den Deckel auf, sobald das Wasser zu kochen beginnt. Schalte den Herd nach einigen Minuten aus und lass den Topf abkühlen. Heb nun den Deckel hoch und schau dir die Wassertropfen auf seiner Unterseite an.

Was passiert: Das Eis wird zunächst zu Wasser, das Wasser wird zu Wasserdampf. Wenn der Wasserdampf abkühlt, wird er wieder zu Wasser.

Warum: Eis ist ein fester Körper. Die Eismoleküle bewegen sich nur langsam, durch die Wärmeeinwirkung geraten sie jedoch in Bewegung, weil die Bindungen zwischen den Molekülen lockerer werden. Das Eis schmilzt. Wenn das Wasser nun weiter erhitzt wird, bewegen sich die Moleküle noch schneller, stoßen zusammen und entweichen als Wasserdampf (Gas) aus dem Kochwasser. An der Unterseite des Topfdeckels schlägt sich der Wasserdampf nieder. Sobald der Topf abkühlt, verflüssigt sich der Dampf wieder. Dieser Vorgang wird Kondensation genannt. Die Chemiker unterscheiden drei Zustände der Materie: fest, flüssig und gasförmig.

316 Eine Wasserfabrik

DU BRAUCHST:

Gefäß mit Schraubverschluss, halb voll Wasser
Mikrowelle
Topfhandschuhe oder Küchenhandtuch
Löffel
Salz

Dieser Versuch sieht aus wie Zauberei, ist aber ein echtes chemisches Experiment. Durch ihn kann man Wasser destillieren und entsalzen, noch dazu ohne teure Geräte dafür zu benötigen. Bitte einen Erwachsenen, dir bei diesem Versuch zu helfen.

Versuch: Streu zunächst etwas Salz in das mikrowellengeeignete Gefäß, rühr alles um und probier etwas. Das Wasser sollte salzig schmecken. Wenn nicht, schütte noch etwas Salz dazu. Stell das Gefäß (ohne Deckel) für 90 Sekunden in die Mikrowelle, bis das Wasser kocht.

Berühr das Gefäß in der Mikrowelle danach nicht ohne Schutz! Topf und Wasser sind heiß!

Schraub den Deckel mit Hilfe von Topfhandschuhen oder eines Küchenhandtuchs auf das noch heiße Gefäß. (Lass das am besten einen Erwachsenen machen.) Schraub den Deckel ab, sobald alles vollständig abgekühlt ist, und probier die Wassertropfen an der Unterseite des Deckels.

Was passiert: Überraschenderweise schmecken die Wassertropfen gar nicht salzig.

Warum: Das kochend heiße Wasser in dem verschlossenen Gefäß erzeugt Wasserdampf, der sich als Kondensation (Wassertropfen) an der Innenseite des Gefäßes und unter dem Deckel sammelt. Das Salz entweicht jedoch nicht mit dem Wasserdampf. Im Wasserdampf befindet sich keine Spur des Salzes. Auf diese Weise kann Wasser gereinigt bzw. entsalzt werden.

Was ist eine Lösung?

317

In der Chemie unterscheidet man Suspensionen (Aufschlämmungen) und Lösungen. Woran erkennt man den Unterschied?

DU BRAUCHST:

2 große Einweckgläser, halb voll Wasser

2 Esslöffel Salz

2 Esslöffel Erde

Lupe

Löffel

Versuch: Schütte in das eine Wasserglas Salz, in das andere Erde. Rühr beide Mischungen um. Betrachte den Inhalt beider Gläser durch die Lupe.

Was passiert: Kleine Teilchen der Erde scheinen im Wasser zu schweben. Die großen, schweren Teilchen setzten sich zuerst auf dem Boden ab, dann folgen die kleineren. Die Salzkörner in dem anderen Glas haben sich aufgelöst und scheinen verschwunden zu sein.

Warum: Die Erde löst sich im Wasser nicht auf, weil Erde und Wasser aus völlig verschiedenen Molekülarten zusammengesetzt sind. Diese können keine chemische Verbindung eingehen. Wenn sich kleine Teilchen eines Feststoffs (z. B. Erde) in einer Flüssigkeit (z. B. Wasser) fein verteilen (suspendieren), spricht man in der Chemie von Suspension.

Das Salz dagegen verbindet sich mit dem Wasser, löst sich auf und scheint zu verschwinden. Die Salzkristalle sinken nicht auf den Boden, es entsteht eine Lösung. In der Chemie wird die Lösung nach dem vormals festen, nun gelösten Stoff genannt (z. B. Salzlösung). Die Flüssigkeit (z. B. Wasser) wird als Lösungsmittel bezeichnet.

318 Teil I: Alles durcheinander!

DU BRAUCHST:
¼ Tasse Mehl
¼ Tasse Salz
Glas
Löffel
heißes Wasser

Die Chemie kennt aber neben den Lösungen und Suspensionen noch die Emulsionen und die Mischungen. In einer Lösung wird ein Stoff in einem anderen gelöst (z. B. Salz und Wasser). In einer Suspension werden zwei Stoffe vermischt, jedoch nicht aufgelöst (z. B. Erde und Wasser).

In einer Emulsion „schwimmt" eine Flüssigkeit in einer anderen, ohne sich dabei aufzulösen. Mayonnaise ist ein perfektes Beispiel für eine Emulsion. Eine Mischung dagegen besteht aus verschiedenen Substanzen bzw. Stoffen, die nicht dauerhaft zusammenbleiben. Salz und Mehl kann man vermischen, doch bleiben sie immer zusammen?

Versuch: Vermisch zunächst das Mehl und das Salz im Glas. Sobald alles gut durchmischt ist, gieß heißes Wasser dazu. Rühr das Ganze gut um und warte ca. 30 Minuten. Tauch nun die Fingerspitzen ein und koste von dem Wasser.

Was passiert: Das Wasser schmeckt salzig, der Glasboden ist von einer weißen Substanz bedeckt.

Warum: Salz und Mehl ergeben zunächst eine perfekte Mischung. Doch die Stoffe sind so verschieden voneinander, dass sie keine chemische Verbindung eingehen. Sie reagieren auch ganz unterschiedlich mit Wasser. Während das Mehl auf den Grund des Glases sinkt, löst sich das Salz im Wasser auf und bildet eine Salzlösung.

Heb die Mischung aus diesem Experiment für den nächsten Versuch auf.

319

Teil II: Rückverwandlung

DU BRAUCHST:
Einweckglas
Kaffeefilter aus Papier
Salz-Mehl-Mischung (von S. 273)
Gummiband
heißes Wasser
flache Schale

Salz und Mehl haben sich nicht vermischen lassen, auch nicht mit dem Lösungsmittel Wasser.

Versuch: Befestige das Filterpapier mit einem Gummi auf der Öffnung des Einweckglases. Gieß die Mischung aus Salzwasser und Mehl aus dem Experiment von Seite 273 langsam durch den Filter. Hilf mit ein wenig heißem Wasser nach, damit die Salzlösung besser durch das Mehl hindurchfließen kann. Geduld! Es dauert einige Zeit, um ausreichend Salzlösung zurückzugewinnen. Nimm den Filter vom Glas. Gieß die Salzlösung in die flache Schale und stell sie für 24 Stunden an einen warmen Ort.

Was passiert: Das Mehl bleibt im Filter, das Salzwasser läuft durch den Filter hindurch in das Glas. Ist das Wasser in der flachen Schale schließlich verdampft (evaporiert), bleiben nur noch Salzkristalle in der Schale zurück.

Warum: Die Moleküle der festen Salzkristalle, die sich im Wasser (Lösungsmittel) gelöst haben, konnten mit dem Wasser durch den Filter abfließen. Die Mehlmoleküle hatten sich nicht im Wasser aufgelöst und bleiben nun im Filter zurück.

Weil Wasser verdampft, Salzmoleküle aber nicht, konnten die Salzkristalle schließlich noch von den Wassermolekülen getrennt werden.

Gegensätze

320

Wasser und Öl reagieren ganz gegensätzlich.

DU BRAUCHST:

2 flache Schalen
2 Esslöffel Öl
2 Esslöffel Wasser
weißes Zeichenpapier
Schere
Küchenpapier
Lebensmittelfarbe
Pipette

Versuch: Gieß das Wasser und das Öl jeweils in eine der Schalen. Schneide zwei kleine Streifen aus dem Zeichenpapier. Tauch einen Streifen in das Öl, den anderen ins Wasser und leg sie auf das Küchenpapier. Gib mit der Pipette je einen Tropfen Lebensmittelfarbe darauf.

Was passiert: Auf dem öligen Papier bleibt die Farbe auf der Oberfläche, auf dem anderen Streifen verteilt sie sich.

Warum: Die Lebensmittelfarbe auf Wasserbasis sitzt als Tropfen auf dem öligen Papier, weil ihre Wassermoleküle sich nicht mit dem Öl verbinden. Eine Substanz heißt „nicht löslich", wenn sie sich nicht mit einer anderen verbinden lässt. Die Farbe auf dem ins Wasser getauchten Streifen ist dagegen „löslich". Sie verteilt sich auf dem Papier und löst sich in dem Wasser auf. Ihre Moleküle verbinden sich wie die in einer Lösung.

321

Chromatographie: Wasserfarbe

DU BRAUCHST:

rote und blaue Lebensmittelfarbe
Pipette
kleines Gefäß
2 weiße Papierservietten
Zeitungspapier
Tasse Wasser

Chemiker haben ein Verfahren entwickelt, mit dem man Farben und chemische Mischungen wieder voneinander trennen kann. Bei dem folgenden Versuch wirst du zwei verschiedene Farben mischen und wieder trennen. Das nennt man „Chromatographie".

Versuch: Misch je zwei bis drei Tropfen von der roten und der blauen Lebensmittelfarbe in dem kleinen Gefäß. Leg die beide Servietten übereinander auf das Zeitungspapier. Gieß die Farbmischung mitten auf die Servietten. Tropf mit der Pipette Wasser auf die Farbe und versuch sie zu trennen.

Was passiert: Die Farbmischung trennt sich in ein violettes und ein hellblaues Feld.

Warum: Das Wasser wirkt als Lösungsmittel und löst die Farbmischung auf. Weil sich die Farben unterschiedlich schnell auflösen, trennen sie sich und bilden runde Flecke, wenn das Lösungsmittel durch die saugfähige Serviette dringt.

322 Papierwurm-Marathon

Veranstalte ein Wettrennen mit Papierwürmern. Die Moleküle entscheiden über den Sieger!

DU BRAUCHST:

1 cm breite Streifen aus Küchenpapier (Menge richtet sich nach der Zahl der Teilnehmer)

Pipette (wenn du den Versuch zusammen mit Freunden durchführst, braucht jeder eine Pipette)

Wasser

Versuch: Faltet die Papierstreifen wie eine Ziehharmonika und legt sie flach auf den Küchentisch. Füllt die Pipetten mit Wasser und befeuchtet die Würmer damit an den unterschiedlichsten Stellen. Versucht die Würmer auf diese Art und Weise auf das Ziel hin zu bewegen.

Was passiert: Die Papierwürmer scheinen zu zittern und sich vorwärtszubewegen.

Warum: Das Papier saugt sich an den befeuchteten Stellen mit dem Wasser voll. Durch diesen „Kapillar-Vorgang" dehnt sich das Papier an den feuchten Stellen aus. Wenn das Wasser verdunstet, zieht sich das Papier wieder zusammen. Deshalb bewegen sich die Papierwürmer vorwärts.

323 Wie man ein Hydrometer baut

Ein Hydrometer misst die Dichte oder Schwere von Wasser im Vergleich zu anderen Lösungen. Aus einfachen Materialien kannst du dir ein eigenes Hydrometer anfertigen. Mit Geduld wird dein Instrument nach einigen Anläufen auch funktionieren.

DU BRAUCHST:

Strohhalm

Schere

Ton

Salz

Glas voll Wasser (um das Hydrometer zu testen)

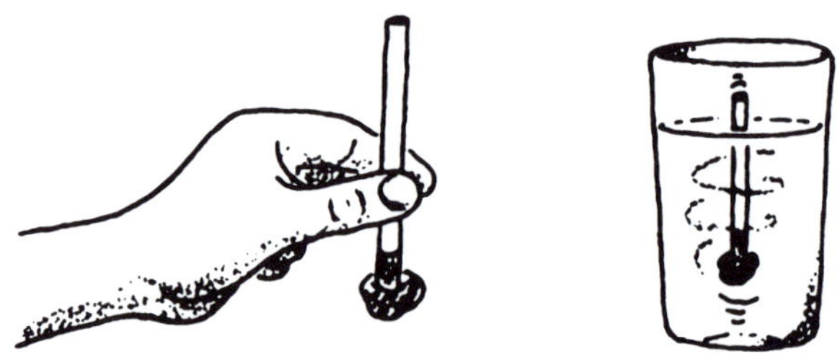

Versuch: Teil den Strohhalm in der Mitte. Form aus dem Ton eine kleine Kugel und drück ein Ende des Strohhalms hinein. Füll in die obere Öffnung des Strohhalms Salz, etwa 1 cm hoch, um ihm Gewicht zu geben.

Setz nun das Hydrometer ganz vorsichtig in das mit Wasser gefüllte Glas. Das Strohhalm-Hydrometer sollte aufrecht schwimmen und den Boden des Wasserglases nicht berühren. Falls der Strohhalm dennoch umkippt, verändere die Wassermenge im Glas oder die Salzmenge im Strohhalm.

324

Der Wasserspiegel steigt

DU BRAUCHST:
selbst gebautes Hydrometer
½ Glas Wasser
2 Gummiringe
2 Esslöffel Salz

Dieses Experiment mit dem Hydrometer wird einen richtigen Chemiker aus dir machen. Bei vielen Versuchen in diesem Buch, aber besonders bei diesem hier, musst du die „Variablen" genau beachten, das heißt, alle Messungen müssen immer bei gleichen Bedingungen vorgenommen werden. Dieses Experiment erfordert viel Geduld; aber schließlich wird es doch gelingen!

Versuch: Streif einen Gummiring von unten, den anderen von oben über das Glas. Setz das Hydrometer in das Wasser ein. Es sollte wieder aufrecht schwimmen und darf den Boden nicht berühren. Schieb das Hydrometer an die Glaswand, vorsichtig, damit die Öffnung des Halms nicht unter Wasser gerät. Lass es frei schweben. Markier mit dem unteren Gummiring die Höhe, auf der sich die Tonkugel befindet, mit dem oberen Gummiring den Wasserstand. Beobachte die Markierung, während du langsam und vorsichtig das Salz ins Wasser schüttest. Achte darauf, dass weder Salz noch Wasser in die Öffung des Hydrometers geraten.

Was passiert: In dem Salzwasser schwimmt das Hydrometer höher. Das Tonkügelchen befindet sich über dem unteren Gummiband. Auch der Wasserstand steigt über die obere Markierung.

Warum: Salzwasser hat eine höhere Dichte, ist also schwerer als Leitungswasser. Es werden weniger Moleküle durch das Gewicht des Hydrometers verdrängt oder aus ihrer Lage gebracht. Der Strohhalm sinkt weniger tief ein und befindet sich nun über der unteren Markierung.

Vitamin C

325

Bei diesem Experiment gilt es herauszufinden, ob sich Vitamin-C-Tabletten in heißem Wasser und in kaltem Wasser unterschiedlich schnell auflösen (Löslichkeit).

DU BRAUCHST:
2 Vitamin-C-Tabletten
Glas heißes Wasser
Glas kaltes Wasser

Versuch: Gib je eine Vitamin-C-Tablette in das Glas mit kaltem bzw. das Glas mit heißem Wasser.

Was passiert: Die Vitamin-C-Tablette löst sich in dem Glas mit heißem Wasser schneller auf als in dem Glas mit kaltem Wasser.

Warum: Die festen Moleküle der Vitamin-C-Tablette (gelöste Substanz) im heißen Wasser (Lösungsmittel) lösen sich schneller, weil die Moleküle der Tablette durch die Wärmeenergie des Wassers in Schwingung geraten (vibrieren) und sich dadurch auseinander bewegen. Ohne Wärmeenergie wäre das nicht möglich.

326

Spitze des Eisbergs

DU BRAUCHST:
Glas
warmes Wasser
6 bis 8 Eiswürfel

Wenn durch die Erderwärmung tatsächlich alle Eisberge schmelzen sollten, werden die Meeresspiegel dann wirklich dramatisch steigen? Dieser sehr einfache Versuch gibt eine Antwort auf diese Frage.

Versuch: Gib so viele Eiswürfel wie möglich in ein Glas und füll es bis an den Rand mit Wasser. Warte ab, was passiert.

Was passiert: Die Eiswürfel schmelzen, das Glas läuft nicht über.

Warum: Die Eiswürfel haben einfach das Wasser im Glas verdrängt, das heißt, die Menge an geschmolzenem Eis entspricht genau der Masse der Eiswürfel unter dem Wasser. Auch bei den echten Eisbergen befindet sich der größte Teil unter Wasser. Deshalb wird der Meeresspiegel nicht extrem ansteigen, selbst wenn alle Eisberge schmelzen sollten.

327 Luft ist echt

DU BRAUCHST:
Plastikuntersetzer
Wasserglas (durchsichtiger Plastikbecher ist noch besser)
tiefe Schüssel voll Wasser
Pipette

Woher weiß man eigentlich, ob es Luft wirklich gibt? Sie ist doch unsichtbar. Wie kann man beweisen, dass es sie gibt? Das folgende Experiment liefert den Beweis. Krempel die Ärmel hoch!

Versuch: Füll den Becher oder das Glas voll Wasser. Deck den Becher oben mit dem Plastikuntersetzer ab. Dreh den Becher jetzt vorsichtig um und tauch ihn in die Schüssel voll Wasser. Zieh den Plastikuntersetzer erst weg, wenn der Becher auf dem Boden der Schüssel angekommen ist und kopfüber in der Wasserschüssel steht.

Beobachte den Wasserspiegel in dem durchsichtigen Becher. Neig den Becher ein wenig zur Seite, schieb die Pipette darunter und drück auf ihr Gummiende. Hol die Pipette aus der Wasserschüssel hoch und press das Wasser aus der Pipette heraus. Wiederhol diesen Vorgang noch mehrere Male. Wenn du alles richtig machst, siehst du, wie Luftblasen in dem Becher aufsteigen.

Was passiert: In dem Becher steigen Luftblasen auf. Gleichzeitig sinkt aber auch der Wasserstand im Becher.

Warum: In der Pipette war Luft, als du auf das Gummiende gedrückt hast. Die Bläschen, die in dem Glas unter Wasser aufgestiegen sind, waren Luft aus der Pipette. Während du mehrere Male hintereinander mit der Pipette Luft in das Glas gepumpt hast, konntest du beobachten, wie der Wasserspiegel in dem Glas zu sinken begann. Da auch die Luft Platz braucht, hat sie das Wasser ganz einfach aus dem Glas verdrängt. Dieses Experiment beweist also, dass es Luft wirklich gibt, denn sie braucht Platz.

328 Flaschenöffner

DU BRAUCHST:
große Plastikflasche mit Verschluss

Kann warme Luft allein den Verschluss einer Flasche aufspringen lassen?

Versuch: Befeuchte den Verschluss der Plastikflasche und leg ihn umgedreht wieder auf die Flaschenöffnung. Umfass die Flasche mit beiden Händen ohne zuzudrücken.

Was passiert: Der Verschluss springt hoch.

Warum: Deine Hände erwärmen die Luft in der Flasche. Die Moleküle der warmen Luft dehnen sich aus und versuchen zu entkommen. Zuerst schließt die nasse Kappe die Flasche, die Luft bleibt innen. Schließlich gelingt es der Luft, doch zu entweichen, und sie stößt dabei den Verschluss weg. Wenn die Kappe nicht herunterfällt, musst du die Flasche weiter mit deinen Händen umfasst halten, dann springt der Verschluss sicherlich bald hoch.

Bananen-Trick

329

DU BRAUCHST:
½ geschälte Banane
Kessel mit kochendem Wasser
saubere, schmale Flasche (mit großer Öffnung)
Trichter
Geschirrtuch

Kannst du eine Banane in einer Flasche verschwinden lassen? Mit diesem tollen Trick kannst du deine Freunde in Staunen versetzen! Pass gut auf, denn die Banane ist in Sekundenschnelle weg. Das ganze „Wunder“ hat alleine mit Molekülen und Luft zu tun.

Vorsicht, kochendes Wasser! Am besten probierst du den Trick im Spülbecken.

Versuch: Füll vorsichtig heißes Wasser durch den Trichter bis zum oberen Rand in die Flasche (lass dir von einem Erwachsenen helfen). Leg den Trichter beiseite. Wickle das Geschirrtuch um die Flasche und schwenk sie leicht. Gieß das Wasser wieder aus. Steck schnell das spitze Ende der Banane in den Flaschenhals, sodass ein luftdichter Verschluss entsteht. (Hab Geduld: Die Größe der Banane und des Flaschenhalses, die Wassermenge und die Zeit spielen eine Rolle. Vielleicht musst du diesen Versuch einige Male wiederholen, doch dann wird er sicher gelingen!)

Was passiert: Die Banane wird bis zum Boden der Flasche gesaugt.

Warum: Durch die Wärme des kochenden Wassers dehnt sich die Luft in der Flasche aus, nur wenig entweicht. Wenn die Banane in den Flaschenhals gesteckt wird und die Luft in der Flasche abkühlt, verringert sich der Luftdruck im Inneren der Flasche. Der höhere Luftdruck außerhalb der Flasche drückt die Banane in die Flasche. Wenn Luft aus einem Raum entweicht und durch keinen anderen Stoff ersetzt wird, entsteht ein Teilvakuum. Schon geringe Luftdruckunterschiede können Dinge in Bewegung setzen.

Noch etwas: Falls du die Flasche gleich in den Glascontainer werfen willst, warte ein paar Tage.

Bakterien werden ihre Arbeit aufnehmen. Sie bilden Enzyme, die Proteine und Stärke zerstören. Die Banane fermentiert und wird so weich, dass sie sich leicht wieder aus der Flasche entfernen lässt.

330 Luftkräfte

DU BRAUCHST:
Trichter
Flasche mit engem Hals
Knetmasse
Glas Wasser

Luftmoleküle nehmen Raum ein und können verhindern, dass eine Flasche mit Wasser gefüllt werden kann.

Versuch: Steck den Trichter in den Flaschenhals. Dichte die Flasche dort, wo der Flaschenhals mit dem Trichter zusammentrifft, luftdicht mit Knetmasse ab. Gieß nun sehr langsam nach und nach das Wasser aus dem Glas in die Flasche, bis das Glas völlig leer ist.

Was passiert: Zunächst läuft das Wasser in die Flasche, bald jedoch wird es immer langsamer hineintröpfeln, und schließlich wird das Wasser im Trichter stehen bleiben.

Warum: Die Luftmoleküle werden in der luftdicht abgeschlossenen Flasche zusammengepresst. Sie nehmen Raum in der Flasche ein und können von dem Wasser nicht verdrängt werden. Die Flasche ist einfach voll – zur Hälfte mit Wasser und zur Hälfte mit Luft.

331 Tauchglocke

DU BRAUCHST:
kleines Glas
Papierserviette oder Küchenpapier
Glasschüssel
Wasser

Luftmoleküle können verhindern, dass Papier in einem Glas nass wird – trotz Wasser.

Versuch:
Zerknüll das Papier und press es fest in das Glas, so fest, dass es nicht mehr herausfallen kann. Füll die Schüssel mit Wasser auf. Drück das Glas nun mit der Öffnung nach unten bis auf den Boden der Wasserschüssel. Zieh das Glas senkrecht nach oben wieder aus dem Wasser heraus und trockne seinen unteren Rand ab. Nimm zum Schluss das Papier aus dem Glas.

Was passiert: Das Papier in dem Glas ist völlig trocken geblieben.

Warum: Wenn das Glas ins Wasser gedrückt wird, werden die Luftmoleküle im oberen Teil des Glases zusammengepresst, sodass sich eine Sperre zwischen Wasser und Papier bildet. Trotz einer geringen Menge Wasser, die ins Glas eindringt, bleibt das Papier trocken.

332 Schaumschläger

DU BRAUCHST:

5 Löffel
warmes Leitungswasser
3 gleich große Gläser
1 Esslöffel Bittersalz
(aus der Apotheke)
1 Esslöffel Waschsoda
3 Teelöffel flüssiges
Geschirrspülmittel

Hättest du gedacht, dass Wasser hart oder weich sein kann? Welche Auswirkung hat die Wasserhärte auf die Bildung von Bade- oder Seifenschaum?

Versuch: Füll warmes Wasser in die drei Gläser. Schütte in das erste Glas Bittersalz, in das zweite Glas Waschsoda und rühr beides kräftig um. Gib jetzt jeweils einen Teelöffel Geschirrspülmittel dazu, auch in das Glas mit dem klaren Wasser. Rühr jede Lösung wieder kräftig um und versuch Schaum zu schlagen.

Was passiert: In dem Wasser mit Waschsoda bildet sich Schaum, in dem Wasser mit Bittersalz dagegen kaum.

Warum: Waschsoda macht das Wasser „weich". Bittersalz ist ein Mineral, das Wasser „hart" macht.

Leitungswasser enthält oft Kalziumsalze, die die Schaumbildung verhindern. Enthält das Wasser viele Salze, wird es als „hart" bezeichnet. Waschsoda neutralisiert das Kalzium im Wasser und bildet eine feste Substanz, Ausfällung genannt, die sich bei einer chemischen Reaktion auf dem Boden einer Lösung absetzt. (So entsteht auch der Schmutzrand in der Badewanne.)

Bittersalz ist ein Mineral, das Wasser hart macht, deswegen entstand kein Schaum. Hat sich im Glas mit dem Spülmittel Schaum gebildet? Ist euer Leitungswasser hart, mittel oder weich? Leer nun alle Gläser aus. Was erkennst du in dem Bittersalz- und dem Waschsodaglas?

Hier ist Superman, doch wo ist Clark?

Wenn aus Clark Kent Superman wird, hat er sich in eine andere Person verwandelt. Clark ist völlig verschwunden, wenn Superman sich in die Luft erhebt.

Chemische Reaktionen oder Umwandlungen, gleichen in gewisser Weise dem Schicksal von Clark und Superman. Nach einer chemischen Reaktion sind die Moleküle eines Stoffes nicht mehr die gleichen. Die Substanz ist vollständig verändert.

Ständig kommt es zu chemischen Veränderungen, sogar unser Körper ist eine Chemiefabrik. Unsere Nahrung verbindet sich mit Sauerstoff und verursacht eine chemische Reaktion, die Wärme und Energie erzeugt. Auch bei der Verbrennung von Kohle, Öl, Benzin und Holz entstehen chemische Verbindungen. Chemiker suchen ständig nach neuen Verbindungen, mit deren Hilfe sich Produkte wie z. B. Fasern, Kunststoffe, Farben, Reinigungsmittel und Nahrung herstellen lassen.

In diesem Kapitel wird z. B. Sauerstoff aus einer Verbindung gelöst und Kohlendioxyd hergestellt. In einem anderen Experiment wird aus zwei Stoffen eine neue chemische Mischung entstehen.

Dies sind nur wenige der aufregenden Versuche, bei denen umgelagerte Atome neue Substanzen erzeugen.

333 Beeriges Lackmuspapier

Man kann sogar aus Beeren Lackmuspapier herstellen, um Säuren oder Laugen, auch Basen genannt, nachzuweisen.

DU BRAUCHST:

½ Tasse Beeren (Brombeeren, Blaubeeren oder Erdbeeren)
schmale Streifen von weißem Zeichenkarton
kleine Schale
Gabel
Wasser
Teelöffel
Küchenpapier

Versuch: Entferne alle Stiele und gib die Beeren in eine Schale. Zerdrück die Beeren gründlich mit einer Gabel, bis sie wie Marmelade aussehen. Misch ein wenig Wasser darunter, bis das Ganze zu einer Art Saft geworden ist. Tauch die Papierstreifen in diesen Saft oder gieß mit dem Löffel so lange Saft darüber, bis die Streifen gründlich eingefärbt sind. Streif das überschüssige Fruchtmark ab und leg die Streifen auf das Küchenpapier. Wenn die eingefärbten Papierstreifen trocken sind, ist dein Lackmuspapier gebrauchsfertig.

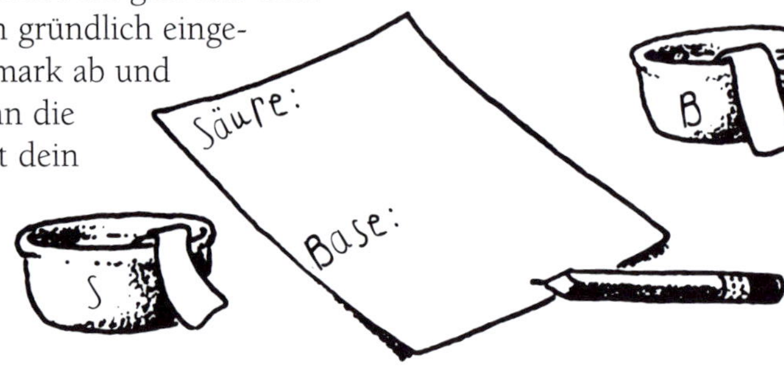

Was bedeutet der Farbwechsel?

Purpurfarbenes Brombeer-Lackmuspapier verfärbt sich durch Säuren rosa und durch Laugen bzw. Basen purpurfarben. Diese Streifen eignen sich am besten für den Lackmustest, sie verändern sich am sichtbarsten.

Purpurfarbenes Blaubeer-Lackmuspapier wird durch Säuren rötlich-purpur, durch Basen bläulich-purpur.

Rosa Erdbeer-Lackmuspapier färbt sich (nicht so stark wie die anderen beiden) durch Säuren leuchtend rosa und durch Basen bläulich-rosa.

War das zu verwirrend? Keine Sorge, mit einem einfachen Merksatz ist keine Verwechslung mehr möglich: Lackmuspapier färbt sich durch Säuren rot und durch Basen blau.

334 Lackmus-Lotto

Warum: Essig ist Essigsäure, also eine Säure. Seifenwasser ist eine Laugenverbindung, also eine Base. Durch das Lackmuspapier kann man Säuren und Laugen in Flüssigkeiten nachweisen.

Notiz: Verwende die Gläser, das Lackmuspapier, Bleistift und Papier auch im folgenden Versuch.

Hier kannst du das selbst gemachte Lackmuspapier testen! Beim Eintauchen in verschiedene Lösungen zeigt es an, ob sie saure oder basische Grundstoffe enthalten (eine Säure, die in Wasser aufgelöst ist, kann stark abgeschwächt werden). Wenn man prüft, wie viel Säure oder Basen eine Substanz enthält, nennt man das pH-Test.

DU BRAUCHST:
- 2 selbst gemachte Lackmusstreifen
- 2 kleine Gefäße, eins mit Deckel
- 3 Esslöffel Spülmittel
- ½ Tasse Wasser
- ¼ Tasse Essig
- Papier und Bleistift
- Zeitungspapier

Versuch: Bevor du mit diesem Versuch beginnst, solltest du zunächst auf Seite 284 „Was bedeutet der Farbwechsel?“ nachlesen. Füll Wasser und Spülmittel in das Gefäß mit Deckel, veschließ es und schüttele alles gut durch. In das andere Gefäß füll Essig. Tauch die Lackmusstreifen in die entstandenen Lösungen. Überleg nun, ob der Farbwechsel Säure oder Base anzeigen wird. Notiere unter Spülmittellösung und Essig deine Vermutungen. Leg jetzt die Lackmusstreifen fünf Minuten zum Trocknen auf das Zeitungspapier. Notiere, in welche Lösung sie getaucht waren und welche Farbe sie anzeigten. Waren deine Vermutungen richtig?

Was passiert: Das in Essig getauchte Lackmuspapier ist stärker rot verfärbt, das in Seifenwasser getauchte stärker blau.

335 Noch mehr Lotto

Man kann zahllose Versuche mit Lackmuspapier machen. Dieser funktioniert genauso wie das „Lackmus-Lotto“, aber mit anderen Stoffen.

DU BRAUCHST:
- 2 selbst gemachte Lackmusstreifen
- ½ Tasse Wasser mit 3 Spritzern Fensterreiniger z. B. Ammoniak (Vorsicht! Diese Lösung ist nicht ungefährlich.)
- ¼ Tasse Zitronensaft

Versuch: Tauch die Lackmusstreifen in die Lösungen und notier wieder deine Vermutungen und die Ergebnisse.

Was passiert: Der Streifen, der mit dem Zitronensaft in Berührung kommt, wird eher rot, der Lackmusstreifen aus dem Fensterreiniger tendiert zu blau.

Warum: Zitronensaft ist auch eine Säure, nämlich Zitronensäure; aber die Ammoniaklösung ist eine Laugenverbindung. Überleg, welche anderen Früchte ebenfalls Zitronensäure enthalten könnten.

336 pH-Power

DU BRAUCHST:
selbst gefärbte Lackmuspapierstreifen
Behälter (Gläser, Papier- oder Styroporbecher, Margarinebecher)
für die Probe:
Schmutz-, Leitungs-, Teich-, See- oder Flusswasser, Speichel oder was immer du willst

Benutz selbst eingefärbtes Lackmuspapier, um Leitungs-, Teich-, Schmutzwasser, ja, selbst deine Spucke zu untersuchen.

Versuch: Tauch die Lackmusstreifen in die Wasserproben (wie du die Lackmusstreifen herstellen kannst, steht auf Seite 284).

Was passiert: Abhängig davon, ob die Streifen eine Säure oder eine Lauge bzw. Base anzeigen, werden sie ihre Farbe verändern.

Warum: Mit Lackmusstreifen können Säuren und Basen in Substanzen zweifelsfrei nachgewiesen werden (siehe auch Versuch 333, Seite 284).

337 Stärketest

DU BRAUCHST:
Plastikflasche, zu ¾ mit Wasser gefüllt
2 Teelöffel Maismehl
Plastiklöffel
Pipette
20 Tropfen Jodtinktur

Weißt du, ob gewisse Substanzen Stärke enthalten? Stärke, ein Bestandteil von Pflanzen, liefert Energie (wie Zucker und Fette). Chemiker interessieren sich für Stärke, weil sie eine Verbindung aus Kohlenstoff, Wasserstoff und Sauerstoff ist. Mit diesem Versuch kannst du prüfen, ob eine Lösung Stärke enthält.

Versuch: Löffle das Maismehl in die Flasche mit Wasser. Füg die Jodtinktur dazu. Schüttle alles gut durch und lass die Lösung einige Minuten ruhen.

Was passiert: Das Wasser wird dunkelblau oder purpurrot.

Warum: Stärke wird durch Jod bestimmt. Durch die chemische Verbindung von Jod und Stärke im Maismehl ergibt sich die dunkelblaue Farbe. Chemiker verwenden Jod regelmäßig zu diesem Zweck.

Sieh nach unter Jod auf der Periodentabelle der Elemente. Was sagt sie dir über die Jodatome?

Achtung: Jod ist eine giftige Chemikalie. Bitte einen Erwachsenen bei diesem Experiment um Hilfe und beseitige alle Rückstände sorgfältig! Wasch alle Löffel und Behälter gründlich aus.

Die Kraft der Pflanzen

Pflanzen essen nicht, sie stellen ihre Nahrung durch Photosynthese selbst her. Der grüne Farbstoff (Chlorophyll) in ihren Blättern verwandelt unter Einwirkung von Licht Wasser und Kohlendioxid in Glukose (eine Art Zucker) und Sauerstoff. Der Zucker wird in Stärke umgewandelt. Den Zucker und die Stärke brauchen Pflanzen für ihr Wachstum.

338 Freisetzen von Sauerstoff

DU BRAUCHST:

ein bisschen Rost (von einem rostigen Gegenstand abkratzen)
1 Esslöffel Wasserstoffperoxid
kleines Glas (für das Wasserstoffperoxid)
kleine, tiefe Glasschüssel, gefüllt mit heißem Wasser (zum Eintauchen des kleinen Glases)
Modellierton
Vergrößerungsglas

Man kann aus einer chemischen Verbindung auch Elemente wieder freilassen. Beobachte den Vorgang sorgfältig! In diesem aufregenden Experiment wird der Sauerstoff tatsächlich vor deinen Augen entweichen.

Versuch: Drück ein kleines Stück Modellierton auf den Flaschenboden. (Das verankert die Flasche auf dem Boden der Schüssel und hält sie sicher unter Wasser.) Füll erst Wasserstoffperoxid, dann den Rost in die kleine Flasche. Senk sie in die mit heißem Wasser gefüllte Schüssel und drück sie fest auf den Boden. Beobachte die Flasche zum Schluss durch die Lupe.

Was passiert: Viele Bläschen steigen aus der Flasche mit der Wasserstoffperoxid-Lösung auf.

Warum: Ein Molekül Wasserstoffperoxid (H_2O_2) enthält mehr Teile Sauerstoff als ein Molekül Wasser (H_2O). Wenn du den Rost in das Wasserstoffperoxid fallen lässt und das Glas unter das heiße Wasser drückst, findet eine chemische Reaktion statt. Die Bläschen, die du in der Wasserstoffperoxid-Lösung aufsteigen siehst, zeigen an, dass tatsächlich Sauerstoff freigesetzt wird.

339 Mit Brot radieren

DU BRAUCHST:
Scheibe Weizenbrot
Papier
Bleistift

Proteine (griechisch für Eiweiß) haben in der Chemie eine große Bedeutung. Glutamin ist ein Protein, das in Getreide vorkommt: So kann Brot wie ein Reinigungsmittel wirken.

Versuch: Schraffier mit dem Bleistift mehrere dunkle Flächen auf das Papier. Zerbröckle etwas Weizenbrot und reib damit fest über diese Stellen.

Was passiert: Wie ein Radiergummi lässt das Brot die dunklen Flächen verschwinden.

Warum: Das Glutamin im Weizenbrot hat eine bindende Wirkung. Wenn du die Brotkrümel fest über die Bleistiftschraffuren reibst, bleiben sie an dem klebrigen Protein haften.

340 Biologische Reinigung

In der Chemie werden glutaminhaltige Substanzen zu Reinigungszwecken verwendet. Doch was bekommt man damit weg? Das klebrige Protein im Brot radiert Bleistift aus, aber kann es auch andere Flecken entfernen? Tauch deine Finger in Erde, Speiseöl oder Marmelade und fahr mit ihnen über ein Papier. Du wirst staunen, wie gut das Brot den Schmutz wieder entfernt.

341 Der Tee wird blass

DU BRAUCHST:
Tasse Schwarztee (es kann heißer oder kalter Tee sein)
Zitrone, geviertelt

Was passiert mit dem Tee, wenn du die Zitrone hineingibst?

Versuch: Spritz zunächst nur ein bisschen Zitronensaft in den Tee. Mach dann so lange weiter, bis der Saft aller Zitronenviertel restlos ausgedrückt und verbraucht ist.

Was passiert: Die Zitrone bewirkt, dass der Tee völlig farblos wird.

Warum: Die Zitronensäure ist ein Bleichmittel, das mit dem Farbstoff im Tee chemisch reagiert und den Tee dadurch aufhellt.

342 Schnell-reinigung

DU BRAUCHST:
2 mittelgroße Gläser, gefüllt mit Wasser, 1 Deckel
weiße Wollfäden
1 Esslöffel (15 ml) flüssiges Waschmittel oder Waschpulver

Wie funktionieren Waschmittel?

Versuch: Füll das Waschmittel in eines der Gläser. Schraub den Deckel darauf. Schüttle das Glas und entferne dann den Deckel. Das zweite Glas soll nur klares Wasser enthalten. Nun lass drei oder vier Wollfäden in jedes Glas fallen und warte ab, was mit den Wollfäden passiert.

Was passiert: Die Wolle in dem Glas mit klarem Wasser schwimmt auf der Oberfläche, während die Wollfäden in dem Glas mit der Waschlauge bald auf den Glasboden sinken.

Warum: Die Fäden, die auf den Boden des Glases mit dem Waschmittel sinken, haben sich mit Wasser voll gesogen. Die Waschlauge ist eine Emulsion, die durch Schütteln entstanden ist. Diese Emulsion bewirkt, dass die Fäden schneller feucht werden. Reinigungsmittel sorgen mittels „Feuchtreinigung" dafür, den Schmutz aus Textilien zu entfernen.

Für das Experiment „Reinigung mit Pfiff" auf der nächsten Seite, brauchst du die Lauge und das klare Wasser noch mal.

343 Reinigung mit Pfiff

Mit diesem Experiment kannst du prüfen, ob verschmutzter Stoff mit Seifenwasser gereinigt werden kann.

DU BRAUCHST:

Gläser mit Wasser und Seifenlauge vom letzten Experiment

kurze Stoffstreifen

Fett, Öl, Ketchup, Saft, Senf und Marmelade zum Verschmutzen der Stoffstreifen

Löffel

Versuch: Bestreich je zwei Stoffstreifen mit Saft, Öl, Ketchup, Senf usw. und gib jeweils einen Streifen in das Glas mit Seifenlauge und das mit klarem Wasser. Rühr den Inhalt um. Nimm die Streifen nach zehn Minuten aus den Gläsern.

Was passiert: Die Stoffstreifen, die in der Seifenlauge waren, sind sauberer geworden als die Streifen aus dem Glas mit klarem Wasser.

Warum: Die Seifenlauge wirkt wie eine Emulsion, in der sich die Stoffstreifen besonders gründlich mit Wasser vollsaugen, wodurch sich der Schmutz leichter lösen lässt.

344 Fleck weg ohne Chemie

Wissenschaftler experimentieren mit verschiedenen Chemikalien, um noch bessere Reinigungsmittel zu erfinden. Doch auch mit alltäglichen Lebensmitteln kann man Flecken entfernen:

DU BRAUCHST:

Stoffrest aus weißer Baumwolle

Margarine, Speiseöl, Butter (für den Stoff)

Papiertücher

¼ Zitrone

¼ Zwiebel

Essig

½ Tasse Vollmilch

Filzstift

Versuch: Trag mit Margarine, Speiseöl oder Butter vier Fettflecken auf den Baumwollstoff auf. Leg den Stoffrest danach auf eine harte, saubere Unterlage. Befeuchte ein Papiertuch mit Zitronensaft und versuch einen der Flecken durch Reiben des mit Zitrone getränkten Tuches zu entfernen. Tränk nun ein weiteres Papiertuch mit dem Saft einer Zwiebel, um damit den zweiten Fleck zu entfernen. Bearbeite den dritten Fleck mit einem Tuch und Essig, den vierten Fleck mit einem Tuch und Vollmilch. Schreib mit Filzstift unter jeden Fleck den Namen der Flüssigkeit, mit der du versucht hast, den jeweiligen Fettfleck zu entfernen.

Was passiert: Essig, Zitronen- und Zwiebelsaft entfernen die Fettflecken ein bisschen. Am besten jedoch reinigt die Milch.

Warum: Die Milch neutralisiert den Fettfleck und kann ihn so entfernen. Ein Beispiel dafür, dass sich „Gleiches mit Gleichem vergelten lässt“. Das Butterfett der Vollmilch löst die Fettflecken auf, auch wenn es sich um Margarine oder Speiseöl handelt, denn ähnliche Fette lösen einander auf.

345 Feuerlöscher

DU BRAUCHST:
großes, weithalsiges Glas mit Deckel
2 Tassen Wasser
3 Teelöffel Backsoda
½ Tasse Essig
großer Nagel
Hammer
Löffel
kleines Glas

Aus Gegenständen, die in jedem Haushalt zu finden sind, kannst du einen Feuerlöscher bauen.

Versuch: Schraub den Deckel des großen Glases ab. Leg ihn auf eine feste Unterlage und schlag mit dem Hammer und dem Nagel ein Loch in den Deckel. Vielleicht kann dir ein Erwachsener helfen?

Füll das große Glas mit Wasser. Füg Backsoda dazu und misch das Ganze. Gieß Essig in das kleine Glas und setz es vorsichig – ohne Deckel – in das große Glas ohne etwas zu verschütten. Schraub den Deckel mit dem Loch auf das große Glas. Halte die Öffnung von deinem Körper weg und dreh das Glas langsam um.

Was passiert: Eine schaumige Flüssigkeit quillt aus dem Loch im Deckel.

Warum: Mit Backsoda *(Sodium bicarbonat)* kann man Feuer löschen, wenn man es mit Säure mischt. Bei diesem Experiment entstand aus der Mischung von Essig *(Essigsäure)* und Backsoda ein Carbon-Dioxin-Gas (CO_2), das Feuer wurde erstickt.

346 Eiertanz: Was er dir verrät

DU BRAUCHST:
2 rohe Eier (in ihrer Schale)
Glas Wasser
Glas Essig

Ändert sich die Beschaffenheit der Eierschale durch äußere Einflüsse?

Versuch: Leg das eine Ei in ein Glas Wasser und das andere Ei in ein Glas mit Essig und lass sie beide 24 Stunden darin ruhen.

Was passiert: Das Ei in dem Wasser hat sich nicht verändert, während das Ei aus dem Essig sich nun anfühlt und aussieht wie ein Gummiball, weil seine Schale elastisch geworden ist! Wenn du es nun auf eine kurze Distanz fallen lässt, wird es tatsächlich hüpfen wie ein Gummiball.

Warum: Der Essig hat eine chemische Reaktion verursacht. Während der 24 Stunden im Glas hat er mit dem Calciumcarbonat in der Eierschale reagiert. Dadurch ist die kalkhaltige Schale weich und elastisch geworden, während das Ei in dem Glas mit Wasser keine chemische Veränderung erfuhr. Die Schale des Eis ist durch den Essig also entkalkt worden, wie die Chemiker sagen würden.

347 Zum Knochenerweichen!

Mit diesem Experiment kannst du Hühnerknochen weich und biegsam machen!

DU BRAUCHST:
großes Glas
1½ Tassen Essig
einige saubere Hühnerknochen (z. B. Beine)

Versuch: Schütte Essig in das Glas und leg die sauberen Knochen hinein. Achte darauf, dass die Knochen vollständig mit Essig bedeckt sind. Nun lass sie zwei Tage lang in der Lösung ruhen.

Was passiert: Die Hühnerknochen sind nach zwei Tagen weich und biegsam geworden.

Warum: Knochen bestehen hauptsächlich aus den Mineralien Calcium und Phosphat. Durch den Kontakt mit Essig *(Essigsäure)* findet eine chemische Reaktion statt, die bewirkt, dass die Mineralien sich auflösen und die Knochen biegsam werden.

348 Wasserenthärter

DU BRAUCHST:
½ Tasse Waschsoda
sauberes, mittelgroßes Deckelglas mit Wasser
Untertasse oder kleine Schüssel
Löffel

Hier kannst du einen Badezusatz herstellen, der dein Badewasser weicher macht. Dadurch schäumt es stärker und reinigt besser. Dieses chemische Experiment ist ganz leicht und macht wirklich Spaß.

Versuch: Schütte etwas Waschsoda in die Untertasse. Zerdrück die Sodakörner mit der Rückseite des Löffels zu einem feinen Pulver. Gib das Pulver mit dem Löffel vorsichtig in das Glas. Im Wasser löst sich das Pulver auf. (Falls nötig, zerdrück mehr Soda zu Pulver und gib es ins Wasserglas.) Jetzt hast du eine „gesättigte Lösung“. Füll die Lösung in ein schönes Glas und benutz etwas davon bei deinem nächsten Wannenbad als Badezusatz.

Was passiert: Das Waschsoda löst sich im Wasser auf und wirkt als natürlicher Wasserenthärter.

Warum: Natriumcarbonat *(Waschsoda)* neutralisiert bzw. enthärtet stark kalkhaltiges Wasser. Diesen Vorgang nennen Chemiker Niederschlag. Damit ist aber nicht, wie beim Wetterbericht, das weiche Wasser gemeint, das als Regen vom Himmel fällt. In der Chemie bedeutet Niederschlag die chemische Spaltung der zwei Komponenten Natriumsalz und Waschsoda in einfache Moleküle, welche eine feste Substanz bilden.

349 Designer-Badesalz

Wenn du den Badezusatz mit einem Duft (Parfüm) und Farben (Speisefarbe) anreicherst und in eine schöne Flasche abfüllst, kannst du anderen eine große Freude damit machen. Wenn du die Flasche (sie sollte wieder verschließbar sein) noch schön schmückst (mit Farbe oder Bändern), eignet sie sich wunderbar als Geschenk.

350 Glänzende Silbermünzen

HEISS!

Sogar Silberreiniger kannst du ganz einfach selber herstellen. Außerdem ist er billiger und besser als Reiniger aus dem Supermarkt.

DU BRAUCHST:

kleiner Wasserbehälter
1 Teelöffel Backsoda
1 Teelöffel Salz
Aluminiumfolie
Emaille- oder Glastopf
Silbermünzen
Wasser
Herd
weicher Lappen

Versuch: Lös Salz und Soda mit ein bisschen Wasser in dem kleinen Behälter auf. Leg die Münzen so in das Wasser, dass sie bedeckt sind. Füll Wasser in den Emailletopf und füg kleine Stücke der Aluminiumfolie dazu. Nun muss das Wasser im Topf auf dem Herd zum Kochen gebracht werden (bitte einen Erwachsenen dir dabei zu helfen), schalte den Herd aus und lass das Wasser abkühlen. Nimm die Münzen aus der Salz-Soda-Lösung und schwenk sie in dem erkalteten Aluminiumwasser. Nun trockne sie mit dem weichen Lappen ab.

Was passiert: Die Münzen werden blitzsauber und glänzen wie neu.

Warum: Zwischen der Salz-Soda-Lösung, die den Belag lockert, und der Aluminiumlösung finden chemische Reaktionen statt. Durch die Hitze bauen sich zwischen dem Wasser und der Aluminiumfolie Elektrolyte auf, welche durch sanfte elektrische Strömung dazu beitragen, dass sich Beläge von den Münzen lösen.

351 Oxidation: Woher kommt Rost?

Wenn zwei Substanzen miteinander oxidieren, sprechen die Chemiker von „Reduktion". Die Substanz, die den Sauerstoff *(Oxygen)* aufnimmt, oxidiert. Ein einfaches Beispiel: Du hast zehn Bälle „Oxygen". Ein Freund nimmt sieben deiner Bälle. Dein Freund „oxidiert", weil er „Oxygen" von dir angenommen hat, du aber „reduzierst", weil du „Oxygen" abgegeben hast. Im folgenden Versuch kannst du diese chemische Veränderung (Oxidation) selbst verursachen und beobachten, wie sie abläuft.

DU BRAUCHST:
Metallteile: Büroklammern, Nägel, Unterlegscheiben, Stahlwolle, Reißnägel,
Gläser mit und ohne Deckel
Wasser, Salzlauge, Essig

Versuch: Leg eine Auswahl an Metallteilen in die Gläser. Füll die Gläser nun mit jeweils zwei Esslöffeln Wasser, Essig oder Salzlauge auf. Verschließ je ein Glas jeder Sorte mit einem Deckel, das andere lass offen. Stell einige Gläser an schattige, kühle, andere an sonnige, warme Orte. Lass sie dort ein bis drei Wochen stehen. Notier dir Folgendes: Beginn des Versuchs, Datum/Zeit, welche Lösungen du benutzt und was du beobachtet hast.

Was passiert: Auf vielen Metallteilen bildet sich eine rötlich-braune oder bräunlich-gelbe Substanz, aber wahrscheinlich nicht auf allen.

Warum: Feuchtigkeit, eine oxidierende Kraft, führt mit Sicherheit dazu, dass sich Sauerstoff *(Oxygen)* aus der Luft an Metalle wie Eisen und Stahl bindet. Das Ergebnis dieser chemischen Veränderung (Oxidation) ist Rost – das Metall löst sich auf. Daher werden z. B. Stahlbrücken oder Feuerleitern regelmäßig gestrichen, um sie durch die Farbe vor Oxidation, dem direkten Kontakt mit Sauerstoff, zu schützen.

352

Warum Rost?

Im letzten Experiment rosteten einige Objekte und andere nicht. Warum? Vielleicht brauchte die Oxidation mehr Zeit oder die Objekte waren durch einen Anstrich oder Überzug geschützt. Wiederhol die Experimente oder verändere die Metallteile oder Flüssigkeiten und beobachte, was dann passiert. Vergleich die Ergebnisse.

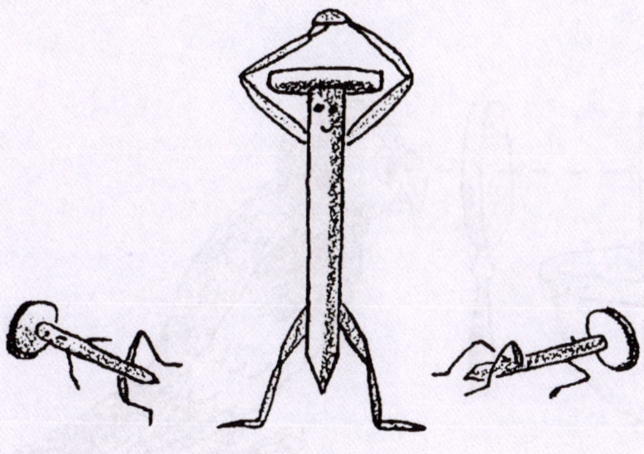

Kupferstücke

353

DU BRAUCHST:

matte Kupfermünzen
kleine, flache Schale
2 kleine Tassen
1 Teelöffel Salz
1 Esslöffel Wasser
2 Esslöffel Essig
Pipette
Papiertücher

Wenn Kupfermünzen sehr stark angelaufen sind, kann man kaum noch erkennen, was darauf steht. In wenigen Minuten verwandelt dieses einfache Experiment die schmutzigen, matten Kupfermünzen in glänzende Münzen

Versuch: Leg die Münzen in die Schale. Misch in einer Tasse Salz mit Wasser. Schütte den Essig in die zweite Tasse. Tropf mit der Pipette zuerst die Salzlösung auf die Münzen, anschließend den Essig. Wiederhol diese Schritte und lass die Kupfermünzen fünf Minuten in der Lösung liegen. Danach kannst du die Münzen mit einem feuchten Papierhandtuch abreiben.

Was passiert: Die Kupfermünzen verwandeln sich in leuchtend glänzende Münzen und die dunkle matte Schicht ist verschwunden.

Warum: Mischt man Essig (Essigsäure) mit Salz (Natriumchlorid), entsteht durch die chemische Verbindung eine dünne Salzsäure-Lösung. Salzsäure reinigt Metalle wie z. B. Kupfer. Durch Feuchtigkeit und den Kontakt mit oxidierenden Molekülen aus der Luft werden die Münzen jedoch nach einiger Zeit wieder dunkel anlaufen (oxidieren).

354

Gas verdrängt Flüssigkeit

DU BRAUCHST:
- Stück Filterpapier (Kaffeefilter) 10 cm im Quadrat
- 3 Teelöffel Backpulver (Natriumbikarbonat)
- flache Schale mit Wasser
- Gummiring
- hohes, schmales Glas, gefüllt mit Wasser
- wasserfester Filzstift
- Vergrößerungsglas

Dieses Experiment zeigt dir, dass Gas – auch wenn es noch so unscheinbar ist – Erstaunliches bewirken kann.

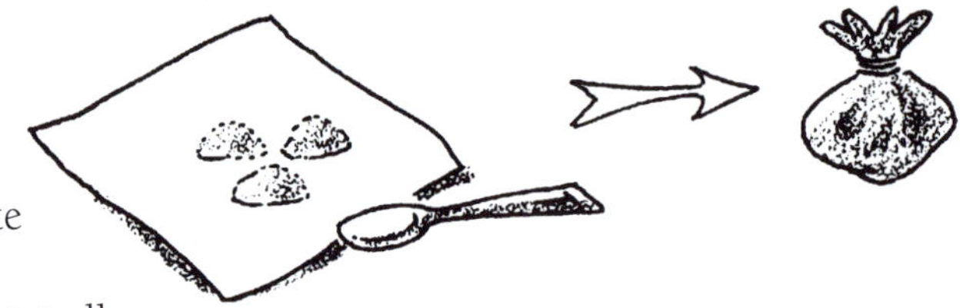

Versuch: Streu das Backpulver in die Mitte des quadratischen Filterpapiers. Nimm jetzt alle vier Ecken des Papiers zusammen, sodass ein Beutel entsteht, und verschließ diesen fest mit dem Gummiring. Lass den Backpulverbeutel in das mit Wasser gefüllte hohe Glas fallen und verschließ mit deiner flachen Hand die Glasöffnung. Drehe nun das Glas um und senk es mit der Öffnung nach unten in die flache Schale mit Wasser. Zieh die Hand von der Glasöffnung. Markier den Wasserstand mittels einer Linie am Glas. Beobachte das Wasserglas durch eine Lupe. Du musst geduldig sein, denn es dauert mindestens eine Stunde, bis etwas passiert.

Warum: Das Backpulver im Beutel löst sich in Wasser. Dabei entsteht Kohlendioxyd (CO_2). Da dieses Gas Raum benötigt, muss es Wasser verdrängen: Es drückt die Flüssigkeit aus dem Glas und der Wasserspiegel sinkt.

Was passiert: Blasen steigen aus dem Beutel, der am Boden des Glases liegt, nach oben. Einige Blasen bleiben am Glas hängen. Innerhalb einer Stunde fällt das Wasser langsam, aber deutlich unter die markierte Linie.

355 King Kongs Hand

DU BRAUCHST:

Gummihandschuh (eventuell mehrere)

1/4 Tasse Backpulver

1/2 Tasse Essig

wasserfeste Filzstifte in Braun oder Schwarz

Erinnerst du dich an die Filmszene, in der King Kong eine Frau in seiner riesigen Hand hält? Wenn du möchtest, kannst du ebenfalls eine Riesenhand anfertigen und ganz nebenbei etwas über ein wichtiges Gas lernen, das für die Chemie von großer Bedeutung ist.

Versuch: Lass dir von einem Freund bei diesem Experiment helfen. Am besten machst du diesen Versuch über einer Wanne oder Schüssel außerhalb der Wohnung – es könnte nämlich etwas Schmutz geben!

Bemal beide Seiten des Handschuhs mit kurzen waagerechten Filzstiftstrichen – das sind die Haare, die auf King Kongs Riesenhand wachsen.

Dein Helfer muss nun den Handschuh über die Wanne oder Schüssel halten und dabei die Öffnung auseinander spreizen. Du füllst inzwischen das Backpulver und dann den Essig in den Handschuh. Verschließ jetzt ganz schnell die Öffnung des Handschuhs mit einem strammen Knoten.

Was passiert: Der Handschuh bläst sich auf wie ein Luftballon, schrumpft aber nach einigen Minuten wieder zu seiner normalen Größe zusammen.

Warum: Bringst du Backpulver und Essig zusammen, entsteht Kohlendioxyd (CO_2). Wenn dieses Gas frei wird, sprudelt und schäumt die Flüssigkeit. Gelingt es dir nicht, den Handschuh schnell zu schließen, quillt der Essig sogar aus der Öffnung. Ist der Handschuh aber durch einen Knoten fest verschlossen, kann das Gas nicht entweichen und bläst ihn auf. Wenn die Reaktion schließlich nachlässt und das Gas entweicht, bekommt der Handschuh seine alte Größe wieder.

Was für ein Gas!

Backsoda (Natriumbikarbonat) besteht aus Wasserstoff, Natrium, Sauerstoff und Kohlenstoff. Wird Essig (Wasser und Essigsäure) beigefügt, findet eine chemische Reaktion statt, bei der sich die Elemente Kohlenstoff und Sauerstoff zu einer neuen gasförmigen Verbindung (Kohlendioxid) zusammenschließen.

Exothermische Reaktionen 356

DU BRAUCHST:
Thermometer
kleine Schüssel
1 Teelöffel Trockenhefe
1/4 Tasse Wasserstoffperoxid
Löffel
Papier und Bleistift

Welche chemische Reaktion läuft ab, wenn Hefe mit Wasserstoffperoxid zusammenkommt? Dieses wahnsinnig aufregende Experiment wird dir ganz schön einheizen!

Versuch: Notier dir die Temperatur des Thermometers, ehe du es in die Schüssel legst. Schütt das Wasserstoffperoxid hinein, füg die Hefe hinzu und rühr kräftig um. Während du beobachtest, was passiert, solltest du die Schüssel immer wieder mal von außen anfassen. Warte ein oder zwei Minuten, fisch dann mit dem Löffel das Thermometer heraus und lies die Temperatur ab.

Was passiert: Die Lösung schäumt auf und sprudelt, die Schüssel fühlt sich sehr warm an. Dampf steigt auf. Das Thermometer zeigt an, dass Wärme produziert wird.

Warum: Kommt es zu einer chemischen Reaktion zwischen Hefe und Wasserstoffperoxid, dann verwandelt sich das Wasserstoffperoxid in Sauerstoff und Wassermoleküle. Der Sauerstoff, der während der Umsetzung entweicht, lässt Bläschen entstehen.

Bei dieser Umsetzung wird auch Wärme produziert. Allgemein bezeichnet man eine chemische Reaktion, bei der Wärme freigesetzt wird, als exothermisch.

Endothermische Kältewelle

357

DU BRAUCHST:

Thermometer
1 Teelöffel Bittersalz
Leitungswasser, weder kalt noch warm
Löffel
mittelgroßes Glas
Bleistift und Papier

Bei einer exothermischen Reaktion wird Wärme freigesetzt. Gibt es aber auch einen chemischen Prozess, bei dem Kälte entsteht?

Vorsicht: Bittersalzlösung ist nicht ungefährlich. Entsorg sie gleich nach Gebrauch.

Versuch: Füll das Glas mit Leitungswasser und halte das Thermometer hinein. Berühr dabei kurz das Glas, um die Temperatur zu fühlen. Notier dir die angezeigte Temperatur. Füg jetzt das Bittersalz hinzu. Fass wieder an das Glas. Hat sich etwas verändert? Miss noch einmal die Temperatur.

Was passiert: Das Glas fühlt sich etwas kälter an, nachdem das Bittersalz dazugegeben wurde. Nach der chemischen Reaktion zeigt das Thermometer tatsächlich eine niedrigere Temperatur an.

Warum: Im vorausgehenden Experiment wurde durch einen chemischen Prozess Wärmeenergie erzeugt. Es gibt aber auch chemische Reaktionen, die Wärme verbrauchen. Wenn Bittersalz – das ist Magnesiumsulfat – mit Wasser in Berührung kommt, wird Wärmeenergie dazu verwendet, Sulfat-Ionen von Magnesium-Ionen zu trennen. (Ionen sind positiv oder negativ geladene Teilchen, die entstehen, wenn ein Atom Elektronen aufnimmt oder abgibt.) Deshalb wird das Wasser nach Zugabe von Bittersalz kälter.

Die chemische Reaktion in diesem Experiment wird endothermisch genannt, da mehr Wärmeenergie verbraucht als produziert wird. Übrigens: In der Medizin wird Bittersalz verwendet, um bei Schwellungen für Kühlung zu sorgen.

358 Marmor selbst gemacht!

DU BRAUCHST:

* Farbkreiden
* einige Bogen weißes Papier
* 2–6 Wegwerfbecher

Hammer (oder einen großen Stein) zum Zertrümmern der Kreiden

2 Esslöffel Essig

Papierservietten

Plastiklöffel oder Plastikgabel

große Schale (möglichst aus Plastik oder Gummi)

Zeitungspapier

Wasser

Speiseöl

* Die Mengen hängen davon ab, wie viele Farben du haben und wie viel Papier du färben möchtest.

Verpack doch deine nächsten Geschenke in marmoriertes, selbst hergestelltes Geschenkpapier. Das Papier fühlt sich nach dem Trocknen wie Pergament an – knisternd, knittrig und transparent.

Versuch: Leg den Küchentisch mit Zeitungspapier aus. Füll die Schale randvoll mit Wasser und füg den Essig hinzu. Leg die Kreide zwischen zwei Lagen Papierservietten und zerstoß sie mit dem Hammer zu feinem Pulver. Das farbige Pulver schüttest du dann vorsichtig in die Wegwerfbecher. Füg je einen Esslöffel Öl dazu und rühr mit dem Plastiklöffel gründlich um.

Gieß nun die Kreide-Öl-Mischung in die mit Wasser gefüllte Schale. Das gefärbte Öl sollte große, kreisförmige Muster auf der Wasseroberfläche bilden. Leg nun einen Papierbogen nach dem anderen auf die Wasseroberfläche und heb ihn vorsichtig ab.

Das gefärbte Papier muss nun 24 Stunden lang auf Zeitungspapier trocknen. Wenn die Bogen richtig trocken sind, kannst du eventuell vorhandene Reste des Kreidepulvers mit ein wenig Küchenkrepp abwischen.

Was passiert: Das gefärbte Öl bleibt am Papier hängen und bildet Kreise und Muster.

Warum: Negativ und positiv geladene Moleküle ziehen sich gegenseitig an. Die Kreidemoleküle (eine Art Kalziumkarbonat), der Essig (Essigsäure), das Wasser und die Papieroberfläche gehen miteinander eine chemische Verbindung ein, wodurch die auf der Oberfläche treibenden Farben am Papier haften bleiben.

DU BRAUCHST:

kleines, zur Hälfte mit Wasser gefülltes Glas

1 Teelöffel Bittersalz

Fensterreiniger mit Ammoniak

Ein chemischer Niederschlag

359

In der Chemie wird ein Niederschlag auch Fällung oder Präzipat genannt. Eine Fällung ist ein Stoff, der durch eine chemische Reaktion entsteht, er ist unauflöslich. Das heißt, er vermischt sich nicht mit anderen Substanzen. Im folgenden Versuch kannst du innerhalb von Sekunden ein neues chemisches Element herstellen.

Versuch: Lös das Bittersalz im Wasserglas auf und füg einige Spritzer Fensterreiniger hinzu.

Was passiert: Die Lösung färbt sich rasch milchig weiß.

Warum: Wenn Magnesiumsulfat (Bittersalz) sich mit Ammoniumhydroxid mischt, entsteht ein neues chemisches Element. Die vorliegende milchig weiße Flüssigkeit ist das Präzipitat Magnesiumhydroxid.

360

Noch ein chemischer Niederschlag

Wiederhol das letzte Experiment, aber verwende nun nicht Bittersalz, sondern das Kaliumaluminiumsulfat Alaun. Nun lässt du eine neue Fällung namens Aluminiumhydroxid entstehen. Achte darauf, welche Farbe der neue Stoff im Vergleich mit dem Magnesiumhydroxid annimmt.

Salzstangen oder Zuckerwatte?

Ohne Zucker und Salz wäre das Leben ziemlich fade. Was aber viel wichtiger ist: Ohne ein ausgewogenes Verhältnis von Zucker und Salz in unserem Körper könnten wir gar nicht leben. Auf den folgenden Seiten wirst du herausfinden, woraus diese Stoffe bestehen und was sie alles leisten.

Zucker und Salz

Salz ist eine mineralische Verbindung, das heißt, es setzt sich aus zwei Elementen zusammen und ist von kristallinem Aufbau. Jedes Salzkristall besteht aus Millionen von aneinander hängenden Atomen. Die Grundbestandteile sind Natrium und Chlor (eine Verbindung). Natrium ist ein festes metallisches Element, Chlor ein grünliches Gas. Für sich alleine sind diese Stoffe höchst gefährlich, treten sie aber als chemische Verbindung auf, ergeben sie einfaches Tafelsalz.

Zucker zählt zu den Kohlenhydraten. An dieser chemischen Verbindung sind Kohlenstoff, Wasserstoff und Sauerstoff beteiligt. Der ganz normale Haushaltszucker wird Saccharose genannt. Andere Zuckerarten sind Glukose, Fructose, Lactose und Maltose.

361

Das Würfelzucker-Rennen

DU BRAUCHST:

- Würfelzucker
- Glas mit kaltem Wasser
- Glas mit sehr heißem Wasser
- Löffel
- Papier und Bleistift

Verschwinden die Zuckerwürfel in kaltem Wasser schneller als in heißem Wasser? Ein Rennen bringt die Lösung.

Versuch: Wirf ein Stück Würfelzucker in das kalte Wasser und rühr so lange, bis die Kristalle verschwinden oder sich gänzlich auflösen. Wiederhol diesen Vorgang so oft, bis sich der Zucker nicht mehr auflöst. Du erkennst das daran, dass die Zuckerkristalle in der Lösung zu sehen sind und sich auf dem Boden das Glases sammeln. Notier die Zahl der verwendeten Zuckerwürfel.

Jetzt machst du dasselbe Experiment mit dem heißen Wasser. Zähl auch hier wieder genau mit, wie viele Zuckerwürfel du in jedes Glas gibst. Welches Glas schluckt mehr Zuckerwürfel?

Was passiert: Im kalten Wasser lösen sich weniger Zuckerwürfel auf als im warmen.

Warum: Die ersten Zuckerwürfel lösen sich in jedem Glas vollkommen auf. Dann, je mehr Zuckerwürfel dazukommen, erreichen die Lösungen ein Stadium, in dem einzelne Kristalle für das Auge gut sichtbar zurückbleiben. Die Chemiker sprechen in diesem Fall von einer gesättigten Lösung. Das heiße Wasser nimmt mehr Zucker auf als das kalte, denn die Moleküle bewegen sich in heißem Wasser schneller und weiter auseinander. Deshalb werden die Zwischenräume zwischen den Molekülen größer, was wiederum mehr Platz für die Zuckermoleküle schafft.

Süß und langsam

362

DU BRAUCHST:
2 Stücke Würfelzucker
flache Schale
Hammer oder Stein (zum Zerstoßen des Zuckers)
2 zur Hälfte mit Wasser gefüllte Gläser

Was, glaubst du, löst sich schneller auf: ein ganzes Stück Zucker oder ein zerstoßenes?

Versuch: Zerstoß eines der Zuckerstücke in der Schale, das andere lässt du ganz. Nun gibst du den ganzen Zuckerwürfel in ein Wasserglas und den zerstoßenen in das andere.

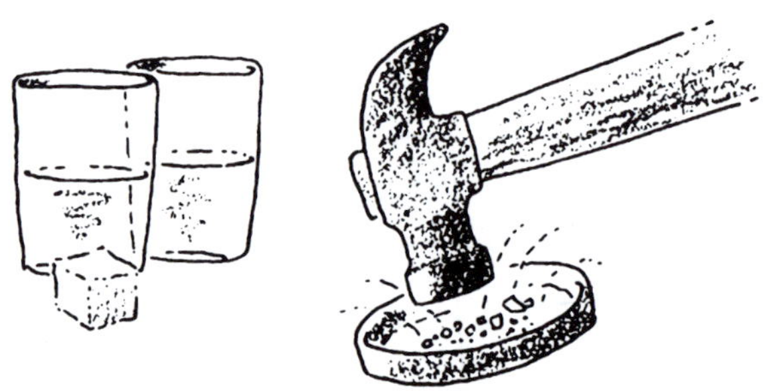

Was passiert: Das zerstoßene Stück Würfelzucker löst sich schneller auf als das ganze.

Warum: Die Wassermoleküle müssen zuerst das Äußere des ganzen Zuckerstücks knacken, ehe sie in das Innere vordringen können. Das nimmt bereits eine gewisse Zeit in Anspruch. Da die Wassermoleküle bei dem zerstoßenen Zucker schon gleich mit einer größeren Oberfläche in Berührung kommen, löst sich dieser schneller auf.

Süßer Spaß

DU BRAUCHST:
ungesalzene Cracker

363

Unser Körper ist eine komplizierte chemische Fabrik – das beweist dir dieses Experiment.

Versuch: Kau die Cracker einige Minuten lang.

Was passiert: Die Cracker schmecken süß.

Warum: Dein Speichel enthält bestimmte Substanzen, die wir Enzyme nennen. Das Enzym Styalin spaltet Stärke und andere Kohlenhydrate auf. Dabei entsteht Maltose, das ist ganz gewöhnlicher Zucker. Beim Kauen wird die in den Crackern enthaltene Stärke in Zucker umgewandelt. Deshalb schmecken sie süß.

Kohlenhydrate

Kohlenhydrate gehören zu den organischen Verbindungen. Sie kommen in den Grundnahrungsmitteln Zucker, Brot und Kartoffeln vor. Kohlenhydrate bestehen aus Kohlenstoff, Wasserstoff- und Sauerstoffatomen.

364

Süßer Zahn

DU BRAUCHST:

Zahn
Glas Colagetränk

Möchtest du mal sehen, wie schnell ein Zahn sich in einem Glas Cola auflöst?

Zieh dir bloß keinen Zahn für dieses Experiment und klau auch deiner Oma nicht das Gebiss! Solltest du aber gerade einen Zahn zur Hand haben, dann versuch's mal!

Versuch: Leg den Zahn in das Glas Colagetränk. Lass ihn dort mindestens eine Woche lang liegen.

Was passiert: Der Zahn löst sich auf.

Warum: Jetzt weißt du, warum dich deine Eltern und auch der Zahnarzt vor zu vielen zuckerhaltigen Getränken mit hohem Säuregehalt warnen. Auch wenn deine Zähne nie längere Zeit mit Cola in Berührung kommen, kann sie der hohe Zucker- und Säuregehalt doch schädigen. In diesem Experiment lösen Zucker und Säure den Zahn auf – trotz des harten Zahnschmelzes.

Eiskalt

365

DU BRAUCHST:

10 Eiswürfel
2 Plastikbecher
1 Teelöffel Salz
2 Thermometer
Filzstift
Papier und Bleistift

Was ist kälter: Eiswasser mit oder Eiswasser ohne Salz?

Versuch: Markier die Plastikbecher mit der Aufschrift „Salz" und „ohne Salz". In beide Becher kommen nun ein Thermometer und fünf Eiswürfel. Streu in einen Becher zusätzlich das Salz. Nach 30 Minuten Wartezeit kannst du die Temperatur ablesen und die Werte notieren.

Was passiert: Das Eiswasser mit Salz ist kälter als das Eiswasser ohne Salz.

Warum: Wasser gefriert bei 0 °C. Die Temperatur des Wassers ohne Salz liegt in der Regel über dem Gefrierpunkt, während das Wasser mit Salz wesentlich kälter ist. Das Salz entzieht dem Eiswasser Wärme und kühlt es deutlich ab. Deshalb sinkt der Gefrierpunkt.

Weiter geht's: Wiederhol dieses Experiment. Verwende aber nun anstatt der Eiswürfel zerstoßenes Eis. Macht zerstoßenes Eis das Wasser kälter? Notiere dir auch diese Werte und vergleich sie mit denen von vorhin.

Register

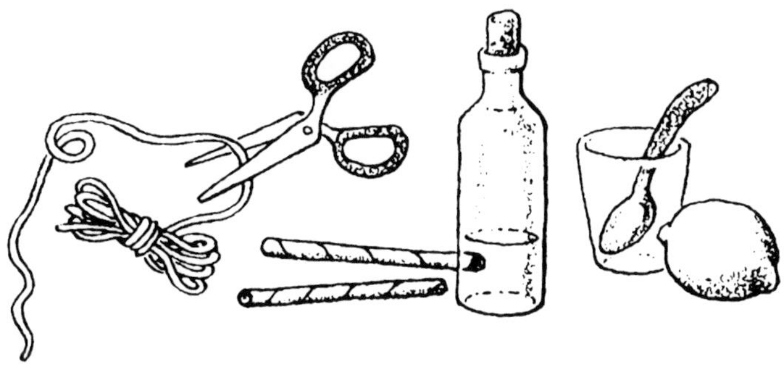

A

B

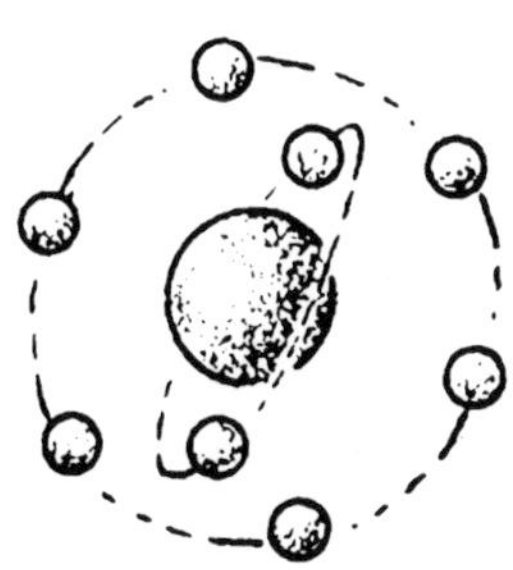

C

D

E

F

K

L

M

N

O

P

Q

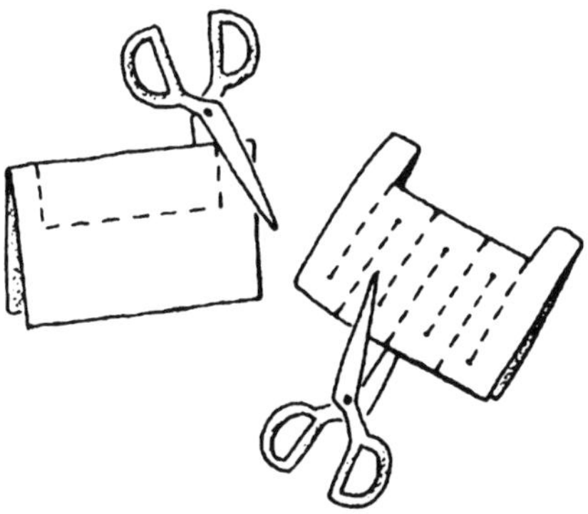

R

S

T

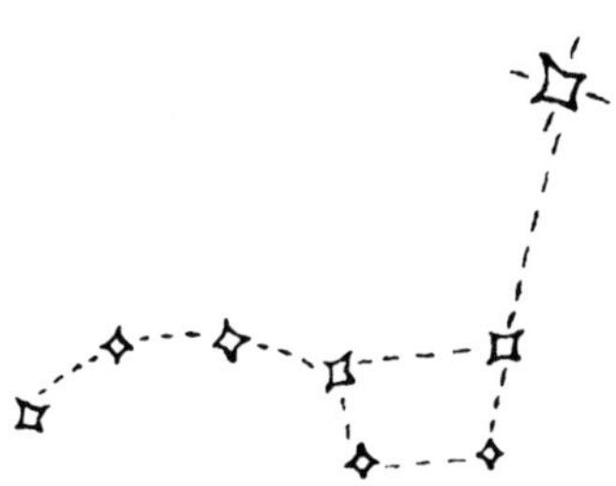

U

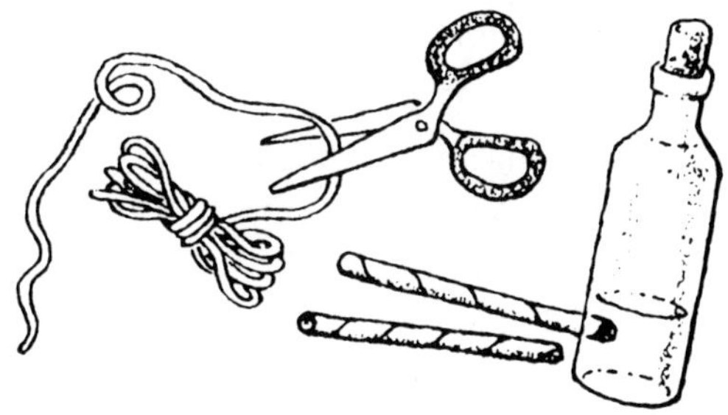

V

W

Z